中国历史地理评论

（第二辑）

钱 杭 ◎ 主编

复旦大学出版社

目 录

序言 …………………………………………………………… 1

【博士学位点】

钱 杭
新谱研究导论
　　——意义·规模·方法 ……………………………………… 1
"文革"新谱研究 ……………………………………………… 20
过渡期新谱研究 ……………………………………………… 42

钟 翀
江南子城的形态变迁及其筑城史研究 ……………………… 56
上海老城厢平面格局的中尺度长期变迁探析 ……………… 80
追寻"上海源":江南聚落形态发生学背景下的老城厢
　　长期演化分析 …………………………………………… 106
伊莎贝拉·柏德的旅行生涯与在川旅行路线复原研究 …… 118

【硕士学位点】

尹玲玲
明代湖广地区重要水利史料
　　——万历《湖广总志·水利志》述评 …………………… 131
清代湖北地区重要水利史料
　　——《楚北水利堤防纪要》述评 ………………………… 141

1

论我国古代对河流水文学与动力学的认识
　　——以长江武汉段江面人工干预洲港变迁事例为中心 ……… 149
明代所修"三峡工程":川江石坝介绍
　　——基于《川江石坝志略》的讨论 ……………………… 161
历史时期三峡地区的城镇水资源问题与水利工程建设
　　——以秭归归州地区为例 ………………………………… 179

吴俊范
宋元以来太湖东部平原聚落形态的分化及驱动机制 ………… 196
河浜·墓地·桥梁:太湖东部平原传统聚落的景观与
　　乡土文化 ………………………………………………… 221
城市区片地名的演化机制及其历史记忆功能
　　——以上海市中心城区为例 ……………………………… 240
传统时期太湖流域的渔民及其生计 …………………………… 263

岳钦韬
近代长江三角洲地区的铁路人口流动与交通事业的变迁 ……… 279

序　言

　　本书汇集了上海师范大学历史地理专业(二级博士学位及硕士学位点)2013年以来的部分研究成果。根据出版社编辑的建议,将书名改定为《中国历史地理评论》,序号上接2013年学林版《中国历史地理论丛》,是为第二辑。

　　自文集第一辑出版后,上海师范大学历史地理专业在学校和院系领导的支持和关心下又走过了四个年头。在此期间,本专业共培养了博士研究生9名,博士后2名,硕士研究生22名,邀请国内外学者举办了历史地理论坛11场,出版专著6部、译著1部;在《历史研究》、《人文杂志》、《浙江社会科学》、《历史地理》、《中国历史地理论丛》、《史林》、《社会科学》等专业刊物上发表论文62篇。2017年4月,经陕西师范大学西北历史环境与经济社会发展研究中心、复旦大学历史地理研究中心、华东师范大学历史系专家鉴定,学校主管部门批准,"上海师范大学历史地理研究中心"正式成立,标志着这一学科已初具规模。

　　日前,上海师范大学历史地理博士点和硕士点又分别增加了一位导师(钟翀教授、岳钦韬副教授),从而改善了两个学位点的梯队层次,扩展了史地学科的培养方向,推动了专业的扎实发展。可以预计,随着本专业在史地学界影响的进一步扩大,一定会有更多志同道合的年轻学者带着他们的专长,加盟我们的阵营。

　　本文集分两组汇集了上海师范大学历史地理博士点和硕士点5位教师的17篇论文。这两组论文以及相应的研究生学位论文,综合反映了四年来本专业重点推进的五个学科方向。

　　一、宗族谱牒研究。宗族谱牒是记录宗族发展状态、凝聚宗族价值观念的连续性民间文献。结合宗族文化的时代特征,全面把握这一特殊文献的存在样态、区域分布和演变规律,是中国宗族谱牒史的基本内容。近年来,本中心倡导的新中国成立以来新谱研究,已获得国内外学术界的普遍关注和一致好评,《1950年代以来中国新编谱牒资料的整理与研究》获中国社科重大招标项目选题推荐,一批重要的研究计划,已获教育部人文社科基金、上海市教委科研创新基金、上海市新闻出版"十三五"规划的立项。硕士学位论文《清代至民国时期萍乡的移民、宗族与义图研究》(2016届阳水根),博士学位论文《宋元以来鲁中山地宗族谱碑研究》(2016届周晓冀)、《明中期以降赣闽粤客家聚居区的联宗与族群关系》(2016届张勇华)、《宋元以来徽州的宗族、聚落与地域社会》(2017届陈杰)等,就是这一学科方向在教学上取得的成果。

二、水利环境研究。与传统的水利研究资料、方法和目标不同,现代水利研究更主动地依靠科学技术、使用科学概念和展现科学视野;在此基础上,结合对古典文献、方志碑刻的精读,努力拓展新的角度,提出新的问题。本中心的水利研究集中在水库史、渔业史及环境史等领域,所获成果在国内学术界居于前沿位置。目前,除承担杭州萧山湘湖白马湖研究院委托的横向课题《湘湖通史》(上下册)外,还参与了浙江省水利机构及水利院校的大型研究项目,接受了浙江水利水电学院派出的国内访问学者,积极开展合作研究;博士学位论文《明清时期萧绍平原的水利与地域社会》(2018届陈涛)、《湘湖开垦过程中国家与基层社会关系研究(1949~1976)》(2018届罗文波),是反映这一学科方向的最新教学成果。在渔业史及环境史领域,本中心特别关注太湖流域的渔民群体,将其分为陆上定居的兼业渔民和水上流动的专业渔民,他们因水环境和鱼资源分布的区域差异导致不同的生产与生活方式。在太湖东部的河网地区,由于水鱼资源欠丰,捕鱼技术简单,捕鱼生产的季节性和流动性较大,当地的专业渔民以单家独户生产为主,产量低、收入少,缺乏互助合作,成为太湖渔民中的一部分特殊群体。20世纪六七十年代政府实施渔民上岸定居政策以后,传统渔民就成为现代城市底层居民的重要组成部分,因此渔业史和渔民史研究也与环境史、城市史研究密不可分。硕士学位论文《近代上海渔业用冰与冰鲜水产消费(1931~1949)》(2015届姜明辉)、《城市社区构建的历史地理研究——以吴淞街道为例》(2015届彭代琨)、《历史时期利津县境内盐场的分布与变迁》(2016届蒋宜兰)、《桃树浦地区水环境与城市化研究(19世纪70年代至20世纪90年代)》(2018届尤亚男)等,就反映了与这一领域直接相关的教学成果。

三、古城古图复原。近年来,本中心的教学科研重点之一,是以著名古城为对象,全面整理方志中留存的古代城市形态记录、明中叶以来的古地图、近代早期的大比例城市实测地图,综合运用现代考古及实勘成果,系统考察古城的分布特征与演化历程,目标是通过城市历史形态学的分析与比较,探讨古城的起源、形成背景及发生学规律。有关计划已获得国家自然科学研究基金、国家社会科学重大招标项目的支助,在国内外学术界取得了重要影响。硕士学位论文《汉中城市形态与空间结构变迁研究(1370~1949)》(2014届陈涛)、《日本东亚同文会编纂〈支那省别全志〉研究》(2014届郭墨寒)、《近代化初期成都的城市形态与社会空间:以〈成都通览〉考察为中心》(2014届蒋忠巡)、《论明清高州府区域中心的变迁》(2014届卢银生)、《晚清杭州城市历史形态研究——以〈浙江省垣城厢图〉的分析为中心》(2015届陈吉)、《苏州古城水道历史形态研究》(2015届秦钟沛)、《历史时期白河鸭河口—新野段的河道变迁及影响》(2015届夏晗登)、《南宋两浙西路府州级城市兴趣区划研究》(2016届来亚文)、《上海地区卫所城市形态及功能演变的研究》(2017届孙昌麒麟)、《宋代以来严州府城形态研究》(2018届赵界)等,就记录了师生同心、探索进取的坚实步伐。

四、聚落景观研究。本中心的历史聚落与聚落景观教学及科研也取得了重要成果。传统时期太湖东部平原的聚落具有"浜村相依"的普遍特征,河浜是聚落景观的主体,具有提供饮水、交通、农田排灌等各种实用功能,同时还成为民间风水信仰的精神依托。家族墓地围绕河浜而构建,更是聚落风水的聚焦点和家族福祉的寄放地。以上海市中心城区的区片地名为对象,对城市地名系统的演化机制及其社会文化功能进行个案研究,具有重要的学术意义和突出的文化遗产价值。在原来的乡村地名系统中,那些能较好体现中心聚落之经济实力和保存典型地域景观记忆的传统地名,更有可能转化进入城市地名系统,并作为城市区片地名而长期延续。可以反映这一领域教学成果的硕士学位论文有《明清以来青浦地区渔业聚落地名研究》(2016届吕园园)、《明清时期淮河流域上游集镇研究》(2017届熊耀坤)、《清至民国万(州)开(州)云(阳)地区城市的时空演变》(2017届何仁刚)等。

五、交通地理研究。交通条件、交通工具、交通效率对于社会发展的影响,一直是历史地理学的重要课题。以铁路火车、公路汽车、河海轮船为代表的近代交通工具及其运作体系,更是衡量一个社会工业化和现代化程度的突出指标。本中心近年来从广、狭两义开展了交通地理、铁路运输、以新型交通体系为背景的近代商业地理的教学和研究,收集、保存了一批原始档案和文献资料,并多次获得教育部及省市级奖项。《上海铁路抗战损失及其影响研究》(2015年岳钦韬博士后合作报告)、硕士学位论文《民国时期豫东平原商业地理》(2017级鲍国安)等,是可以反映这一领域的重要成果。

除了以上学科方向外,传统的历史人文地理学一直是本中心的教学与科研基础,成为学位论文和博士后合作的基本选题,如博士学位论文《图甲制下的乡村基层社会——清代萍乡义祠研究》(2014届凌焰)、《晚清至民国贵州安顺吉昌屯堡契约文书研究》(2017届杜成材),硕士学位论文《明代开封府蝗灾与社会应对研究》(2018届王世杰)、《康熙七年郯城地震灾情分析与社会应对》(2018届郑艳艳),《明代江南市镇的家族流动与社会变迁:以常熟县域为中心》(2018年杨茜博士后合作报告)等。

以上学科方向和教学科研成果,清晰表明了本中心全体师生对中国历史地理学科的完整理解和综合追求。根据已形成的学科框架,传统的自然地理、经济地理、人口地理、政治地理、城市地理,将以学科基础的形式继续存在,而与现代人文理论、现代科学技术密切相关的各

序 言

新兴领域,也将为开拓学术视野、服务国家社会形成新的话题,提供新的助力。此外,本中心还计划在以后几年中与博物学、人类学、旅游学等相关学科密切合作,为国家"一带一路"宏伟战略规划的实践和实现,积极发挥专业教师在自然地理、中国历史地理信息系统和遥感技术方面的教学科研优势,努力设计有学术远见、有历史深度的高质量科研课题,并在此基础上形成一批可展开、可细化的学位论文选题。

总结以往,展望未来,任重道远,来日方长。本中心全体教师将再接再厉,镇静沉着,人弃我取,尽责尽力,为提高教学科研质量,取得新的成绩,向中华人民共和国成立七十周年献礼!

上海师范大学历史地理研究中心

2017 年 9 月

新谱研究导论
—— 意义·规模·方法

钱 杭

一

1949年10月1日中华人民共和国成立以后所出新谱,对于中国宗族史及谱学史研究者的吸引程度,一直远低于新中国成立前问世的传统谱牒;一个明显的标志是,除了近年有为数不多的几篇介绍性文字外[1],长期以来,既没有就新谱问题出版过一部学术专著,也没有发表过一篇学术专论。导致出现这一研究态势的原因很多,除了新中国成立后受主流意识形态的影响——在政治上视新谱为异己,在性质上定新谱为封建,在风俗上认新谱为落后——以外,在学术方面则与一个理论预设有关。

1960年,日本学者多贺秋五郎在所著《宗谱的研究·资料篇》第一部《解说》之十一《宗谱的年代》中指出:

> 不言而喻,正由于辛亥革命作为政治革命完成得不彻底,加之没有伴随着进行一场社会革命,因此,宗族原封不动得到保存,其结果,就使得修谱照常进行。但是,一旦宗族的动摇逐渐明朗

---

[1] 励双杰《中国家谱藏谈》之十《建国初期家谱》,山西古籍出版社,2008年;《涓涓不壅,终为江河——共和国前三十年家谱纂修概述》,上海图书馆编《中国家谱论丛》,上海古籍出版社,2010年。

化，那么修谱的行为就像此前发生过的一样难以进行，如"日华事变"后修谱出现衰退，中共统治大陆为修谱打上终止符，更可作为证明。①

多贺氏把是否出现"宗族的动摇"，与"修谱的行为"是否可以进行相关联，所依据的主要理由之一，是宗族-谱牒之间存在着"反映"与"被反映"的对应关系——宗族保存，修谱进行；宗族动摇，修谱衰退；宗族瓦解，修谱终止。这一论断大体符合族-谱的历史关系，应该可以成立②，而且也确实成为学术界的共识，没有出现太多的异议。然而，这个带有明显进化论色彩的公式，线条过于粗放，思路也欠精细。就族、谱的发生史而言，固然是先有族、后有谱，但族、谱本身有自己的逻辑，一旦形成后即在不同的条件下自主展开，尤其是谱牒，更要受到外在条件的制约，不会出现简单的对应，具体过程也难以用保存—进行、动摇—衰退、瓦解—终止的公式作一般概括。就像宗族会经历不同的历史阶段一样，族谱也有不同的历史形态，并且还可以比宗族本身变化更多，转型更快，持续更长。由于"宗族"是一个宗、族各有规定、各有渊源的二元结构——"宗"指认同同一祖先来源的人群之间的世系类型、世系传递、世系规则，"族"则指上述人群之间的聚居类型、结合程度、相处之道③，因此，作为主要以文字形态展现出来的"谱"，既可以综合反映"二元"结构，也可以仅反映结构中的"一元"。更重要的是，宗族史上的所谓动摇、瓦解，主要是就"族"的聚居形态而言，对于"宗"

---

① ［日］多贺秋五郎《宗谱の研究・资料篇》："いうまでもなく，辛亥革命は，政治革命としてさえ不徹底に終り，まして社会革命を伴わなかったので，宗族の存置は，そのまま継續した結果，依然として修譜が行われているのである。しかし，しだいに宗族の動摇がいちじるしくなると，これまでのように，修譜が行われなくなったように，ことに，日華事變以後衰退し，中共の大陸支配は修譜に終止符を打ったようである。"东洋文库论丛第45，东洋文库，1960年，第59页。

② 绝不能成立的，是多贺氏把抗日战争（即所谓"日华事变"）后"修谱出现衰退"，也说成是因"宗族的动摇逐渐明朗化"所致，这就是昧于大节了。事实上，"国"之不存，"族"将焉附？这个道理对于中国人来说很清楚，日本学者将"事变"意义作学术化处理，因此不可能在中国得到正面评价。

③ 有关"宗族"的二元结构问题，参见拙著《宗族的世系学研究》第1章，复旦大学出版社，2011年。

的认同并不会出现变化,即便一时忘却,无人提及,也只是潜伏沉寂而已,一旦条件允许,立刻就能"激活",聚居状态的变化不会对这一点造成太大的影响。历史上和现实中的同姓或异姓联宗行为,就集中反映了聚居状态变化后的相关人群,在某一(些)利益的推动下对于"宗"的需求;而联宗谱,就记录了在宗系上一时"失联"的人们重建"宗"系的过程①。

若不能对族-谱间的对应关系作历史的和辩证的理解,就有可能降低学者对新中国成立后新谱问题的敏感程度。不说别人,笔者就是如此。1995年,笔者与原华东师大谢维扬教授在合著之《传统与转型——江西泰和农村宗族形态》第四章《宗族谱牒的重修》中,谈到过新中国成立后的修谱活动:

> 由于建国以后的政治环境,修谱活动和其它宗族活动一样一度完全被禁止举行;十年"文革"(尤其是初期的"扫四旧")给宗族文化带来的扫荡性破坏,人们也记忆犹新。而一旦放宽限制,修谱活动就如雨后之春笋,在广大农村地区此起彼伏地展开了。在某种意义上,现时的重修谱牒是对原先高压的一种反弹,有时还不无情绪化色彩。②

虽然"修谱活动……一度完全被禁止举行"的描述,在程度上与多贺氏所谓"打上了终止符"不同,似乎可为"一度"之外的尚未"完全被禁止"预留一些余地,但当时我们其实并不了解处于"建国以后的政治环境"下的中国大陆,在"一度"之外,是否还真会有一个尚不为外人所知的谱牒世界? 而使这一"缺损的视野"获得支撑的,正是拙著《引言》开头两句话所表达出的一个理论前提:

> 中国社会中传统宗族组织的发展历程,到1949年中华人民

---

① 参见拙著《血缘与地缘之间:中国历史上的联宗与联宗组织》第8、第9章,上海社会科学院出版社,2001年。
② 钱杭、谢维扬《传统与转型——江西泰和农村宗族形态》,上海社会科学院出版社,1995年,第83、84页。

共和国建立之后,应该说已经基本终结。在这之后存在的以及近年来重新恢复的宗族组织,无论是其结构还是功能,严格地说都已经不是旧宗族形态的简单重复和翻版,而应被看成是传统宗族转型过程中一个阶段的产物。①

很明显,既然1949年的新中国成立终止了"传统宗族组织的发展历程",那么作为"宗族组织"文字反映形式的宗族谱牒之被"打上了终止符",就是一个自然的、合乎逻辑的结果,无论是否"一度完全被禁止",都不会改变这一大势。正因为有了并愿意坚守这个前提,就使得研究者几乎不会再形成"一度"之外是否还存在某些"例外"的问题意识,甚至连对类似问题的好奇心都受到压抑,更遑论探索。在这个意义上,建立在族-谱对应关系和反映论基础上的理论预设,就成了影响研究者(哪怕是已经进入田野的研究者)睁眼看现实、放眼看全局的关键所在;虽然经证实的"被禁止"可能只是局部个案,也很容易地就被放大、推演、抽象为一种普遍规律;反过来也一样:现实中明明存在并不断出现新谱,却轻易地被视为残余、反常、余孽,或嗤之以鼻,或不屑一顾。中国宗族史和谱牒史的"现代阶段"(或"建国后阶段"),就是这样与中国现代社会科学研究失之交臂的。

当然,新中国成立后三十年间毕竟有新谱涌现,不少学者对这一个基本事实还是有所了解的②,比如湖北省社科院徐扬杰教授就将60年代初中国农村出现的"建祠堂、续家谱"活动,称之为"建国以后第一个宗法思想和家族观念比较活跃的时期"③。虽然受到各种条件的限制,学者们掌握资料的不够系统,分析理解亦各有局限,但都在不同程

---

① 钱杭、谢维扬《传统与转型——江西泰和农村宗族形态》,第1页。
② 参见徐扬杰《中国家族制度史》第10章《民主革命与土地改革的胜利和封建家族制度的彻底灭亡》,人民出版社,1992年;冯尔康《中国宗族制度与谱牒编纂》"绪论",天津古籍出版社,2011年;常建华《社会生活的历史学:中国社会史研究新探》,北京师范大学出版社,2004年;王鹤鸣《中国家谱通论》"经编"之八《中国家谱的新修》,上海古籍出版社,2011年;袁逸《关于新修宗谱》,上海图书馆编《中华谱牒研究——迈入新世纪中国族谱国际学术研讨会论文集》,上海科学技术文献出版社,2000年;许倬云《中国家谱文化》序,朱炳国主编,凤凰出版社,2012年,等等。
③ 徐扬杰《中国家族制度史》,第472页。

度上肯定了这是一个值得研究的重要领域。

近年来,由于以上海图书馆《中国家谱总目》为代表的一批谱牒目录的编撰、出版①,尤其是美国犹他家谱学会(GSU)在互联网上免费提供该会收藏的大部分中国家谱复印件,就为学者进行建国后三十年新谱的专题研究,提供了前所未有的便利条件。以上述谱牒及谱牒目录为基础,配合研究者个人在田野考察中的收获,中国谱学发展史的这一段空白,已有希望得到一定程度的填补了。

为了有一个确定的学术目标,需要先对与新谱研究直接相关的基本定义、阶段划分、数量规模、区域分布及研究意义等问题,作一简要说明。

关于"新谱"定义,可从以下两个层面加以把握。

时代层面。不论谱本何时起草,只看谱本何时问世。凡1949年10月1日中华人民共和国成立之前所编、刻、印、抄而成的谱牒类文献,统称"旧谱"②,此后所出即为"新谱"。这一定义比一些学者在基本忽略新中国成立后三十年新谱的情况下,只将"文革"以后所出谱牒称为"新谱"更为明确③,也便于研究者操作。

以政权更迭之前、后作为谱牒的新、旧分界,自然有其合理性。一种不同于此前的政治、经济、社会、文化制度,至少在法理上是从这一天开始推向全国,并逐渐确立、稳定和发展起来的。这就明确了当代新谱之所以为"新"的时代特征。但是,这种以开国大典日期为唯一分界的原则并非没有问题。由于中国地广域宽,各地建政时间前后不

---

① 上海图书馆编《中国家谱总目》,上海古籍出版社,2008年。以下简称"《总目》"。另有美国犹他家谱协会编《中国族谱目录》(*Chinese Genealogies at the Genealogical Society of Utah an Annotated Bibliography*),1988年;《浙江家谱总目提要》,浙江人民出版社,2005年;《湖南家谱知见录》,湖南教育出版社,2011年,等。

② 民国族谱的体例和内容与清代相比已多有不同(历代、历朝间亦为如此),南开大学冯尔康教授对此进行了精要总结,参见冯著《18世纪以来中国家族的现代转向》第7章《20世纪上半叶的家谱修纂和谱例改良》,上海人民出版社,2005年。由于本文所论主要是建国后的"新谱",故对"旧谱"仅作广义描述。

③ 参见江西师大梁洪生教授所撰《新谱与新志的对接——方志界对谱牒的认识和一种理想设计的考察》一文,载上海图书馆《中国谱牒研究》(全国谱牒开发与利用学术研讨会论文集),上海古籍出版社,1999年。

一,相差很大,既然遵守同一逻辑,那么在研究实践上,对各级行政区(省市县)内谱牒的新、旧边界,还须进行或早或晚的区别确认,以符合各地的实际情况。如地处中原的河南省各县市新政权建立的时间,大致在 1948 年 4 月至 5 月间,比渡江战役以后陆续解放的华东、华南、中南、西南诸省各县市新政权的建立,就至少提前了一年;而浙江全省解放的日期更要迟至 1955 年 2 月。将研究对象定为"建国后三十年",自然是取其约数,具体所指则须以当地新政权之建立时间为准。

另外,在理论上也应注意,谱牒本身既非政治性文件,也非宣传类作品,作为宗族文化的文字表现形态,它是对基层社会中某一宗族内部的世系、聚居、人口、规则的记录,接近社会学、人类学视野下的"亚文化"(subculture)①概念,与发生在社会主流层面上的国体变动和政权更替,不属于同一层级,因此不会也没有必要将"时代背景"作为证明本身合法性或合历史性的要素;换言之,建国后一段时间内问世的新谱,虽然一定会顾及鼎革剧变给整个文化环境带来的巨大影响,但不会立刻对尚在建立过程中的、具有与传统不同的新型意识形态定位的新政权、新制度作出实质性的反应,存在一个或长或短的观望期、适应期和过渡期是合乎常理的。既然传统会延续,"新社会"的到来又须经历缓慢的阵痛,新谱所具之各类"新"特征,因此也会有一个逐渐成型和积累的过程。当然,以建国及新政权建立前后为谱牒之新、旧边界,毕竟可使新谱获得一个起点,保证研究的顺利开展。

过程层面。又可分为两个阶段。第一阶段指新中国成立后三十年间(1950—1979)所出新谱,也就是本课题关注的阶段。具体包含以

---

① 又称"副文化",指与主文化相对应的那些非主流的、局部的文化现象;是在主文化或综合文化的背景下,属于某一区域或某个集体所特有的观念和生活方式,所以又称"集体文化"。一种"亚文化"不仅包含着与主文化相通的价值与观念,也有属于自己的独特的价值与观念。判定和研究"亚文化"的一个决定性要素,是要了解"一个类型的其他成员,或者那些沉溺于某种独特行为的人们所共同享有的道德价值准则、组织结构的人为现象和自居作用,究竟到达何种程度。……有的亚文化群,非但与众不同,而且与主要的文化价值相对抗;如果这样,它们就被恰如其分地称为反主流亚文化群"。参见亚当·库珀主编、小詹姆斯·F·肖特执笔,章克生译《社会科学百科全书》,上海译文出版社,1989 年,第 773 页。宗族、族谱是"亚文化群"现象,但肯定不属于"反主流亚文化群"。

下三类：

（1）文稿主体编定于新中国成立前、问世已在新中国成立后之谱，可称为"新旧谱"。

（2）对旧稿主体作部分修改后新刻、新抄、新印之谱，可称为"半新谱"。

（3）新中国成立后开始起草并完成的新编、新撰、新印之谱，可称为"全新谱"。

就三十年新谱的整体发展态势而言，三种类型所占比例并非固定不变，期间亦有高低起伏的波动。大致说来，1949年下半年至1950年代末，以第（1）、（2）类为主，第（3）类为辅；1960年代初至1970年代末则以第（3）类为主，第（1）、（2）类为辅。这是因为历经合作化、人民公社化、大跃进、社会主义教育运动等一次比一次全面深刻的政治洗礼，新中国成立前问世的旧谱已退出公众视野或损耗殆尽。谱牒不编则已，若编，则无"旧"可凭，只能重新开始，"全新谱"因而逐渐成为新谱主流。当然，各地具体的新谱种类比重常有特殊表现，须结合地方社会环境的特点作细致分辨。

至于以1979年为第一阶段下限的理由，一是出于习惯上对年代跨度的整数考虑；二是就中国大陆而言，1980年以后开始正式进入了国家改革开放、社会重新整合的新时期，1979年则仍处于新中国成立以后的建政期与摸索期。以1979年为界，将新中国成立后的新谱分为前三十年与后三十五年两个阶段，符合中国大陆社会的实际变化。

谱牒是现实宗族在文本上的表现形态，虽非直接、同步的"模写"，但迟早必依宗族生存条件的变化而变化；对推动宗族从传统的"村-族"聚居方式，向代表了现代化趋势的"城-乡"散居方式演变起到关键作用的，是以限制人口自由流动为基本特征的现行户籍管理制度的逐步放松，和1985年前后人民公社制度的走向解体。因此，虽然以新中国成立后前三十年所出新谱为研究的重点，也一定要将1980年以后的新谱发展纳入研究的宏观视野中。

第二阶段指 1980 年以来直至当下所出新谱,时间已达三十五年。中国大陆多数地区都在 1980 年代完成了"文革"后的第一次重新修谱;所出新谱在编撰上体现出的主要特点,是以前述第(3)类为主,第(1)、(2)类为辅。然而,此时宗族所处的外部环境已较前一阶段发生了巨大变化。宗族文化固然还未被社会主流价值认可(至今也仍未被完全认可),但修谱、散谱活动(甚至包括跨地域的类似活动)一般情况下已不再被视为政治上的异端;所获得的宽松政策和宽容对待,已超出了所有生活于前三十年间的宗族成员之所能想象。这是观察此一阶段新谱特征不可忽略的重要前提。

除此之外,第二阶段新谱还有一个明显区别于前一阶段的特点。自政社合一的人民公社解体后,全国范围内人口频繁流动,城市(镇)化大规模、高速度推进,农村宗族已普遍出现了世系认同与聚居形态分离的趋势,传统的"村-族"聚处方式和新中国成立后对跨地域串联的严禁措施已难照常维系。特别须提及的是,由于互联网和无线通讯技术的高速发展,导致最近二十五年所出新谱在体例、内容、介质、形态上已经实现了全方位的突破。当然,这一时期仍有许多对旧谱的新刻、新印(影)和新抄以及数码化制作①,但那主要是为了抢救有研究价值和有商业前景的珍贵历史文献,而非"借壳上市"般的利用。此一阶段新谱的主体,已不再是"新旧谱"、"半新谱",而是新编、新撰、新印,且被赋予新目标、采取新形式的"全新谱"。

对新谱基本定义和阶段划分作上述说明是否合理,尚待研究实践的检验,笔者亦愿意随时加以修正。无论如何,对新谱的研究与评价,总要以确定新谱概念的能指与实指为逻辑前提,否则即溢出学术范围,自另当别论。

---

① 如 1990 年北京燕山出版社影印清同治间纂修抄本《五庆堂重修曹氏宗谱》(不分卷);1992 年广东省中山图书馆复印清宣统二年抄本《清远坭围大坑狗圂村李氏族谱》(不分卷)一册。位于浙江省金华市的北京史志谱数码科技有限公司亦从 2003 年起挑选多种名谱名志,扫描制成大量便于收藏阅读的数码光盘。

二

在中国谱学史研究著作中,凡提及新中国成立后三十年的大陆谱学发展,总会作出"中断"、"沉寂"或类似的概括;凡提及1980年以后三十五年的谱学成就,又总会认为"这是中国历史上修谱的继续与发展、延伸与创新。短短几十年内形成的这股编修新谱热潮,其声势之大、数量之多、影响之深,远远超过了中国历史上编修家谱的任何一个历史阶段"①。然而,若要请教这一"热潮"是对"中国历史上"哪个时段的"继续与发展、延伸与创新",给出的答案却往往在模糊与清晰间徘徊,难以落实。一般的回答当然都泛指明、清以降及至1949年前的民国,而不会包括新中国成立后三十年。但很明显,这不符合中国谱学的实际状况,新中国成立后三十年所出大量新谱怎能用"中断"、"沉寂"轻轻带过?

有一组数据曾被广泛引用,并在当代谱牒史上发生过重要作用。在作为"社会主义教育运动"纲领性文件之一的《中共中央关于目前农村工作中若干问题的决定(草案)》(即《前十条》)中有七个附件,其中第二个为《东北、河南报告两件》。"河南报告"的呈送日期是1963年4月15日。该报告声称,在河南省的90个县中发现"续家谱一万多宗……不少党员、干部参与了这些活动,有些甚至是他们带头干的"②。这组数字根据的是县、公社、大队干部的汇报和揭发,存在明显的夸大甚至臆测,但谱牒曾在河南省被普遍续修,且达到过一定的规模,则应是一个基本的事实③。由于这是向最高领袖及中央主管部门郑重呈报的"反面典型",对全党全国"以阶级斗争为纲"认识新谱、处理新谱,发生了巨大的推动和示范效应,也成为谱学史研究不能忽视、更不能忽

---

① 王鹤鸣《中国家谱通论》,第247页。
② 《河南省委关于当前农村社会主义教育运动情况的报告》,收入中共中央文献研究室编《建国以来重要文献选编》第16册,中央文献出版社,1997年,第302页。
③ 参见《清华大学学报》(哲学社会科学版)2015年第6期所刊笔者专论《中国现代谱牒性质转变的重要节点——以〈前十条〉附件中的"河南报告"为中心》。

略新中国成立后三十年所出新谱的充分理由。

笔者根据上海图书馆编《中国家谱总目》、美国犹他家谱学会所藏中国家谱目录，配以个人收藏和其他来源，逐年统计了新中国成立后三十年大陆地区所出新谱，其中仅《总目》一处就著录1150种。现每年选列一种如下：

浙江缙云，《清河张氏宗谱》十一卷，1950年，木活字本十二册。

江西兴国，《王氏联修族谱》不分卷，1951年，晋贤堂木活字本存八册，五修本。

山东济宁，《东原陈氏族谱》十二卷，1952年，正己堂石印本十二册。

福建晋江，《温陵晋邑古西吴氏迭轩公派下分支家谱》，1953年，修本一册。

山东诸城，《诸城丁氏茂甲庄支谱》，1954年，铅印本一册。

山西沁县，《后羊霍氏宗谱》，1955年，抄本一册。

青海西宁，《李氏家谱》，1956年，抄本一册，二修本。

陕西武功，《韩氏族谱》三集本，1957年，抄本九册，三修本。

广东东莞，《水边吴氏族谱》，1958年，抄本一册。

浙江苍南，《横㳇武都章氏六修宗谱》二卷，1959年，木活字本二册。

青海湟中，《湟中杨氏宗谱》不分卷，1960年，抄本二册。

山东栖霞，《前亭口李氏谱书》，1961年，稿本一册，二修本。

河南太康，《刘氏族谱》，1962年，油印本四册。

辽宁盖州，《盖州青石岭后蚂虹嘴村李氏家谱》，1963年，一册。

四川新都，《薛氏族谱》不分卷，1964年，抄本一册。

福建晋江，《晋江桐城龚氏家乘》，1965年，油印本一册。

广东信宜，《信宜陆氏族谱初稿》，1966年，稿本一册。

广西贺县，《古氏族谱》不分卷，1967年，抄本一册。

浙江平阳,《济阳郡丁氏宗谱》,1968年,木活字本一册。

广东陆丰,《彭氏天佑公派支谱》,1969,稿本一册。

安徽歙县,《古歙谢氏统宗志》,1970年,铅印本四册。

广东宝安,《宝安县霸刚乡洞梓村黄江夏堂族谱》,1971年,黄华宫蓝字抄本,一册。

浙江苍南,《灵溪镇晓峰村冯翊郡岳氏五修宗谱》一卷,1972年,南港文新斋木活字本一册。

江西万载,《万载义井龙氏重修族谱》,1973年,忠孝堂铅印本二十四册。

浙江苍南,《豫章郡罗氏宗谱》,1974年,越国堂木活字本一册,四修本。

广东蕉岭,《谯国戴氏族谱》四十八卷,1975年,铅印本一册。

河南浚县,《申氏家谱一卷》,1976年,稿本一册。

云南龙陵,《段氏宗谱资料》,1977年,稿本一册。

浙江平湖,《乍浦东陈氏族谱稿》不分卷,1978年,抄本一册。

浙江苍南,《灵溪对务西山江夏郡黄氏宗谱》,1979年,木活字本一册。

以上虽然只从每年所出新谱中选列了一种,但已可初步表明,对于建立一部完整的中国谱学史的目标来说,新中国成立后三十年所出新谱显然是一个不能忽视、轻视的重要阶段;没有对这个阶段的正视、重视,就不可能在"继续与发展、延伸与创新"的宏观视野下,对中华民族在1979年以后三十五年间取得的谱学成就及其意义进行正确评价。

若再按省别进行大致统计,更可显示其分布的广泛性。如在《总目》著录的新中国成立后三十年所出新谱中,谱籍所在大陆各行政区的数量分别为:安徽8种,北京1种,福建151种,广东202种,广西7种,贵州3种,海南7种(原属广东),河北3种,河南18种,湖北16种,湖南184种,江苏69种,江西41种,辽宁10种,内蒙古1种,青海7种,山东70种,山西7种,陕西19种,上海10种,四川14种,浙江250

种,云南4种,重庆3种(原属四川),"全国"36种,"世界"2种,不详7种。如果参考其他收藏单位(如美国犹他)的目录,或细读某些旧谱,以上数字将会被轻易突破。兹举山西省沁县族谱为例:

  1.《总目》著录,山西沁县,《连氏宗谱》不分卷,1941年,抄本一册。美国犹他影印本则为1963年续修本。

  2.《总目》著录,山西沁县,《张氏族谱》一卷,1913年,稿本一册。据美国犹他摄复印件,该稿本内含1960年新改、新注内容。

  3.《总目》著录山西沁县霍氏谱抄本共4种,美国犹他补充沁县霍氏谱1955年抄本2种,1963年抄本1种。

某地一位资深谱学研究者亦向笔者提供了12种《总目》未收新谱:

  1.《常德梁氏族谱》,1950年,刻印本。

  2.《桓台张家埠张氏世谱》,1950年,石印本。

  3.《肥城辛氏族谱》,1951年,刻印本。

  4.《董氏宗谱》,1951年,刻印本。

  5.《东原陈氏家乘》,1951年,石印本。

  6.《湖南新邵银禄朱氏五修族谱》,1952年,刻印本。

  7.《肥城县刘氏族谱》,1961年,刻印本。

  8.《济南赵氏族谱》,1962年,铅印本。

  9.《东平府汶阳贾氏族谱》,1962年,刻印本。

  10.《古滕张氏族谱》,1962年,刻印本。

  11.《玄氏宗谱》,1963年,刻印本。

  12.《江西泰和阙城罗氏草谱》,1972年,刻印本。

以上几种资料只是冰山一角,大致已能从数量规模、地域分布、年度频次等角度证实中国大陆在新中国成立后三十年谱牒的编撰活动从未停止,不存在"中断"问题;研究者可以、而且也有必要对其进行阶段划分,却没有任何理由怀疑中国谱学发展在事实层面所具之连贯性。

三

新谱研究的学术价值从理论和事实层面应能得到初步确定,据此还可作进一步的展望和期待。

第一,新谱与旧谱间存在"自然衔接"。第一节所说新中国成立后三十年间所出新谱中,有一种"文稿主体编定于新中国成立前、问世已在建国后之谱",此即所谓"自然衔接"。新中国成立后最初几年所出新谱大多具有此类特征。兹举数例。

1.《总目》著录,江苏武进《瓯山金氏常州缸行街支谱》,金璞如纂修,1951年铅印本,上海图书馆、常州图书馆等藏。据二十世孙金璋等撰谱跋,该谱的基本资料,来源于金璞如"先考惟三公、先堂叔赞卿公"早年编辑的《武进缸行善房存鉴派草谱》,经1940年、1947年"两次列表,备函采访",皆因战乱而中止。1948年底,金璞如"根据草谱,详叙来源,知者补之,不知者缺之,经年余之整理,复经紫佩数次之校雠,然后马丁与明毅亲手排印",终告落成,时间已在1951年①。

2.《总目》著录,无锡《吴氏全国大统宗谱》,1951年铅印本,上海图书馆藏,美国犹他摄复印件。据吴荫渠撰谱序,该谱"开始于公元一九四八年夏,完成于一九五一年冬,历时四载"。

3. 湖南新邵《银禄朱氏五修族谱》,1952年木活字本。据该谱扉页:"民国三十八年己丑八月开雕于银禄祠,中华人民共和国公元一九五二年壬辰仲春月谷旦于长稼冲告成。"

以上三谱,按起草、编定时间应为旧谱,按印成、问世时间则已为新谱,旧、新两种形态之间实现了"自然衔接";华北、华南、华中各地建国初期的新谱大多如此,因此非罕见特例。新中国成立初期,百废待兴,政府倾全力于"大事",无暇整顿传统,这就形成了"自然衔接"所需要的外部环境,而宗族世系本身之延续性,亦为其关键内因。若欲清

---

① 参见拙文《略论〈瓯山金氏常州缸行街支谱〉的研究价值》,《山西大学学报》(哲学社会科学版)2014年第6期。

理某族近代以来至1950年代初为止的世系传承及迁徙分化状况,这类"自然衔接"而成的新谱是重要的基本资料。

第二,基层社会自我满足的"价值追求"。新中国成立后历次政治运动固然雷霆万钧,所向披靡,但宗族活动自有其特定的"小共同体"范围和内容,一般不需要张扬和排场,在正常情况下都以低调和内敛处世,尤其是凭个人或少数人的投入即可完成的修谱更是如此。在政治运动开始逐步升级的1960年代,仅《总目》著录的现存新谱就有269种;即便在最触及灵魂的十年"文革"期间,仍有236种,不免令过来人瞠目。当年,所有倡议和参与修谱者都被认定怀有复旧的反骨,现在看来显然不符合事实。这批宗族成员只是在坚守一种宗族性文化价值而已;在他们看来,将本族世系的传承情况准确记录下来并流传下去,是最平常、也是自己最应该做或能够做的事,虽不能强盛"大共同体"的国运,却与外世无争,与外人无关。以下摘录山西省沁县《唐村温氏家谱》序言的部分内容,由温氏十七世孙温如圣撰于1963年1月,感情真挚朴实,忠厚坦诚,可视之为心声:

我们温氏宗谱,自1877年(光绪三年)大遭饥馑,人们生命难保,顾不得一切,将宗谱宗轴一并失落。1886年(光绪十二年),有十五世祖儒、东铭等先公,费了很大力气,受了不少辛苦,向年长访问,细密追踪。可是人们记不清远年祖先,因之八世以前仅列祖讳。长、二门合叙一本,三门另叙一本。都是半路截起,首世七祖,不合乎我氏传说"一传三门"。后人续叙两次,也没再作稽考,只是照例抄录。1932年(民国二十一年),有十五世祖"清"指导帮助十七世依仁、常润等,亲到南里祖茔,照对推测,结合实际,谱首增加了两世先祖,三门合成一门,以标志一脉相传,免分门别户之亲疏。并一式叙了三本,按长、二、三门分别保存。迄今三十年,经抗日战争、自卫战争、土地改革以及各个时期的运动,宗族不知啥时又致失落。细密追究,仅三门十六世"先纲"保留一本,也被鼠咬破烂不堪。愚等恐再受损失,将先人之宝贵遗传尽弃,无法接叙。遂约十余人,通过全族人商议,一致同情,重新振叙,设法叙得更清楚一些,以资后人陆续追叙详尽。……此次叙谱,共需工二百余个,花洋九十余元,费了不少力气,受了不少辛苦。希望后世子孙,慎重保存,以达承先启后,报本追远,尽为人后者之义务,万不可漠不关心,看作废物,造成千百世之遗憾,是我们之至嘱。

山西省1963年所修新谱如果传至中枢,在刺激最高领导下定决心扩大"四清"运动规模方面,一定会像河南新谱一样起到同样的作用。河南新谱虽然大多已不存于世,但读了上引山西沁县温氏谱序后或可体会,民间修谱之所以会激怒当时的决策者,除了某些群体性串联活动会引起高度政治警觉之外,以天下为己任的新文化、新生活创造者,对恪守"统宗收族"、"尊祖敬宗"的宗族文化价值的隔膜、不屑,也是重要原因。幸亏社会主流价值已告别了偏执偏激,认同并崇尚兼容互尊。笔者曾在江西泰和农村宗族的研究中,很正面地理解过与宗族文化价值有关的历史感与归属感问题,读者可以参见。

第三,宗族向"后宗族"形态转型在文本上的反映。传统宗族形态的基本特征是世系(宗)与聚居(族)的统一;"后宗族"形态则是世系与聚居的分离,对世系的认定与认同,逐渐成为与聚居及其功能相脱离的一种文化活动。这是一个演变期很长的历史过程,大约从明中期以后开始,一直到当代仍在不断进行,并有可能成为中国宗族完成现代转型的一个重要指标,其中尤以江南及华南地区的表现为典型。"后宗族"形态的产生,既与族外的社会动荡、战乱兵燹有关,也与族内的世系分支、迁徙分化有关。反映在谱种上,就是联宗类谱牒的广泛编撰。与联宗、联宗谱和"后宗族"形态有关的理论问题,笔者已有系统阐述[①],此不赘述。

在《总目》著录的1949年末至2007年大陆所出9883种新谱中,联宗类谱到底有多少是一个需经鉴别方能把握的数字,若凭谱名联

---

① 参见拙著《血缘与地缘之间:中国历史上的联宗与联宗组织》(2001);《宗族的世系学研究》(2011);《论"后宗族形态"》,《中国农业大学学报》(社会科学版)2011年第4期。

想,则不易作出准确判断。1960年,日本学者多贺秋五郎根据谱内反映的族类结合性质,将他当时所见、所知的中国谱牒,分为"宗族统一体"(狭义宗谱)、"宗族复合体·联合体·统合体·流通体"(广义宗谱)两大类。所谓"狭义宗谱"主要指宗谱、族谱、谱、世谱、谱略、谱录、谱传、谱书、家谱、家乘、家传、家记、家志、房谱、世系谱等;而"广义宗谱"则指通谱、全谱、统谱、大同宗谱、会谱、联宗谱、统宗会谱等①。实际上,名属"狭义宗谱"、实为"广义宗谱"(即上文所说"联宗类谱")的例子很多,如山西省沁县《沁县牛家巷牛氏宗谱》②、山西省襄垣县《连氏宗谱》③等,都是由某地某族发起、连接散居各地同姓为特征的联宗谱。目前,笔者已根据严格且便于操作的学术定义,在可见资料范围内,对新谱中的联宗类谱进行细致分类,有关数据将公布于其后的综合研究中。

中国新谱所涉及的地区包括大陆、港台和海外三大部分。就新谱研究的学术潜力而言,除大陆外,最主要的应属对台湾新谱的研究。谱学研究者对台湾地区1949年前、后所出谱牒的研究成果,目前主要集中在目录学领域。如1987年陈美桂所编《台湾区族谱目录》,著录台湾新、旧谱牒共10613部;2001年陈龙贵所编《台北故宫博物院所藏族谱简目》,著录台湾新、旧谱牒共10300部。加上其他收藏单位所著录者,总数达36600部(一说扣除复本为28846部),其中1949年以后所出新谱约占80%。2008年上海图书馆《中国家谱总目》出版,据笔者统计,在共总52401种谱类文献中,台湾1949年至2003年所出新谱为5779种。最近十年的新谱数量已有初步统计,正在进一步核实、分析中。

对于1949年以来的台湾新谱,谱学研究者的一般观点是:(1)可

---

① [日]多贺秋五郎《宗谱的研究·资料篇》第一部《解说》之八《宗谱的分类》,第45—50页,东洋文库论丛第45,东洋文库,1960年。
② 山西沁县《沁县牛家巷牛氏宗谱》,牛青山主编,2012年简体排印本,美国犹他摄影本。
③ 山西襄垣《连氏宗谱》,1941年抄本,1963年续修本。《总目》277—0004,山西家谱、美国犹他摄影本。

以说明台湾居民继承并发扬光大了中华民族优秀的文化传统；（2）反映了98％以上的台湾居民与大陆各省区存在紧密的血缘关系；（3）充分表达了台湾人民寻根问祖、心向大陆、回归祖国的强烈愿望。这些观点当然总体不错，但仍可以从以下几方面着手，努力提高学术水准。

第一，1949年以前的台湾，不过是脱离日据、回归祖国不久，且远离中国现代政治、经济、文化核心的边陲省份之一，对于中国乃至世界而言，其重要性远非1949年以后的台湾可比。因此，1949年以前的台湾谱牒，充其量只是中国一省之谱牒（如浙江、江苏等省一样，但地位却远远不及），而1949年以后，随着各省移民的大量进入、长期定居和台海架构的逐渐确立，台湾岛内逐年新修积累的谱牒，已成为罕见的"中国谱牒之窗"。这在中国文化史和谱牒史上都具有极重要的地位，值得精确统计，认真研究。

第二，谱学研究者曾经普遍认为，中国传统谱牒的发展历程，随着新中国的建立，在大陆地区已基本中断，没有中断且有所发展的，只是在台湾地区。这个观点已被上文基本"证伪"——大陆谱牒的编撰步伐虽然放慢，规模亦有所缩小，但谱学传统本身则没有中断。即便某族在三十年间没有编谱，也不能成为"中断"说的证据，因为"修谱间隔一般为三十年。……三十年一修是修谱的常识"①，如限于主客观条件，间隔四十年或五十年方完成重修，也都在被允许的范围之内。需要指出的是，1980年代以后台湾新谱的发展并不是孤立或独立的，而是与大陆地区1949年后不绝如缕、1979年后不断加速的新谱编撰活动及其成果积累，有着不可分割的关系。大陆新谱与台湾新谱互相影响，互相促进，共同营建了中国现代谱牒发展的全局。将台湾新谱置于包括大陆新谱在内的整个中国现代谱牒发展的大背景下，是提高1949年以来台湾新谱研究水准的重要基础。

第三，在谱牒学的逻辑框架中，不仅包含了对谱牒功能、谱牒资料的研究，还包括了对谱牒类型和谱牒样式的分析。1949年以来的台湾

---

① ［日］多贺秋五郎《宗谱的研究·资料篇》第一部《解说》之八《宗谱的分类》，第57页。

新谱,在对传统谱牒类型、谱牒样式的继承、创新方面,提供了远比同时期大陆新谱丰富、生动得多的现代样本,为中国谱牒学的发展作出了重要贡献。

第四,1949年以来的台湾,经历了都市中心化—农村城镇化的发展道路,完成了由传统宗族向"后宗族"形态的转型,谱牒的编撰亦从多方面反映了城市(镇)化过程中脱离了"村-族"聚居状态的城镇居民对传统文化形式的需求。对于正在经历这一过程的大陆居民来说,台湾新谱走过的道路(包括商业运作机制),是一项值得认真借鉴的重要经验。

总之,台湾新谱的发展以及在中国谱学史上的地位,都离不开大陆新谱,离不开对大陆新谱的认真研究和系统总结。

就一般的判断而言,在中国,汉人宗族以及其他一些具有血缘-世系性质的团体(如宗亲会等),在现代生活中所占据的地位与作用呈递减趋势这一点应该不会和世界其他地区出现什么根本的区别,但这并不能证明它们不具备文化上的合理性。由宗族文化传统所代表的那种对自身及其所属群体价值的深刻的历史性认定,恰恰是现代商业社会中的人们所缺乏的一种修养和境界。从这个意义上说,作为一种可以大致反映当代中国宗族文化价值的文本形式,新谱的持续出现以及相关人群的广泛参与,既不是偶然的和随心所欲的,更不是没有意义的。由于各种类型的新谱还在大量产生,前所未见的问题将层出不穷。就中国谱学史而言,包括新谱在内的所有现存谱牒,显然都只是某一历史阶段的产物;科学化的研究既需要对资料进行广泛收集,系统整理,更需要在理论和实践两个层面周密设计,精心部署,分区调查,分题落实。笔者相信,随着对新谱研究的深化,中国谱学史将与时俱进,更加贴近生活,更加丰满真实。

本文为教育部人文社会科学研究规划基金一般项目《建国后三十年间所出"新谱"研究》(批准号:13YJA770025)、上海市教委科研创新

(人文社科类)重点项目《三十年来中国大陆城市新编谱牒研究》(批准号:14ZS116)中期研究成果。其中部分内容曾以《关注新谱》为题,发表于《光明日报》2014年5月27日《国学版》。

"文革"新谱研究

钱 杭

从1966年5月16日《中国共产党中央委员会通知》宣布开始、至1977年8月12日中国共产党第十一次全国代表大会宣布结束的"无产阶级文化大革命"(以下简称"文革"),给中国大陆社会造成负面影响之深、之广、之巨、之久,绝大多数国人感同身受,已成共识;在"破四旧"、"立四新"、"斗私批修"、"批林批孔"旗号下,对各类传统文化标志和基本价值观毫不手软的大规模扫荡,更把中国这个古老的"礼仪之邦"折腾得伤痕累累,面目全非。本文关注的角度,不是从政治上、体制上、理念上清算和反思"文革",也不是解谜破案,而是"文革史"研究尚未涉及的一个特殊领域——"文革"十二年间由中国大陆城乡居民编修而成的新谱。有关问题大致按以下三个层次展开:

第一,"文革"新谱的分类及数量统计。

第二,"文革"新谱在中国谱牒编纂史上的地位。

第三,在"文革"新谱中,相关人群如何理解国家与宗族的关系。

一、分类及数量统计

就如此前任何时代一样,"文革"十二年间大陆地区居民究竟编修了多少新谱已不可能有一个确数,目前能够做的,主要是根据现存文本、现有目录和田野调查进行粗略统计。

上图《中国家谱总目》著录中国大陆地区居民1966年至1977年间编辑问世(内含部分在境外印刷者)的新谱目录共190种。山西省社会科学院家谱研究中心收藏"文革"期间新谱16种,其中7种未见于上图《总目》。美国犹他摄复印件另有2种。笔者田野调查所摄5种。山西大学张俊峰教授所摄1种。

——以上细目略。

综合以上渠道,"文革"十二年间大陆所出新谱劫后余生的存目、存谱共205种。笔者相信,随着调查研究的进一步深入,这个数字一定会被轻易突破。

205种"文革"新谱分属19个省级行政区,数量位居前四名的分别是:浙江78种;广东68种;福建19种;山东16种。

位于其后的分别是:江西5种;河南3种;江苏、上海、四川各2种;安徽、海南、湖南、云南、广西、湖北、陕西、河北、辽宁、山西各1种。

十二年间,各年份、各地区的分布情况是:

1966年17种(江西2种,广东7种,山东5种,福建、河北、浙江各1种)。

1967年9种(福建2种,广东4种,广西、山东、浙江各1种)。

1968年14种(浙江3种,福建2种,广东6种,辽宁、山东、四川各1种)。

1969年10种(福建2种,广东、浙江各3种,湖北、上海各1种)。

1970年11种(湖南1种,山东2种,广东8种)。

1971年8种(广东7种,山西1种)。

1972年5种(广东2种,山东、江西、浙江各1种)。

1973年13种(江西2种,广东6种,安徽、山东、陕西、上海、浙江各1种)。

1974年13种(广东4种,浙江9种)。

1975年40种(广东9种,海南、四川各1种,福建、山东、江苏各2种,浙江23种)。

1976年45种(福建、广东各7种,河南2种,山东1种,浙江28种)。

1977年20种(福建3种,广东5种,河南、云南各1种,山东2种,浙江8种)。

二、在谱牒史上的地位

"文革"新谱的规模普遍较小,这一点与新中国成立之后、改革开放之前大陆各地所出新谱的一般特征相同。比如,上节著录的205种"文革"新谱共271册,平均册数为1.4册,其中2册本11种,3册本6种,4册本3种,5册本3种,6册本2种,7册本1种,8册本1种;其余178种,全是1册本,约占总数的86.3%。

由于战乱和社会动荡导致的资料散失,使得当代谱牒研究面临的一个普遍状态,就是将"连续性"置于其价值首位的这一历史文献的"连续系列"出现了难以弥补的断裂。对于研究者来说,符合常态且行之有效的策略,是以现有存目存谱为基点,通过各种途径,使用各种方法,细心寻找必要线索,努力再现和恢复"文革"新谱作为连续性历史文献之一个发展阶段的基本性质。这一方法可以使用于任何一部新谱,也可以为概括某一区域特征,使用于该区域内所有符合一定标准的新谱。对于本文的研究目标来说,概括"文革"新谱的区域特征似乎具有更为重要的意义。

以下以浙江省为例。

前引上图《总目》及其他渠道一共著录浙江"文革"新谱78种,位居大陆地区存目存谱数量之首(38.2%),资料相对集中;此外,又有《浙江家谱总目提要》[1]、《浙南谱牒文献汇编》[2]、《姚江谱牒总目提要》[3]、《浦江宗谱文献集成》[4]等工具书和资料集以供对读,具有较好的研究条件。

在浙江已知78种"文革"新谱中,有22种标明了该版为族谱系列之"×修本",清楚地显示了族谱文献所特有的连续性质。但就每一部

---

[1] 《浙江家谱总目提要》编辑委员会编著《浙江家谱总目提要》,浙江人民出版社,2005年。以下简称"浙江《总目》"。
[2] 郑笑笑主编《浙南谱牒文献汇编》第3辑,香港出版社,2008年。
[3] 叶树望主编《姚江谱牒总目提要》,浙江古籍出版社,2012年。
[4] 陈舒平等主编《浦江宗谱文献集成》(全十册),上海古籍出版社,2012年。

具体的族谱而言,除了"×修本"这一点可作为直接证据外,其连续性质的确认和连续线索的落实,在程度上还存在一些差别。若大致区分,可有以下四种类型。

第一种,由于著录了"×修本"之前的某一版本,"文革"新谱之"×修本"的连续性质,即可获简捷证明。如1969年苍南《西河郡林氏宗谱》,为八修本。上图《总目》171—0127号"提要":

> 《西河郡林氏宗谱》,林定叶、林杰纂修。1969年九木堂木活字本,一册。书名据卷端题。八修本。先祖同上。谱载序言、凡例、世系。苍南县矾山镇文昌路林上树。

既然"先祖同上",说明此前某一版的族谱已经有所记载。上图《总目》171—0126号"提要":

> 《西河郡林氏宗谱》一卷,(清)林一棱、林淑斌纂修。清乾隆三十一年(1766)九木堂木活字本,一册。书名据卷端题。谱初修于明万历间,是为七修本。始祖干,字汝初,号常春,宋代迁居福建德化县樟溪村。始迁祖茂森,字光荣,清康熙间再徙浙江平阳县厝基仔村(今属苍南县矾山镇)。谱载序、名人传、诰命、遗像、坟图、祠图。苍南县矾山镇文昌路林上树。

比照两条提要,可知1969年的"八修本"与1766年的"七修本"在体例、内容上存在一系列重要差别;然而,林干、林茂森的子孙们之间确定无疑的世系联系以及以此为基础的宗族文化认同,在间隔了二百零四年后,还是以这种简略的内涵、庄重的样式(木活字本),在1969年的"文革"浪潮中接续起来了。其间的"动力"究竟为何,颇值得玩味。

在上图《总目》提要中,将"文革"时代的"×修本"与该族族谱编纂史上的"初修""始修"联系起来的记录很多。在浙江范围内有:1968年平阳《陈氏重修宗谱》:"本谱始修于清康熙二十六年,此为七修本"[1];

---

[1] 参见上图《总目》318—0947号提要,但"载至第二十二世'禮'字辈","禮"应为"體"。浙江《总目》03455号提要:"世系修录至第二十二世,排行字为體。本支派排行字自十世起:祖升孔日可经大光士希贤圣體家修定应献。"

1974年平阳《颍川郡陈氏重修宗谱》："谱初修于清嘉庆二十三年,此为七修本"①;1974年苍南《豫章郡罗氏宗谱》："谱初修于清同治间,此为四修本"②;1975年平阳《太原郡王氏重修宗谱》："谱初修于清光绪四年,此为五修本"③;1975年平阳《南阳郡邓氏重修宗谱》："谱初修于清道光二十八年,此为六修本"④;1975年苍南《荥阳郡郑氏宗谱》："谱初修于清雍正间,此为四修本"⑤;1976年苍南《西河郡卓氏宗谱》："谱初修于清道光间,此为五修本"⑥;1976年瑞安《阁巷陈氏宗谱》："十三修本,先祖同上"⑦;1976年瑞安《大南平阳坑蛟池王氏宗谱》："六修本,先祖同上"⑧;1976年瑞安《平阳坑荥阳郡潘氏宗谱》："谱初修于清道光八年,是为七修本"⑨;1976年文成《鲁氏宗谱》："谱初修于1948年,此为二修本"⑩;1977年瑞安《汝南郡周氏宗谱》："谱初修于清道光二十一年,此为四修本"⑪;1977年苍南《大渔小岙王氏宗谱》："六修本,先祖同上"⑫;1977年平阳《范阳郡卢氏宗谱》："谱初修于清道光二十五年,此为五修本"⑬等。

第二种,上图《总目》虽著录了"文革"新谱为"×修本",却未指明此前版本为何谱,因此,可证明该版所具连续性的一些明确信息,还需借助其他资料才能补足。如1977年平阳《颍川郡陈氏重修宗谱》,为二修本。上图《总目》318—0949号"提要":

---

① 参见上图《总目》318—0948号提要、浙江《总目》03456号提要。
② 参见上图《总目》585—0661号提要、浙江《总目》86508号提要。
③ 参见上图《总目》014—1041号提要、浙江《总目》00210号提要。
④ 参见上图《总目》496—0029号提要、浙江《总目》05758号提要。
⑤ 参见上图《总目》488—0345号提要、浙江《总目》05653号提要。
⑥ 参见上图《总目》181—0010号提要、浙江《总目》02001号提要。
⑦ 参见上图《总目》318—0878号提要:"谱初修于南宋隆兴元年";318—0879号提要:"1926年木活字本二册,……十二修本。"
⑧ 参见上图《总目》014—1004号提要、浙江《总目》未收。
⑨ 参见上图《总目》521—0151号提要、浙江《总目》05989号提要。
⑩ 参见上图《总目》514—0014号提要、浙江《总目》05963号提要。
⑪ 参见上图《总目》199—0467号提要、浙江《总目》02185号提要。
⑫ 参见上图《总目》014—1074号提要、浙江《总目》未收。
⑬ 参见上图《总目》538—0091号提要、浙江《总目》06106号提要。

《颍川郡陈氏重修宗谱》,陈正裳修,孔庆生纂。1977年木活字本,一册。存卷一。二修本。始迁祖文鼎,清康熙间自乐清县移居平阳县鳌江村(今属鳌江镇)。存卷为序、凡例、祖训。世系载至第十二世"其"字辈。平阳县鳌江镇鳌江村陈波星。

该"提要"帮助读者了解了这部1977年谱的形制、卷册、渊源、迁徙、世系规模等内容,但由于没有说明"二修本"何以为"二",所以对其"连续性轨迹"的描述,还要依靠浙江《总目》中的相关内容:

【03457】《颍川郡陈氏重修宗谱》:□□卷/陈正裳主修,孔庆生编纂。1977年木活字本。一册。存卷一。二修本。始迁祖:文鼎,清康熙年间(1662～1722)自乐清县迁居平阳县鳌江村(今属鳌江镇)。本谱始修于1948年。世系修录至第十二世,排行字为其。本支派排行字:文元邦启系继朝益正也卜其昌居家永庆。卷一:谱序、凡例、祖训。平阳县鳌江镇鳌江村陈波星。

比照上述两种"提要",上图《总目》缺失了浙江《总目》"本谱始修于1948年"一句,而只有补足了这一句,读者才能明白这部1977年的"文革"新谱,是平阳县鳌江村陈氏宗族在时隔三十年后对民国旧谱的一次接续。

与此类似的浙江"文革"新谱有:1976年平阳《延陵郡吴氏族谱》,二修本①;1976年兰溪《渤海郡吴氏族谱》,七修本②;1976年平阳《颍川郡陈氏重修宗谱》,八修本③;1976年平阳《江夏郡黄氏纂修宗谱》,

---

① 上图《总目》135—0551号提要未指明此前版本,以浙江《总目》01273号提要补足:"本谱始修于1922年。世系修录至第一百一十四世。"

② 上图《总目》135—0414号提要未指明此前版本,以浙江《总目》01336号提要补足:"本谱始修于清同治元年(1862)。世系修录至第十四世。"

③ 上图《总目》318—0940号提要未指明此前版本,以318—0930号提要"清光绪十年(1884)抄本一册,七修本"补足。另参见浙江《总目》03448号提要:"本谱始修于明万历四年(1576)。"

二修本①，等。而1976年平阳《东海郡徐氏宗谱》（五修本）②，则由于上图《总目》无前谱记录，浙江《总目》更是未收该谱，所以须往当地检阅原谱后再补足相关信息。

第三种，某谱已有"×修本"和"初修"记录，满足了证明其连续性的一般要求，但在对连续性的深入探究中却发现，现有著录及提要存在一些问题。如此前已提及的1974年苍南《豫章郡罗氏宗谱》，为四修本。上图《总目》585—0061号"提要"：

> 《豫章郡罗氏宗谱》，罗纯好主修，罗纯虎纂修。1974年越国堂木活字本，一册。谱初修于清同治间，此为四修本。始祖升吾，明代自福建迁居浙江平阳县北港（今鳌江镇）。始迁祖应瑞，又名其桑，清代迁居本邑南山坪脚村（今属苍南县矾山镇）。谱载凡例、祖像、谱引、圣谕、族规、世系。苍南县矾山镇文昌二路罗纯定。

《总目》中谱籍为苍南县的罗氏谱仅此一部。由于苍南县1981年才从平阳县分立设县③，这部"四修本"的谱籍严格说应为"平阳县"，因此，如果要追寻"三修本"的踪迹，可能就要关注平阳县的罗氏谱。上图《总目》共著录平阳县三部罗氏谱，分藏于温州图书馆、上海图书馆和南京图书馆。从对这三部罗氏谱的说明来看，很难证明其中某一部是否为先于"四修本"的"三修本"：

> 585—0058 ［浙江平阳］《豫章郡罗氏宗谱》五卷，（清）郑许笙纂修。清光绪十四年（1888）木活字本，三册。书名据卷端题。始迁祖身官，字犹廷，明末清初携三子心丹、心明、心怜自闽迁平邑四十三都北港高桥。后又生一子心白，昆仲四人子孙分居平邑、

---

① 上图《总目》326—0398号提要未指明此前版本，以浙江《总目》03959号提要补足："本谱始修于清光绪十四年（1888）。世系修录至第十六世。"
② 参见上图《总目》297—0621号提要，该谱收藏者为"平阳县山门镇穹岭村徐焕畤"。
③ 浙江省民政厅编《浙江建置区划沿革》13《浙江省区划调整情况（1949—2008）》"1981年"，根据1981年6月18日，国函字[1981]68号批复，决定"将平阳县分为平阳、苍南2个县。苍南县人民政府设在灵溪镇，由温州地区行政公署领导"。第161页。

象山、瑞安、广化、永嘉、处州等地。谱载宗规、凡例、谱序、大泥塘志、诗、祠记、圣谕、规条、诸佛圣诞、家训、传赞、祠向、祀产、世次小引、行第、世系图、补遗。明代罗钦顺出于是族。温州图。

585—0059[浙江平阳]《豫章郡罗氏宗谱》不分卷,(清)罗礼锵纂修。清宣统三年(1911)木活字本,三册。书名据版心题。书签题《罗氏宗谱》。先祖同上。谱载谱序、凡例、世系、行传等。上图。

585—0060[浙江平阳]《豫章郡罗氏宗谱》不分卷,罗超纂修。1926年木活字本,四册。书名据目录题。先祖同上。南京图。

以上三谱的"先祖"相同,应视为一组具有连续性的、支派细节尚待确定的族谱,但因为与"四修本"所认定的始祖、始迁祖不同,因此互相间缺乏建立连续性关系的必要条件。然而,与上图《总目》相比,浙江《总目》对以上两部《罗氏宗谱》(585—0061号1974年"四修本"、585—0058号1888年版)的提要则有明显的不同:

【86508】[苍南]《豫章郡罗氏宗谱》:一卷/罗纯好主修,罗纯虎编纂。1974年越国堂木活字本。一册。四修本。始祖,升吾,明代自福建迁居浙江平阳县北港(今鳌江镇)。始迁祖:应瑞,讳其桑,清代迁居本邑南山坪脚村(今属苍南县矾山镇)。本谱始修于清同治年间(1862~1874)。世系修录至第十二世,排行字为大。本支派排行字自七世起:礼经纯正诚大有光宏济茂德。卷目内容:凡例、祖像、谱引、圣谕、族规、世系。苍南县矾山镇文昌二路九号罗纯定。

【06507】[平阳]《豫章郡罗氏宗谱》:不分卷/(清)罗义荷主修,(清)郑许笙编纂。清光绪十四年(1888)木活字本,三册。书名据卷端题。三修本。始迁祖:犹庭,讳身官,明末自福建漳州府城迁居浙江平阳县四十三都北港高桥村,其子复迁居本邑二十八都张家山下陛门村。本谱始修于清道光二十二年(1842)。世系修录至第十一世,排行字为纯。本支派排行字自九世起:礼经纯正诚大有光宏济茂德奕厚垂芳。卷目内容:宗规、凡例、谱序、大

泥塘志、诗、祠记、圣论、规条、诸佛圣诞、家训、传赞、祠向、祀产、世次小引、行第、世系图、补遗。温州市图。

就上引文字及包含的信息而言，两部提要关于1888年版《罗氏宗谱》的文字存在一些重要区别：

1. 上图《总目》提要无"(清)罗义荷主修"一句。

2. 上图《总目》提要无"三修本"一说。

3. 上图《总目》提要有"携三子心丹、心明、心怜自闽迁平邑……后又生一子心白，昆仲四人子孙分居"平阳等六处的内容。

4. 上图《总目》提要无"其子复迁居本邑二十八都张家山下陡门村"的记录。

5. 上图《总目》提要未提及"本谱始修于清道光二十二年"的历史。

6. 上图《总目》提要无世系范围及始于第九世的排行字号。

7. 上图《总目》提要有"明代人罗钦顺出于是族"的提示。

在以上七项不同中，第2、4、5、6项对于定位1888年罗氏谱与1974年罗氏谱的关系非常关键；第1项，如有最好，没有也无妨；至于第7项则有添足添乱之嫌。罗钦顺（1465～1547），是明代著名理学家，所在江西泰和罗氏宗族，源远流长，人文荟萃，是当地第一流的望族。罗钦顺自嘉靖六年（1527）致仕回乡，闲居二十年后去世，赠太子太保，谥文庄，其间未曾离家一步，有《困知记》、《整庵存稿》等著作存世。根据其自志、履历记、寿序、《明史》本传、神道碑、画像赞、祭文、学案等多种传记资料[①]，无论先世还是后裔，从未与福建罗氏和浙江平阳罗氏有过任何交汇。况且其去世之年时当明朝中期，远在平阳罗氏始迁祖罗身官"明末清初……自闽迁平邑"云云百年以前，所谓"明代人罗钦顺出于是族"一说，真不知从何谈起？

笔者可基本断定，1888年编纂《豫章郡罗氏宗谱》的平阳"张家山

---

① 参见罗钦顺《困知记》，阎韬《前言》，中华书局，1990年；胡发贵《罗钦顺评传》第1章《家世与生平》，南京大学出版社，2001年。

下陡门村"罗氏,与以罗应瑞(名其桑)为始迁祖的平阳"南山坪脚村"罗氏,是出于同一始祖的旁系支派关系。根据有三。其一,浙江《总目》06508号提要"始祖升吾",与06507号提要"始迁祖犹庭讳身官"应为同一人,"身官"两字形近"升吾"而讹。上图《总目》585—0061号提要简"昇"为升",反而不好。升吾(身官)"明代自福建迁居浙江平阳县北港","明末清初……自闽迁平邑四十三都北港高桥",应为同一事件。其二,浙江《总目》06507号提要"其子复迁居本邑",06508号提要"始迁祖……清代迁居本邑",上图《总目》585—0058号提要"昆仲四人子孙分居平邑……",三种记载依据的是同一背景,即升吾(身官)定居平阳北港后的二次迁居,"南山坪脚村"的罗氏始迁祖罗应瑞(名其桑),应该是"昆仲四人子孙"之一。其三,浙江《总目》06507号提要和06508号提要保留了两份相同的排行字号(前者16字,后者12字),和两个不同的"一修本"问世年代(前者道光二十二年即1842年,后者同治年间即1862～1874年),因此,两族源自同一始祖,互为旁系支派,"一修本"年代在前者为长,在后者为幼。

根据以上讨论,1974年"四修本"之前的"三修本"已佚,同样,1888年"三修本"之后的"四修本"已佚。现存两个版本之间的关系是旁系支派关系。

第四种,与上一种接近,虽然也有"×修本"标记,却未能在现有著录中进行准确系连,但反映的问题另有侧重。如1975年苍南《炖煌郡洪氏宗谱》,为十二修本。上图《总目》250—0091号提要:

《炖煌郡洪氏宗谱》不分卷,洪日珉等修,李文祈等纂。1975年南港萃文斋木活字本,一册。十二修本。先祖同上。谱载首事名录、源流序、堂序、谱序、行第、世系图。苍南县金乡镇担水垵村洪博。

"同上"之"先祖",是指1957年苍南《丹阳郡洪氏宗谱》中的"始迁祖"洪士弘。上图《总目》250—0090号"提要":

《丹阳郡洪氏宗谱》不分卷,洪永江等修,林翰等纂。1957年木活字本,一册。十一修本。始迁祖士弘,字符生,清代自福建永春县移居浙江平阳县二十三都担水埝村（今属苍南蔚县金乡镇）。谱载修谱名录、行第、谱序、世系图。苍南县金乡镇担水埝村洪博。

比较两则"提要"，可以发现两谱所认"先祖"相同，收藏者相同，而且收藏者的居住地一直未离始迁祖的迁徙定居地，因此认定1975年"十二修本"是承接1957年"十一修本"的一个新版，应无疑义。然则两谱的"郡望"何以竟如此不同？"丹阳"、"炖煌"，相距万里，所指迥异。丹阳或作"丹扬（杨）"，汉代郡名，辖境在今皖南、苏南、浙西及浙江新安江支流武强溪以北地区，后来逐渐缩小至河南项城、沈丘、郸城等地①。炖煌或作"敦煌"，汉代郡名，汉武帝时从酒泉郡分出，辖境在今甘肃省玉门关、阳关附近地区②。丹阳郡洪氏为洪氏主体，这与洪氏源于共工氏③，而共工氏的主要活动区域在今河南北部辉县一带有关，因而以丹阳为郡望所在颇为合理。唐代林宝著《元和姓纂》，所列宣城（皖南）、舒城（皖北）、毗陵（苏南）三支洪氏，都在古丹阳郡境内。宋代有豫章（赣北）、鄱阳（赣东北）洪氏，虽不属丹阳郡，但也相邻不远。以敦煌为郡望的洪氏，其族源既可能来自丹阳郡洪氏，也可能与丹阳郡洪氏一样，是从"本姓共氏"中分立出的另一个分支，但无论如何，敦煌郡都不是后世洪氏所认同的主要郡望。上图《总目》著录全国洪氏谱289种，认同敦煌郡者35种，占12%；浙江《总目》著录浙江洪氏谱44种，认同敦煌郡者10种，占22%，即为明证。既然如此，1975年的丹阳郡洪氏"十二修本"与1957年的敦煌郡洪氏"十一修本"之间的连续性，显然就不是没有问题的。

浙江《总目》的两则提要在一定程度上展示了其中的问题。关于"十一修本"的02692号"提要"是：

……始迁祖：元生，讳士弘，清代自福建永春县迁居浙江平阳

---

① 《汉书》卷二十八上《地理志上》，中华书局，1962年，第1592页。
② 《汉书》卷二十八下《地理志下》，第1614页。
③ 林宝撰、岑仲勉校记《元和姓纂》（附四校记）卷一"一东·洪"："共工氏之后。本姓共氏，因避仇，改洪氏。"中华书局，1994年，第15—16页。

县二十三都担水埯村(今属苍南县金乡镇)。世系修录至第二十三世,排行字为道。本支派排行字自十三世起:元国奕大佑贤承顺永振道德自正本立。……

关于"十二修本"的 02693 号"提要"是:

……始迁祖:参见 02692。世系修录至第二十四世,排行字为焕。本支派排行字自十三世起:元国奕大佑贤承顺晨晖东焕采环宇发春华。……

很明显,浙江《总目》对"十一修本"与"十二修本"之间具有连续性关系在总体上不持异议,否则就不会有"始迁祖参见 02692"一说。问题是排行字无法连接。两谱所示第十三世至第二十世的八个排行字相同,即"元国奕大佑贤承顺",但自第二十一世起就不同了,一为四字句"永振道德,自正本立",一为五字句"晨晖东焕采,环宇发春华";其中第二十三、第二十四世"十一修本"是"道、德"两字,"十二修本"则是"东、焕"两字,很明显属于两个不同的"支派排行字"系统。宗族发展过程中形成新支派本为平常之事,洪氏自第二十一世起分为若干支派,至第二十四世时已有近百年的繁衍史,制定和使用新的排行字系统更在情理之中,不足为奇,但要以"先祖同上"为由,将使用不同排行字已近百年,甚至在认同郡望上已分道扬镳的两个支派所编族谱,硬说成具有直接的连续性,则是困难的。因为针对原谱作者和两部《总目》提要作者所提疑问极其现实:既然两谱拥有相同的"先祖",何以认同两个郡望?既然排行字已经明显不同,何必再作"连续性"暗示?摆脱这一两难困境的出路究竟在哪里固然还不好说,但认定 1975 年"十二修本"的上一届编纂成果不是 1957 年"十一修本",应该是可以成立的。

有一点可以指出,在目录学上,具有"×修本"标签的"文革"新谱,固然已能简明标志该谱与传统谱牒编纂史的历史联系,但没有此标签的,也未必就不能证明自己同样居于连续过程的某一阶段,只要翻开该谱,情况立刻就会明了。如 1975 年浙江平阳《平阳北港五十丈王氏宗谱》,上图《总目》014—1040 号的"提要"是:

《平阳北港五十丈王氏宗谱》，徐世辅等纂修。胶卷复制1975年抄本，三册。存卷一、三至四。书名据目录题。版心、书衣题《王氏宗谱》。始迁祖袁初，字一佑，号辟峰，明代人。①

提要中之所以没有"×修本"的提示，是因为该谱本来就没有对此前各版进行排列，而只保留了重修记录。如第二页有民国廿四年（1935）、建国后1951年两次重修事务的主要负责人名单（见下图）：

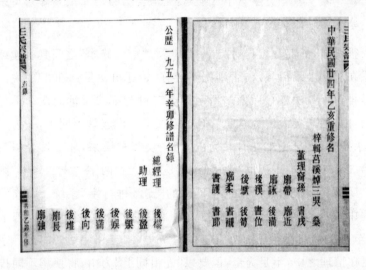

此外，还有自清乾隆四十年（1775）至民国廿四年间历届重修的谱序。虽然1975年的重修只在版心留下"共和乙卯年修"的标记，而没有关于这次重修的谱序，但这部"文革"期间问世的《平阳北港五十丈王氏宗谱》，对于自己在该族族谱编纂史上所居地位之连续性质的认识，则是非常自觉和明确的。

前文曾经提到，新谱编撰问世行为所内含的价值取向与"文革"主流意识形态之间存在"格格不入"的矛盾，实际上，这类基本价值观层面的矛盾并不自"文革"始，前于"文革"的"四清"时代就已有相当夸张的表述，只不过"文革"先用"破四旧"、"斗私批修"，后用"批林批孔"，将这一切推至极端和荒唐的程度罢了。然而，在狂飙之下，中国大陆

---

① 据书影，该谱为刻本而非"抄本"。浙江《总目》未收此谱。

一部分民众仍然以不间断的重修族谱方式,通过整理自己所在宗族各成员间的世系联系和文化联系,表达和确认了该宗族的历史连续性与存在合理性。在中国传统文化诸系统中,也只有族谱这种特殊的文本样式,才能满足这一性质的需求。

三、"国-族"关系类型

1963年5月前后,随着国家政治层面对新谱及新谱编修行为的性质认定发生重大转变——即从一种传统的、长久以来普遍认为只要靠耐心教育就能逐渐使之消亡的民间性"封建残余",转变成要为普遍饥荒和严重危机负责的阶级斗争表现和"现行反革命",农村中冒险续修的新谱不仅数量减少,规模缩小,参与者的态度也是层层设防,日益谨慎。这一总的态势一直延续至"文革"结束后才逐渐改变。笔者在本节中加以讨论的,并不是以"国家"、"党和政府"一类官方称谓为象征标签的主流意识形态如何看待宗族、族谱,而是身处"文革"这个企图将私人情感、私人利益、私人价值、私人团体等"私化"范畴从社会公共领域彻底驱除的特殊时代中的基层宗族,如何理解、如何认定官方与自身小团体的关系(以下简称"国-族"关系),如何在这个选定格局下展开"祖先故事的叙事结构",如何处理新谱及新谱编修行为与"文革"价值导向之间的"张力"。也就是说,这里展开的,是一个人类学意义上的"主位研究"框架[①];新谱的实际编修者以及应邀为新谱撰写序言者,就相当于人类学民族志中的报道人。

就报道人通过文本表达出的他们对于国-族关系格局的基本思路而言,大约可分为以下三种类型。

[①] "主位研究"是人类学提倡的研究方法之一,与"客位研究"的导向不同。主位研究是指研究者不凭自己的主观认识,而是尽可能从当地人、当事人的视角去理解他们的文化,通过听取报道人所反映的当地人对事物的认识和观点进行整理和分析。主位研究将报道人放在更重要的位置,把他的描述和分析作为最终的判断。同时,主位研究要求研究者对研究对象有深入的了解,熟悉他们的知识体系、分类系统,明了他们的概念、话语及意义,通过深入的参与观察,尽量像本地人那样去思考和行动。

类型一：国-族关系"合一论"。秉持该类型的新谱编修者表示出了对当时主流话语体系的高度认同，希望由此证明正在进行或已经完成的新谱续修行为，完全符合"革命"的标准，甚至认为自己本来就是政权的组成部分。以下所录名为《新编家史序》，作者是山西省阳城县北留镇王庄村村民王金顺①，时间为1971年2月：

> 在全世界革命人民伟大的导师、伟大的领袖、伟大的统帅、伟大的舵手毛泽东主席的英明领导之下，我国各族人民正在为把我国建设成为一个具有现代农业、现代工业、现代科学文化和现代国防的伟大的社会主义国家而奋斗。在这光辉灿烂的伟大时代，让我们热烈欢呼毛主席的无产阶级革命路线胜利万岁！衷心祝愿毛主席万寿无疆！
>
> 毛主席早在一九四八年三月七日《评西北大捷兼论解放军的新式整军运动》一文中，就谆谆教导我们："由于诉苦（诉旧社会和反动派所给予劳动人民之苦）和三查（查阶级、查工作、查斗志）运动的正确进行，大大提高了全军指战员为解放被剥削的劳动大众，为全国土地改革，为消灭人民公敌蒋介石匪帮而战的觉悟性；同时就大大加强了全体指战员在共产党领导之下的坚强的团结。"这一伟大的教导，一针见血地给我们广大劳动人民指出了：要诉旧社会和国民党反动派给我们的苦和查阶级、查工作、查斗志。在查阶级的时候，首先把我家庭十二辈的家史查了如下：我们的家庭历史上，没有一个人在万恶的旧社会，过过剥削人的生活，更没有在封建社会做过"马弁"，在国民党反动派统治下，给人吃人的封建社会当过"爪牙"，可以说，我们的家史，就是穷人的家史，就是贫下中农家史。毛主席说："在阶级社会中，每一个人都在一定的社会地位中生活，各种思想无不打上阶级的烙印。"（《实践论》）我们的家史，从同治六年②二月廿七日，七世（一至六世

---

① 王金顺，1937年2月出生，山西阳城人，一位相当活跃的民间书法家。
② 清同治六年，1867年。

□□王氏家谱未写明时间,无法推算)曾祖父王世明至今的一百零肆年历史看,除去中华人民共和国建立——一九四九年十月一日至现在的二十一年,政治、经济、文化诸方面……都是被旧社会统治着,过着屈辱的生活,所以我痛恨旧社会,……特别是从我三岁,母亲逝世那年起,被我亲身所经历,更使我痛恨旧社会,反对旧制度。我记得那年……土地五谷不收,人死尸堆如山,……村里的地主把我家的土地全都夺去。……十月一日,伟大的中华人民共和国成立,我们王家门人,站起来了!站起来了!在党和毛主席的英明领导下,人人都过上了丰衣足食的生活。从我记事那年(五岁)起,我们姓王共有十二世人,其中九世三口(鑫如、玹如、泰如),十世六口(满囤、美卿〔女〕、小锁、金锁、礼顺、金顺),十一世三口(小闹、小道、栓道)。现在增到二十九口(见《三门现在人口图表》人名)。增加了一倍多,并都有一定的工作和政治地位。在家的是人民公社生产队队长、副队长,在外的是当工人和干工作。真是:千好万好不如共产党好,爹亲娘亲不如毛主席亲。

牢记阶级苦,不忘民族恨。为使后人不忘共产党和毛主席给我们姓王的打下的天下,带来的幸福,我在百忙的工作中,利用休息时间,写出来这本《家史》,并抄录了原《王氏家谱》,一并装订。以此传后,教育万年。

编者:王金顺,公元一九七一年二月十日,农历辛亥年三月十五日

读王金顺所撰以上文字,可以发现一个简单的三段式逻辑:毛主席明确提出了诉苦和"三查"的要求→根据其中的"查阶级",得出"我们王家"是穷人,是贫下中农的结论→为了"使后人不忘共产党和毛主席",于是就"写出来这本《家史》,并抄录了原《王氏家谱》,一并装订"。这一逻辑的展开结果,就是使原有的《王氏家谱》和新编《家史》的行为,"一并"得到了既合理化、更"革命化"的说明。关于"我们王家"家史(祖先、世系、后裔)的整个"叙事结构",就依托于这个"一元论"框架,层累性建构起来。

在"革命"时代认同"革命"理念、使用"革命"语言,是类型一的基

本特征,然而王金顺所撰《新编家史序》,在该类型中也属于"异数",其无所顾忌的"底气"在已知新谱中并不多见,这显然是因为"王家"自认根正苗红,拥有"穷人"、"贫下中农"一类显赫符号,是真正的"自己人"(所谓"共产党和毛主席给我们姓王的打下的天下,带来的幸福"),这一点,恰是绝大多数企图新编谱牒者不能具备的,至少不敢像王金顺那样公开宣示:"我们的家庭历史上,没有一个人在万恶的旧社会,过过剥削人的生活,更没有在封建社会做过'马弁',在国民党反动派统治下,给人吃人的封建社会当过'爪牙'。"这种将自己的"家史"如此主动、直接、一厢情愿地与革命史作"一元化"处理的策略,是否经得起追查?会不会反而给"革命群众"留下形左实右、欲盖弥彰、打着红旗反红旗的印象?笔者不愿妄测事实上是否真有,但根据"无产阶级专政下继续革命"最拿手的诛心伎俩,王金顺之初衷很难顺遂,在情理上恐怕会有、能有。帮他顺利度过那个年代的因素是有的:王金顺所编《家史》、所抄《王氏家谱》,年代短,人口少,规模小,范围窄,未见刊刻流传,是一部自用自备的稿本,只要不自我泄露,了解内情的人想必不会很多。即便不慎走光,以林彪首创的"四个伟大"为本家《家史》开题的"绝招",仍有可能为其提供自我辩解的余地。总之,《前十条》警钟在耳,利剑高悬,国史-族(家)史之"一元史观"能否被当局者接受,全凭"好事者"的运气。

类型二:国-族关系"二元论"。秉持该类型的新谱编修者,既以"文革"为背景,又与其保持适当距离,不表示任何价值倾向,只把本族的新谱编修,理解为谱牒史上一个自然发生的过程,努力强调这一行为的与世无争性,尽量使所编新谱回归连续性民间文献的本来面貌。浙江瑞安 1975 年《汀田彭城郡金氏六修宗谱》中的《重修金氏宗谱序》,就表达了这一特点:

> 尊祖敬宗之道,莫先于修谱。七修则先德光也,后昆振也,昭穆序而尊卑明也;天之经也,地之义也,人纲人纪之所由严也。一举而诸善备矣,岂仅绵延其宗支哉?……谱者,初修于清道光壬辰,次修于同治丙寅,三修于民国乙卯,再修于民国乙亥,五修于

共和己丑①。兹因一九六六年毛主席号召破旧立新，宗谱大部
(分)遗失，仅存己丑年四五房下册副谱一本，因此宗谱亟待续修。
乙卯夏初，余有事经其地，适遇金翁永旺有志修谱，邀余至家，会
同合族之长老坡生、良星、良樊、菊轩、培萧暨族长碎庚公等议修
宗谱之事，诸翁均无异言，皆乐从襄助，嘱余编印。观诸翁心诚意
笃，义不容辞，遂择日开始。采访合族之丁口、男婚女嫁，及先人
生卒、坟墓葬处之坐向，有居外地者，概一搜集，阅数月告竣。此
谱之修，实赖诸翁有仁孝之心、敦宗睦族之念，可谓有功于后人者
多矣。谱成之日，不愧无文；聊书数语，弁于谱首云尔。

　　读此序文，可以清晰了解一部基本不依托宏观历史(比如国史)、
当下历史(比如"文革")，只关注如何完成本次续修在本族谱牒史上所
居连续性地位的具体过程。作者虽然没有经过专业的历史学教育，但
仍通过文字细致展示了他以及他所代表的一批族人的国-族"二元史
观"：宗族是一个独立的社会存在，对其历史的记忆和书写，不仅理论
上可以、而且在现实中也能存在于国史之外。这既符合谱牒史的发展
态势，也是当时社会关系的客观反映。

　　同属该类型的另一种表现是，虽然在正式的文字表达中提及建国
后某些具有强烈政治意涵的时段，但引起有关人员真正关心的，还是
本族族谱的历史连续性。如浙江平阳1968年由丁锦耀撰写的《济阳
郡丁氏宗谱·谱序》：

　　　　我始祖诚齐公由苏入闽，居泉州陈江。宣德年间，"诚齐公子
　　曰中齐，中齐之子曰圁公"。圁公经赤岸来平阳松山居住，讵意于
　　启运初年，海氛山寇，侵扰我族，致使分散四方，则旧谱湮没无存。
　　惟本邑卅六都桥头墓地谥齐公为始祖(谥齐公即圁公)。该处有
　　三墓：左为大燕公、二燕公；右为三燕、四燕公，皆兄弟派。康熙己

---

①　以上干支分别为：壬辰，清道光十二年，1832年；丙寅，清同治五年，1866年；乙卯，
民国四年，1915年；乙亥，民国二十四年，1935年；己丑，1949年。

巳年①创建宗祠，成立义训，兴修族谱，设祭定规，由是相传至今。所谓国有史，族有谱，自古皆然。在中华(人民)共和国一九六零年(废历庚子年)，桥墩建筑水库，治山治水，不幸中途被洪水冲毁，桥墩全面受灾。我族人暂居山边数载，后因园田耕种不便，仍迁原处，住居成族，亲爱和睦，乐事天伦。录杼一二，言以附之。裔孙锦耀谨志，共和戊申年②秋月。

文中虽然有"中华(人民)共和国一九六零年(废历庚子年)，桥墩建筑水库"云云，但仅仅是对时代背景的简单提及，而不存在任何政治性(诸如大跃进、人民公社一类社会运动)暗示。作者在序中展示并认可的基本价值，仍然是所有修谱者都念念不忘的护身符——"国有史，族有谱，自古皆然。"

江西泰和1972年由罗庆善所撰《阙城罗氏长迳房重修草谱序》，也属于这一类型，文中的警句是"谱与史，固并行而不悖也"：

> 谱牒云当修也，诚急矣哉。然家之有谱，犹国之有史也。国无史则无以云治，忽辨贤奸，明贵贱；家无谱则无以叙昭穆，别尊卑，溯本源。是谱与史，固并行而不悖也。古者以三十年为一世，则生殁娶葬，修之诚易；若代远年湮，其不至数典而忘祖者几希矣，此谱之不可以不急修也。虽然莫为之前，先世之垂裕，虽美弗彰；莫为之后，嗣续之繁盛，实属难详；而尊祖敬宗、孝亲顺长之事，皆于是取法焉，其为用也大矣。去年冬，本村良煌、良培、人城、人招等嘱余纂修其草谱，余悉知本村之草谱自前人纂修以来，于今六七十载矣，其中虽重补修过几次，是皆匆匆草书。兼之世局之变迁，几遭焚毁；剩余残篇，实有储藏之难，恐有遗漏之处，我当辞弗准。余恫念共同一脉，只得相任其事，悉心考究。有稽考而无处可查者，余不敢妄自臆断，只得照前人而修之，不敢杜撰，亦不敢议前人之过失。幸在(天)诸灵谅可原宥，而不责我遗

---

① 己巳年，清康熙二十八年，1689年。
② 戊申年，1968年。

漏。如含怨于九泉也,伏愿后裔蕃昌,人文代著,再行详加续修矣。是为序。嗣孙庆善谨撰。公元一九七二年岁次壬子春月吉日。

浙江瑞安 1976 年《张氏宗谱》的《重修张氏谱序》也属于同一类型:

> 盖人生于世者,必知其祖也,犹水之有源,木之有本也。造谱者犹国之有史,地之有志也。故族谱之作,是嘉其仁孝之心,明礼义之纲也;以免蔑视人伦,则促血统不紊,阐发道德,澄清礼教,不然则人心忧焉。一祖之身,分为千万脉;一宗之祖,分为大小宗。世代相传,异域同宗;延蔓则绵,皆同瓜瓞相承矣。若无谱联之实,遇骨肉血亲如途人,岂不伤哉?于是创设谱牒,分支别派,溯本寻源,故谱不可不作,亦不可不修也。试观予宗张氏,系出黄帝轩辕氏五子晖公,食采清河而赐姓焉,迄今已达四千五百余载矣。予祖自有公,于闽福宁府赤岸,唐末避黄巢之反,徙平邑仪山,移瑞邑潮至张地垟,复迁陶山而定居焉。传至十一世贽公,分迁三港湖石,开基创业也。历时悠久,子孙繁昌;一脉相承,情意甚殷。同宗之族,分居异地者甚多;历代世源流,美传具隆,登于宗谱者甚盛。前谱于民国戊辰岁重修①,已四十八载矣,谱于共和丙午年一度毁之②,再者子孙繁衍,未入谱者甚众。丙辰夏,合族公议重修。族长、理事诸人,为采访栉风沐雨,无辞劳瘁;梯山渡水,不惮历尽艰辛,将远近支派,翻阅残谱,推本溯源,得祖之所由;录成一编,搜而辑之,俾登谱牒。自夏至冬,工始告竣,祈获谱者珍而藏之。诸君修谱之力,岂有逊族创谱之功也哉!是为序。公元一九七六年岁次丙辰葭月谷旦。

国-族关系"二元论",是"文革"新谱为寻求和确认自身行为之合法性的历史依据,其学理渊源约可追溯至清代著名学者章学诚的谱牒

---

① 戊辰,民国十七年,1928年。
② 丙午,1966年。

学理论,即所谓"家有谱,州县有志,国有史,其义一也"①。大部分"文革"新谱都坚持类型二并以此为理论基础,自有其必然性。

类型三:国-族关系"无涉无关论"。类型三似由类型二发展而成,即将族史与国史进一步切割至互不牵涉、互不关联的程度;在对新谱编修的原因进行说明时,基本不涉及时代背景,而表现出一种冷漠超然的态度。下引浙江苍南1975年《清河郡傅氏宗谱》的《新修宗谱序》,就体现出这一特征:

> 夫谱者,所以叙祖宗之根源,纪子孙之流衍。昔范子曰:"三世不修谱则流入为小人,且沦不孝",善哉,其言至矣!溯吾傅氏宗谱,自始迁祖维贤公于藻溪之吴家园转徙于江南之荪店定居,迄今垂十一世,达三百余年矣。其间虽曾四次增修,终因近来孙枝蕃盛,生齿剧增,且散居本邑云亭以及福鼎县茗洋、谢坑等地之同宗未尽联宗之谊,殊为憾事。乙卯清明,君修、宗全等来合族,齐集梅岭头祭扫始迁祖维贤公之墓时,首倡重修宗谱之议,嗣经各房议定,推举化灶等为首事,即日付诸梓辑,并派员专赴云亭、大格及福鼎之茗洋、谢坑等地,查考世系源流。经核实,云亭之大格以及茗洋、谢坑,同属十三世魏龙公之后,与金泉公、福泉公、昭瑱公三派并列,虽异流而同源,实万枝而一本也。谱事历时一载,始观厥成。合族应入新丁,尽皆续补;此后泾渭分明,宗法不乱,虽散居他乡,递传万世,庶不至昭穆混淆,序次差讹,实为化灶等作谱之至意也。

这篇序文的风格相当朴实,简介本宗源流,不涉及敏感话题,几乎没有时代特征,给人带来"不知有汉,无论魏晋"的隔世之感。浙江平阳1975年《白氏宗谱》的《新修谱序》,文字、对仗虽然华丽工整,但流露的情感却是压抑而不是振奋:

> 谱之载也,所以序一本之源流,联百世之支派,而尊祖敬宗、

---

① 章学诚著、叶瑛校注《文史通义校注》卷8外篇3《为张吉甫大司马撰大名县志序》,中华书局,1985年,第882页。

敦本睦族之道，即于此而存，其为子孙之指南，诚不浅也。我白氏系出西秦，郡属南阳，分自白乙，子孙遂以为氏，累朝皆有朱紫，吾不敢援引以自附。溯自文静公，由闽迁平，始居龙潭坝，乃挺生三男。长玉田公，分居龙尾、鳌江、蒲门、霞浦诸处；次振田公，转徙山门、晓坑及武康三桥埠；三爱田公，徙处凤林、庵基、温州后金山。棋布星罗，东迁西徙者甚众，谱之不修，何由知吾宗之世系，各派之源流哉？第是谱之纂辑，自前清、民国戊午年①，屈今历有年所，用是会议增辑，遂以笔削之事任之。既躬亲乎九族，宜手订乎一编。登山涉水访父老者，劳瘁不辞；纪月编年询刍荛者，谘诹特切。分修总纂，幸秉直笔于《春秋》；询事考言，各具诚心于史、董。既珠联自璧合，亦缕晰而条分。字校乎亥豕鲁鱼，功深于番新仍旧。正名定分，已见笔削维严；责实课虚，信乎褒讥不爽。是以义夫节妇，经手订而流芳；孝子慈孙，辑成书而不朽。兹者功业虽由己传，嫁裳实为人作。劳心劳力，长存统绪于先人；记行记言，永隶图书于奕叶。视同拱璧，启箧则什袭以藏；分惠各房，包毡则子孙永保。看此日，摘华掞藻，订伦序于芸编；望他年，凤起蛟腾，标勋名于史册。是为序。公元一九七五年仲冬月旦吉。

明知新谱编撰为不合时宜之举，仍然采取对时代、时事只字不提的策略，显然是为了在"文革"狂飙下避免"言多必失"之祸，而不是展现族史独立自立理念（如类型二）的需要。虽然在全部"文革"新谱中，类型三所占比例不会很高，但以上"尽在不言之中"反映出的时代特征，仍给读者留下了深刻印象。

---

① 戊午年，民国七年，1918年。

过渡期新谱研究

钱 杭

自1977年8月中国共产党第十一次全国代表大会正式宣布"文革"结束,至1978年12月召开十一届三中全会,中国这艘巨轮的掌舵者终于下定决心拨乱反正,追赶世界潮流。如以1980年为全国性改革开放的起点,1978、1979两年,则应视为"文革"结束至这个起点之间的过渡期。这一政治、经济、社会意义上的分界,同样适用于对中国当代谱学史阶段进行的划分。因为很明显,1980年以后,随着改革开放成果的逐渐积累,宗族组织、宗族谱牒在中国大陆地区的生存环境较1980年前已发生了不可同日而语的巨变——人民公社制度走向解体,两岸三地开始往来,社会结构趋于多元,媒体舆论渐次宽松等等。不过,外部的"巨变"与内部的"渐变"是一个相辅相成、互为前提的过程,处于"过渡期"的宗族和族谱本身发生的变化,即便再不显眼,只要具有承前启后的意义,就值得认真关注。总结、分析这些变化,既有助于展现新中国成立后三十年谱学发展的基本问题,也可为理解1980年代以后中国谱学在"后宗族"形态逐渐明朗条件下的发展大势,奠定坚实的逻辑基础。

一、统计与分布

对过渡期新谱现存规模进行大致统计,是展开研究的前提。

在上图《总目》中,1978、1979年过渡期新谱共73种,其中1978年新谱21种、1979年新谱52种;笔者田野考察所摄4种;山西省社会科

学院家谱研究中心收藏过渡期新谱9种,其中4种未见于前引上图《总目》。(以上细目略)

综合以上过渡期新谱的存目、存谱,目前共得81种。随着调查研究的进一步深入,这个数字应被轻易突破。

81种过渡期新谱分属9省。按数量多少排列,依次为:浙江33种,福建23种,广东11种,海南4种,山东3种,江西3种,湖南2种,广西1种,云南1种。

81种过渡期新谱共138册,平均每种1.7册,其中2册本2种,3册本2种,4册本1种,5册本1种,12册本1种,34册本1种;其余73种全是1册本,约占总数的90%。

现存过渡期新谱主要集中在中国大陆东南诸省,这既与中国谱牒近代以来的发展态势和奠定的基础有关,也与中国现代化进程大致起步于这一区域有关。本文之所以选择浙江、福建的过渡期新谱为主要讨论对象,亦基于这一前提。

过渡期新谱在以下两个方面与"文革"新谱大体一致。

第一,继续坚持"国有史家有谱"的"国-族二元论",为当下的修谱行为寻求合理支撑。

第二,继续坚持"国-族无涉无关论",与主流意识形态保持距离,将本宗族的历史记忆与社会公共事务作适当切割,努力使所编新谱展现出作为本宗族连续性历史文献的本色。

过渡期新谱在技术层面表现出一系列承前启后的"过渡性",如规模逐渐扩大,过程趋于公开,文本形制明显改良等等,但在谱牒史和社会史上真正具有重要意义的,是跨村、跨乡(镇)联宗案例的增多。比如在81种过渡期新谱中,从"宗谱"、"大宗谱"、"合族家谱"等谱名就可大致断其为联宗谱的,即达50种(即便称为"族谱",也可能是联宗谱,暂不论),占比61.7%;而在205种"文革"新谱中,以"宗谱"、"大宗谱"为名者82种,占比40%,并且主要集中在"文革"末期(1975、1976、1977年)的浙江地区,共68种,占比33%。

过渡期中的联宗范围虽然达不到1980年代以后常见的跨县、跨省规模,联宗主体起初也多为山地少数民族,但其显示出的跨越聚居地、构建大网络,尤其是试图在民间建立一种经常性横向联系的动向,却值得研究者认真关注,因为自新中国成立以来,这一点一向受到当局的高度防范;一遇政治运动,即悬为禁令,凡敢造次越轨者,必获严谴,后果极其严重。

二、过渡期中的联宗谱:平阳雷氏联宗背景

联宗是中国明清以来常见的一种宗族行为。很可能起源于同一位祖先的某一同姓宗族群体内的各宗族,由于某种历史原因(包括政治、经济、灾害、人口等方面),从某一个时间起,逐渐脱离了原先生长、生活的地方,开始了向更适宜于本族群生存之地的迁徙和独立的发展。经过或长或短的一段时间以后,形成了一个同姓宗族群体,分布在一县或数县范围之内。随着岁月流逝,天灾人祸,宗族的早期记录或被遗失,或被遗忘;对于一般族人来说,除了同姓之外,已经很难对这些宗族之间互相的世系关系作清晰准确的认定。在这种情况下,该宗族就不能作为一个同姓地域团体发挥整体功能。于是,在适当的条件下,就会有一批富有历史责任感的地方绅士出面,组织起具有共识的同姓者,通过编撰通谱、修建联宗祠等方式,以期重建宗族整体的历史,这就是所谓的联宗。

必须强调,重建宗族整体历史的结果,并不会在各实体性宗族之上再出现一个大规模的宗族组织,或"联合宗族";英国社会人类学家莫里斯·弗利德曼所谓的"上位世系群"(highter-order lineage),主要应理解为一种研究方法。联宗的最终产物,是出现一个地域性的同姓网络;所有参与其事的宗族,在经过联宗之后只是恢复或重建了它们之间的历史联系,而其原有的世系关系、组织结构和财产继承关系,则没有、也不会发生任何实质性的变化。当然,这并不排除在一次联宗过程中,会在某些特定的范围内出现个别的归宗与合族现象。

以重建本宗族历史为目标的联宗,是联宗的主要类型。之所以如

此,可能与下述情况存在密切关系:联宗的根本目的是为了优化和改善与各同姓宗族的日常生活直接相关的外部环境,即地域社会的结构及秩序,从而有利于本姓氏成员的生存和发展。但是,由于联宗行动需要投入大量的人力物力,因而受到社会经济条件的客观限制;同时,由于联宗对宗族的世系关系采取了一种拟制化或淡化的策略,因而在儒家理论上易于受到攻击和责难,并且往往不能获得官方的充分理解,或给予必要的支持。因此,开展联宗行动的各姓氏集团所设想的不少功能性目标(如在某些方面成为本地的"最强者"之类),很难真正实现。在大多数情况下,联宗都只能以在观念形态上唤醒同姓人们间的同宗、同族意识为直接结果,而不能指望导致一个新的、长期发挥作用的功能集团的产生。无论发起和参加联宗行动的人们主观上是否愿意,现实中的联宗行动,特别是较大规模的联宗行动,大多只能在区域性的宗族历史意识的重建方面取得明显的结果。事实上,这也正是联宗这一历史现象能具有现代人可理解的合理内核的基本根据。如果说,以自然形成的父系世系关系为基础而建立的宗族的历史合理性,在于它集中体现了相关人群为满足其对自身及其群体历史性和归属性的执着需求的话,那么,联宗要求的历史合理性,则主要表现在对各宗系实际居住与生活范围的超越,而显著地带有了区域文化建设的意义。联宗行为对于地域社会的作用,主要表现在这一方面。另外,在发生了这类联宗活动的地区,各姓间此前的势力分布和实力均衡状况也会发生一定程度的变化,从而影响到基层社会的权力结构和运作方式。

  浙江平阳雷氏 1978 年通过重修《冯翊郡雷氏宗谱》所达到的联宗,就可以在这一背景下加以考察,并衡量其"过渡性"。

  浙江省平阳县图书馆所藏 1978 年《冯翊郡雷氏宗谱》[①],是平阳县雷氏编纂的一部联宗谱。因谱内收有《盘瓠铭志》、《释畲字义》二节,可知平阳雷氏为畲族。"盘瓠传说"很早就见于古代典籍,后来广泛流

---

① 冯翊郡,东汉郡名,位置在今陕西大荔、韩城县一带,唐代改称同州。

传于畲族之中,被视为与该族起源有关的一项重要标志①。在平阳雷氏的联宗案例中,"盘瓠传说"除了表示族源认同外,没有附加其他意义,所以不再展开。

平阳县原是位居浙江省第二位的一个大县。1981年6月,国务院决定从平阳县中析出"矾山镇和宜山、钱库、金乡、灵溪、桥墩、矾山、马站7个区,另建苍南县"②。若按调整后的结果,《冯翊郡雷氏宗谱》涉及的区域已跨越平阳、苍南两县。但这一判断不符合《冯翊郡雷氏宗谱》1978年编纂时的实际情况,故笔者仍按原行政区划,认其为"平阳雷氏"。

平阳雷氏迁自福建罗源县(现属福州市),为福建畲族的主要聚居区。据吴良华为1978年《雷氏宗谱》所撰《新修谱序》称:

> 其先世永乔公③,娶蓝氏生子三,长仰宇,次仰善,三仰甫,而仰宇公于万历八年同昆季数人由福建罗源迁浙江平阳,是为肇基之始祖也。

这段记载,与许多资料和论著中表明的畲族离开广东潮州后的迁徙路线及大致时间相符。如蒋柄钊《畲族史稿》第五章《畲族历史上的迁徙活动》,根据畲族族谱和地方志,描画了畲族于明代中叶前后经闽东、闽北迁居浙南的过程:

> 浙江的畲族是从闽东迁入的。迁徙路线是从原住地广东的潮州向东沿海线经漳州、泉州、莆田、福州、连江、罗源,最后到浙江的景宁或宣平落脚。迁徙是不断持续进行的。如雷氏从罗源

---

① 说详《中国少数民族社会历史调查资料丛刊》福建省编辑组《畲族社会历史调查》第二部分《浙江省畲族的风俗习惯资料》,附录1《畲族史料摘抄》,福建人民出版社,1986年,第291、297页;蒋柄钊《畲族史稿》第4篇《畲族的社会习俗与文化特点》第4章《畲族的宗教信仰》第1节《古老的盘瓠崇拜》,厦门大学出版社,1988年,第273页。

② 平阳县志编纂委员会《平阳县志》卷1《建置》第2节《县境变迁》,汉语大词典出版社,1993年,第6页。另参见浙江省民政厅《浙江建置区划沿革》之13《浙江省区划调整情况(1949—2008)》,浙江大学出版社,2009年,第161页。

③ "永乔"为"永祥"之字。上图《总目》447—0021号浙江苍南《冯翊雷氏宗谱》提要:"始祖永祥,字永乔。"

县迁至宣平县后，在本县内又经过五次迁徙。后又迁回罗源县居二世又迁回宣平，至万历年间又迁入景宁县，以后又向丽水、松阳、遂昌、温州、泰顺、龙游等县迁徙。其间又有往返迁徙。……据对浙江景宁县的调查，浙江各地畲族大都认为祖先来自景宁，说明景宁县是浙江畲族最早的居住地。①

蒋先生所论对畲族由闽东至浙南迁徙路线的说明是清楚的，但若由此得出"景宁县是浙江畲族最早的居住地"的结论，恐怕还失之笼统。畲族由闽入浙的路径很多，过程也很复杂，平阳雷氏可能就是"由福建罗源迁浙江平阳"，而未经景宁中转。施连朱先生在《畲族风俗志》中画了一张线图，描述了畲族由华南向华中、华东的迁徙路线，然后指出：

> 畲族的迁移路线不限于上述各路，有很多早在各处停留下来。但总的来说，基本上是从南到东北的迁徙，隋唐之前已在闽、粤、赣三省交界地区，宋元到福建中部、北部一带，明清时已大量遍布于闽东、浙南等地。②

根据引图及引文，平阳雷氏的迁徙路线和时间，正在这个框架之内，与吴良华对雷氏的历史记忆基本一致：大约在明万历年间，雷永祥之子雷仰宇兄弟离开罗源，经宁德、福安、福鼎，最后到达并定居于浙江平阳，此时应已入清。

雷永祥父子由闽入浙的时间约为"明清时"固然不错，但平阳雷氏的始祖或肇基祖究竟是雷永祥还是雷仰宇则有疑问。由于事关平阳雷氏联宗的世系依据，所以不能回避。问题的关键，是吴良华所说"仰宇公于万历八年同昆季数人由福建罗源迁浙江平阳"能否落实。"万历八年"即1580年，这一时间节点似乎没有得到其他雷氏文献的支持。如《浙江家谱总目提要》05282号苍南1994年《冯翊雷氏宗谱》"提要"：

> 始祖，永乔，讳永祥，明洪武十三年（1380）自福建罗源县迁居

---

① 蒋柄钊《畲族史稿》第4篇《畲族的社会习俗与文化特点》第4章《畲族的宗教信仰》第1节《古老的盘瓠崇拜》，第92、94页。

② 施连朱《畲族风俗志》，中央民族大学出版社，1989年，第15页。

浙江平阳县桥墩村(今属苍南县桥墩镇)。

上图《总目》447—0021 号浙江苍南 1994 年《冯翊雷氏宗谱》"提要",同样如此:

> 始祖永祥,字永乔,明洪武十三年自福建罗源县迁居浙江平阳县桥墩村(今属苍南县桥墩镇)。

两条"提要"都认雷永祥而非雷仰宇为平阳雷氏"始祖",其迁浙的时间非常明确,是明初的洪武十三年,即 1380 年。既然雷永祥被后人认定为始祖,显而易见,他的儿子就不会迟至两百年后的万历八年即 1580 年才"迁浙江平阳"。虽然 1380 年迁浙的依据也不是不勉强,但至少可以证明吴良华谱序所指定的时间节点存在问题。

比较接近历史真相的,应该是清同治五年(1866)重修宗谱时雷云所撰《雷氏谱序》对雷氏由闽入浙过程的回顾:

> 明季间,我鼻祖永祥公由罗源迁居浙平桥墩。迨国朝定鼎之初,缘海氛迁界,合族移居北港等处。厥后,我起益公由北港来三十一都赤洋古楼下,复居詹家坑;由詹家坑复迁五十二都仓头,传至于今十有余世。①

雷云是一个贡生,书读得很好,但官运有碍,仅"例授文林郎",未得实缺。雷云对本宗族历史了解极深,在主持同治五年的重修宗谱(任总理)后不久,又主持修建了雷氏宗祠,对雷氏宗族文化作出了很大贡献。1994 年重修《冯翊雷氏宗谱》时,除上引《雷氏谱序》外,还收录了他好几篇文章,如《雷氏鼎建宗祠序》、《曾祖世发公赞》、《恭赠蒲门覆掌可恩公赞》、《可远公赞》、《文和公赞》、《钟孺人小传》、《文芳公传》、《恭赠鼎城仁山族叔文远先生诗》、《仓头地名记》、《祀田志》等。当年,一位"加品五衔分发浙江即补儒学正堂"的学官吴一峰,在路过平阳观摩宗祠后为雷氏留下了一篇《雷氏重修宗祠序》,文称:

> 是岁六月之朔,余因公抵郡,道经昆北,见一祠宇,规模宏敞,气

---

① 全文收入 1978 年《冯翊郡雷氏宗谱》。

象新鲜,为甫修葺者。迨达观其龛堂之制,昭穆之序,又皆不事浮华,独存古意,余为低徊者久之。由是览其匾额,系雷氏宗祠。询其倡始,佥曰雷云先生同诸昆季预焉。噫!雷君可谓善于继述矣。前修谱一举,能推其所自始,联其所已分。令子姓兄弟以时观览,相与念本源而敦亲睦,其志已足多(已乃),谱牒告竣,祠宇复新,尊祖敬宗之心,抑何愈推而愈远欤?……雷君独身为众先,鸠工董治,使美奂美仑之象复见于今兹,幽可慰宗亲之灵,明即可为一族之光也。余喜目睹,故书以纪之,且以见雷君之善继善述云尔。

做序当然免不了捧场,但吴一峰与雷氏素昧平生,所言毕竟反映了雷云不俗的宗族造诣。因此,按雷云的"善于继述",将雷永祥入浙居平的时间定在"明季间"也就是晚明的万历年,并将其认定为迁平始祖,应该基本可信;当然,其中还有一些重要细节需要补充。

《苍南文史资料》第十七辑中的《苍南畲族·诸姓来源及人口分布》"雷姓有七个支系"一节可以参考:

> 青街章山支系:明万历八年(1580),雷永祥偕长子仰宇、次子仰善、三子仰甫由福建罗源大坝头迁居平阳县三十七都,长子、三子居桥墩黄坛口,次子居桥墩柳庄。
>
> 仰宇长子明萼于清顺治八年因避陈仓乱,移居北港青街章山;次子明山移居九岱。后明山次子凤灵又移居莒溪下塘乌岩内。
>
> 仰善长子明修亦因避乱迁居北港。后明修孙光涵、光沈又从北港移居蒲门赤洋古楼下,转移赤溪仓头。仰善次子明旺和孙光居、光衢自北港移居福掌上厝。仰善三子明赐、孙光息移居云遮。
>
> 仰甫长子明鸿因避乱迁居北港,又迁福鼎三潮岙,再迁平阳五十三都金龟坑三十亩。
>
> 自雷永祥至第六世,雷氏子孙分居柳庄、水碓头、黄坛口、仓头、五岱李垟、牛角湾、云遮、阮家山、马家垟等地。①

---

① 中国人民政治协商会议浙江省苍南县委员会文史资料委员会编《苍南文史资料》第17辑《畲族回族专辑》,2002年,第4、5页。

另外,互联网上流传一篇《温州地区雷姓畲族迁徙与分布简况》的文章(作者春雷)①,资料更加翔实。与本节内容有关的文字如下:

> 据苍南桥墩柳庄、平阳青街章山、文成双桂明坑《雷氏宗谱》载,雷永祥名永乔,与子仰宇、仰善、仰甫于明万历八年(1580)自罗源大坝头迁苍南桥墩黄坛口(今桥墩镇黄坛菁山、柳庄、枫树湾一带),鼻祖雷永祥与兄永存以及子仰宇、仰善、仰甫坟同葬黄坛口枫树湾。
>
> 永祥长子仰宇,生明萼、明山、明哲三子。明萼及兄弟偕侄于清顺治八年(1651)因避陈仓乱移居平阳青街,称北港派。明萼居章山,明山居九岱。子孙衍居平阳闹村、前山、沙洋、朱山、晓坑、山门王庄。泰顺筱条、彭溪龙潭面、翁地大坪下、雅阳北溪、沙坵、苍南天井洋、莒溪、下塘乌岩内、水碓头、福鼎蔡洋、鹿加坑、林四桥、霞浦等地。明哲孙光谦衍山门王庄,光显居泰顺沙土丘,光了衍瑞邑盟坑(今属文成)。
>
> 永祥次子仰善(1570—1634),生四子,长子明修于清顺治八年自柳庄徙居北港。明修孙光涵、光沈自北港移苍南蒲门赤垟古楼下,转徙仓头(今属凤阳),后裔衍居福鼎野溪后岗头、秦屿虎头岗;明修曾孙起准移居中墩东岗。仰善次子明旺和孙光居、光衢自北港移居苍南岱岭福掌。仰善三子明赐和孙光息移居岱岭云遮,衍凤阳上塔、福鼎潘溪;光明、光贤、光进等居凤阳章家山。仰善四子明蕴,长孙光宪居苍南华阳蕉坑,衍霞浦上万南山头、福鼎白琳牛埕下;次孙光前回迁桥墩柳庄,衍五凤黎阳、观美马加垟;明蕴次子派下曾孙起眉移居福鼎王照溪。
>
> 永祥三子仰甫,生三子。长子明鸿因避陈仓乱徙居北港,转移福鼎三潮岙,后居苍南金龟坑三十亩,后裔衍居泰、福鼎七姐桥、白琳山前。次子明痒子凤冠自北港移居苍南昌禅,转徙泰顺,

---

① 《温州地区雷姓畲族迁徙与分布简况》。http://www.360doc.com/content/13/0808/11/9090133_305568703.shtml

后居福鼎蔡洋领兜,后裔衍居苍南赤溪校椅环、福鼎米筛岚、霞浦牙城等地。三子明南,后裔衍居福鼎沙埕大岭、店下碗洋、小溪洋、小池、佳阳斋堂等地。

宗祠在平阳青街章山,初建于清道光廿三年(1843)至咸丰元年(1851)续建竣工,五开间。庚申年(1860)雷云授"贡元",祠前竖立旗杆,花岗岩旗杆座至今尚存。

行第:忠孝传家法,诗礼启后昆,永仰明凤光,起孔世可文,国宗天必顺,朝正日昌新,一淑乃恒进,万盛锡其源,荣华逢瑞庆,富贵尚阳春,志大学昔孟,克守唯由仁。

雷永祥支族是苍南畲族中首期入迁、定居时间最长、人口最多支族。

读了以上引文,平阳雷氏的迁徙与分支情况已大体清晰。平阳雷氏的联宗,就发生在分散居住于平阳(含今苍南)各地的雷永祥后裔之中。

三、平阳雷氏联宗的规模

平阳雷氏在1978年(戊午年)重修宗谱之前,已经历了多次重修。据《浙江家谱总目提要》05282号苍南1994年《冯翊雷氏宗谱》:

十二卷/雷必庄主修,李先柏等编纂。1994年南港萃菁斋木活字本。十二册,六修本……本谱始修于清乾隆五十二年(1787)。本支派排行字:忠孝传家法,诗礼启后昆。永仰明凤光,起孔世德文。国宗天必顺,朝正日昌新。……

六修本之前的各版分别为:清乾隆五十二年(丁未,1787)始修本;清同治五年(丙寅,1866)二修本;民国五年(丙辰,1916)三修本;民国三十八年(己丑,1949)四修本;1978年(戊午)五修本(以下省略干支年)。

作为五修本的1978年重修《冯翊郡雷氏宗谱》,就处在这一承"前"(始修本至四修本)启"后"(六修本)的"过渡"位置上。

平阳雷氏1787年始修本未见存目。现存最早的平阳雷氏联宗谱是1866年的二修本。1994年六修本录有"同治丙寅岁纂修谱牒裔孙首事题名",董事、总理、协理共十三人,但无居住地。

雷云所撰《雷氏谱序》,提到雷氏由闽入浙后形成的分支以及当时的联宗范围:

> 明季间,我鼻祖永祥公由罗源迁居浙平桥墩。迨国朝定鼎之初,缘海氛迁界,合族移居北港等处。厥后,我起益公由北港来三十一都赤洋古楼下,复居詹家坑;由詹家坑复迁五十二都仓头,传至于今十有余世。犹幸己派下家谱有载,世次相承,昭然可考。若前三四世,仅列其名,余弗详焉,谱之莫修故也。第〔弟〕自北港分为数派而散处章山、朱山、晓垟、山门、泰顺、福鼎、蒲门,诸派尽皆一本之亲,窃恐名号失记,生卒缺乏。苟无谱以志之,微论在闽以前祖宗之世系未从稽考,即来欧〔瓯〕以后祖宗之名号,犹或失传,况乎族丁繁昌,聚散不一,去此失彼,错处外乡,形迹隔则通问疏,数传而后,势必至视骨肉如途人、等同宗于秦越者,孝弟之心,又乌从而生乎?

凡任总经理、董事、协理等职者,除必须具备热心、能力、财力外,所居之处一般均有较强的支族背景。前引吴一峰《重修宗祠序》和上引雷云谱序都清楚说明,1866年的联宗由居住在平阳仓头村(今属平阳县凤卧镇)的雷云发动,主要参与者分居仓头、章山、朱山、晓垟、山门、泰顺、福鼎、蒲门①等八处,范围涉及浙南、闽北。

1916年三修本的主持者共四人:纂辑者雷宗荫,董事雷必富、雷必

---

① 蒲门,又称"蒲城","原系海湾一角,受潮汐涨落,泥沙冲积,年长日久,渐渐形成菖蒲丛生的海涂,于是来此地搭寮垦荒的先辈,就地取蒲叶、毛竹、木柴等材料编制成门,称为'蒲门'。又据传蒲城距南约里许有海口,曰蒲海,因其地正当海口,扼蒲海之门,故称'蒲门'。蒲门因地扼海口,后依群山,地形险要,是海防一个重要的门户,被称为'蒲门',也称'蒲关'。……1949年4月24日,蒲门解放,8月成立蒲门区人民政府,至此,蒲城一直是蒲门地区的政治、军事、经济、文化中心。1950年6月,蒲门区析为马站、攀山二区,蒲城属马站区。1981年,国务院批准平阳县分为苍南、平阳二县,马站区隶属苍南县"。金亮希《苍南县蒲城姓氏研究》,载徐宏图、康豹主编《平阳县苍南县传统民俗文化研究》,民族出版社,2005年,第501—502页。

进、雷必贤;因未标示四人所居地点,故这次雷氏联宗的大致规模,不易估计。

三十三年后的1949年四修本,主持者共十一人:总经理莒溪雷必儒,董事章山雷顺梧,九岱雷天卯,朱山雷宗帮,九岱雷必俭,打石岗雷天渺,蒲门雷必铤,李垟雷必来,蒲门雷必庄,蒲门雷天卿,涉及平阳雷氏聚居地莒溪、章山、九岱、朱山、打石岗、李垟、蒲门等七处,散布于今平阳县顺溪区青街畲族乡、今苍南县桥墩区莒溪乡范围内;梓辑者为"北港水头镇齐静骏臣吴良华"①。

从四修本所示地名来看,该次联宗已与二修本包含的闽北福鼎无关,完全成了浙南雷氏的宗族活动。这一特点亦为二十九年后的1978年五修本继承。

五修本的主持者共十八人:董理九岱雷顺亲、雷必俭,校订章山雷朝桂,助理章山雷朝佳,沙垟雷顺榜,堂基雷朝续,朱山雷天累、雷必佳,余山雷朝泼,前山雷顺干;莒溪雷顺修、雷必达,董事蒲门雷必恭,校订蒲门雷必庄,助理蒲门雷顺伍、雷必仕、雷必胜、雷天魁。所列地名,涉及平阳、苍南境内畲族聚居地九处,少了今苍南县桥墩镇的打石岗村、李垟村,多了今平阳县顺溪区矾岩乡的堂基村、前山村,顺溪区维新乡的余山村,顺溪区顺溪镇的溪北沙垟村等四处。1949年重修主持者中的九岱雷必俭、蒲门雷必庄,时隔二十九年后居然仍参与其事,说明当事人已不大担心会因此被扣上"封建残余"的帽子,过渡期环境之渐趋宽松宽容,亦可见一斑。

1949年编纂四修本时曾助雷氏一臂之力的平阳县水头镇仕静村的吴良华,1978年重修时继续承担"梓辑"的具体事务,并作为当地谱界元老,另撰《新修谱序》一篇,郑重交代重修原委。这篇序文对于了解这次联宗的背景很有帮助,全文移录如下:

闻之"国以史为重,家以谱为要"。谱也者,所以聚宗族,绵血

---

① 北港,泛指平阳县鳌江以北地区;水头镇位于鳌江流域上游,东距县城24公里,是平阳县西部山区的经济中心。"齐静",疑为"仕静",水头镇有仕静村。

脉,详世系,而别亲疏也。余考雷姓,其发祥之初,因生受姓;天星下降,系出高辛帝后,变生于耳。后燕王作乱,侵害国家,盘瓠收燕有功,帝以宫女招为驸马,遂生三子分三族,赐姓雷、蓝、盘三氏是也。今章山雷姓,其先世永乔公,娶蓝氏生子三,长仰宇,次仰善,三仰甫,而仰宇公于万历八年同昆季数人由福建罗源迁浙江平阳,是为肇基之始祖也。厥后生齿日繁,徙居不一,倘无谱以联合之,何能使子孙由干达枝而不昧所从来乎哉?是岁,章山顺亲、朝桂,莒溪顺修,蒲门必庄、必恭等,以其谱应修,属余梓辑;凡散居异地者,而诸董事即不辞劳瘁,一一开载,俱联合之,使(明)支派之所由分,迁徙之所由来,其用心可谓孝,其用力可谓勤矣。独是杭州一派,该〔概〕因国际〔情〕如斯,不能如愿,姑俟异日补遗,亦无不可。兹谱告竣,聊弁数语于简端;至于作序,则吾未能。公元一九七八年季冬月,北港水头仕静吴良华拜撰。

吴良华谱序中关于"仰宇公于万历八年同昆季数人由福建罗源迁浙江平阳"一说不确,已见前述;除此之外,仍有参考价值。关于"杭州一派"云云,应视为从平阳雷氏中"徙居"而出的若干分支。由于枝、干渊源大体清楚,所以虽然在本次联宗中"不能如愿"进行联络,却不影响整体框架的完整,"俟异日补遗,亦无不可"。

1978年五修本的"过渡"性质,已表现在联宗的范围上承接了前四次的基本特点,但更重要的,是表现在它与1994年六修本所达规模的比较上。

1994年六修本委托李先柏、李绍盛、锺秉持纂修,而李氏、锺氏与雷氏一样,都是畲族大姓。《雷氏宗谱》由同为畲族的外姓参与纂修,显然突破了前五次重修的格局,也由此反证了1978年五修本的过渡性质。

从担任总经理、副经理、助理者所在地名来看,1994年六修本涉及蒲门仓楼、朱山岗、九岱、章山、堂基、朱山、莒溪、前山、晓坑、垟边、鹿家坑、坳田、余山、章家山、朱心坑、前岐打石岗、碛门、桥亭岭兜、王照溪、月屿水里等二十处雷氏聚居地。每处聚居地的雷氏人数固然有多有少,但都在雷氏历史上展现了这次联宗达到的空前规模。处于过渡期的1978年五修本自然无法与之相比。

由于宗族组织、宗族谱牒一向与牢固的定居形态相连,因而受人民公社制度的制约远较其他传统文化形式更为严厉,所居边缘化时间更久,社会地位更低(直至今日还未确立一个正式的法律身份),走出低谷的道路当然就更曲折,更漫长。然而,中国宗族向来不自外于社会,大部分刚摆脱"文革"厄运的宗族,更希望找到一种既合乎传统习惯、又能适应现代生活要求的方式,而不愿意孤僻独立,更不愿意截然对立。果然,"文革"刚结束,人们就开始走出原来的区域;随着过渡期淡出,中国社会由南至北开始了农村城镇化、城市工业化、交流信息化和族人分散化的深刻演变,中国新谱也就很快展现出了新的追求、新的体例和新的风貌。

江南子城的形态变迁及其筑城史研究

钟 翀

引 言

本文研究的子城,有时又称牙城、衙城、内城、小城,是指在地方城市中,以围护行政、军事等公共机构为主要目的、修筑于罗城(又称外城、大城)之内的小城。在我国筑城史上,作为城市行政核心的子城以及由它与罗城组成的"重城"形制,渊源甚早,形态构造突出,而其遗存与形态框架则一直影响到近现代城市的布局与肌理。在当今大规模现代化、城市发生急剧变化的年代,研究子城构造不仅是传统城市史地研究的一个重要课题,也将为时下的城市历史景观保存与复原提供重要参考。

迄今为止,有关中国古代城市建设研究的论述已不在少数,但聚焦于子城的研究并不算多。郭湖生《子城制度》一文,通过较为系统的文献梳理,从城建史的角度开创性地提出了我国地方城市中的子城制度,并对其大致变化源流作出较为准确的描述[①];成一农《中国子城考》一文,则在全面整理与子城相关历史记载的基础上,通过子城与金城、牙城、内城等用语的异同辨析,进一步明确了子城的概念界定,确认了中国地方城市中的子城"萌芽于汉,产生于南北朝,普及于唐,宋代开

---

① 郭湖生《子城制度》,《中华古都》,台湾空间出版社,1997年,第145—164页。此文初刊于《东方学报》(日本京都)第57册,1985年。

始衰落,最终于元末消失"的历史过程,并对其变化原因进行了有益的分析①。最近袁琳在有关宋代子城的建筑史研究中,开展了临安、建康府子城的结构复原与基址规模的个案考察,为中古时期子城形态的探索提供了两个细致的复原方案②。

以上研究分别从城建史、传统史学与建筑史角度,主要利用全国范围内大量有关子城的古记录,成功归纳并提炼出了我国地方都市中的子城模式,进而廓清此类子城变化历程的大线,并通过若干时间层面上的个案复原得以印证。不过,作为一种流行于中古之前的围郭构造,由于年代久远且因其多为现代城市覆压而难以实施科学观察,以至今人对其空间形态与时间累积变化都缺乏清晰认识,比如,中古时期的子城在分布和形态上有何具体特征,对明清以降地方城市形态又产生了何种实际影响?又如,由子城与罗城组成的"重城"构造的客观形成过程如何,除政治、军事动因之外,在其筑城史上是否有发生学的规律可循?在穷尽历史文献、考古发掘难以全面实施的情况下,要解决这类涉及研究对象的内在的、长期变迁规律的问题,应该考虑充分运用近代城市实测地图中所蕴涵的有关城市历史形态的丰富信息,尝试以历史形态学的手法,通过对城市的平面格局、地物组合以及土地利用方式等的比较分析来加以实现。

根据康泽恩的城市历史形态学理论③,子城的围郭可看作是一类典型的固结线〔Fixation line〕,其强有力的线状防御设施以及其所围护的功能性地块一旦形成,将对后续的城镇生长过程产生长期的、深刻的影响。此种影响,将以其特有的平面特征与地形轮廓(即所谓的"形态框架")客观反映在近代化之前尚且维持传统城市格局的近代实测地图上,因此,在近代城市实测地图的基础上,综合运用历史文献记录与考古成果,通过实地勘察,追溯子城及其所在城市的具体形态变

---

① 成一农《中国子城考》,《古代城市形态研究方法新探》,社会科学文献出版社,2009年,第94—125页。
② 袁琳《宋代城市形态和官署建筑制度研究》,中国建筑工业出版社,2013年。
③ M. R. G. Conzen, *Alnwick, Northumberland: A Study of Town-Plan Analysis*, London:Institute of British Geographers Publication,1960.

化、进而认识其发生学的规律也就成为可能。

子城制度成熟于唐宋时期,而江南地区是中古城市史料较为丰富的一个区域,从文献留存的实际情况而言,该地较为系统的宋元方志记载为深入研究子城制度创造了有利的条件;同时,近年来随着杭州、宁波、湖州、温州等地城市考古发掘的推进,也为还原中古时期江南子城的面貌提供了十分可靠的第一手现场资料。

有鉴于此,本文将集中讨论自然环境与历史人文背景较为一致的宋代环太湖的常州、平江、嘉兴、湖州四个府州以及浙东水乡区域的临安、绍兴、庆元三府,在具体讨论时兼及南京、镇江、台州、温州、金华、严州、徽州等府。

一、元代以降江南城市中的子城遗构

大体而言,江南城市中的子城是属于中古或更早时期的围郭构造,在历经宋初吴越纳土时的拆城、元初毁城及元末筑大城弃小城的剧变之后[①],到了明清时代,子城大多因"去功能化"而日渐荒废,成为一种历史遗存被记入方志等文献之中。

如宁波的子城,成化《四明郡志》卷一《城池考·郡城池》提到:

> 元初隳天下城池,厥后民居侵蚀,夷为坦途。

而《至正四明续志》卷三《城邑》也提到:

> 国朝混一区宇,无恃偏壕支垒之险固,郡城之废,垂六十有余载。……旧子城直南中阙,今建明远楼于其上,余并废。虽有州东、西二门之名,实为通衢矣。

可见,宁波的子城在入元之后便已废弃,入明之后不复缮治,以至

---

① 在江南地区城池兴废的起落变化中,关于元末普遍出现筑大城弃小城的史实较少受到关注,相关的个案研究参见钟翀等《无锡古城郭的空间构型与长期变迁》,《九州》第五辑,商务印书馆,2014年。

逐渐荒疏①。

又如杭州，其子城又称"内城"，即南宋皇城所在，成化《杭州府志》卷之一《封畛一·城隍》提及：

> 元既取宋，禁天下修城，以示一统，而内、外城日为民所平。

结合该卷有关内城官署的记载以及近年考古发掘，可知子城在元至正十六年(1356)张士诚改筑杭州城之际被截于城外，明代前叶已然荒废②。

又如苏州，有关子城的记载较多，正德《姑苏志》卷十六《城池》提及：

> 子城在大城内东偏，相传亦子胥所筑。周十二里，高二丈五尺五寸，厚二丈三尺。历汉、唐、宋皆以为郡治。张士诚僭窃时为太尉府，继经败毁城，夷圮略尽，今独存南门，颓垣上置官鼓司更，覆以小舍及列十二辰牌按时易之，郡人呼为鼓楼。城四面旧有水道，所谓锦帆泾也，今亦多淤，其东尚存故迹称为濠股。

清乾隆时翟灏所撰《湖山便览》卷一《苏州》云：

> 子城，……淮张窃据时为太尉府。……及败，纵火自焚，独存南门颓垣，因置鼓楼。……明初魏凯建府治，高启上梁文有龙蟠虎踞等语，太祖忌之，与观同置大辟。其地仍为瓦砾，俗称"王府基"。

可知，苏州的子城也废于元末明初之际。

然而，有些江南的子城其废弃年代可能更早，如湖州的子城，《嘉泰吴兴志》、成化《湖州府志》均记其毁于北宋初，按明成化《湖州府志》卷第三《城池》记载：

---

① 1997年在原宁波子城遗址开展的考古发掘，揭露了唐、宋时期的城墙与护城河遗址，其位置与范围均与上述《至正四明续志》等宋元宁波方志所载相符。参见林士民《浙江宁波市唐宋子城遗址》，《考古》2002年第3期，第46—62页。

② 杭州市文物考古所编著《南宋御街遗址》，文物出版社，2013年，第2页。

> 太平兴国三年,钱氏纳土奉敕毁拆,原有门三,惟存中门,其东、西门皆废。

又以《永乐大典》卷二千二百七十六《湖州府·子城》的记述来看:

> 今但垣墙而已。……城门三,中门上有谯楼如旧。宋揭昭庆军额于上,置漏刻鼓钲,……元改湖州路总管府,额皆揭于楼。……皇朝揭湖州府额,仍设漏刻鼓钲。……子城濠,周子城之外,今阔仅数尺,才通潦水而已,城西南一带俱塞。

反映该处子城在明初已呈荒疏之象,仅有的谯楼因其报时与揭示府额的功能而得以保留。

又如无锡,光绪《无锡金匮县志》卷四《城郭》考察子城遗迹甚详:

> 考县治之后有阜民台,为旧子城基。其上旧有观稼、睡花二亭。元《志》:"亭在旧子城基上是也。"又有土邱在县治之左,俗号察院墩者,亦当是子城遗迹。谯楼即其城楼,外有河周之,则其濠也。而县治适居其中。……以四周河形考其城制,截然而方。其方半里,其周二里。张士诚筑城……全乎为今之城,而子城则废不复治。元《志》称"州城虽废,迹犹可见",亦指子城,又以"亭在旧子城基上"之语观之,盖其废久矣。

这里"元《志》"是指《至正无锡志》,由此推知元末子城已废。又以宋末纂修的《咸淳毗陵志》不记无锡子城,而《至正无锡志》中有关子城的最晚记录是"宋乾兴初,县令李晋卿重筑旧子城"①,洪武《毗陵续志》云"年代久远,间存古迹"显示明初的实际景况②,因此,无锡子城很可能在宋代之中即已荒疏。

其他如绍兴、常州、江阴、长兴等城的子城,在明清时期也都已成

---

① 《至正无锡志》卷一之六《城关》。
② (明)佚名撰修永乐《常州府志》卷三《城郭·无锡县》,上海图书馆藏清嘉庆间抄本,《中国地方志联合目录》误作洪武《常州府志》。此书实为宋元以来常州一府四县多部地方志的汇编草本,参见杨印民《明永乐〈常州府志〉所收元明散佚文献及其史料价值》,《文津学志》第3辑。

为遗迹。从文献记载来看，元代以来江南的子城仅在嘉兴得以维持。《至元嘉禾志》卷三《城社》称："（嘉兴路城）圣朝至元十三年罗城平，子城见存。……圣朝至元十三年后门楼亦闲废。"万历《嘉兴府志》卷之二《公署》也提及：

> 府治在旧子城内，……南为府门，上有谯楼，钟鼓咸具，左右为垛墙，宋景定中知军陈埙所葺也。……皆子城包之。子城，一名子墙，围二里十步，高与厚俱一丈二尺。

该志描述子城内官署祠庙颇详，可见子城仍得以较好的保存。

以上展现江南地区的子城在元代以后逐渐荒疏的一般史实，不过，在明清以来乃至当今江南的城市之中，子城作为一种形态基因仍在不同程度上影响着城市景观的各个方面——我们仍然能够从城市的平面格局、建筑肌理以及土地利用状况上分辨出子城的形态框架甚至某些主要遗构的平面特征。如保存较好的嘉兴子城，在明清时代一直是府署所在，至今该地块仍为某军事驻地医院所继承，该地现存谯楼与长约百米的子城南墙；而子城中的地标性建筑遗构——谯楼，亦因其具有报时、示额的功能，在宁波、温州等城得以长期保存；苏州、常州、绍兴等地的古子城，即使是在经历现代城市开发的今天，虽然其地面遗存已荡然无存，但在街区格局、地块的功能上仍有显著的继承。

若将视线放至近代的晚清民初，则子城在上述各府城的早期近代实测城市地图之中的形态框架也显得十分突出。如常州、无锡、嘉兴、湖州的近代地图上，均可见到完整的子城环濠，而环濠内部的旧府署或民国时期审判厅、检察厅、县党部、地方法院等中枢机构的设置，也反映了其土地利用的稳定性（图1）。

总之，作为一种古老的形态框架，子城固有的空间格局与特征仍然长期、深刻地影响了明清以来的江南城市，把握此类子城的历史面貌与变迁过程，对于深入发掘江南地区城市历史形态具有重要的研究价值，下文将进一步追溯元代以前江南子城的实态。

图 1-1　常州的内子城与外子城
（约 1930 年代）

图 1-2　无锡子城（1912 年）

图 1-3　嘉兴子城（1917 年）

图 1-4　湖州子城（1901 年）

图 1　近代城市地图中的江南子城遗存

注：近代地图上可见这四座城市的子城地块中为旧府治、县署或法院、军队所在，常州、无锡、嘉兴图上子城地块四周仍有河道（旧子城濠）环护，其中常州可见唐宋以来内、外两重子城的城濠。

资料来源：《武进县城图》，约 1930 年代制，上海某氏藏；张德载等《无锡实测地图》，1912 年制，无锡市城建档案馆藏；（清）汤潜测绘《湖州郡城坊巷图》，1901 年制，日本东北大学图书馆藏；《嘉兴城市全图》，嘉兴永明电灯公司 1917 年发行，上海图书馆藏。

二、两宋时期江南子城的分布与历史形态

对于江南城市形态具有深刻影响的子城，大多在元代已经废弃，那么，在最接近元初拆城的两宋时期，子城分布情况如何？其规模、形态又有何特征？在江南各地留存的宋元方志及同时期相关史料中，往

往可见有关宋代子城构建的记载,若以行政层级而言,则江南各府、州、军级城市均有关于子城的明确记载,而在县级城市中却只见于无锡、长兴两县。在此汇集整理两宋时期江南子城的构筑与存续状况、实际规模与位置等相关记录,撷要作成表1。

表1 宋元方志及相关古记录所见江南各地的子城

城市	宋元旧志及同时代的古记录	古地图、考古及其他文献依据
临安府（杭州）	《淳祐临安志》卷五:子城,南曰通越门,北曰双门,吴越钱氏旧造,国朝至和元年,郡守资政殿学士给事中孙公沔重建,枢密直学士蔡公襄撰纪并书,刻石于门之右。按:子城二门,即今大内丽正、和宁门。	今存《咸淳临安志》所载《图》;已做考古发掘
平江府（苏州）	《吴郡图经续记》卷上《城邑》:阖庐乃委计于子胥,……筑大城周四十里,小城周十里,开八门以象八风,是时周恭王之六年也。自吴亡至今仅二千载,更历秦、汉、隋、唐之间,其城洫、门名,循而不变。	南宋绍定二年上石《平江图》见存
常州	《咸淳毗陵志》卷三《城郭》:内子城,周回二里三百一十八步,高二丈一尺,中外甓之。唐景福元年……重修,……今为郡治。外子城,周回七里三十步,高二丈八尺,厚二丈,中外甓之。伪吴顺义中刺史张伯悰增筑,号金斗城。	
嘉兴府	《至元嘉禾志》卷第二《城社》:按《旧经》云:"子城周回二里十步,高一丈二尺,厚一丈二尺。"宋宣和年间知州宋昭望尝更筑,德祐元年守臣余安裕重修,……且增筑堡障,圣朝至元十三年罗城平,子城见存。	今存谯楼及部分城墙
湖州	《嘉泰吴兴志》卷二《城池》:子城:《统记》云"旧当秦时为项王故城"。《吴兴记》云"郡廨署旧有乌程县治。"……今罗城之内,苕水入西门,余水入南门,至江渚汇合流为霅水,……子城居中,面二水之冲,挹众山之秀,又四面多大溪广泽,故立郡以来,无兵革之患。	已考古发掘;万历《湖州府志》卷一《郡建》:(子城)周一里三百六十七步,东西二百三十七步,南北一百三十六步,为项王城。
庆元府（宁波）	《乾道四明图经》卷一《城池》:子城周回四百二十丈,环以水,丽谯揭奉国军之额,太守潘良贵书,州楼揭明州之额,旧钱氏书,今潘良贵书。……奉国军楼中有刻漏,皇朝庆历年间太守王周重修,是时王文公安石为鄞宰,尝铭之,……绍兴辛巳,太守韩公仲通访得吴人祝岷,考古制冶铜为莲漏,至今用之。	已考古发掘

63

续表

城市	宋元旧志及同时代的古记录	古地图、考古及其他文献依据
绍兴府	《嘉泰会稽志》卷一《城郭》:《旧经》云:"子城周十里,东面高二丈二尺,厚四丈一尺,南面高二丈五尺,厚三丈九尺,西、北二面皆因重山以为城,不为壕堑。"嘉祐中刁约守越,奏修子城,记云:"城成,高二十尺,北因卧龙山,坏属于南,西抵于堙尾,凡长九千八百尺,城之门有五。"……《越绝书》云"越王臣于吴,故城北向以东为右,西为左,小城周三里七十步,陵门四,水门一。"案:今子城陵门亦四,曰镇东军门,曰秦望门,曰常喜,子城门曰酒务桥门,水门亦一即酒务桥北水门是也。……虽未必尽与古同,然其大略不相远矣。	万历《绍兴府志》有《图》
江阴军	永乐《常州府志》卷八《县治》引洪武《江阴续志》之《郡治门》:雄览,子城正北,郡守龚郎中建宅,……真澄江伟观也。(案:永乐《常州府志》引《绍定江阴志》之中多见子城门名,详后文)	嘉靖《江阴县志》卷之一《城池》:宋增子城,门四,东曰新津,庆元五年知军叶篑修,绍定二年知军颜耆仲重修,南曰观风,西曰望京,北曰澄江,皆知军史寓之修。
无锡县	《咸淳毗陵志》志三《城》:(子城)城在运河西、梁溪东。《越绝》云:"无锡城周回二里十九步,高二丈七尺。四郭周回十一里二十八步,高一丈七尺,门皆有屋。"《南徐记》云:"县,旧城基也。"乾兴六年令李晋卿重修。《至正无锡志》卷一《城关》:(子城)旧城下筑壕,阔一丈五尺。……宋乾兴初,县令李晋卿重筑旧子城一百七十七步,东接运河,西距梁溪。……按今州城虽废,迹犹可见。	
长兴县	《嘉泰吴兴志》卷二《城池·长兴县城》:唐武德七年始移于今处,在郡治西北七十一里,内有子城,外有六门,东曰朝宗门,南曰长兴门,西曰宜兴门,东南曰迎恩门,西南曰广德门,东北曰茹姑门。以上并见《旧编》。	《永乐大典》卷二二七六引《吴兴续志》:"旧县无城,但树栅门",推知该城明初已废。

根据表1,将兴废情况或形态变化较为复杂、或历史记载不甚明确的杭州等宋代子城考证如下。

(一)临安府子城

《全唐文》卷一三〇所载罗隐《杭州罗城记》中提及:

郡之子城,岁月滋久,基址老烂,狭而且卑,每至点阅士马,不足回转,遂与诸郡聚议,崇建雉堞,夹以南北,矗然而峙,帑藏得以牢固,军士得以帐幕,是所谓固吾围。

此文反映杭州子城宋以前既已存在,并在五代宋初得以修葺、改筑。而《淳祐临安志》《咸淳临安志》所载子城南、北二门的变迁,则反映了杭州子城在北宋重修、南宋改作皇城的历史(表1、图2-1)。南宋皇城的范围以及子城二门、中心宫殿群的基址也已为近年考古发掘所探明——大致应在东起馒头山东麓、西至凤凰山、南临宋城路、北至万松岭路南的范围之内,其南城墙外有濠,西、北城墙采用人工夯筑与自然山体相结合的方式建造,全城东西相距约800米,南北最长处约600米[①],而从南宋皇城袭用子城城门等具体建筑的记载来看,皇城显然继承了五代北宋以来的子城。

(二) 平江府子城

有关子城的记载最早可追溯到《越绝书》中有关吴王夫差命伍子胥筑城之际,然历代文献中有关子城周长的记录并不一致,不过现存苏州文庙的《平江图》细致入微地反映了南宋绍定二年(1229)苏州子城的全貌(图2-2),根据《平江图》与今地相应位置的比对,可知其时子城的范围为北起前梗子巷西段,南至十梓街,西起锦帆路之东侧,东到公园路,子城东西约400米,南北距离550—600米,周长2000米左右[②]。该地几经兴废,自明初洪武七年(1374)的"魏观案"以后,该子城再未恢复,其地在清代俗称"王府基"或"王废基",直至民国时期才得以开发利用。

(三) 常州子城

常州的筑城历史较为复杂,唐末以来先后营建过四座城池,除明初收缩改筑的新城之外,其余内子城、外子城、罗城都构筑于唐宋之际,《咸淳毗陵志》卷三《城郭》分别记载:

---

① 杭州市文物考古所编《南宋御街遗址》,文物出版社,2013年,第5页。
② 杜瑜《从宋〈平江图〉看平江府城的规模和布局》之"《平江图》中子城范围的厘定",《自然科学史研究》第8卷第1期,1989年,第90—96页。

图 2-1 《咸淳临安志》卷一《皇城图》 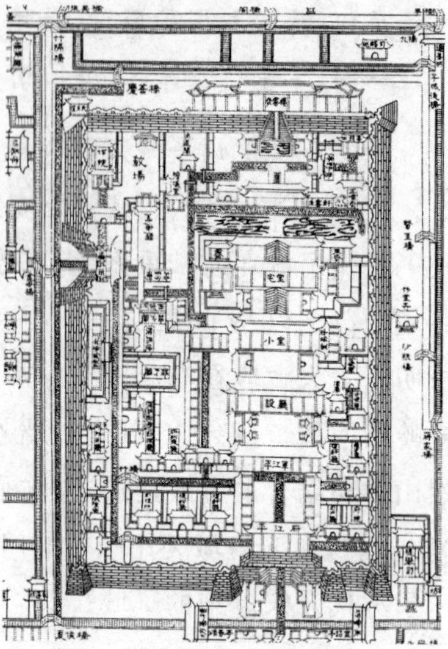　　图 2-2 《平江图》上的苏州子城

图 2　南宋杭州、苏州地图中的子城

　　内子城：周回二里三百一十八步，高二丈一尺，中外甓之。唐景福元年淮南节度使杨行密遣节度押衙检校兵部尚书唐彦随权领州事重修，立城隍祠、天王祠、鼓角楼、白露屋。今为郡治。

　　外子城：周回七里三十步，高二丈八尺，厚二丈，中外甓之。上有御敌楼、白露屋。伪吴顺义中刺史张伯悰增筑，号金斗城。……外缭以池，公廨民廛错处于内。国朝仍其旧制，建炎中毁，绍兴二年俞守俟复兴缮，……民受其惠，迄今著有甘棠之思。

　　罗城：周回二十七里三十七步，高二丈，厚称之，伪吴天祚二年刺史徐景迈筑。

　　太平兴国初，诏撤御敌楼、白露屋，惟留城隍、天王二祠、鼓角楼，后移城隍祠于金斗门内之西偏。

　　可见，内子城历史悠久，而外子城与罗城营建年代十分接近，都是在五代杨吴与吴越对峙背景下修筑的，从同时期将晋陵县治等官署置于外子城这一点来看①,外子城可看作是早期营建子城的强化与扩展。

值得注意的是,北宋太平兴国初撤除常州城防的事件,应是一次具有普遍性的拆城行动,从目前资料来看,湖州、福州子城的拆毁也发生同一年代。《嘉泰吴兴志》卷二《城池》云:"(罗城)城上旧有白露舍,太平兴国三年,奉敕同子城皆拆毁。"《淳熙三山志》卷第四《地理类四》载:"子城,皇朝太平兴国三年,钱氏入朝,诏堕其城不用。四海混同,人无外虞。断垣荒堑,往往父老徒指故迹以悲。旧子城二百三十三步。有小墙,周围在焉。"按《吴越备史》卷四载:

太平兴国二年夏五月,王(钱弘俶)下令以文轨大同,封疆无患,凡百御敌之制,悉命除之,境内诸州城有白露屋及防城物亦令撤去之。

由此可知,这次拆城的背景当为吴越纳土归宋,准确时间当在太平兴国二年(977),不过,当时的实施力度可能不是太大,如《咸淳毗陵志》卷三《地理三》提及:"太平兴国初,虽诏撤楼橹,规模犹岿然也。"并且,像湖州、福州的子城在此后还得以恢复——福州在熙宁元年就有重筑子城的记载②,而湖州子城虽未在文献中留下修缮的记录,但从考古揭露来看,南宋时期显然进行了较大规模的重修③。因此,综合江南各府州子城营建史而言,子城拆除的关键时段还是在于元代。

(四)江阴军子城

有关江阴子城的记载不是太多,而该城的罗城叠经改筑,并且在罗城之中,既有子城还有早期古城的存在,不同历史层次的文献记载相互混杂,追寻真相可谓扑朔迷离,因此,子城的营建史需要较多的史

---

① 《咸淳毗陵志》卷五《官寺一》:"(晋陵县治)旧在内子城西南化洞桥,淮南杨氏展筑罗城,徙外子城东、邗沟上。"

② 《淳熙三山志》卷第四《地理类四》:"熙宁元年,许令修筑子城。"

③ 相关正式考古报告尚未发表,但据湖州子城城墙遗址展览馆的介绍,2008年对子城东城墙段进行发掘,揭露的子城东城墙残长约80米,宽约12米,现存晚唐、五代吴越国、南宋三个时期的墙体。南宋子城府东门的揭露是子城考古的重要发现,城门位于城墙的中段,宽4.6米,墙体残高1米左右,甬道两侧对称设置太湖石质方形石础,是原城门楼的柱顶石,该城门下迭压有五代吴越国时期的城门遗迹。

料梳理，限于篇幅，下面仅取有关子城的关键记录集中加以说明。

嘉靖《江阴县志》卷之一《城池》云：

> 宋增子城，门四，东曰新津，庆元五年知军叶簣修，绍定二年知军颜耆仲重修，南曰观风，西曰望京，北曰澄江，皆知军史宬之修。……元既定江南，得志中国，城尽毁。

不过，从永乐《常州府志》卷三《城郭》所引《绍定江阴志》，甚至北宋《祥符江阴军图经》中，在指示相对位置时多见观风、新津、澄江等子城门的名称①；而嘉靖《江阴县志》卷八在谈及庙学时也提到"（庙学）址在观风门外，……大观四年，常州守徐申穴内子城建县学门，作观台并内外二桥"。同卷又载宋代林虙《大观新建学门记》，其中提到："国初，江阴为军，守丞二千石，城池略等他郡，而泮宫称是，……士游于学，患墉压其前，势不直不称，……会今天子兴天下学，而此地继得贤守令，士乃请穴墉作门，且设观台、内外二桥，而南其路，自请迄成阅三年。"②由此推知上述南宋庆元、绍定的记录当指子城门的重修，子城之建必在此前。

光绪《江阴县志》卷一《建置·城池》云："梁古城，置江阴郡县时建筑也，跨乾明、演教二寺故址，陈、隋、唐因之。南唐改县为军，曰军城，徙而稍西约一里许。"同卷《官署》中又云："南唐江阴郡治，在城西北隅，即今之县治也，自杨吴改筑江阴城，南唐因徙治于此。"若按此说，则宋代江阴军子城当建于唐天祐十年（即后梁乾化三年，公元913年，因杨吴仍奉唐年号未改）之时，同样是毁于元代。

通过以上的史料梳理与考证，结合湖州、宁波等地的子城考古发掘，以及《平江图》、万历绍兴《旧子城图》等相关古舆图与近代实测城市图资料，绘制江南子城所在城市的构型平面图，并将其置于同一比

---

① 永乐《常州府志》中此类记录较多，例如该志卷八《县治》引《绍定江阴志》云："都监厅，《祥符图经》：'兵马司，在观风门东，今其地也。'"案：此处《绍定江阴志》所引《祥符图经》当为《祥符江阴军图经》，这两种宋代江阴志今已亡佚。参见程以正主编《江阴市志》卷三九《历代修志纪略》，上海人民出版社，1992年，第1107页。

② 嘉靖《江阴县志》卷七《庙学》，《天一阁藏明代方志选刊》本。

例尺下加以比较(图3),由此归纳宋代江南子城的特征如下。

两宋时期江南的子城,普遍存在于该地区的府、州、军级城市中,在县级城市极为罕见。这类子城均自前代或更早时代继承而来,虽然在太平兴国二年(977)吴越纳土归宋之际受到拆城的影响,但由于实际需要而得以重修或维持,直至元初系统实施毁城之时方告终结。

从形态上看,这一时期子城的规模大体以半里为径,周长在二里左右,其形状较为规整,以近南北向的矩形结构最为常见,因此较多体现了人工规划的意志,这与这些子城所在的罗城形成鲜明对比——后者的围郭构型较为自由,更多体现了自然地形与经济的影响。

就子城与罗城的空间关系而言,虽然从整体上看,子城位于罗城的北部或西北部较为多见(如常州、无锡、江阴、湖州、宁波、绍兴等均属此列),但也不能因此归纳得出此种配置已是固定的子城修筑规则。而像宁波子城所表现出的子城内道路与街区与其周边罗城内路网形态与街区尺度协调排列等现象(图3),强烈显示该城之中子城的产生,应该是原有的城市聚落已经发展到一定的规模,而之后构筑的子城,在选址与布局受既有城市形态的影响,在结构上不得不接受早期形成的城市肌理所致,否则就难以解释该子城实际所见的坐落方位偏置现象(东北向倾斜约25°)。也就是说,这类城市中的子城,从历史形态来看并非是城市最初的定居点,而类似的子城与周边街区、路网或河网的被动调适现象,在无锡、嘉兴等城市之中也能找到,因此推断先有城市、后筑子城可能是江南子城形成初期较为普遍的规律。此点牵涉子城的形成背景,下文将做进一步分析。

三、子城的形成背景及其发生学规律

上节考察显示子城在宋代江南的府州级城市中已经成为一种流行的构造,这也说明此类构造起源甚早,接下来先将各子城创建年代相关史料整理如下(表2)。

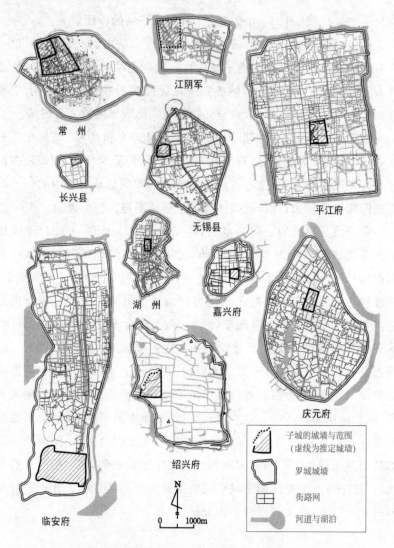

图 3 江南地区"子城-罗城型"围郭城市一览图

注：南宋临安府的罗城范围根据傅伯星《图说南宋京城临安》所附《南宋京城临安府城图》，常州宋代罗城根据单树模主编《江苏城市历史地理》第 95 页的薛迪成《常州城址变迁图》；江阴、无锡、长兴、湖州、嘉兴等地的罗城在元末均有不同程度的收缩，此处暂以各地的近代实测城市地图为底图加以绘制。

表 2　江南各子城的创建年代

城市	相关古记录	创建年代
苏州	《越绝书》卷二《越绝外传记吴地传》：吴小城,周十二里。其下广二丈七尺,高四丈七尺。门三,皆有楼。其二增水门二,其一有楼,一增柴路。《吴越春秋·阖闾内传第四》：阖闾元年,子胥乃使相土尝水,象天法地,造筑大城。……筑小城,周十里,陵门三,不开东面者,欲以绝越明也。	吴阖闾元年（前514）
绍兴	《越绝书》卷八《越绝外传记地传第十》：勾践小城,山阴城也。周二里二百二十三步,陆门四,水门一。今仓库是其宫台处也。《吴越春秋·勾践归国外传第八》：勾践七年,范蠡乃观天文,拟法于紫宫,筑作小城,周千一百二十二步,一圆三方。西北立龙飞翼之楼,以象天门,东南伏漏石窦,以象地户；陵门四达,以象八风。外郭筑城而缺西北,示服事吴也,不敢壅塞。	越勾践七年（前490）
湖州	《嘉泰吴兴志》卷二《城池·子城》；《统记》云："旧当秦时为项王故城。"《吴兴记》云："郡廨署旧有乌程县治。"	秦末
无锡	《越绝书》第二卷《越绝外传记吴地传第三》：无锡城,周二里十九步,高二丈七尺,门一楼四。其郭周十一里百二十八步,墙一丈七尺,门皆有屋。	汉代
嘉兴	《至元嘉禾志》卷第二《城社》：按《旧经》云……子城周回二里十步,高一丈二尺,厚一丈二尺。崇祯《嘉兴县志》卷之二《建置志·城池》：子城周围二里十步,高一丈二尺,厚一丈二尺,《图经》云三国吴黄龙时筑有正门一,楼曰丽谯,宋宣和年间……尝更筑。	三国吴黄龙年间(229—231)
长兴	《嘉泰吴兴志》卷二《城池·长兴县城》：唐武德七年始移于今处,在郡治西北七十一里,内有子城,外有六门,……以上并见《旧编》。成化《湖州府志》卷第三《城池·长兴县城》：按《旧志》,唐武德七年移县治于今所,辅公祏筚土而筑,岁久土复崩坏,内有子城,外有七门。	唐武德七年（624）
杭州（临安）	《淳祐临安志》卷第五《城府》：据《隋志》,开皇中移州居钱塘城,复移州于柳浦西,依山筑城,即今郡是也。……自唐以来实治凤山,钱氏所居特因之尔。《全唐文》卷一三〇载罗隐《杭州罗城记》：郡之子城,岁月滋久。《十国春秋》卷七十七：开平四年,大修台馆,筑子城,南曰通越门,北曰双门。	约隋唐时建,后梁开平四年增筑（910）
常州	《咸淳毗陵志》卷三《城郭》：内子城,周回二里三百一十八步,高二丈一尺,中外甓之。唐景福元年……重修,……今为郡治。	始建不明,唐景福元年（892）重修
	《咸淳毗陵志》卷三《城郭》：外子城,周回七里三十步,高二丈八尺,厚二丈,中外甓之。……伪吴顺义中刺史张伯悰增筑,号金斗城。	五代杨吴顺义中（921—926）

续表

城市	相关古记录	创建年代
宁波	《宝庆四明志》卷第三《城郭》：按《会要》及《移城记》，长庆元年移州治于鄞县治，而于旧州城近南高处置县，且撤旧城，城新城，则今之子城是也。	唐长庆元年（821）
江阴	按永乐《常州府志》引《绍定江阴志》等记载，唐天祐十年（913），杨吴改筑江阴城，迁子城于外城西北隅，南宋增修。详上文考证。	唐天祐十年（913）

表 2 的整理显示，虽然江南营建子城的历史，自先秦到唐末五代绵延 1500 年之久，但春秋战国至秦汉三国、唐末五代可以说是兴筑子城的两个关键时期，前一时期构建的子城可能是由古代王都的宫城、军事要塞或早期的行政中心发展而来，因此可能与该地区早期的筑城传统有关；而后一时期的子城兴筑主要集中在 9 到 10 世纪江南豪强并起的年代，显然与当地割据政权的积极经营有着密切的联系。

（一）早期子城的起源与形成背景

有关春秋战国至秦汉三国时期苏州、绍兴、湖州、无锡、嘉兴等子城的资料少之又少，文献上主要依靠《越绝书》、《吴越春秋》的片言只语及中古方志中若干辗转追溯的记录，而现代城市的叠压也造成开展考古揭露的困难，因此目前能够得到实物确认的只有上节提及的湖州子城①。不过，修筑于同一时期的江南古城址，目前得以确认的已有淹城、下菰城、阖闾城、固城四座（图 4），其基本情况如下。

淹城遗址：位于今常州市南郊，该城最早见于《咸淳毗陵志》等当地文献的记载，是我国目前发现唯一一座三城三河形制的古城。该城最里一圈地势最高，平面呈方形，周长近 500 米，仅设一南门；中间一圈亦呈方形，周长 1500 米，最外一圈地势最低，呈椭圆形，周长 2500 米。考古调查显示此城建造和使用于春秋晚期的吴国，且三道城墙为

---

① 相关正式报告尚未公布，但据当地相关人士介绍：子城东城墙遗址出土了大量三国孙吴、两晋、南宋、唐宋时期的遗物，主要为瓦当，尤其三国时期瓦当的出土，是较为重要的发现，为早期建城于此提供了物证，参见 http://blog.sina.com.cn/s/blog_50ab61f60101lyxq.html。

同一时期修筑①。

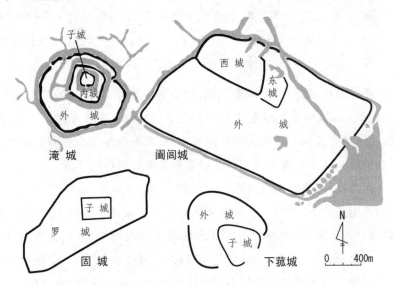

图 4　江南地区春秋至汉代古城址的基本构型与规模

阖闾城遗址：在今无锡与武进交界处，其名称源于《吴地记》等当地早期文献。该遗址包括大城和东、西小城，大城周长约 7000 米，东、西两座小城位于阖闾大城的西北。该城址在古籍上称为"阖闾城"②，近年的考古调查确认大城、东城、西城和高台建筑均为春秋晚期，与吴王阖闾的年代相当，因此推定为《越绝书》中记载的吴都"吴越城"③。

下菰城遗址：位于湖州市南郊道场乡，该城在宋《太平寰宇记》所引南朝《吴兴记》以及湖州历代文献中多有记载，《嘉泰吴兴志》卷二《城池》云：

---

①　南京博物院、淹城博物馆《淹城遗迹保护利用总体规划》，《东南文化》1996 年第 4 期，第 124—129 页。

②　《吴地记后集》："阖闾城，周敬王六年，伍员伐楚还，运润州利湖土筑之，……为大小二城。阖闾伐楚还，取以为号。子城在无锡富安乡，地名阆江，大城在阳湖界十六都八图。"

③　《越绝书·外传记吴地传第三》："阖庐之时，大霸，筑吴越城，城中有小城二。徙治胥山。"相关考古调查结论参见张敏《阖闾城遗址的考古调查及其保护设想》，《江汉考古》2008 年第 4 期，第 102—108 页。

乌程县县治,即《郡国志》所谓春申君置菰城县也,见《旧图经》,城内又有子城,见《旧编》,重城屹然,工役甚固。又《续图经》云:春申君始建城,距今千余岁,重城屹然,略不隤毁,则知当时工役之兴不苟矣,后徙治于今州之子城。①

现存城垣可分内、外两重,平面均呈圆角等边三角形,外城垣长约1800米。内城居于外城东南角,周长约1200米,城垣为泥土夯筑而成,外侧均有濠沟。从出土遗物内容来看,其始建年代应在春秋时期,目前的研究认为是战国时楚国菰城县和秦汉乌程县的县治②。

固城遗址:位于南京高淳区固城镇,春秋时为吴国的濑渚邑③,汉代为溧阳县治所,大约三国吴时被逐渐废弃。城址平面呈不规则多边形,城垣为土筑,分内外两重。其内城高于外城约4米,呈长方形,南北190米,东西120米,与早期记录所称"子城一里九十步"接近④。根据濮阳康京的考察,"从历年不同时代遗物出土地点来看,春秋时吴筑固城的具体分布范围在'子城'之西,现在的固城遗址是汉代向城东重新扩建的一处城邑"⑤。

以上四座早期城址在形态上保留有较多的早期传统,并且具有一定的共性,其最具特色之处在于由多重城濠组成的"重城"结构,因此可以确认江南城市中的子城-罗城型构造起源甚早。从地位上讲,阖闾城可能是王都级的大城,下菰城和固城是县邑级的城郭,而淹城带有较多军事要塞的性质,但不论何种城市,其内部都存在一座经过刻意规划的内城,且淹城与阖闾城的外城与内城都是同时或较为接近的

---

① 文中《旧图经》当指唐代的《开元吴兴图经》或陆羽所撰《吴兴图经》,《旧编》为南宋初周世楠所编《淳熙吴兴志旧编》。
② 劳伯敏《从下菰城的兴衰看湖州治址的变迁》,《东南文化》1989年第6期,第126—130页。
③ 《景定建康志》卷二〇《宫阙门》:"东周景王四年,吴筑固城为濑渚邑。"
④ 〔南宋〕张敦颐《六朝事迹编类》卷上《城阙门·吴固城》:"《图经》云在溧水县西南九十里高一丈五尺,罗城周围七里二百三十步,子城一里九十步。《胜公庙记》:吴时濑渚县也。"
⑤ 濮阳康京《江苏高淳固城遗址的现状与时代初探》,《东南文化》2001年第7期,第22—25页。

时期之中构筑完成的,所以,在同时期的吴、越王都——苏州和绍兴城中形成子城也就不足为奇了。

值得留意的是,固城遗址虽然自春秋以来就已形成城邑,但目前留存的城垣反映其主要使用时期是在两汉,可以说是一座典型的汉代县城城址。该城的子城,其平面形态较为方整,而构型与规模也与宋代嘉兴、湖州、无锡等地的子城颇为相似,如果注意到这三座城市距离固城遗址较近、且都修筑于秦汉三国之际的话,就可以对当时郡县级城市围郭形制的特点与共性作出合理的估测。

(二) 唐末五代时期子城的分布与发生学规律

在唐末五代的 9 到 10 世纪间江南筑城浪潮中形成的子城,其分布与结构都出现一些新的变化,结构变化主要表现为对早期子城的普遍增修以及对谯楼等设施的功能强化①,而在分布上的主要特点,则是较彻底地贯彻了子城仅修筑于府州军级城市之中这一原则。

从行政层级来讲,唐宋时期江南城市大致可分为割据政权的王都、府州军、县这样三个等级,而宋代以后江南的子城主要分布在县级以上的城市中,如南宋江南的七府一军均有子城的设置,该现象在周边区域的城市中也十分显著,如周边的建康、镇江等府城,台、温、徽、严、婺等州城都有宋代子城的明确记载,这其中曾经作为古代都城的平江、绍兴、临安、建康等城,都曾兴筑规模较大、形态上较为突出的子城,此点从子城的功能来看不难理解。可是,与之形成鲜明对比的是,只有无锡、长兴、东阳等极少数县城之中出现了子城这种构造。这几个县城可能有它们的一些特殊性,比如无锡县,虽然长期列为常州的属县之一,但在北宋时规模就与州城匹敌②,到元代升县为州,也直接反映该地规模的壮大;而长兴县的筑城,可能与唐初辅公祏割据叛乱

---

① 比如,常州城由内子城向外子城的变化,可看作是应对早期子城(内子城)在空间上不能满足需求而采取的扩容增修措施。其他的临安、嘉兴、无锡、庆元等城也有增修的记载(见表1)。

② [日]成寻著、王丽萍校点《新校参天台五台山记》卷三:"(熙宁五年九月六日戌时)至常州无锡县宿,广大县也,宛如州作法。"上海古籍出版社,2009 年。

的特定局势有关。那么,为什么子城的分布在府州军与县这两级城市之中会有如此大的区别呢?解决这个问题将有助于我们对江南地区子城修筑的本质理解。为此,尝试选取南宋中叶的嘉泰年间为时间断面,重点整理《嘉泰吴兴志》、《嘉泰会稽志》中与围郭等城防结构相关的记录,通过对当时县城的规模及各级城市的历史形态比较,继续展开分析。

按《嘉泰吴兴志》卷二《城池》记载:

> 乌程县:晋义熙六年,徙于今所,在郡治西一里,环以墙而已。
>
> 长兴县:唐武德七年始移于今处,在郡治西北七十一里,内有子城,外有六门。
>
> 武康县:南唐广德二年,左卫兵曹参军庆澄兼武康、德清二县令,舆瓦砾、伐榛莽,复于溪北古城筑之,铜岘之水三面环绕,浚为壕堑,今之县城是也。
>
> 安吉县:县无城郭,有六门,惟西、北二门有名,余皆无名。

《嘉泰吴兴志》缺少归安、德清两县记载,现据《永乐大典》卷二千二百七十六《湖州府·城池》所引明初《吴兴续志》补齐:

> 归安县城,在郡城中,去府治一百二十步,不别建城,以堵墙周环而已。
>
> 德清县城,旧县无城,元至正十八年始筑城,周回四里六十步,开凿濠堑。

由此可知,在南宋中叶(甚至到明初),湖州所属六县也仅长兴、武康两县有城,其他的县,如附郭县乌程、归安只是环以堵墙,而安吉县为有城门而无城郭,德清县则直到元末尚未筑城。可见,当时在县级城市中真正意义上的围郭构筑并不普遍。

又如,以同时期的绍兴府为例,《嘉泰会稽志》卷第十二《城池》记载各县城池:

> 望会稽县城池:县墙周二里二十步。
>
> 望山阴县城池:县墙周一里八十步,高一丈二尺六寸,见《旧

经》,今不存。

　　望嵊县城池:《旧经》云县城周一十二里,高一丈二尺,厚二丈。孔晔记云:县治本在江东,吴贺齐为令始移,今县城盖齐所创也。

　　望诸暨县城池:县城周二里四十八步,高一丈六尺,厚一丈,见《旧经》。……今废。

　　紧萧山县城池:县城周一里二百步,高一丈八尺,厚一丈一尺,见《旧经》,今不存。

　　望余姚县城池:县城周一里二百五十五步,高一丈,厚二丈。案:《会稽记》云吴将朱然为令时所筑。见《旧经》,今不存。

　　望上虞县城池:县城周一里九十步,高一丈七尺,厚一丈。见《旧经》。

　　紧新昌县城池:县城周一十里,高一丈,厚一丈三尺。见《旧经》,今不存。

由此推知,在南宋中期的嘉泰年间,绍兴府八县中仅府城及嵊县、新昌两县城是真正意义上围护城市全体的城池,而会稽、山阴两附郭县的所谓"县城",可以明确只是隔墙环绕的县衙区域,诸暨、萧山、余姚、上虞四县虽称"城池",但城周一般为一到二里,城高与墙厚也与元代之后的大城相去甚远,其实际规模跟府城之中大致以半里为径、围护衙署的子城极为相似,应该也仅指县衙所在,正如乾隆《绍兴府志》卷之七《建置志·城池》在提及上虞县城时说道:

　　今县自唐永庆中徙,又县城周一里九十步,高一丈七尺,厚一丈。注:见《旧经》、《俞志》,《嘉泰志》所称县城周一里九十步者,盖县治之衙城也。《万历志》:至正二十四年,……始建议筑县城,……周围凡十有三里。

以上两种南宋嘉泰年间的古记录,对我们探知中古以来江南地区子城的发生、拟测县城的历史形态等课题而言深有启发。

以上湖州、绍兴府各县的记载,虽在史料性质上有所差别——《嘉泰吴兴志》强调筑城与否、城墙与"堵墙"的区别,而《嘉泰会稽志》则偏重于说明城池的规模与存续状况，不过，综合分析这些记载，完全可以得出如下的结论：至少在南宋时期，类似子城的构造并非仅仅存在于江南的府州军等高行政层级的城市之中，事实上许多县城之中也同样存在着功能、形态十分相似的"类子城构造"，只不过这些县城到宋代为止往往缺乏罗城的构筑，因此就难以使用"子城"这样的称呼了。毕竟，中古文献中所谓的"子城"与"罗城"、"大城"与"小城"、"外城"与"内城"这样的称呼都是相对的，没有罗城，也就不成其为子城了。

根据江南县城之中实际存在"类子城构造"的推断，进一步考察《嘉泰会稽志》所描述的县城，就可以发现其中只有嵊县周一十二里、新昌周一十里的记载反映了当时这两座县城的真实规模，而上虞县城从嘉泰年间一里九十步到元末筑城十三里的变化，并非是这座城市的规模在短短一个世纪中发生了戏剧性的扩张，也不意味着当时上虞的县城仅有衙署部分，合理的推论是——在没有城墙围护的情况下，在环绕上虞县"衙城"的周围已然形成较大规模的商业街市。并且，如果考虑《嘉泰会稽志》中县城记录的资料同质性以及元末各县普遍修筑较大规模罗城的事实，那么可以推测南宋甚至更早时期的江南县级城市，应该普遍存在着类似日本"城下町"那样一种"小城大市"的城市形态。结合上节分析宁波等城"先有城市，后筑子城"的结论，则可认为营建子城的选址考虑，除了遂行府州军级城市的政军功能之外，其初期的产生可能是更多地选择依托既有经济中心聚落发展而来的。因此，不考虑地方割据政权王都的话，"早期城市—子城（府州军级城市）及周围的街市—围护城市全体的罗城"这样的模式可能是江南筑城史上比较普遍、自然的形式。

结　语

本文考察表明，子城作为"重城"型城市中的内核结构，渊源甚早，内涵丰富，是两千年来在历经复杂的、累积性变化的一种围郭构造形式。

纵观江南子城的演化历史可以看到,早期的古城址反映重城形制在先秦秦汉之时的江南地区已经普及,而重城之中的小城,应该与后世地方都市中的子城有着密切的甚至直接的关联。唐末五代时期,受地方局势的影响,在江南出现了新一波的子城营建风潮,各府州军级的城市普遍修筑或加固了子城。此类子城在两宋时期得以维持,直至元初的大规模拆城。元末在江南出现新一轮的筑城高潮,但此时的城池营建或改造,从根本上调整了长期以来的筑城理念,大多采取了收缩并强化罗城、放弃子城的做法,因此,子城在明代之后逐渐荒弛,成为城市中的历史遗存。不过,由子城墙濠构成的固结线以及子城中的功能性地块,仍然长期影响着城市的内部形态,由谯楼与周边街路、河道及公共建筑群所组成的空间构型,成为近代化之前江南传统城市中一种独特的历史景观。

本文对江南子城长期演变历程的回溯调查表明,宋代是该地区子城演化的成熟时期,这一时期"重城"型城市的平面复原地图明确显示出子城营建所具有的人工规划的性格,相比之下,罗城的围郭构筑则更多体现了自然与经济的影响;通过对此类子城形成背景的历史形态学分析,可以从形态发生的角度推导江南子城的生长模式,即"早期城市—子城(府州军级城市)及周围的街市—围护城市全体的罗城"这样的演变历程,这可能是符合多数江南子城营建规律的一种形式。

当然,本文的推论是否可以涵盖不同区域的多数"重城"型城市,此外,府州军级城市中的军队驻扎是否为兴筑子城的关键动因,还有,从历史形态学的方法探讨子城与罗城围护中的城市原有格局究竟如何相互影响等等,这些问题事关子城的更深入理解,都有待今后的研究予以一一解明。

附记:本文为笔者承担之国家自然科学基金资助项目(41271154)研究成果之一,原刊于《史林》2014年第4期,本次刊发又做了修订。

上海老城厢平面格局的中尺度
长期变迁探析

钟 翀

引 言

  前近代以来,江南地区绽放出了华丽的市镇文明,其背景之一是长期以来当地中心城镇的发育与发达,而在此过程中,水乡中的众多县城无疑承担了地方经济的重要枢纽功能。不过,由于史料的限制与个案考察的不足,目前我们对此类县级城市形态演化的真实面貌与具体历程还缺乏足够的认识,在实际研究中甚至还存在着不少的误解。

  上海是我国最早开埠的城市之一,至今仍保存着不少近代早期的大比例尺实测地图,这些地图反映了拆城填浜之前、较多保留传统县城形态的上海老城厢,足以作为回溯研究的起点;同时,表现筑城前上海城市的古绘图,则可上溯明嘉靖《上海县志》的修纂时期,而明弘治以来方志中有关上海市镇早期形态的记载,更可远征南宋末置镇与元初建县的时期。此种史料的特点,对于开展该城平面格局的中尺度长期演变分析而言,在兼顾史料批判的前提下应该可以有所阐发。

  近年来,以康泽恩为代表的西方城市历史形态学研究逐渐受到国内学界的关注,该理论强调从形态学角度研究城镇平面格局的重要性,认为历史悠久的古城景观之中,城镇平面格局保留了其发展历程各阶段的残余特征,是城镇形态空间发展历程的记录复合体,因此,基于演化的视角,从现存平面格局回溯历史,进而探究、揭示其潜在的发生史,是城市史地研究中值得推荐的分析方法。在他的代表研究——安尼克案例中,康泽恩以城镇平面格局中的三大要素,即街道及其在街道系统中的布局、地块及其在街区中的集聚、建筑物的基底平面为主要分析因素,凭借中世纪以来丰富的地图与地籍资料,系统地提取该城平面构造中不同历史层次的各种形态基因类型,从城市历史形态学的角度准确而清晰地展现了安尼克城长期演变进程[①]。

康泽恩的历史形态学方法为我国城市史地研究带来诸多启示,不过在具体的研究实践中,由于东西方地图绘制传统与城市相关史料性质及留存状况的巨大差异,如何处理此种差异,有效运用康泽恩分析方法开展研究,仍是目前亟待解决的一项课题。

就江南城市古旧地图与古文献的留存情况及质量而言,笔者以为,在缺乏系统的古地籍记录情况下,先期重点开展以街道及街道系统、地块及其在街区(或建成区)中的集聚形态考察为目的、1万至数万分之1比例尺的中尺度平面格局复原与分析,不失为一个比较现实的考虑。而在这样的研究中,根据江南传统古城的形态特征与宋元以来以方志为代表的文献史料特点(如水乡城镇中承担重要交通功能的河道,历史记录较为发达的衙署祠庙、桥梁等),适当调整平面格局的主因素为街巷、水系与桥梁(这两项相当于表达街道与街道系统)、墙濠、衙署祠庙、坊厢(这三项主要表达城镇规模、建成区的地块及其集聚形态)来展开分析,应可获得明清时代若干时间断面上较为清晰的城镇平面格局,并据此溯及中古,延伸探索宋元时代的城市历史形态及其发展轨迹。

基于以上设想,本文以上海老城厢(即宋元建县前所谓"镇市"、元初建县至明嘉靖筑城前所谓"县市"、嘉靖筑城后直至近代的"县城"区

---

① M. R. G. Conzen, *Alnwick, Northumberland: A Study of Town-Plan Analysis*, Institute of British Geographers Publication 27. London: George Philip, 1960. 中文译本参见宋峰等译《城镇平面格局分析:诺森伯兰郡安尼克案例研究》,中国建筑工业出版社,2011年。

域,现今通称"上海老城厢")为研究对象,通过对该城在筑城前后、由镇升县前后等数个时间断面的中尺度图上复原与分析,尝试把握其长期变化历程,并藉以探索康泽恩方法之于我国传统城市历史形态学分析的资料适应性与研究适用性,讨论中古以来江南县级城市长期变化的规律性和方向性、各种形态要素的变化速率,乃至在此类县级城市聚落演化进程中的普遍性规律等问题。

一、前近代以来上海老城厢的平面格局

现今上海黄浦区的老城厢区域(图1),虽然历经民国初的拆城与填浜,近年来河南南路的贯通与拓宽等改造工程,但由中华路、人民路围绕的梨形环路仍然完整继承了旧县城的围郭格局,城内的街道系统也仍然大体维持着明嘉靖筑城之后的历史状况(此点详下节),其中的方浜中路、复兴东路、侯家路、凝和路、乔家路等街道,在位置、走向甚至曲度等细节上处处透露出老城厢乃至更早时代城内方浜、肇家浜、侯家浜、薛家浜四大水系及其支流的古老形态。在近代化之后的上海

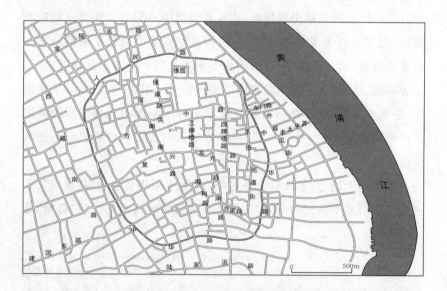

图1 现代上海老城厢及其周边街道系统图

大都市之中，老城厢的平面格局与周边的近现代新建城区大相径庭，事实上该地已逐渐变质为景观迥异于周边街区、形态发展迟滞的嵌入型"城中城"，这座巨大的"城中城"是上海古城镇在其发展历程中各阶段残余构造的集合体，为探究其中蕴涵的潜在形成过程，则需要对其平面格局进行详细地分层复原与考察。

上海是我国最先开展近代实测的城市之一，现存实测地图的历史可追溯到1849年。在表现1915年拆城前老城厢的实测图中，绘制较早如《上海县城及英法租界图》(1856—1858年绘)、1862年刊 City and Environs of Shanghai、1875年刊《上海县城厢租界全图》(以下简称1875年图)等图，绘制较详细的如1888年刊《上海城厢内外租界全图》、1910年刊《实测上海城厢租界全图》等图，这些地图比例尺多在1/10000左右，可为晚清老城厢复原图绘制以及中尺度的图上分析提供有力支持。而这其中的1875年图，是最早由国人绘制的大比例尺实测上海城市图，该图地物表现丰富，测制精确，其中对墙濠以及街巷、官署祠庙、水系、桥梁等的表现都要大大超越此前各种上海图，可以说是上海乃至我国城市地图史上具有划时代意义的一幅近代早期城市平面图[①]。因此，本文选取1875年图为底图，同时利用上述诸图以及同治《上海县志》(以下《上海县志》以"年号+志"、《松江府志》以"年号+府志"简称)等文献的相关记录加以修正，绘制晚清上海老城厢复原地图(图2，以下简称光绪复原图)作为回溯考察的起点。

图2较为准确地反映了晚清光绪初年(1875)这一时间断面上的老城厢平面格局，图上可见当时的老城厢由半径一里有余、周长十多里的濠、郭所限定，该围郭构造形成于明嘉靖三十二年(1553)，并在此后成为上海县城平面格局上一个突出的特征。从街巷、河道的分布来看，虽然老城厢内外号称"迷宫"，但通过观察可知其绝非一般意义上的密集无序的迷路式布局。以主干道的组合来看，在城内部分，东西向的侯家浜、方浜、肇家浜、薛家浜这四条城内主要河道及其沿河街

---

① 本文所涉近代上海地图的具体形态、测绘背景与收藏地等，详见拙作《近代上海早期城市地图谱系研究》，《史林》2013年第1期。

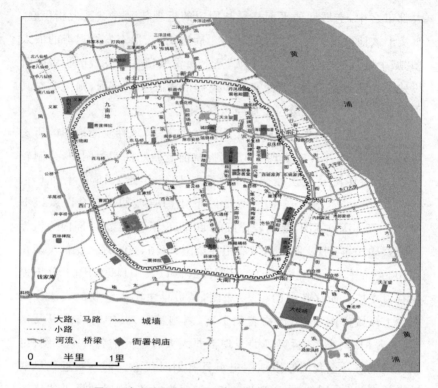

图 2　清光绪元年(1875)上海县城及其周边复原图

注：本图以 1875 年图为底图绘制，由于 1875 年图上的黄浦江宽度等出现较大误差，城厢内外的一些支流河道也存在不少的遗漏，因此根据上述 1862 年刊 *City and Environs of Shanghai*、1910 年刊《实测上海城厢租界全图》等图加以修正与补充。

道，与南北向的老北门街—穿心街—旧校场街—三牌楼街—虹桥大街—小桥街、县前街—太卿坊巷—南门大街、天官牌坊街—四牌坊街—曲尺弯—集水弯—南梅家街、东街—道前街，在城厢东部形成四纵四横的栅格状街道网①，这一区域整体构成了老城厢的内核，其平面格局呈现出传统水乡城镇的街巷特征，显示其悠久的形成历史；在城

---

① 关于图 2 中"大路"即城中干道的确定，在 1875 年图上没有明确区分街巷的主次，不同治《上海县志》卷首《上海县城内外街巷图》中所绘街巷可见明显的路幅差异；此外，通过老城厢中城门与道路的关系可以确认城内的干道，如大东门至西门间为肇家浜及沿河街道、小东门通方浜及沿河街道、大南门通县前街至南门大街、老北门通老北门街至小桥街、小南门通东街至道前街，反映这些街道所承担的交通干线的作用。

外部分,自洋泾浜至薛家浜,由联络沿江四十余座码头而形成的东西向街巷,与南北向的咸瓜街—篾作街、外洋行街至南仓街、滨江大马路也构成了显著的经纬交织的栅格状街道网。并且,城厢内外的街道网络具有相似的肌理——如经向道路所反映的类似的间隔(约150米),纬向道路则大多可以透过东城门或东城墙而内外接续,显示这些道路的形成亦较古老——即原先从城内放射出来的城市街区,后被筑起的城墙强行打断这样的形成机制。

根据栅格状街道网可以大致推断晚清上海县城的街区分布格局,但由于1875年图并未表现建成区的分布状况,因此需要配合同时代的1862年刊 City and Environs of Shanghai (图3)或1888年刊《上海城厢内外租界全图》等加以明确。这些地图显示当时县城街区呈现出向东即滨江一线显著偏移的分布格局,即在城墙与城濠所限隔的城内区域,街区的分布则呈现东密西疏的格局,而在东城外沿黄浦江地带,则街巷密布,出现了大片街区溢出城郭的现象。此种街道系统、街区分布格局在清乾嘉时期的文献中得以确认①,其中干线道路网的起

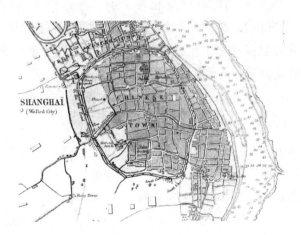

图3 City and Environs of Shanghai(1862年刊,局部)

---

① 如乾隆四十九年(1784)刊《上海县志》、嘉庆十九年(1814)刊《上海县志》中的街巷记载以及嘉庆志中的《县城图》,均反映该城的道路系统至迟在乾嘉时期已经确立。

源甚至可以追溯到明中叶筑城之前(详本文第二节),反映其对城市固有格局的继承。由此可知,1843年的开埠虽然促进了上海的繁荣,但在光绪初年,地块的租借、建成区的扩张主要发生在城外乡郊,对县城传统格局的影响有限,而从长期变迁来看,对平面格局产生重大影响的,无疑还是明嘉靖三十二年筑城这一事件,下文将通过具体的复原分析来加以考察。

二、明嘉靖筑城前后的平面格局及其变化——以嘉靖《上海县市图》的复原分析为中心

上海的筑城始于明嘉靖倭乱之际,嘉靖三十二年(1553)这一年之中,倭寇多次袭扰上海,焚掠县市,鉴于时局的紧迫,当年秋天,经该县吏民日夜抢筑,仅用了两个月时间就仓促修筑起一道周长5800余米的城墙。江南的县级城市中,此类筑城事件在嘉靖三十二至三十四年倭乱极盛期达到高潮,但因资料所限,一般很少能够深入了解类似的筑城活动对城市形态的具体变化与影响。幸运的是,明嘉靖三年(1524)刊《上海县志》收录了筑城前绘制的一幅《上海县市图》,该图的刊行十分接近县城的修筑年代,因此本节将以此图为中心展开考察,进一步分析筑城前后上海县城的平面格局变化。

(一)嘉靖《上海县市图》的绘制背景与研究价值

《上海县市图》载于嘉靖《上海县志》卷前(图4)。嘉靖《上海县志》,明郑洛书修,高企纂。现存嘉靖三年原刊本藏于上海博物馆。此书入清后即已稀见,今所存原刊本者惟上海博物馆藏本与日本静嘉堂文库守先阁藏本。此书长期为藏家所珍重,秘不示人,直至1932年经上海传真社影印收入《松江府属旧志二种》,始得世人广为知晓。

《上海县市图》名曰"县市",系弘治志以来当地文献对上海县城的一贯称呼(直至嘉靖筑城后方有"县城"的叫法)。此图不注绘者与绘制年代,然图上的地物标注与书中记载高度一致,并不时可见此书主

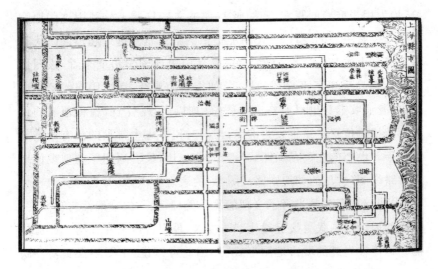

图 4　明嘉靖《上海县市图》(1524 年刊)

修者、当时上海县令郑洛书在嘉靖初年的活动遗迹①，充分显示该图当作于县志编纂之际，是编纂者为配合县志而创作的、表现嘉靖初年上海县市实际面貌的地图。

该图方向上北下南，描绘范围北起洋泾浜、南至陆家浜，西起周泾、东至黄浦江滨，按该志卷一所云"自杨泾至薛家浜，皆为县市"可知本图是以当时的上海县市为中心的城市地图（此处"杨泾"即洋泾浜）。图上文字标注的地物共三十九处，主要涉及县治、巡抚行台、察院、税课局、养济院、水次仓、济农仓、儒学、社学、社稷坛、邑厉坛、城隍庙、水仙宫、积善寺、广福寺、顺济庙、义冢等官署祠庙以及南、北两处马头（码头）。值得特别指出的是，本图虽然仅有三十九处地物做了文字标注，但实际描绘地物要远在此数之上。例如，图上表现的众多街道、河道、桥梁大多未注文字，但这些地物经过具体比定可知其绝非随意描

---

① 在此试举两例说明该图的即时性与准确性。如图中所注四处义冢，与嘉靖志卷三《义冢》中嘉靖元年知县郑洛书创建四处义冢的记载吻合；又如图标注的位于县桥南岸的旌善亭，在后世县志中仅记其位于县桥北、县衙南的总铺附近，与此图不合，只有万历志中明确提及"旧在县桥南，嘉靖二十四年知县孙渭迁于总铺基上"的迁移变化（万历《上海县志》卷五），正与此图所示位置一致，这些都证明了该图当作于嘉靖志编纂之际无疑。

绘,均为相当准确的写实表达(此点详下文),只要充分利用这些地物的相互位置关系的表现,此图所能提供的信息量要远远超过同时代有关上海县市的其他文字记载。另外,从历史地图学角度来看,该图最大的特点是采用了平面图的形式,如街巷用双线、河流用双线填充波浪纹(波浪纹本身也可看作一种图符)加以表现,并且,各种地物的尺度以及相对位置关系也较为准确,与同时代方志中常见的仅有城墙与少数衙署设施的立面鸟瞰图式形象绘法相比,绘者运用了类似现代地图中路线图(常见的如地铁路线图等)的表现手法,既对当时实测较为困难的曲线、高差等进行了合理的简化处理,又不失准确性与功能性,其绘制理念与图式更接近近代制图技术,是中古以来在江南地区流传的一种比较先进的城市地图形式[1]。因此可以说,本图不仅真实反映了1553年筑城前上海县市的全貌,而且内容丰富,测绘精确,十分有利于复原作业的开展。

(二)嘉靖《上海县市图》的地物比定与图上复原

以上特别说明《上海县市图》之于本文重点考察的街巷及街巷系统、街区及其集聚形态的研究价值,下面先通过对该图的河道、桥梁以及具体设施的系统比定,全面还原筑城前上海县市的街巷系统。

首先分析河道。虽然绘者未加文字标注,但根据黄浦江与县治、城隍庙、水仙宫、邑厉坛、水次仓等目前可以确定的主要官署祠庙的相对位置关系,便可简单判断方浜、肇家浜、薛家浜、陆家浜、洋泾浜、南侯家浜(即筑城后所称的"侯家浜")、周泾这七条河道。而在洋泾浜与南侯家浜之间,可见到由洋泾浜分流并汇入黄浦江的一支河道,根据嘉靖志等的记载,此河应为北侯家浜[2]。该河道在筑城之后的文献中

---

[1] 在江南地区,此种绘制方式并非《上海县市图》首创,较早的如宋元方志中《淳熙严州续志》的《建德府内外城图》、《宝庆四明志》与《嘉定赤城志》所载明州与台州的城市平面图,以及石刻实物如南宋《平江图》等,均与此图的绘制方法接近,这可能跟该地区长期以来的城市图绘制传统与刻工群体有关。

[2] 如嘉靖志卷三《桥》中在上海县市诸桥下注各桥所在河道,其中众安桥、法华庵桥下注"以上并北侯家浜",此处按记载的顺序与该河的名称特征,可知其当在洋泾浜与南侯家浜之间。

均未见载,从位置关系推断,该河只可能是筑城时被利用改作北城濠了。图上另有薛家浜、陆家浜之间的一条小浜应是榆木泾,该河在嘉靖志中仅提及它位于包含县市的二十五保范围之内,不过清嘉庆志卷二《支水》中记载其"在陆家浜西北,分流大南门城濠,南一支由沙家石桥西出通东西上澳"。加之民国时期的大比例尺地图中尚可确认榆木泾的存在①,由此推断该河原有南、北两支,北支(即《上海县市图》上表现的一支)也可能是筑城被利用为南城濠——即嘉庆志所云"大南门城濠",而南支则一直延续至于近代。

其次分析桥梁。确定河道之后,便可比定《上海县市图》描绘的四十座桥梁,此处的关键史料是嘉靖志卷三《桥》中的以下一段文字(引文中着重号系笔者所加,下同)。

> 县市三十八:曰五胜桥,今名新桥,曰郎家桥,曰抚安桥,俗呼东鳗鲡桥,曰灵济桥,俗呼西鳗鲡桥,曰阜民桥,俗呼县桥;曰望虹桥、登云桥、庄家桥、曹家桥、斜桥,已上并肇嘉浜;曰益庆桥、长生桥、长兴桥、陈士安桥、小马桥、马桥、晏公桥,已上并方浜;曰第一桥,曰福佑桥,俗呼黑桥,曰香花桥、南香花桥,已上并南侯家浜;曰众安桥、法华庵桥,已上并北侯家浜;曰洋泾桥、邑厉坛桥、韩家桥,已上并洋泾;曰薛家浜桥、东仓桥、中仓桥、西仓桥、永兴桥,曰广济桥,俗呼陈箍桶桥,曰塌水桥,尼姑庵桥,已上并薛家浜;曰南仓桥,在仓南,水从山川坛前通榆木泾;曰井亭桥、杨皮桥、周泾桥,已上并周泾。

在《上海县市图》之中,以上嘉靖志所记当时县市的三十八座桥梁,其中粗黑字的二十一座桥梁,系笔者对照光绪复原图(图2)及同治志等记载确定的、直至1875年尚存的桥梁,此外,上述嘉靖志记载中

---

① 如童世亨编《实测上海城市租界分图》(商务印书馆1918年版,国家图书馆藏)之第8图《上海县城及南市分图》中仍可见到"榆木泾"的南支,当即后来江阴街所在走向。

89

的韩家桥当即近代之三茅阁桥①,小马桥与马桥可推定为1875年图上的东、西马桥,东、中、西、南仓桥可根据水次仓与济农仓的位置(即图2中的"大校场")来作推定,晏公桥、邑厉坛桥则可通过《上海县市图》上晏公庙、邑厉坛的位置推定。根据在《上海县市图》上比定的这三十座桥梁的位置,就能了解嘉靖志中的这一段桥梁记载,是按这些桥梁在各条河道的位置,以自西向东即自黄浦入口向县城西方上溯的顺序,准确无误地逐一予以记录的。利用这一记载特性,进一步比对《上海县市图》中各条河道上的桥梁,即可确定此图中绝大多数桥梁的名称。

以上嘉靖志中河道与桥梁等地物的明确的图、文对应关系,进一步印证了《上海县市图》的真实性,这些都为图中街道的比定提供了强大的支持。

再次分析街巷。《上海县市图》显示嘉靖初筑城前上海县市内复杂的道路网,不过图中有文字标注的只有三牌楼街、四牌楼街这两条,其他道路均需一一确认,为此收集嘉靖志以及同时期松江府志与上海县志中的街巷记录②,作成表1。

从表1看,明中期的弘治至嘉靖年间编纂的三种府县志,对于街巷的记录既显示出了较高的一致性,又有逐渐增加的趋势,反映这些街巷应是文献编修同时期的客观存在。根据嘉庆志等后代方志的连续记载(参见表1)并对照光绪复原图,则嘉靖志所载街巷在《上海县市图》中均可予以简单比定。不过,《上海县市图》还描绘了许多这三种明中期府县志并未记录的街巷,对于此类街巷,则可以根据它们在图中的相对位置关系,尤其是其与上文既已确定的河道、桥梁的相对位置关系加以比定。

---

① 嘉庆志卷六《桥梁》云"城濠之北为韩家桥,在三茅阁前",近代上海的绘图如《上海县城全图》(日本山下和正等藏)中有韩家桥,直对北岸三茅阁,南通老北门,可以确认即为近代之三茅阁桥。

② 明郭经修、唐锦纂:弘治《上海志》明弘治十七年(1504)刊本,1940年中华书局据天一阁弘治原刊本影印,该志系上海现存最早的县志;明喻时等修、顾清纂:正德《松江府志》,明正德七年(1512)刊本,《天一阁藏明代方志选刊续编》本。这两种方志与嘉靖志编纂年代相当接近,十分有利于本文有关嘉靖复原图的分析。

表1 方志中所见明中期上海县市的街巷记录

文献名	弘治志卷三坊巷	正德府志卷九坊巷	嘉靖志卷三巷	嘉庆志卷六坊巷
记载	新衙巷：在县南 新路巷：在县西南 薛巷：在县西 康衢巷：在县南 梅家巷：在县东南	新衙巷：县南 新路巷：县西南 薛巷：县西，今名薛弄 康衢巷：并县南 梅家巷：县东南 宋家弯：四牌楼南街路屈曲通西 籑笠桥 观澜亭巷	新衙巷、康衢巷：并县南 新路巷：县西南 薛巷：县西，今名薛弄 梅家巷：县东南，以梅宣使名 观澜亭巷：通北马头 宋家弯：在四牌楼南街 马园弄：在长生桥西北，相传以费氏畜马于此 姚家弄：通宋家弯 卜家弄：通中仓桥	新街巷：旧志在县南，今按其地应是东西大街也，其东犹有名新弄者（钟案：万历志卷五《坊巷》"衙"作"街"，万历以前均作"新衙巷"） 新路巷：旧志在县西南，今按其地应是虹桥大街 薛巷：在画锦坊西，今呼薛弄底 康衢巷：旧志：在县南，今按其地应是县桥至南门大街也，延及城外犹有名康衢里者，徐文定别业在焉 梅家巷：在东唐家弄东，旧志云以梅宣使得名 宋家湾：在鱼行桥北，今呼曲尺湾 姚家弄：一在孙家弄北，为东弄，一在东街西，通宋家湾，为西弄观澜亭巷 卜家弄：通中仓桥弄

在对《上海县市图》的复原作业中，尚须留意黄浦江县市段滩岸的淤涨变化。明永乐二年(1404)浚范家浜引黄浦东流入海之后，黄浦成为太湖水系入海主流，其河道逐渐冲宽①，这是明前期黄浦江变迁之大势，而就上海县市段而言，文献记载显示自宋及明，该段江滨表现为北坍南涨、江流摆动加大的趋势。如明正德年间，肇家浜口的五胜桥、方浜口的回澜桥均沦入江中，使得原先位于方浜回澜桥之西的益庆桥(今小东门附近)成为浜口之桥②；位于益庆桥北的税课司，在明初洪武二十五年还曾被潮水冲圮，不得不移建他处③，这些都显示当时方浜以

① 如褚绍唐《上海历史地理》中的《黄浦江的变迁》，华东师范大学出版社，1996年，第57—68页。

② 正德府志卷十《桥梁》："五胜桥，在肇嘉浜东，与下回澜，其地皆沦于黄浦，数年以来潮土寖长，几复旧规，桥当有作。回澜桥，益庆东。益庆桥，坊浜口，观澜亭西。"

③ 弘治志卷五"本县税课司"条："在县东北，初益庆桥北，吴元年主簿王文显创，洪武二十五年潮水冲圮，至二十七年本局大使杨丑汉移建于此。"

北江岸不断遭受侵蚀的事实;而同一时期,肇家浜口附近及以南江滨则出现淤涨,最突出的现象就是肇家浜口的"新洲"这个边滩的出露与淤涨,该洲在元至正年间出露于黄浦江中,弘治年间延广至三十余亩,至迟在清中期已经并岸①。将《上海县市图》所描绘的洋泾桥与洋泾浜口、薛家浜桥与薛家浜口的相对距离,与光绪复原图所绘区域加以对比,也可以明显地看出自明嘉靖至清光绪以来该段江滨北坍南涨的变化。

根据以上分析,本文以光绪复原图为底图,剥离其中筑城后出现的地物,并添绘上述通过比定的地物信息,由此获得街巷系统较为明确的嘉靖初上海县市复原图(图5,以下简称嘉靖复原图)。

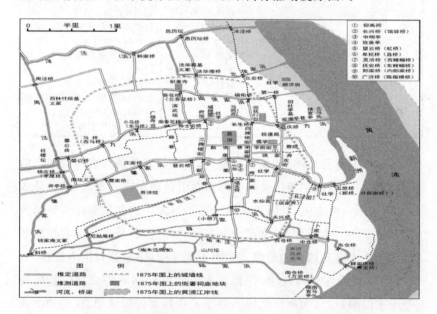

图5 明嘉靖三年(1524)上海县市复原图

注：本图以光绪复原图(图2)为底图绘制,为便于比较筑城前后变化,另以灰色梯形线圈出1553年修筑的城墙范围。图中四处义冢的名称根据嘉靖志卷三《义冢》及万历志卷五《丘墓》确定;地名加括号者为推定名称。

---

① 新洲见于《上海县市图》,嘉靖志卷一云:"肇嘉之口有新洲,旧志文犀洲。"弘治志卷六《古迹》提及"文犀洲:元至正间黄浦中洲生,始寻丈,后延广三十余亩"。嘉庆志卷一《古迹》云:"文犀洲:今与浦岸相接,为民田矣。"

(三) 明嘉靖筑城前上海县市的街巷系统与城市规模

图 5 表现了明嘉靖初年上海县市的平面格局,尤其是确认了在筑城前上海县市中已经形成成熟的街巷系统这一点。不过,关于同时期上海县市中的街巷,根据《上海县市图》获得的这个复原方案与现存方志记载之间存在较大的差异——表1中弘治志记载的只有五条,正德府志七条,嘉靖志十条,而此后的万历志记载了十一条,崇祯府志三十九条,康熙志二十五条,乾隆十五年志二十七条,乾隆五十九年志四十二条(含城厢内外),嘉庆志六十三条(含城厢内外)。这些连续记录容易使人产生明清以来上海县城街区乃至城市规模快速扩张的错觉,既往的研究也往往依据单纯的街巷数量变化来推论上海城市化的进程[①]。实际状况是否如此? 关于这一点,笔者以为还有必要结合文献、古地图,尤其是这些街巷记载的史料性质做慎重检讨。

从方志所见上述街巷记载的书记习惯,如街巷名称以及排列次序、注释的内容、各府县志街巷记录的因袭关系等来看,自弘治志以来的街巷记录应可分为三个记录群。

明弘治至万历的四种府县志构成了第一个记录群,这一群街巷记录数量最少,一般仅为个位数,并且所记街巷主要集中在县衙周边,而弘治志之后渐次增加的宋家弯、观澜亭巷、马园弄等几条街巷,或在空间上与既载的街巷相联络,或与码头、官仓、县中名人掌故有关,这几条街巷之所以被编者添加,主要因为它们都是在地理上有联系或历史上有掌故的特例。而同一时期在县市中实际存在的街巷,一定多于府县志中"街巷"门的记载[②],否则无法解释《上海县市图》所描绘的当时

---

① 如郑祖安《上海旧县城》,《上海史研究》,学林出版社,1984年,第77—99页;傅林祥《上海城市化进程的古旧地图反映》,郑锡煌《中国古代地图集——城市地图》,西安地图出版社,2005年,第263—268页,等等。

② 在此试举两例:如嘉靖志的《上海县市图》中可见之三牌楼街、四牌楼街,根据后来崇祯府志卷三《衢巷》的记载,是县城内仅有的两处"日中为市"的重要繁华街,但却未被记录在嘉靖志卷三《巷》专辟的街巷栏之中;又如正德府志卷十"税课局"条提及"在县市东街,吴元年建于益庆桥北,洪武二十七年迁于此",此处的东街亦未见载于正德府志卷九《坊巷》这一专记街巷的栏目,由此可知明中期方志之中街巷记载的任意性与非系统性,当然,这种资料的性格也是有缘故的(详下文)。

县市中大量"无名"街巷的存在。并且,透过上述街巷记录的排列次序、注释及因袭关系,还有这四种方志中有关坊、河道等记载的特征与继承关系,也可以推断该记录群至少是基于同一书记习惯的,甚至很可能还存在着共同的史料来源,比如源于当时编纂者可见的洪武《上海县志》、《至正续松江志》等更早时期的当地志书,此点在下节分析上海早期形态之际还将进一步检讨。

　　从崇祯府志开始,关于上海县城的街巷记载突然出现了很大的数量飞跃,该志卷三《衢巷》记载上海城内街巷达三十八条之多,这应该不是上海城的街巷系统从万历十六年(1588)万历《上海县志》的编纂到崇祯三年(1630)编修崇祯《松江府志》不到半个世纪间发生的突变,而是崇祯府志的编者对包括上海在内的松江府属各府县城市进行一次统一标准重新调查的结果①。而此后的康熙县志卷六《坊巷》收录二十五条,乾隆十五年志收录二十七条,虽然有所减少,但细绎两志的街巷记载亦可了解其记载并非源于两志编者的实际调查,而是对崇祯府志街巷记录选择性摘录所造成的,因此同样不能由此推断当时出现了整条街道或相关街区消亡这样的结论②。因此,从崇祯府志至乾隆十五年县志的街巷记录可归为同一史源的一个记录群,该群的有效史料实际上只有崇祯府志的记载。

　　乾隆四十九年(1784)志、尤其是其后的嘉庆志以来,街巷记载又出现了成倍增长的趋势,这其中固然有城东沿黄浦码头一线建成区的蓬勃发展,但更多的原因也在于方志的调查工作更为细致,以及方志编纂者对街巷认识发生的变化。总而言之,明清方志"街巷"门的记载,并非反映上海县城自明中叶以来的线性发展,而需要在史料批判

---

　　① 崇祯府志卷三《衢巷》之中,首先将城内道路详细区分为里、街、巷、衖、湾、汇等六类并分别加以明确的定义,反映该志编修之时在城内道路的记载上进行了创新性的规定、调查与整理。而从该志祠庙等其他记载上,也可看出编者所具有的独立调查的志向。
　　② 现存反映明末清初上海县城生活的笔记、日记类史料,如叶梦珠《阅世编》(中华书局《上海掌故丛书》本)、姚廷遴《历年记》(《清代日记汇抄》所载,上海人民出版社,1982年)等,其中有大量关于城内街巷及其他地物的记载,这些记载表明上海县城的街巷系统相当稳定,与之相关的居民区也并未发生大起大落的戏剧性变化。

的基础上加以审视。当然,这也从另一角度证明了《上海县市图》中出现街巷系统应该是当时的客观存在。

　　基于以上认识,利用嘉靖复原图(图5),就可以对嘉靖筑城前上海县市的道路系统、街区分布以及城市规模做出清晰判断。

　　首先,根据嘉靖复原图可以明确的一点是,早在筑城之前的明嘉靖初年,上海县市之中已经出现对应于晚清时期的四纵四横栅格状干线路网,并且,当时该路网的经向道路还要一直延伸至洋泾浜,甚至超出了1553年所圈定城墙的范围。根据此图所表现的道路系统,并结合嘉靖志记载当时属于县市之中的三十八座桥梁的分布,即可较为准确地勾勒出明中叶上海县市的大致范围:北起洋泾浜,南至薛家浜,西起周泾,东至黄浦江滨,对比光绪复原图,可知当时的城市规模与近代相差并不太多。事实上,这个判断与现在仅存的有关该时期上海县市规模的两条定性记述相吻合,嘉靖志中曾提及"自洋泾至薛家浜,皆为县市"①,而刊行于上海筑城前的嘉靖《南畿志》,也曾指出当时的上海"居海之上洋,因海市为县,无城郭,惟有二门(南马头、北马头),所聚周四里,环县以水为险"②。此外,成书于1504年的弘治志,在卷五《津梁》中曾提及当时县市内仅有的两个渡口——"薛家浜渡,在县市东南;方浜渡,在县市东北",这也等于是间接指示了当时的县市范围,说明至迟在16世纪初明弘治之际,上海这座县城已经相当接近清末光绪时期的城市规模了。

　　其次,嘉靖复原图呈现的街巷、桥梁集中分布于三牌楼街至东街之间的现象,亦可说明晚清地图上所见东密西疏的街区分布格局由来已久。这一结论还可从《嘉靖县市图》(图4)中得到印证,将之与基于

---

　　① 嘉靖志卷一《山水》之"黄浦"条。
　　② 明闻人诠修、陈沂纂:嘉靖《南畿志》卷十六《城社·上海县》,明嘉靖十三年(1534)刻本。这段引文中括弧内的"南马头、北马头"为原文的小字夹注。案:以嘉靖《上海县市图》所示南、北码头的距离核之,则该条提及上海县市"所聚周四里",当以"所聚径四里"为妥。方志中偶见"周"、"径"混淆的错误,例如《至正无锡志》卷一提及罗城周四里三十七步,子城周一百三十也,均为"径"之误,详钟翀、陈吉《无锡古城郭的空间构型与长期变迁》,《九州》第五辑,商务印书馆,2014年。

实测图的嘉靖复原图(图5)对比,该图自三牌楼街以西部分,其比例被迅速压缩,这一现象与三牌楼街以东部分相对精确的比例表现形成显著差异,此种我国古代城市地图常见的局部放大、突出表现建成区部分的非等比例绘图方式,也间接反映了明嘉靖初上海县市东密西疏的格局已然成型。

再者,关于筑城前后上海城市平面格局的变化,现存与之相关的主要文献如《顾从礼奏请筑城疏》(崇祯府志卷十九、同治志卷二等所载)、潘恩《郡侯方双江城上海序》(《潘笠江先生集》卷八所载)等均未触及。不过,通过光绪与嘉靖复原图的比较,就可以系统地观察到筑城后的整体格局变化及诸多深刻影响。比如,筑城所造成的路网、河网的打断现象,还有街区集聚形态上所反映的疏密关系的执着现象,其实都反映了筑城活动之于江南城镇平面格局各种要素的变与不变、易变与难变的内生逻辑。此外,就上海城的城、濠两要素来看,近圆形的围郭构造固然与短时间的仓促筑城密切相关——即以最短周长围护最大城内面积这一原则有关,而在城墙细部走向上所表现的平滑自然却又富于凹凸变化的线型,正反映了当时随形就势的修筑规划方案——即在具体工程中采取以最小成本推进涉及墙濠修筑的房地产拆迁工程实施这一规律有关①。至于上文考证的北侯家浜、榆木泾北支的突然消失,通过嘉靖、光绪复原图的对比,亦可确认其显然是筑城时被利用作为城濠了,类似利用原有河道筑城,亦可作为江南水乡筑城的一般规律而应用于其他城市的水系复原分析中。

---

① 这在当地文献的零星记录中也是有所反映的,笔者试举两例。如前揭《阅世编》卷十《居第二·子部》提及筑城对原有建筑的影响:"尊德堂,在城南之东偏,乃赵氏之先者为仪宾所建,此时尚未有城门,宇堂前犹在城外也。嘉靖中倭警筑城,故彻去前堂以外,而移墙门于内,故门内为中堂。……今城下门宇巍然者,乃堂之东偏佐室也。"又如,《西城张氏宗谱》(上海图书馆藏1928年修活字本)卷一《明贡士张致斋先生行状》提及筑城对墓地的影响:"及癸丑、甲寅,岛夷猖獗,载道流移。……会路筑城与祖茔相直,公曲为保全。"该谱卷四提及:"西楼公讳庆,……卒于弘治十六年,……墓邑西运粮河南原。后岛夷乱,有司度地筑城,城经墓道,公孙泮力请于台使者,得移其界稍折而西,百雉环抱,为地脉增胜焉。"

三、宋元时期上海城镇平面格局拟测

　　以上分析明确了上海县城在 16 世纪的明代中叶,已然形成具有相当规模、较为成熟的江南城市,这个结论也预示着该城的发展史仍有进一步上溯的空间。上海在宋末建镇、元初置县,根据元大德六年(1302)上海县教谕唐时措的描述,宋元之际的上海,"襟海带江,舟车辏集,故昔有市舶、有榷场、有酒库、有军隘,官署儒塾,佛宫仙馆,甿廛贾肆,鳞次栉比。实华亭东北一巨镇也"①。这段文字虽不免溢美之辞,但其中有关市舶、榷场、酒库以及官署祠庙等陈述应是实情,而甿廛贾肆鳞次栉比也说明当时的上海确已发育成为长江三角洲末端的一个繁华市镇。那么,是否可以对当时的城镇平面格局作出定量的图上复原呢?

　　关于早期上海聚落的历史复原图,此前研究常常援引嘉庆志所载《上海未筑城古迹图》,该图意欲还原上海筑城之前的面貌,图中对宋元时期的市舶司等设施均有标注,因此常被视为上海元初建县前城市格局考察的依据。不过笔者分析之后发现,该图实源于清乾隆末年褚华所辑《沪城备考》一书,而褚华应未见到弘治志等当地早期志书,以致图中历史层次紊乱、地物表现多有错讹,不能作为宋元上海镇复原之用②。除此图之外,现存上海县志之最早者为弘治志,而本地县志的创修也要迟至明初洪武年间,因此若欲复原此前宋元时代的平面格局,确实存在史料匮乏的困难。解决这一难题只有两个方法:一是精查现存明代府县志中收录的早期相关记载;二是利用上节获得的嘉靖复原图,根据康泽恩理论中的形态发生原理,尽可能地辨别、提取其中

---

　　① 弘治志卷五《公署》"县治"条所载《唐时措记》。该记系唐时措在上海置县十一年之时所撰,并勒石树碑于县署内。

　　② 参见褚华辑《沪城备考》卷首《上海未筑城古迹图》,中华书局《上海掌故丛书》1936年本。此图错谬较多,如对照嘉靖志的《上海县市图》及本文考证,南侯家浜在筑城前系独流入黄浦,而图上却表现为筑城后汇入方浜的形态,又如泳飞桥当在洋泾浜之上,此图却绘在方浜。对明筑城之前的地物表现尚且如此,上溯宋元则更不可求。

的早期形态框架与形态基因。下面逐一加以考察。

有关宋末上海镇市及元初上海县市内部格局的关键史料主要见于现存方志的坊巷类记载之中,而中古时代的"坊"在江南的城市中多为基层行政管理单位的空间实体街区(笔者暂将此类坊简称"实体坊"),这与本文所追求"地块及其在街区中的集聚形态"的考察目的一致,因此很有必要对此类记载所涉及的宋至明时期上海镇市及县市中"坊"的演变做一梳理。

关于宋元时期上海的坊,现存最早记载见于弘治志卷二《山川志·坊巷》,其中较为系统地收录了宋元的十一个坊及明初的九个坊,并指明了各坊的位置所在:

> 肇嘉坊在肇嘉桥北,拱辰坊在肇嘉坊北,文昌坊在福会坊右,福会坊在坊浜北,致民坊在长生桥北,永安坊在长生桥北投西,福谦坊在南侯浜桥南,泳飞坊在县北门杨泾,联桂坊在泳飞桥北投西,宝华坊与联桂坊对,登津坊在第一桥东。①

而后刊行的正德府志卷九《坊巷》对上海城中坊的记载更为详细,除了提到弘治志的上述十一个宋元坊之外,还记录了元末至正以来上海全县所建的七十三个坊,从坊名及其位置关系等来推测,这些坊的记载在文本上有两个特点:一是在抄录了十一个宋元坊之后,元末以来坊的记载均按建坊年代先后排列;二是宋元坊与元末以来的坊显然存在本质区别,即宋元坊应为实体坊,而明成化以后所有记载的坊显然都是旌表功能的单座牌坊②。作为上述推测的一个有力支持证据,此后的嘉靖志更为明确地区分了这两种不同类型的坊——宋元坊被直接收入该志卷六《古迹》之中(仅漏载了肇嘉坊),并指出这些坊"元末国初有司更建不常,特以其废而类于此",说明此类实体坊在元末明

---

① 其中"文昌坊",原书作"文昌桥",显误,今据正德《松江府志》等改。
② 正德府志卷九《坊巷》云:"邑聚民以坊巷而表其贤者,先王疆理旌别之政存焉,其余因事而名,盖有不尽同者,各随其实而著之,不可考者存其名而已。"反映了当时实体坊作为历史现象的状况。此外,就上海的案例而言,元末明初城中的坊可能既有实体坊,也开始出现单体的牌坊,表现为由实体坊向牌坊过渡的倾向,相关详细考证尚待别作一文再述。

初已发生较大的变化;与之形成鲜明对照的是,嘉靖志卷三《坊》又记载了明代所建的六十一座坊,这六十一坊从记载内容看,除了元末至正至明初洪武数个坊的性质有所存疑之外,其他均可确定为旌表的牌坊。有关宋元坊的记载,在之后的万历志中被进一步弱化,该志卷五《坊巷》仅抄录了十一个宋元坊的名称,而省略了此前弘治、正德、嘉靖诸志中关于这些坊的具体位置等描述,并以小字注云"以上宋元时建,俱废"[1]。由此可见,上海的实体坊当设置于宋元之时,到元末明初之际渐至罢废,取而代之的是旌表牌坊的不断增加,到明成化之后坊已经不再用以划分实际的城市空间[2]。

从史料来源的角度分析,弘治志、正德府志等现存明前期方志中出现的有关上海宋元坊的记载,很可能是源于宋元时期的当地方志,反映的是宋末上海镇及元初建县之初上海城中实体坊的建置实况。

比如,在弘治、正德两志中有一个值得注意的细节,就是弘治志的"福会坊,在坊浜北"这条记载中用了"坊浜"这个地名词,考虑到在弘治志中凡提及方浜均用"方浜"二字(如卷二《山川志·水类》记录"方浜,在二十五保",又如卷五《津梁》云"方浜渡,在县市东北"等),仅此处写作"坊浜",而这恰与正德府志中"坊浜"的记载习惯相同,显示与之相关的记载可能是两志编者抄录了之前同一种文献的结果,从现存江南方志的内容来看,这种明志抄录宋元志的现象极为普遍。而按照正德府志卷首"参据旧志并引用诸书"条提及当时可见宋《绍熙云间志》、元《大德松江郡志》《至正续松江志》等府志以及洪武《上海县志》及弘治《上海志》,而弘治志中又有明确引用《至正续松江志》的条文,因此推断这十一个宋元坊的记载可能是源于现在已佚的宋元或明初府县志。

---

[1] 明颜洪范修,张之象纂:万历《上海县志》,明万历十六年(1588)刊本,上海图书馆藏,该志亦属上海县志之稀见本。

[2] 嘉靖志卷二《户役》指出:"元:保里多仍宋制,保有正、有长,里有正、有主首,在邑居者为坊正。"又同书卷八所载元统二年(1334)《上海县坊正助役义田记》一文,均表明至迟在元中后期,上海县城中的坊仍然维持着系统的基层行政管理职能。

不过,虽然现存府县志所载明成化以来上海县市中的坊均为牌坊,但还有唯一例外的记录——"安抚司酒库,在县市坊浜北福会坊内"(载于正德府志卷十一、嘉靖志卷三等),鉴于酒库系占据相当面积的地块,此记录或能反映福会坊作为一个实体坊仍见存于明中叶的上海县城之中,不过由于该酒库在元代已改作税司(见于正德府志卷十"税课司"条),这条描述历史遗迹的记载也应该是抄录更早时期方志的结果,所以,"福会坊"这一宋元实体坊出现在明中期以降方志中的现象,可以单纯以方志编者史料整理不彻底来作解释,并不能据此孤立记载说明上海县城在明中叶之后仍存在实体坊,而恰恰只能起到反证该坊在宋元时代作为实体坊存在的作用。

以上推断还可从南宋上海镇市舶分司提举董楷所作《受福亭记》一文的记载中得以印证,此文提及咸淳七年(1271)上海镇的若干坊市建置与分布情况①。

  咸淳五年八月,楷忝命舶司。既逾二载,……乃痛节浮费,市木于海舟,陶埴于江濆。自舶司右趋北建拱辰坊,尽拱辰坊建益庆桥,桥南凿井筑亭,名曰受福。亭前旷土悉绣以砖,为一市阛阓之所;其东旧有桥,已圮,巨涛侵啮且迫,建桥对峙,曰回澜桥;又北为上海酒库,建福会坊;迤西为文昌宫,建文昌坊。文昌本涂泥,概施新甓;尽文昌坊又北建致民坊;尽致民坊,市民议徙神祠为改建曰福谦桥。由福谦趋齐昌,乃臣子于兹颂祝万寿,广承滋液,施及群动,改建桥曰泳飞桥。

这段文字提及的拱辰、福会、文昌、致民四坊,其坊名及相对位置关系与弘治等志所记吻合,由此笔者汇集上述两段史料中出现的肇嘉桥、坊浜、舶司等十五处地物记录,根据本文的嘉靖复原图可直接确定坊浜、北门杨泾、长生桥、益庆桥、第一桥等五处,再根据弘治志等文献

---

① 弘治志卷五《堂宇》所载。

可确定上海酒库、文昌宫两处的位置①,并以此七处地物为依据,通过相对位置的比对,获得宋末至元中叶上海镇市及县市的平面格局复原示意图(图6,以下简称宋元复原图)。从此图上,可以观察到宋元时期上海城市形态的如下一些特点。

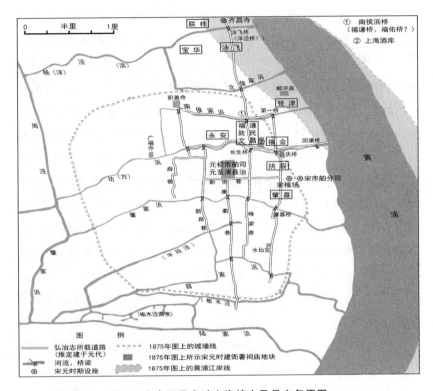

图6 宋末至元中叶上海镇市及县市复原图

首先,宋末元初的近半个世纪是上海聚落发展又一重要转型期,从南宋末年在上海镇置市舶分司,到元初至元十四年(1277)升为市舶司,再到至元二十九年(1292)立县,至大德二年(1298)撤上海市舶司,

---

① 文昌宫,按嘉靖志卷三《儒学》载:"在县东益庆桥南,初在长生桥东北,宋咸淳中士人唐时措兄弟即其地立文昌祠,请于舶司董楷作古修堂于后为讲肄之所。"上海酒库,按正德府志卷十一"安抚司酒库"条云"在县市坊浜北福会坊内,宋建元改为税司"。又卷十"税课局"条:"在县东街,吴元年建于益庆桥北,洪武二十七年迁于此。"因此推知,宋时文昌宫当在长生桥东北,酒库在益庆桥正北东街口。

随即将县衙由宋元镇署所在地(元松江总场附近,即明代东察院、清初黄浦营,今小东门外咸瓜街太平街附近)迁旧市舶司署(即嘉靖、光绪复原图上的县治所在地)①。在沿海口岸经贸的推动下,上海这一市镇行政地位显著上升,这必然引发其城镇平面格局的诸多变化。

对比嘉靖复原图与宋元复原图,可以观察到在两个多世纪里上海城镇平面格局的重大变化。宋元复原图上所显示的上海城镇,概括而言,其表现应是一座较为典型的河埠型市镇,这一时期的十一个坊全部建在由洋泾浜到肇家浜之间的濒浦或近浦地域,尤以自长生桥至益庆桥的跨方浜南北区域最为密集,而其城市核当在益庆桥南、当时的榷场与舶司以北一带(今小东门内外地带),上述董楷文中提到该处系"一市阛阓之所",也证明了这一点。从此判读结论出发,结合顺济庙建于南侯家浜口、榷场建于方浜益庆桥南等海洋贸易标志性场所的实际位置,则可推论宋末元初上海镇的纬向主街当是方浜及沿河街路,经向主街应该就是东街及其向北跨益庆桥、南侯浜桥、泳飞桥的街道。与明嘉靖前后的平面格局相比,主干道系统存在着一些明显差异,即宋元时期呈现出更偏东北分布,也即更贴近濒临黄浦地带的形态特点,该平面格局表现出早期上海聚落形态上更为突出的河埠型市镇性格。

以上推论还可从早期方志记载的城内宋元寺观的分布、元明之际城内建坊的空间推移上得到支持。

本节开篇所引元大德时唐时措文提及宋元之际上海有"佛宫仙馆",在嘉靖志卷六《古迹·祠庙寺观》具体记载了七处在宋元上海"镇市"或元代上海"县市"内的古寺观:"义勇武安王庙,在今益庆桥北;有五显庙,在今长生桥西;有岳庙,在今县治东南,俱在旧上海镇市。……三皇庙,在县东北,元建,以为医学之祖。帝师庙,在县北,元至治间诏立,崇奉帝师板的建巴思八八合失。……南圣妃子宫,顺济庙南;

---

① 关于宋元时期上海镇、县的变化历史,最有力的史料是本节开篇提及的弘治志卷五《公署》"县治"条所收《唐时措记》一文,是文明确记载了元初上海由镇升县、市舶司的设置与撤并、县衙的搬迁等情况。

……齐昌寺,旧上海镇市,由福谦桥入。"加上嘉靖志卷三记载的南宋所建积善寺与顺济庙,以及万历志卷五记载的五代所建广福寺,这些十处宋元古寺观均分布在上述推论的宋元建成区范围之内(图6)。

又以弘治志卷二《坊巷》、嘉靖志卷六《古迹·坊》记载元末明初县市内所立十坊分布来看,元末至正初年所立阜民、迎恩两坊在县衙南,明初洪武四年所立敷教、澄清两坊在县衙东,洪武八年所立迎恩坊在县南,崇礼等四坊在县衙东十字街口(嘉靖志云"俗呼四牌楼",即四牌楼街的来历),洪武三十年立登科坊在薛巷口。可见,其分布均是围绕元大德二年搬迁的新县治,也就是方浜中段至肇家浜一带推展的,而明中叶以后的繁华街——四牌楼街、三牌楼街,从其由来与命名看,前者最早也要到明初洪武八年之后才出现,后者则更是晚至成化年间方才形成①。

那么,当时肇家浜北的大德二年后新县治所在区域(即明清县城中心区域)情况如何?从目前掌握的材料与上文的分析来看,元中期之前的十一个实体坊之中,只有肇嘉坊与肇家浜有所联系,这也从另一侧面反映了该地块的开发相对较为晚近。

而从道路系统来分析,明弘治至万历府县志中的街巷记录群(详表1及本文第二节)之中,除观澜亭巷外均落在元大德二年的新县衙及其周边肇家浜中段一带的区域之内。值得注意的是该街巷记录群中的新衙巷、新路巷、康衢巷这三条主干道,其路名均赋予"新"字或以雅化形式的"康衢"来命名,这个"新"字显然是针对元大德新迁县署而言之"新"(尤其是新衙巷这一路名,直接证明了其出现当在大德二年新县治搬迁之后),而从时间上看,这个街巷记录群距离其最早的现存文献载体——弘治志也有一个世纪以上了,故而推测该记录群当非弘治志编者首创,而是转录此前明初洪武《上海县志》或元至正、大德时

---

① 在嘉靖《上海县市图》中,道路标注文字者仅见三牌楼街、四牌楼街;而此后的崇祯府志卷三《衢巷》记载这两条街是当时上海县城内仅有的两处"日中为市"的重要繁华街。三牌楼街的三座牌坊(即牌楼),系明天顺、成化间刘玙、刘琛所立,详见嘉庆志卷六《坊巷》、卷十《选举》、卷十一《封赠》。

期所修的《松江府志》等更早时期志书所致，反映的是元大德二年新县治搬迁后不久的上海城市状况。因此可以说，从街道系统来看，相对于宋末既已发达的滨江建成区，以元代新县署、肇家浜中段为中心的地带，其道路开辟应该是相对较为晚近的，该地块的开发大约在上海立县之后的元代后半叶至明初渐次展开，引起这一平面格局上由江滨向纵深延伸的原因，既有可能是上述黄浦江局部冲淤平衡变化而引起江滩岸线的改变，更可能是这一时期上海这座城市本身的成长与繁荣。

结　语

本文研究表明，从长期形态演变的角度来看，上海作为城镇的历史应该可以大致区分为早期的北宋至元代建县初的河埠型市镇（11世纪—14世纪中期）、元末至明嘉靖筑城前的环河型水乡县市阶段（14世纪中期—1553年）、明嘉靖筑城至民国初拆城的老城厢阶段（1553—1915年）、近代化之后至现代的嵌入型"城中城"阶段（1915年至今）这四个时期。通过对街道与街道系统、街区及其集聚形态发育历程的追溯，就可以清晰显现各个阶段的平面格局变化中某些特定的功能性地块、坊与厢、河道与桥梁的演化方向与变化速率等，并对行政建置变化、筑城、近代化开发对江南经济型市镇形态的实际影响做出评价。

由于年代久远、地物变化复杂，本文基于城镇平面格局分析所揭示的结果，在直观上看并不那么显而易见，不过，就笔者对近现代江南市镇形态演化的共时性审视而言，以上四阶段的生长历程可能具有普遍意义。在由中心城市（如沪、宁、杭）、区域次中心城市（如苏、锡、甬等）、一般县城以及诸多市镇所构成的江南城镇网络体系之中，必然发育形成与各自所处层级、地位相适应的平面格局。因此，从这个意义上说，在上海城镇平面格局长期变迁中所观察到的长期变迁历程，不仅具有典型个案价值，也为今后系统研究江南城市历史形态演化进程与规律积累了素材。

附记:本文为笔者承担之国家自然科学基金资助项目(41271154)研究成果之一,原刊于《中国历史地理论丛》2015年第3期,本次刊发又做了修订。

追寻"上海源":江南聚落形态发生学背景下的老城厢长期演化分析

钟 翀

近年来,有关"外滩源"、"徐家汇源"的话题牵动了人们对于上海这座东方大都市形成历史的兴趣,不过相较于"外滩源"近一个半世纪的演绎、"徐家汇源"三个多世纪的成长,要追溯近千年之前上海的幼年期、寻找这座东方大都市的早期聚落核——"上海源"的确切位置,还是存在相当困难的。

上海的城市发展源于老城厢——即11世纪初见诸文献、13世纪末由"镇"升"县"而来的上海县城,这是毋庸置疑的。直到近代,在开埠最初的1940年代,今苏州河与黄浦江交汇处还是"秋风一起,丛苇萧疏,日落时洪澜回紫"的沮洳荒滩景象,而周围则是星星点点的村落,散布在"一片广无边际的稻田平原,其中密布无数的小河浜"(1844年传教士罗当的书信)。不过,其时的上海县城,却是已有二十万人口,并设置有道台的一座江南名城了。虽然在这个庞大帝国的漫漫历史长河之中,它也仅仅是中央王朝统治者眼中的天涯海角,但作为江南城镇网络末端的一个典型商贸聚落,则自北宋至今也已历经近千年的生长。

由于史料随时代上溯的不断衰减,使得今人连上海在南宋设镇的准确年代都还未能了解,而到了历史记录开始能够提供足够精确信息的明代中叶之时,老城厢似乎已经完全成形了。因此,要追寻上海城市核形成的起点——老城厢之发育核心,不仅需要有效地精查文献史料并加以详考,更应该充分运用聚落历史形态学的分析方能得出结果。

一、上海城的千年演化简史

现今上海黄浦区的老城厢区域,虽经民国初的拆城与填浜,近年来河南南路、东街等的改造工程,但由中华路、人民路围绕的梨形环路仍完整继承了旧县城的围郭格局,城内的街道系统也大体保持着明嘉靖筑城后的历史状况,其中的方浜中路、复兴东路等街道在位置、走向乃至曲度等细节上处处透露出老城厢乃至更早时代城内方浜、肇家浜等干支水系的古老形态。在近代化以来的这座大都市之中,老城厢的平面格局与周边的近现代新区大相径庭,事实上该地已逐渐变质为景观迥异于周边街区、形态变化迟滞的嵌入型"城中城"。这座巨大的"城中城"是上海古城镇在其发展历程各阶段残余构造的集合体,为探究其中蕴涵的潜在形成过程,则需要对其平面格局进行详细的分层复原与考察。

根据史书记载,从行政建置与城市形态的变化来看,上海的发展大致经历了四个阶段。

大约自北宋天圣年间(1023—1032)至南宋末13世纪中叶为第一阶段,彼时上海尚未设镇,但已与青龙、华亭、海盐、崇德、石门、魏塘等江南的县城或较大市镇并列,是秀州(包括今嘉兴、上海在内)管内十七个设有酒务的市镇之一,可见它在当时已经成长为长江三角洲尾闾地带市镇网络中一个比较重要的节点聚落了。

大约从南宋理宗朝始(约1255年前后),朝廷在上海置"市舶分司"以承接远洋贸易,卓越的区位优势与航运条件,使得该地在与青龙、江阴、太仓等商贸口岸的激烈竞争中脱颖而出,到南宋末上海升格为"镇",再到元至元二十九年(1292)正式分华亭县而建上海县,此处成为县城之所在,这是上海城市发展的第二阶段。按嘉靖《上海县志》等早期地方文献记载,建县之前的上海被称为"镇市"。根据元大德六年(1302)上海县教谕唐时措描述(载弘治《上海志》卷五),宋元之际的上海,"襟海带江,舟车辏集,故昔有市舶,有榷场,有酒库,有军隘,官署儒塾,佛宫仙馆,甿廛贾肆,鳞次而栉比。实华亭东北一巨镇也"。这段文字虽不免溢美之辞,但其中有关市舶、榷场、酒库等陈述应是实情,反映当时此地确已发育成为江南地区的一个繁华市镇了。

从元初的公元1292年设县到明嘉靖三十二年(1553)筑城前为上海发展的第三阶段,这一时期的上海县城尚未修筑城墙,史载其为"县市",刊行于上海筑城前的嘉靖《南畿志》卷十六《城社·上海县》曾描述当时的县城"居海之上洋,因海市为县,无城郭,惟有二门(南马头、北马头),所聚周四里,环县以水为险",准确反映了其时上海"县市"以环护聚落的水道实施防御的江南环濠市镇的性格。

明嘉靖筑城后直到民国初1914年拆除城墙,是上海城市发展的第四阶段,到这一时期上海因抗倭而修筑了围郭,在明清方志中才被称为"县城",近代以后则多以"老城厢"名之。借助崇祯《松江府志》以来的详细街巷记录、嘉庆《县城图》等古绘图与《上海县城厢租界全图》等近代以来上海的大比例尺近代实测图等资料,可以准确把握这一阶段的城市形态。

二、明中叶上海"县市"的平面格局

上海地图资料揭示了该城的发育渊源甚久,那么在16世纪中叶修筑围郭之前的上海县城是什么样子的呢?明嘉靖《上海县志》卷前所载《上海县市图》(详笔者所作《上海老城厢平面格局的中尺度长期变迁探析》所引,本文提及复原图均见于上文——笔者按),为了解1553年筑城前"县市"阶段上海城市形态提供了极为珍贵的古地图资料。

《上海县市图》选自明嘉靖三年(1524)刊刻的《上海县志》,这是一幅代表中古时期江南绘制水平的城市古地图,它准确、即时地描绘了明嘉靖筑城之前上海城市的实际面貌。该图方向上北下南,描绘范围北起洋泾浜，南至陆家浜，西起周泾，东至黄浦江滨，按嘉靖《上海县志》卷一所云"自杨泾至薛家浜，皆为县市"，可知本图是以当时的上海"县市"为对象的城市地图（"杨泾"即洋泾浜）。图上文字标注的地物共三十九处，涉及县治、察院、儒学、社学、邑厉坛、城隍庙、水仙宫、积善寺、义冢等官署祠庙以及南、北两处马头（码头）等设施。值得一提的是，本图实际描绘的地物远在文字标注之上，如图上表现的众多街道、河道、桥梁大多未注文字，但这些地物经过具体比定，可知其均为相当准确的写实表达。

利用《上海县市图》，并结合嘉靖《上海县志》中有关城内河道、桥梁、街巷以及衙署祠庙等记录，就可以较为准确地还原筑城前"县市"的平面格局，并对嘉靖筑城前上海"县市"中的道路系统、街区分布以及城市规模等要素做出清晰的判断。

根据明中叶上海县市复原图，可以明确早在筑城之前的明中叶，上海"县市"之中已经出现对应于晚清时期的四纵四横栅格状干线路网，并且当时该路网的经向道路还要一直延伸至洋泾浜，甚至超出了1553年筑城时所圈定的城墙范围。根据此图所表现的道路系统，并结合嘉靖《上海县志》所记当时"县市"之中三十八座桥梁的位点分布，即可准确勾勒明中叶"县市"的大致范围，对比晚清时期的老城厢，可知其城市规模与近代相差并不太多。事实上，这个判断与现在仅存的有关该时期上海"县市"规模的两条定性记述也相吻合，即上述嘉靖《上海县志》所云"自洋泾至薛家浜，皆为县市"，而上述嘉靖《南畿志》也曾明确指出当时的"县市""无城郭，惟有二门（南马头、北马头）"。此外，成书于1504年的弘治《上海志》卷五曾提及当时"县市"内仅有的两个渡口——"薛家浜渡，在县市东南；方浜渡，在县市东北"。这等于间接指示了当时的"县市"范围，说明至迟在16世纪初明弘治之际，上海这座县城已经十分接近清末老城厢的城市规模了。

三、宋元上海之城市核

以上分析明确了上海在明中叶16世纪初的"县市"阶段已然发育

为一座颇具规模的江南城市,从聚落形态发生学的角度来看,江南地区类似的成熟市镇,应该是从一个更早时期的、既已充分发育的核心——即"城市核",历经长期稳定成长而生发出来的,因此,若要把握该城的早期形态,仍须进一步上溯到宋元上海建县前后的"镇市"及"县市"的初期阶段。

有关宋末上海"镇市"及元初"县市"平面格局的史料十分稀少,目前已知的主要是现存方志的两种坊巷类记载,而中古时代的"坊"在江南城市里多为以空间实体街区为基础的基层行政管理单位,它反映了一座城镇之中建成区的地块,在很大程度上可以作为城镇街区集聚形态分析的替代指标,因此下面的考察将循此思路来展开。

关于宋元时期上海的坊,现存最早记载见于弘治《上海志》卷二《山川志·坊巷》,其中较系统地收录了宋元的十一个坊,并指明了各坊位置所在。从中古时期江南城中坊的演变历史以及史料来源分析,弘治《上海志》等现存明前期方志中出现的有关宋元坊的记录,应是源于当地(上海县或松江府)的宋元方志,反映的是宋末上海镇及元初建县之初上海城中建成区的实况。有关弘治《上海志》关于坊的记载,还可从南宋末年上海镇市舶分司提举董楷所作《受福亭记》一文(见于弘治志卷五《堂宇》)中得以印证,此文提及咸淳七年(1271)上海镇中拱辰、福会、文昌、致民等若干坊市建置与分布情况,其坊名及相对位置与上述弘治《上海志》所记吻合,由此笔者汇集上述两段史料中出现的肇嘉桥、坊浜、舶司等十五处地物记录,通过相对位置的比对,获得宋末至元中叶上海"镇市"及"县市"初期阶段的平面格局复原图。从此图上,可以观察到宋元时期上海城市形态一些特点。

首先,宋末元初的近半个世纪,是上海聚落发展的一个重要转型期,从南宋末在上海镇置市舶分司,到元至元二十九年(1292)立县,再到大德二年(1298)将县衙由宋元镇署所在地(元松江总场附近,即明代东察院、清初黄浦营,今小东门外咸瓜街太平街附近)迁至旧市舶司署(即明清时期上海县治所在地),在沿海口岸经贸的推动下,上海这一市镇的行政地位显著上升,这必然引发其城市形态的诸多变化。

追寻"上海源":江南聚落形态发生学背景下的老城厢长期演化分析

对比明中叶与宋元时期的复原图,可以观察到在两个多世纪里上海城镇平面格局的重大变化。宋元复原图上所显示的上海,概括而言,其表现应是一座较为典型的河埠型市镇,这一时期的十一个坊全部建在由洋泾浜到肇嘉浜之间的濒浦或近浦地域,尤以自长生桥至益庆桥的跨方浜南北区域最为密集,因此推断当时的"城市核"应该就在益庆桥南、当时的榷场及市舶司以北一带(今方浜中路小东门段的旧城厢内外地带),上述董楷文中提到该处系"一市阛阓之所"也证明了这一点。从此分析出发,结合顺济庙建于南侯家浜口、榷场建于方浜益庆桥南等远洋贸易标志性场所的实际位置,则可推定宋末元初上海镇的纬向主街(main street)当是方浜及沿河街路,经向主街应该就是东街及其向北延伸跨方浜益庆桥、南侯家浜南侯浜桥、洋泾浜泳飞桥的街道。与明中叶的平面格局相比,主干道系统存在着一些明显差异,即宋元时期呈现出更偏东北分布,也即更贴近濒临黄浦地带的形态特点,该平面格局表现出早期上海聚落形态上更为突出的河埠型市镇性格。

以上推定中还存在着一个问题:在构成"交叉型水路市镇"的基本形态要素之中,虽然方浜与益庆桥地段具备了十字交叉街道、纬向主河道(即方浜)、繁华街等条件,但还缺乏经向河道这一重要的支持依据,在明中期以来的地图资料上也未见到东街、益庆桥附近的经向河道。关于这一点,如果仔细查阅史料还是有迹可循的。同治《上海县志》卷三《近城诸水》中提及:"旧学宫西北陆家宅左有大沟,通方浜旧学天光云影池,潮水所入也。沟深丈许,广容两人并行,皆石为之,相传陆氏筑。其水道疑亦运粮河,盖此运粮在未立县时,筑城后旧迹断续不可识。"笔者推测这条"大沟"从位置上看,很可能就是上海宋元时期的"交叉型水路市镇"发展阶段之中的经向主干河道,而在嘉庆《上海县志》卷六《桥梁》还有一条可资印证的记录——就在这一带的康家弄中曾发现元代桥梁,"系元时所建,今河为平陆,俱筑民居,桥名亦不可考矣"。因此,经向河道的存在应该没有疑问,只不过这条河道淤积萎缩较早,正如晚清秦荣光在《上海县竹枝词》中所言:"县未城前旧有河,运粮曲折各通波。自经堵筑城墙断,但剩沟形四处多。"可见,类似的填浜筑路在上海城内并不少见。

上述推定还可从早期方志记载的城内宋元寺观的分布、元明之际城内建坊的空间推移上得到支持。如本文开篇所引唐时措文提及宋元之际上海有"佛宫仙馆",而在嘉靖《上海县志》卷六《古迹》具体罗列了宋元"镇市"或"县市"内的七处古寺观,如"义勇武安王庙,在今益庆桥北"、"岳庙,在今县治东南,俱在旧上海镇市"等,加上县志记载的五代所建广福寺,南宋所建积善寺、顺济庙等,一共十处五代至宋元时期的古寺观均分布在上述推论的宋元建成区之内。又如,弘治《上海志》记载元末明初在县市内新建的十个坊,其分布均是围绕元大德二年搬迁的新县治,也就是方浜中段至肇嘉浜一带推展的,而明中叶以后县城内两处"日中为市"的繁华街——四牌楼街、三牌楼街,从其由来与命名看,前者最早也要到明初洪武八年之后才出现,后者则更是晚至成化年间方才形成的。

此外,早期文献记载的"上海酒库",其立地场所也很是耐人咀嚼。根据文献记载,它正好位于上文考证的早期上海市镇的中心位置——方浜与东街交汇的益庆桥之北,这一场所意味深长。如按正德《松江府志》卷十一"安抚司酒库"条所云:"在县市坊浜北福会坊内,宋建,元改为税司。"又该志卷十"税课局"条提及具体位置:"在县市东街,吴元年建于益庆桥北。"由此推知,宋代"酒库"的准确位置正在方浜、东街之口,而斯波义信等学者曾指出宋代江南城市的中心官署在传统上往往立地于丁字形主街的交叉点上,考虑到文献记载上海的初始官署建置——"酒务"最有可能是继承了宋时所建的"酒库",那么又可以作为上文关于上海早期聚落核位于方浜、东街交汇点的又一支持依据了。

那么,当时肇嘉浜北的大德二年后新县治所在区域(即明清县城中心区域)情况如何?从目前掌握的材料与上文分析来看,元中期之前的十一个实体坊之中,只有"肇嘉坊"与肇嘉浜有所联系,这也从另一侧面反映该地块的开发相对较为晚近。而从城内街道系统的形成历史来看,相对于宋末既已发达的滨江建成区,以元代新县署、肇嘉浜中段为中心的地带,其道路开辟应该也相对较为晚近(反映在嘉靖《上海县志》所载元初新县署一带的主干道均以"新"字命名,如"新衙巷"、"新路巷"等),该区块的开发大约是在上海立县之后的元代后半叶至明初渐次展开的。

四、突破北宋之记述时限寻找沪之起源

以上有关宋末至元时期上海城市核的推定,已是传统文献的史地学分析可以达到的顶点,不过如前所述,上海作为市镇的历史最晚也要追溯到北宋初期的11世纪初期,因此,要了解南宋"镇市"阶段之前上海的渊源,就需要运用聚落历史形态学的背景分析来加以分析了。

从形态发生的角度来看,长江三角洲地带的聚落演化,具有较强的进化方向与变化规律。概括而言,历经数千年开发形成的纵浦横塘的水乡格局、依托河道的物流展开模式与依托圩岸的农宅修筑传统、独特的弱宗族型家族构造以及散村型社会的自组织形式等多种因素的复合影响,造就了该地域聚落形态演化上表现出"列状水路村落—列状水路市镇—交叉状水路市镇—复合型水路城镇"这样的发展模式。限于篇幅,本文仅以近代上海周边的各类聚落为例做一简单说明。

1935年上海市土地局测绘的浦东洋泾地区的村落聚合形态展现民国时期浦东洋泾地区较为典型的江南乡村景观——河道纵横交织,村落星罗棋布,各种大小不等的村落沿纬向河道集聚排列,形成颇具特色的列状水路村景观(图1)。此处聚落形态呈现出卓越的纬向线状排列的特点,应该跟这些纬向小河道均与该地区物流干线河道——黄浦通连这一集聚动力因素密切相关,该现象在江南地区不仅由来已久,而且十分的普遍,显示了在水乡地带"列状水路村落"的聚落发生学机制与一般规律。

"列状水路市镇"是"列状水路村落"的成长发展类型,它一般出现在某些符合中心地枢纽条件的村落,比如近代上海周边的法华、高行、

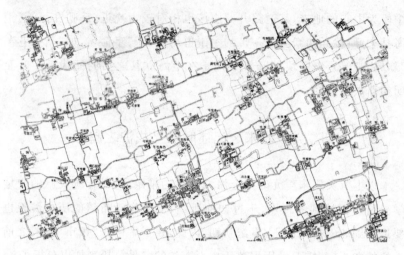

图 1　浦东洋泾区之一部(选自 1931 年 6 月上海市土地局绘制万分之一地形图)

塘桥等市镇,都是比较典型的案例。这三个市镇虽然在形态上有所不同,但都有沿列状水路发育生长的共同特点,而此种形态也是本地区中小型市镇中最为常见、最具典型意义的传统聚落类型。"交叉状水路市镇"是"列状水路市镇"的进化类型,它是由两条沿河发展而来的街道交叉形成的市镇形态模式,此类市镇虽以十字交叉型较为常见,但因其主要是依托既存的河道发展而来的,因此形态上受到河道走势的控制,随形就势地出现了斜交等多种变化类型(图2)。在近代上海周边,奉贤(今奉城镇)、嘉定、川沙、太仓等县城,都是比较典型的"交叉状水路市镇"案例。

图 2　江南聚落演化的一般模式示意图

"复合型水路城镇"是江南市镇发育的高阶形态,其一般成长机制是:在"交叉状水路市镇"中两条主街的诱导下,出现由一条主街为基轴的众多支路以平行于另一主街排列的鱼骨状形态(典型的如无锡),

或由两条主街为基轴的多数街巷纵横交叉排列而成的栅格状形态(典型的如嘉兴,现代太仓县城也正处于这一演变的过程之中),以及其他更为复杂的形态类型(如杭州、常州等因多个历史层次的形态变化叠加而形成的城市)。

五、以聚落形态发生学证获城市核

基于以上认识,就可从聚落发生学的角度来重新审视宋末至元代上海"镇市"及"县市"在江南聚落发展中的形态演化阶序,确认上海的聚落发生史与最初的城市核之所在。

上文已经明确在南宋末年"镇市"阶段,上海的城市核应该就在当时两条主街的交叉点——明嘉靖筑城前的方浜益庆桥一带。上海镇监董楷针对这一地带系"一市阛阓之所"的明确记述可解读为:此处作为城市核不仅是唯一的,而且也已相当的固着。而这个唯一的、稳定的城市核,以及通过上文传统史地学解读得以揭示的方浜沿河街路、东街至洋泾浜街路的存在,显示南宋末的上海"镇市"在聚落形态上尚处于"交叉状水路市镇"阶段,此种类型通常出现在形态发育相对较为单纯的聚落成长的早期,因此,即使没有更早期的史料,也可以从聚落形态发生学的角度推测"上海源"——上海早期城市核的所在,应该就在明嘉靖筑城前的方浜益庆桥一带,即今天小东门附近的方浜中路与东街、宝带弄的交叉地带。

对于以上关于"上海源"的形态与发生史的认识,我们还可以拿近代的嘉定、奉贤(奉城)、川沙等城镇来做一简单类比——这三座城镇具有十分显著的"交叉状水路市镇"的特点,因此要确定它们的城市核也并不困难;不过,若要追溯其聚落起源的话,即使是此类形态发育相对较为清晰的"交叉状水路市镇",实际上也已历经了长期的发展。如嘉定在南宋即已建县;奉城镇的聚落历史至少可以追溯到南宋初修筑里护塘之际;川沙镇的历史即使从明初八团镇算起也已在五个世纪以上了。因此,想象一下南宋末的上海"镇市"如果是近代嘉定城镇的格局与规模,那么这座东方大都市的渊源,应该远不止是北宋初的时代了。

不过,像上海这样一座大都市,其城市形态的后续发展必然颇多变奏。这座城市的早期城市核,在经历了元初的繁荣期之后,便已出现向西转移的动向,一方面是由于城市规模的不断扩张,但另一方面决定性的事件却是明嘉靖三十二年(1553)修筑的城墙,硬生生将早期城市核所在的益庆桥区段切穿,这对后来的城市形态产生深远影响——由此出现了明中叶以后上海城市核逐渐转移道路由经向的三牌楼街、康衢巷(今光启南路)、四牌楼街与纬向的方浜中路至肇嘉浜沿河街路构成的栅格状区域,从而完成了由"交叉状水路市镇"向"栅格状复合型水路城镇"的过渡。

现代城市史地研究表明,历史上传统的城市中心与都市商业轴(即主街),对于城市的形态与人文塑造有着持续的影响,关于这一点,我们可以从大阪的历史城市核研究中得到启发。例如,近代大阪城的街道,在空间上的特点是以东西向的大道为主干线,辅以南北向支巷组成了栅格式平面布局,因此按常识一般会以为地价最高的主街应该是市中心的某条南北向大街。可是,历史地价记录分析结果却大大出乎意料,该分析显示大阪的商业中轴落在了一条并不起眼的东西向狭窄街巷——现在的"心斋桥筋"之上。进一步的研究表明,这里实际上是自江户时代或更早时代以来就已形成的古大阪的主街,虽然历经近代大阪城市规划的强力介入,但传统商业中心却并未因为城市的近代化而被割裂打断。

事实上,就上海老城厢而言,虽然早期的城市核在明中叶已经发生变动,但纬向主街的方浜沿河街道(即后来的方浜中路)一带,作为城市的主街却一直继承了下来。从这一点来说,上海人逛城隍庙的传统应该也是源远流长,而即使到了近代,小东门一带仍然是老城厢的商业中心所在。到光绪末年,上海"郭门有七,曰大东、小东、小南、大南、西门、老北、新北,大东、小东及新北三门内,为城内大街,颇为繁华"(见日清贸易研究所编《清国通商大全》,东京丸善商社书店,1892

追寻"上海源":江南聚落形态发生学背景下的老城厢长期演化分析

图 3 老城厢小东门附近(选自 1947 年版《上海市行号路图录》)

年)。在 1947 年出版的《上海市行号路图录》上(图 3),可见此处密集的商铺,其中还有传承至今的童涵春药栈等著名商社,地块的极度细分化,显示出该处历经千年的发育仍然透射出的勃勃生机。

伊莎贝拉·柏德的旅行生涯与在川旅行路线复原研究

钟 翀

伊莎贝拉·柏德(Isabella Bird,1831—1904)是19世纪英国最著名的旅行家之一,她自1854年二十三岁时开始游历北美,至1897年由朝鲜返英,历经欧、亚、非、北美、澳五洲,撰写游记二十余种。The Yangtze Valley and Beyond① 是柏德于1894—1895年游历长江及其腹地的见闻记录,该书是她创作生涯中最后一种主要著作。全书内容宏富,记载细致入微,并配有许多照片、素描,该书副标题 an account of journeys in China, chiefly in the province of Sze Chuan and among the Man-tze of the Somo territory 显示此书是着重记载四川以及川康藏区的游记,也是研究近代四川及长江流域的一种重要外文文献。不过作为利用此种文献的基础工作之一——该书记载的作者旅行路线却尚未开展有效的分析与复原,现行的中文译本中也存在诸多错误。本文将在概述柏德旅行生涯的基础上,利用笔者与日本金坂清则教授于2002—2004年间三度入川调查柏德旅行路线的成果,并结合原书记载与大比例尺近代实测地图,尝试复原柏德自1895年2月由峡江入川,经四川盆地北部到达今阿坝州羌藏地区的旅行路线,并对与此类外国人所撰近代游记的相关复原作业方法进行初步探讨。

---

① Isabella Bird, The Yangtze Valley and Beyond: an account of journeys in China, chiefly in the province of Sze Chuan and among the Man-tze of the Somo territory, London: John Murray, 1899.

一、引　言

近年来,译介、研究近代海外人士在华游记,已经成为近代史学、历史地理学界的一大课题。此类游记的作者,多为近代的海外探险家、旅行家、传教士或地理学者,其所著游记或笔记具有强烈的写实风格与外邦特色,多能记录到本土人士不甚习惯描写的人、事、物或景观。不少著作的描述手法十分接近甚或直接使用西方近代科学方法,而且其观察也大多采取客观、冷静的立场,因此,这类文献不仅提供了大量珍贵的近代资料,也非常有利于实际的研究利用。

在近代海外旅行家之中,英国人伊莎贝拉·柏德无疑是最受瞩目的一位。她一生撰写游记十八部,是英国近代史上著作最丰、影响最为广泛的游记作者。柏德的游记不仅对当时事件、景观的刻画栩栩如生,而且充溢着时代的张力。因此,她的许多作品在当时就是畅销书;她的文艺声名,在 20 世纪的英国女性作家群之中,也唯有阿加莎·克里斯蒂可以比肩,在欧美英语圈读者的心目中,她与号称"侦探小说女王"的阿加莎·克里斯蒂并称为英国近代文学史的双峰。

柏德撰写的游记都是她的亲身经历,其中不少著作涉及地理探险时代的边缘地域(如印度拉达克、高加索、中国西藏、远东朝鲜、俄罗斯滨海州等),引起当时人们的普遍关注,因此成为畅销书,甚至还曾多次登上当时的 best-seller 榜。

柏德的中国之旅始于 1878 年,那一年她首次游历了日本、中国的广州和香港;其后在 1894—1897 年间,她用三年两个月的时间在远东漫游,这一时期她不仅访问了北京、沈阳和华东、华南的一些沿海港市,还花了半年时间溯扬子江而上,一直深入川藏高原上的梭磨藏区,这对西洋人来说是史无前例的创举。本文将以她的旅行生涯为中心,着重介绍她在四川及扬子江的游历过程、相关著作及目前的有关研究。

二、旅行生涯与主要著作

伊莎贝拉·柏德于 1831 年 10 月 15 日出生于英国北约克郡巴勒布里奇的上层中流阶级家庭,其父爱德华自剑桥大学毕业后,即携妻赴印度出任律师,不久因妻、儿相继染病而返英成为牧师。1845 年,伊莎贝拉随全家迁居苏格兰爱丁堡,广阔的苏格兰西部高地、辽远的赫布里底群岛陶冶了青年伊莎贝拉的情操,更激发了她对旅游的持久兴趣。正是由于这样的经历,特别是受到父亲的强烈影响,柏德自幼即对乡土的历史地理、宗教、植物学、矿物学等产生浓厚兴趣,这都为她后来的创作提供了源源不断的动力①。

柏德的旅行始于 1854 年她二十三岁那年,生来体弱多病、十八岁时甚至需要手术的她,因医师的推荐,开启了舒适的大西洋航程,这次为期半年的美加之旅促成了处女作——The English Woman in Amereca 的创作,该书以其细腻写实的观察描写、秀逸的文字与流畅自然的语言风格而得到 John Murray 社(当时英国最著名的游记与旅行指南书出版社)关注,在 1956 年得以出版,并广受好评,成为当时的畅销书,可以说是开门红。

自 1872 年 7 月到 1874 年 1 月的第二次远行,也是因为医师的强烈推介,这一时期她游历了北美的落基山、太平洋上的夏威夷以及新西兰、澳大利亚等地,撰写了 Six Months in the Sandwich Islands (1875 年初版)、A Lady's Life in the Rocky Mountains (1879 年初版)等书。归国后不久,身患神经痛、间歇热、脊椎病等多种疾病的她又被医师要求再次出游。这是她的第三次长途跋涉,这一次她的旅行计划原本筹划游览南美安第斯山脉与日本,但在向达尔文咨询之后放弃了安第斯山的计划,而是在 1878—1879 年乘船远涉重洋,游历日本、中

---

① 关于伊莎贝拉·柏德的撰述与年表,日本京都大学的金坂清则教授作了详细的研究,详见[日]金坂清则《「19 世紀のアジアを描く英国人旅行家の旅行記と旅に関する歴史地理学の研究」研究報告書》,日本京都大学大学院人間·環境学研究科,2005 年。

国香港、西贡、马来半岛等远东诸地。两年后,推出了 Unbeaten Tracks in Japan(1880 年初版)、The Goden Chersonese and the Way Thither(1881 年初版)来记述她的这一段旅行生涯。

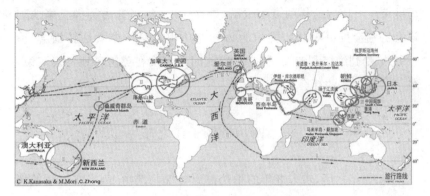

图 1 柏德的世界旅行路线与时期区分

柏德曾有一段短暂的婚姻,在 1881 年五十岁时,与小她十岁的约翰·毕涉浦医生结婚,此后因丈夫疗养关系游历中南欧的法国、意大利、瑞士等地,不过 1886 年 3 月丈夫毕涉浦不幸辞世,当时柏德五十五岁,身边亲人的相继离世、病痛的折磨给了她精神上、肉体上的巨大打击,也使得她更为坚定地投身到了传教与医疗慈善事业之中。这一时期的主要活动有:1887 年在圣玛利亚病院学习医疗看护,并投身于建立基督教女青年会(YWCA)西部诸岛支部的活动;在 1889 年的印度旅行时,为纪念丈夫、妹妹,开设了两处医院;1896 年在日本东京毕卡斯提主教馆捐助建设孤儿院;等等。

1887 年冬,受书商 John Murray 社委托,柏德游历了爱尔兰,重启世界之旅,这是她的第四次长途旅行。此后数年间,她陆续游历了印度、克什米尔、拉达克、波斯、库尔德斯坦、北非摩洛哥等地,并先后撰写了 Journeys in Persia and Kurdistan(1892 年初版)、Among the Tibetans(1893 年初版)等著作。这些游记除了记载所经之地自然地理实况与景观之外,也广泛涉及民族、文化、社会、宗教、传道活动等,为当时西方人深入了解中东地区提供了参考。值得一提的是,这次旅行全程一千二百公里,行程所及大多为近代以来的纷争地域,同时也是英、俄两国激烈争夺的前线地带,旅行条件十分艰险,多次翻越海拔四千米以上的山岳,穿越不毛的沙漠,与此前舒适旅游完全不同,因此可称得上是一次"壮游"。而柏德也因为这次旅行与著作的出版而获得殊荣——因为这样的卓越成就,她在1892年当选为英国皇家地理学会特别会员(FRGS),并成为该学会历史上第一位女性特别会员;1893年受到维多利亚女王的接见;此间她多次在英国各地发表演说,成了名副其实的社会名流。

三、四川及扬子江之旅

1893年之后,步入老年的柏德健康状况每况愈下,但在这样的情况下,她却不听医师的再三劝阻,甚至怀着在旅行中结束生命的准备,毅然决然地谋划着她一直向往的远东之行。这也是她生命中最后一次长途跋涉,其结果是历时三年的艰难行程。下面先说明一下这次壮游的具体过程。

柏德是1894年1月中旬出发的,她乘船横渡大西洋,经北美大陆在温哥华再次登船,经日本横滨、神户、对马岛,于2月末进入朝鲜半岛,4—6月间溯汉江游历朝鲜各地,并返回日本度过酷暑。原计划再度返回朝鲜,但因此时东学党风潮愈演愈烈,她便改由芝罘(今烟台)到东北奉天。此后,甲午战争爆发,她在8月20日随传教士逃离奉天避乱北京,并于10月6日离开战云笼罩下的北京,再次渡海经长崎到达海参崴,游历俄罗斯滨海州,了解当地朝鲜人的实际情况,其足迹远达兴凯湖之东。而在朝鲜期间,她更是亲眼见证了日本强迫朝鲜国王的独立宣言仪式,并四次到访为日军所控制的朝鲜王宫,并多次拜谒闵妃,对当时东北亚的动荡有了切身的体会与深刻的认识。

1895年2月中旬,柏德离开朝鲜,在当年春天她游历中国东南沿海的香港、汕头、厦门、福州、上海、杭州、绍兴、宁波等地,并乘船自上海上溯扬子江,直达汉口。期间她除了步行之外,主要利用了当地的沙船、轿子等交通工具,并在领事馆或传教会住宿,所有的旅程都是一个人独自完成的,由此逐渐积累在中国内地旅行的经验。当年夏天,她返回日本进行休整,同时密切关注东亚局势的推移,为下一次出行做着准备。1895年秋在朝鲜又一次旅行之后,柏德于圣诞节离开朝鲜向上海进发,由此开始了她一生中最后一次壮游。

柏德的扬子江之旅始于1896年1月,至当年6月返回上海,历时半年之久。其主要行程为:当年2月自湖北宜昌起乘舟至夔州(今奉节)度过春节,至万县改由陆路至保宁府(今阆中),在川北苍溪县新店子经短暂的休养,至灌县、成都;再由灌县溯岷江而上,突破理番厅天险进入西洋人未至之地,并冒险翻越海拔四千四十米的鹧鸪山脉,抵达今阿坝州马尔康的梭磨藏区,此后因断粮折返成都,顺岷江、扬子江而下回到上海。1897年3月,在离开祖国三年两个月之后,经柏德在上海扬帆,经科伦坡、马耳他后再归故里,结束远东之旅。归国后的柏德勤奋撰述这次的出游经历,在此后数年间,陆续出版了 *Korea and Her Neighbours*(1898年初版)、*The Yangtze Valley and Beyond*(1899年初版)、*Unbeaten Tracks in Japan*(1900年初版),加上此前的1896年秋在日本以珂罗版翻印的写真集 *Views in the Far East*,一共四种著作。

1903年11月,已是七十二岁的柏德仍念念不忘远东的旅行,从她与友人的通信中我们了解到她曾经筹划着再次开展自南而北的纵贯中国的旅行,但由于种种原因而壮志未酬。翌年10月7日,柏德在苏格兰爱丁堡的梅尔维斯特里德17街区寓所与世长辞,临终前仍意识清晰,斯图达特《伊莎贝拉·柏德的生涯》(1906年版)记录柏德临终前的情况:

"我已经计划了沿着西伯利亚铁路赴中国的旅行。这个旅行是在奉天作短暂停留之后,前往北京,在萨道义爵士门下停留两个月,此后也预定要去杭州,到杭州您的府上作短暂停留。……我想我再下一次的旅行,一定是要去我家人长眠的迪恩墓地了。"[摘自伊莎贝拉1903年11月30日的信笺]。……[去世当日的]接近中午时分,她请求他们平静地为她祈祷。"啊!太大声了!"

……这是她留在世上最后的遗言了。[1904年]10月7日午后0时5分,她与世长辞了。

柏德去世后归葬爱丁堡的迪恩墓地,与父母、妹、夫同眠。1905年,依照她的遗嘱,为纪念妹妹在苏格兰托伯莫里城建立钟塔,该钟塔今存,并成为该市的地标性建筑之一。

四、在川路线的复原与研究价值

以上所述的柏德的游记之中,*The Yangtze Valley and Beyond* 是直接讲述她游历长江及其腹地的见闻记录。该书在1899年由John Murray社出版,也是她创作生涯中最后一种重要的著作。全书内容宏富,记载细致入微,并配有一百十七枚照片、素描,还附有三张旅程地图。正如该书副标题 *an account of journeys in China, chiefly in the province of Sze Chuan and among the Man-tze of the Somo territory* 所示,此书是一部着重记载四川以及川康藏区的游记,全书五百五十七页之中,有三分之二以上的篇幅是关于四川省的描述,因此成为今人研究近代长江流域尤其是四川与川康地区的一种重要外文文献。

此书曾多次在欧美等地出版,近年也有中文选译本行世。不过,现存的汉译本多为节译,而且作为利用此种文献的基础工作之一——作者在书中描述的旅行路线,却因百年来聚落的变化、方音的拼写以及大量小地名的存在而未能进行有效的分析与复原,现行的中文译本中也存在着许多问题。

为此,笔者在2002—2004年间,曾与当代伊莎贝拉·柏德研究的著名学者京都大学金坂清则教授三度溯江入川,调查柏德的旅行路线及沿途所经近代聚落。根据此书的详细记载,通过实地勘察,结合大比例尺近代实测地图与原书揭载的由柏德本人拍摄的照片与素描,基本复原了柏德自1896年2月由峡江入川,经夔州、万州、梁平、营山、南部、保宁、剑阁、梓潼、绵阳、成都、灌县,直达羌藏地区的威州、理番、梭磨,再由卓克基折返成都,经岷江、长江,于当年6月出川的详细旅行路线(图2),并对书中记载的沿途大小聚落进行了一一考证。下面将就笔者所作复原路线的主要方法作一简要说明。

图 2　柏德的扬子江旅程及摄影地点

注:图中标注的序号与拉丁字母分别为书中摄影或素描的地点。

（一）文字记载与民国实测地图的运用

作者的近代地理学素养与逐日记载旅程的习惯,塑造了游记在地物描述、地形记录上精确、详细的风格,在 The Yangtze Valley and Beyond 一书中,也可以见到大量关于旅途中具体地形状况的描写,这些描写十分有利于旅途路线的复原作业。在此试举一例,如该书第26章《从新建镇到梓潼县》中有如下的文字描述:

> 2月23日的旅程是从新店子出发,沿着岩石裸露的山脊顶部而行,穿越不毛的石灰岩台地。这一带没有村落,孤立的房舍似乎也不多,但却有两个较大的场子。从山脊向下眺望,尽是起伏和缓的山丘,其中不时可见圆锥状隆起的山丘。直到一处海拔约2300英尺(约700米)的地方,突然看见在狭长的山谷中,嘉陵江的曲流在这里形成一个大转弯。随后,我们走下一道800英尺的急峻陡坡,艰难地爬下陡峭的岩壁与石阶,来到山脚下名为"猫儿跳"的小镇,这里有座最近重建的庙宇,颇为优美。在碧绿清澈的江水上,停泊着几艘20吨左右的木船,满载着盐。

上述记载是对作者于1896年2月23日从新店子(今苍溪县白鹤

乡新店子村)之后对路线的描述,文中可见柏德对沿途地形、植被、聚落等地理要素的关注,应为当时她所亲历。根据这一段较为详细的地貌描述,结合民国时期较大比例尺的实测地形图①(一般为十万分之一图)及书中的小地名记载,并通过笔者的实地勘察,就可以勾勒出当日的旅行所经路线(图3)。

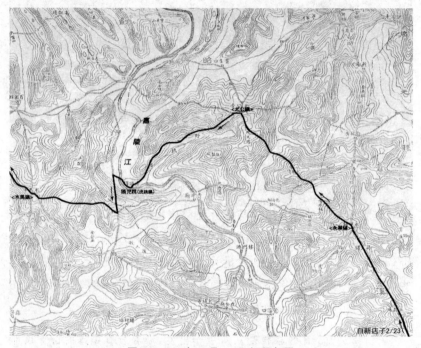

图3　1896年3月23日行程复原

从民国实测图上看,由苍溪县新店子往嘉陵江虎跳镇渡口②方向的近便道路,一为东北向沿山脊线经永宁铺、太公寺两个场镇,再折向西南的道路,一为自新店子直接向西南方下山到嘉陵江沿江的道路,而上述柏德的文字描述,正与第一条道路完全一致,从实地勘察来看,柏德记述的"一道800英尺的急峻陡坡,艰难地爬下陡峭的岩壁与石

---

① 笔者所用民国实测图系日本大阪大学东洋史研究室与台湾"中研院"近史所所藏1927—1934年间测制的十万分之一地形图,由日本京都大学金坂清则教授提供。
② 虎跳镇旧称"猫儿跳",在今广元昭化区,据2003年3月8日笔者实地调查。

阶"也与今虎跳镇渡口东岸地貌十分吻合,由此即可推定柏德在 3 月 23 日的具体行程。

(二)摄影与素描地点的比定

The Yangtze Valley and Beyond 一书揭载了由柏德本人拍摄、绘制的九十三枚照片以及素描、绘画。这些照片和素描不仅为我们研究一个世纪之前的四川提供珍贵的影像、图像资料,也为柏德实际旅程经行地点的分析提供了许多重要线索。

如第二十五章《保宁府与新店子》中收录了一枚柏德 1896 年春在保宁府中国内地会教堂(今阆中市内)的照片(图 4),根据笔者在 2003 年的实地访查,该建筑现存于阆中市基督教会,即教会的旧三一堂,从照片所反映的建筑物的特征,如屋顶的斜度与体量、横梁与桁条的组合等,并结合对今教堂牧师等相关人员的口述调查,即可确定柏德原书照片所摄位置。

图 4　保宁府中国内地会教堂(左图 1896 年柏德所摄,右图为 2003 年笔者所摄)

不过,The Yangtze Valley and Beyond 一书所收录的照片,还有不少并未注明具体的地点或地物的名称,需要通过实地调查与查阅文献来加以确定。

如在该书第三十章《从兴文坪到理番厅》中收录了一幅名为"理番厅山岩上的庙"的照片,其位置与名称均未注明,因此需要作一些考察(图 5)。

根据笔者 2001 年的调查,发现该建筑现存于旧理番厅城,即今阿坝州理县薛城镇薛城小学内,名为"筹边楼"。该楼始建于唐太和四年,为唐蕃对峙时剑南道西川节度使李德裕为筹划川西防务所建,今

中国历史地理评论(第二辑)

图 5 理番厅山岩上的"庙"(左图 1896 年柏德所摄,右图为 2001 年金坂清则所摄)

存者当为清代在原址重修。该楼建于平地突兀拔起的天然岩石顶上,与柏德记述"耸立在山岩上"相一致,楼为正方形二层重檐歇山式木结构建筑,主厅四面各开方形大窗三幅,厅外有一周木栅栏保存较好。将柏德当年照片与金坂清则 2001 年所摄照片置于同一角度对比,可以确认柏德 1896 年所摄之地确为"筹边楼"无疑,至于她将之称为 temple,只是误会而已。

(三)小地名实勘与考证

The Yangtze Valley and Beyond 书中,出现了大量乡镇甚至村落级的小地名,这些小地名对于准确地分析柏德旅行路线、研究近代四川的城镇面貌而言至关重要,不过,由于一个多世纪以来的聚落变化与书中拉丁文拼写的缘故,此类小地名大多无法直接判读其汉字原名,只有通过上述大比例尺早期实测图与书中关于旅途的文字记载,结合实地调查进行认真的查找与核检,方可得出理想的结果。

根据笔者的确认,发现之前的译本之中存在大量地名的翻译错误,仅以较大的乡镇级地名或比较著名的地物名称而言,如"米仓峡"

(在三峡中)误译为"迷滩峡"、"培石"(入川第一村)误作"背石"、"滟滪岩"(在三峡夔门)误作"鹅尾岩"、"金带"(在梁平县)误作"青台"、"沙河铺"(今梁平县仁贤镇)误作"沙浦"、"罗家场"(在今彭州市)误作"骆家寨"、"甘堡"(今理县甘堡乡)误作"甘孜"等等,如此种种,不一而足①。

不过,柏德的原书中还有一些小自然村落名的记载,认真查找起来就要大费周章了,在此仅举一例。

如原书第二十一章从梁山县至下山铺、第二十二章从下山铺至小桥中,均多次提及在袁坝镇(今梁平县袁驿镇)至渠江之间有一处名为Hsiashanpo的村落(载于原书第1卷362—367页),根据书中的记载,该村在陆路官道上,路边有一新开旅店,柏德曾在此处住宿。该地名的汉字对音最有可能是"下山坡"或类似发音的地名,不过在上述民国十万分之一地图上并未见到类似地名,经笔者于2003年3月6日驱车在现地的访查,该地名实为今大竹县城西乡竹溪村的下山铺自然村,此村坐落于今318国道城西乡竹溪桥南约五里的一条小岔路上,是一个只有十八户的自然小村,在方圆十里开外就很难打听到该村的存在了。不过,据现地访查,该村门前的道路正是古代"大路"即官道所经,现代研究也可确认晚清时期万县至成都的"小川北路"上确有"下山铺"这一地点②,其位置正与柏德的记载及笔者调查相一致。

结　　语

笔者的考察表明,*The Yangtze Valley and Beyond* 的作者十分客观地记述了1896年间长江沿岸地带、四川盆地与阿坝藏区的自然地理与人文景观,为我们了解、研究近代长江流域提供了难得的、第一

---

①　参见卓廉士、黄刚译《1898:一个英国女人眼中的中国》,湖北人民出版社,2007年。
②　例如易宇《清代四川地区嘉陵江流域陆路交通探析》一文主要利用晚清方志材料整理的"小川北路"中,可见"绥定府大竹县竹溪桥五里下山铺"的记录,西南大学历史地理研究所2011年硕士论文,第13页,未刊稿。

手的实地考察材料。值得一提的是,近年来日本京都大学金坂清则教授对伊莎贝拉·柏德作了深入研究,本文提及的比如柏德在川旅行路线以及各种地名的准确中文名称,在他翻译的日文全译本《中国奥地纪行》[①]中均可方便查阅。

总而言之,开展有关柏德游记的深入研究,为解读这位女性旅行家的生涯,感悟其富有魅力的大旅行提供了多角度的思考与启示,而对于近代海外人士在华游记研究而言,柏德的人生体验与她的著作也为不断深化西南地区近代史地研究,乃至对游记的赏析、对时代的理解提供了实际的案例与丰富的素材。

---

① 伊莎贝拉·柏德著、金坂清则译《中国奥地纪行》,平凡社,2013年。

明代湖广地区重要水利史料
—— 万历《湖广总志·水利志》述评①

尹玲玲

万历《湖广总志》(以下简称万历志)是目前看到的第一部有水利志专卷的湖广总志,顾炎武《天下郡国利病书》(以下简称《利病书》)第二十五册"湖广下"即是对其《水利二》之原文抄录。清中后期,万历志已极为稀见,官修通志、私撰水利专著都以顾氏之书为原始出处而摘录或辗转传抄,以致错讹相传,部分现代学者的论著亦多混淆。所幸的是,万历志至今仍得保全并赖《四库全书存目丛书》(以下简称《四库存目》)而推广,其水利志记载详细,立论系统。本文拟对其内容作一评述,并穷源竟委,按图索骥,将有关通志及水利专著中的错讹一一指出,希有助于后来者之研究。

万历《湖广总志》,九十八卷,明徐学谟纂修,万历十九年(1591)刻本。徐学谟字叔明,苏州嘉定人,嘉靖庚戌进士,官至礼部尚书。徐氏曾四仕湖广,谙习其故事,此书乃万历中其为左布政使时所纂。

一、内容介绍

明成化年间薛纲曾纂修湖广总志,此书现已不存,其后吴廷举在此基础上加以续修,此即嘉靖《湖广图经志书》。从其体例来看②,乃各

---

① 据《四库全书存目丛书》本。
② 据《日本藏中国罕见地方志丛刊》本。

以州郡分卷,故只在各府州县"山川"部分略见堤堰陂塘之记载,而未有专门的水利志。万历志不以州郡分卷,惟以事类编辑,与前书体例大异,其中有两卷的篇幅专志水利,故其为目前所见第一部有水利志专卷的湖广总志。其志繇言:"七泽九江,江汉汤汤。以漕以溉,利不胜害。陂之丽之,禹内可绩,为达水利。"在水利志前亦有一小序言:"今自监司暨郡邑专衔而领水利。盖踵前制,顾草泽泇僻、多以不获,于跋涉而时巡之为解,吏安所瞩其职乎?是以法渐斨皮而民之死生待命于天矣!顷年始行督过之令,河堤稍稍缉,乃知襄陵艰食不足以病平世者,繇法举也,故序列郡首。以江汉洞庭标其大者,泉湖涧溪陂堰附而著焉,塘坝不悉载,载其数志水利。"万历志第三十二、三十三两卷为水利志(以下简称《水利志》),内容主要分为各郡陂塘堤堰数和各郡堤防图考两大部分,以下作一分类评述。

(一)河湖水系的形态及其演变

两湖平原历史上河湖水系变迁很大,明万历以前,尚未有比较全面的记述。《水利志》卷一各府、州、县条下首载境内主要河流及支流汇聚情况,如汉阳县"郡城与武昌对峙,大江环抱东南,汉江合漻水、沔水、沌水与大江会与郡北";潜江县潜水为"汉水别流,自钟祥入境,经芦洑河三分,流俱入沔阳界";当阳县沱水"经县境与沮水、漳水复合入江水";京山县县河"会阁流河、姚河诸水经治南城下合瀍水入汉江";澧州澧水"至城下合涔、澹二水入于洞庭";安陆县涢河"绕城西,东流入云梦泽,会汉水入江";将其所记各府州县江汉二水及主要支流等等辑出,可据此绘出当时两湖平原之水系图。对照今天的地图,可以比较其水系变迁大势。

岷江至松滋县"分为三派,复合达江陵入大江",由此可以判断当时松滋至江陵之间的上荆江河段为复式分汊河道。石首县长河"即大江。又有便河达洞庭,岁久淤塞,正统间知县盛奇浚通,商民便之"。由此我们可以推断石首段下荆江分汊河型、分流分汊河型之间的演递变迁,也可推知石首达洞庭湖平原的商路。嘉鱼县大江"历陈家汊入江夏界。近世沙涨横亘数十里,故今县治去江口仅七里";江夏县大江

"逼绕会城,旧恃金沙洲障之,迩来洲徙,水泛横流直冲江岸,侵啮城址,岸石崩弛,屡行砌治而城患恐未已。若城内明月湖水起,赖有长堤障之,平湖门至文昌门可免啮城之患矣"。通过这两条材料我们可以推断今嘉鱼至武汉段江道中沙洲迁徙和淤涨、河床演变趋势以及由此引起的城市江防问题等。

江陵县谭子湖、洪水渊、三湖诸湖渚自嘉靖以来"多浅淤";公安县境内"有军湖、贵湖、纪湖、重湖、大金、洋溪诸湖,惟大金一湖通虎渡枝河,江涨湖溢";承天府九龙滩、龙穴港、桐木岭、金花熨斗等湖"今皆淤平,军民官庄争垦为业";景陵县四汊、竹台等湖自嘉靖二十六年(1547)以来"半淤浅平";潜江县潭子湖、四港、甘心口各枝河嘉靖后期"更多湮塞";钟祥县"旧有口通二圣套入湖杀汉势,又有流涟、金港二口通枝河达赤马野猪等湖由青树湾入军台港大分汉流……今半湮塞,不可复疏"等等,由此可以得知明嘉靖以后众多的湖泊、河道迅速淤浅、淤平,通过分析可以总结其淤塞演变的时间特点和空间规律。

(二)各府、州、县的水利兴修情况及堤防图考

两湖平原宋元以来水患频繁,堤堰陂塘等水利设施的兴修是为当地首要事业。《水利志》卷一各府州县条下详载水利兴修情况,如江夏县"堤三、陂五、塘四",武昌县"堤七、塘五十七",蕲州"坝一、池一、塘十九、堰九",孝感县"湖六、陂十二、塘二、堰一"……将其所记各水利设施的数量、名称、方位、规模、兴修年代、主修官吏、作用发挥等情况予以统计分析,即可在大比例尺底图上绘制出当时两湖平原之水利分布图,从而可推断其农业发展及区域开发的总体状况。

《水利志》卷二共载"川江总会"、"汉江总会"、"九江总会"三幅堤图。堤图采用上南下北版式,绘山川河流大势、堤防、湖泊、沙洲分布,注记府州县治所、巡司、驿站、递运所位置。将这些堤图同前后的文字记述结合起来分析,可以更好地研究当时的河道形态、水系状况、堤防发展、城市布局、关防险要和驿邮体系等。各堤图后有堤防考略,"三江总会堤防考略"总述其水系大势,指出两湖平原上堤防多在襄阳、承天、常德、荆州、岳州五府,受冲决之害者亦以此五府为甚;荆州等七府

之"堤防考略"叙述堤防规模、水患情况,分析各郡境水患频仍、堤防修守利害切要之处及应注意事项,兹举一府为例:

  荆州府堤考略○江水之患,全在荆州一郡。夹岸南北,凡六县。北岸则江陵、监利,堤凡四万九千余丈;南岸则枝江、松滋、公安、石首,堤凡五万四千余丈。嘉靖庚申岁,洪水决堤无虑数十处。而极为要害者,枝江之百里洲,松滋之朝英口,江陵之虎渡、黄潭镇,公安之摇头铺、艾家堰,石首之藕池诸堤,冲塌深广,最难为力者也。每岁有司随筑随决,讫无成功。

各县之堤防考略更为详细地记载了地理形势、历代堤防修筑的兴修年代、方位分布、起迄规模、堤防切要、历年水患溃决及复修情况。根据堤防溃决情况可分析水灾暴发的频度和烈度,自宋历元再至明代,水患越来越频繁,为害愈来愈剧烈。例:

  公安县堤考略○按县东西广一百三十里,南北袤一百一十里,地皆平旷,县治旧在柴林街,因避三穴桥水患,移至江阜,势若原陇。宋端平三年,孟珙筑堤防以御水。有赵公堤在县东,斗湖堤在县南,油河堤在县西北,仓堤在县东北,横堤在布政分司后,世传为五堤云。至元大德七年,竹林港堤大溃,自是堤不时决。迨国朝修筑沿江一带堤塍,西北接江陵上灌洋,东南抵石首新开堤,凡万有二千五百余丈。其间雷胜、旻湾、摇头铺、艾家堰、竹林寺、二圣寺、江池湖、狭堤渊、沙堤铺、新渊堤、郭家渊、施家渊诸堤,更为要害。成化五年,决施家渊;弘治年间,决狭堤渊;正德十一年,决郭家渊;嘉靖十一年,决江池湖;三十五年,决新渊堤;三十九年,决沙堤铺;四十年,决大湖渊及雷胜、旻湾;四十五年,崩洗竹林寺;隆庆元年,崩洗二圣寺;二年,决艾家堰,水患殆无虚岁。

(三) 对人口压力和湖泊淤废的认识、堤防修守及管理制度

早在明中后期,时人已经清醒地认识到人口对土地的压力,并表现出对环境生态的忧虑意识,"宋为荆南留屯之计,多将湖渚开垦田

亩,复沿江筑堤以御水,故七泽受水之地渐湮,三江流水之道渐狭而溢,其所筑之堤防亦渐溃塌";"今日生齿渐盛,耕牧渐繁,湖渚渐平,枝河渐湮,穴口故道皆为廛舍畎亩";"近年深山穷谷、石陵沙阜莫不芟辟耕耨,然地脉既疏,则沙砾易崩。故每雨则山谷泥沙尽入江流,而江身之浅涩、诸湖之湮平,职此故也"。也就是说,由于人口渐增,人均耕地渐少,以致盲目开荒、围垦湖渚导致自然环境被破坏而泥沙俱下,河湖淤塞;湖泊蓄洪、泄洪能力下降,荆江堤防连成一体,分流穴口堵塞,洪水归槽,江床淤高造成洪水水位上升,水患渐趋频仍,为害愈烈;洪水频繁决堤,所挟泥沙就地淤积,使湖泊迅速淤浅、淤废,蓄洪、调洪能力进一步下降,于是水患更甚,由此造成一种恶性循环。

由于时代的局限,当时的人们不能提出科学的控制人口、保护环境等系列措施,其认识只能达到修守堤防、浚淤河、开穴口以防水患的程度:"今日欲济民艰,莫急于防水患;防水患莫急于修决堤、浚淤河、开穴口。至欲为千百年经久之谋,其首务盖有二焉,一曰明职掌以便责成,二曰处钱粮以裕工料而已。"时人考效古法,参以土俗,对堤防修守经验进行系统总结,归纳为"可经久而通行者"十条:一、审水势:根据水势选择合适的堤线;二、察土宜:修堤必须将地表浮泥挖净,然后回填,土料宜用黄白壤;三、挽月堤:在险要堤段预筑月堤以防不测;四、塞穴隙:填塞獾洞蚁穴等;五、坚杵筑:堤身应选用合适的夯筑工具夯筑坚实;六、卷土埽:埽工可用于堵口,新修堤段可用杨柳枝为埽防冲;七、植杨柳:认为沿堤植树可减少冲刷,枝条可供抢险之用;八、培草鳞:种草护堤防冲;九、用石砌:险要堤段砌筑石岸;十、立排桩:在堤前排钉长木桩,然后以绋缌、竹苇拦护堤身①。由上可知,至迟到16世纪后期,人们已熟谙水流泥沙运动规律,并已粗具环保意识。

关于堤防修守制度,亦有详细记载:荆州府隆庆二年,"始立堤甲法,每千丈堤老一人,五百丈堤长一人,百丈堤甲一人,夫十人……夏秋守御、冬春修补,岁以为常"。总结决堤之故,提出堤防守护的一套

---

① 参见周魁一、程鹏举《荆江大堤的历史发展和长江防洪初探》一文,《长江水利史论文集》,河海大学出版社,1990年。

严格的管理体系：一、立堤甲：堤老、堤长、堤甲、堤夫层层分职，级级负责，一有疏虞，罪难他诿，有垸处所，亦设垸长、垸夫，法同堤甲；二、豁重役：免去堤老、堤甲、垸长、垸甲等人之审编差役，使其专意于堤防修守；三、置铺舍：仿照漕河事例，于堤上创制铺舍，令堤长人役守之，以方便往来栖止及防护事务；四、严禁令：凡有奸徒盗决堤防者，查照河南、山东事例发遣，揭示通衢以警偷俗。可见，当时的堤防修守管理制度已达到相当完善的程度。

除以上内容之外，该书还附有三篇重要的奏疏、题志：都御史苍梧吴廷举《请修长堤疏》、童承叙《沔阳州志·河防志》、都御史长乐陈瑞《川江石坝志》。《水利志》卷二之中附有巡抚都御史赵贤《开复荆承二府属穴口疏》。这些奏疏、题志中保存了大量极为宝贵且详细具体的原始材料。如《川江石坝志》载："回视三峡……沿江两岸多积石，且横有石梁插入江中者。余反复思维，乃翻然曰：嘻，神之所示，其在斯乎……若于上流少加阻遏，以缓水势，使下流以渐而通，是亦治水之一策也。况岸有积石及天生石梁，因以垒石坝数十座。"可见，三峡建坝遏水防洪的思想乃古已有之，并且付诸了实施，只是以当时之科技和工程水平，不可能达到现在的设计规模而已。

综上所述，《水利志》之记载广泛涉及两湖平原的自然和经济等诸多方面，如此详细的史料记载为我们分析其大堤的历史发展和防洪、河湖的历史演变和治理、堤垸陂塘之水利格局、区域开发与自然保护之人地关系等等提供了极大方便。

二、资料来源的推测

万历《湖广总志》的纂修者徐学谟并非水利专家，因此这两卷水利志必另有精通堤防水利者参与纂修，或参考此前已经成书的水利专著而成。经笔者考证推测，这两卷水利志确实另有所本。

冀朝鼎著、朱诗鳌译《中国历史上的基本经济区与水利事业的发展》引用到《江汉堤防图考》一书，并注明："史度震（音译）撰，三卷，明隆庆二年(1568)刊行。本书包括了一篇很有趣的关于长江流域防洪问题的长篇引言,书中每一幅地图都附有大约两页的注释。"前已述及,《水利志》共载三幅堤图,图后注释亦包括川、汉、九江及各府州县堤防考略。由《江汉堤防图考》之书名可知,其内容图、考并重,且篇帙达三卷之多,冀朝鼎亦言"每一幅地图都附有大约两页的注释",可见其内容不管是图还是文字考释都比《水利志》丰富得多。顾祖禹《读史方舆纪要》湖广部分中对《堤防考》也有摘录①,内容基本同于《水利志》,想必也就是上述《江汉堤防图考》。由此可以推断,《江汉堤防图考》可能是《水利志》的重要资料来源之一。可惜经笔者穷力搜寻,此书国内无线索可寻。冀朝鼎的英文原著于1936年在伦敦初版,估计冀氏当在英伦见到此书。

据笔者查对,明末清初之资料汇编——顾炎武《利病书》②第二十五册"湖广下"乃是对《水利志》卷二的原文抄录。只是三幅堤图无载,且内容上亦稍有脱漏而已。清中后期,万历志已极为稀见(考证详下),而顾氏之书则流传较广,故部分官修通志、私撰水利专著都以后者为原始出处而摘录或辗转传抄,以致错讹相传。以下一一指出:1.康基田《河渠纪闻》卷十八录"三江考"(即《水利志》中"三江总会堤防考略"),而后言:"顾宁人总览全势,参之禹力沟洫、周礼稼人、贾让三策而立论曰……"可见其将顾氏当成了原始作者。这是书嘉庆年间刊刻,可见其时著者并未见万历志。2.黎世序《续行水金鉴》卷一百五十二、第3549—3551页转录上述《河渠纪闻》之内容,亦言"顾亭林之论曰……",该书为道光年间刊,可见黎氏也未曾见万历志。3.光绪《荆州府志》卷十九《堤防三》转录"国朝"胡在恪之公安、石首、监利、松滋、枝江各县"堤防考",考其内容,均多与《水利志》所载雷同,故完全可以推断并非胡氏之论而只是辗转抄录罢了。4.民国《湖北通志》堤防卷"附录顾氏《郡国利病书》三条",后又注明出自康熙《湖广通志》,且其各类各条无一出自《水利志》而有数条出自《利病书》,可见纂修时

---

① 《读史方舆纪要》卷七十六"汉水"条,第3232页。
② 据《四库全书存目丛书》本。

不见万历志，而以为康熙志录自顾氏书，否则以纂修者之学识，不可能犯此类错误。该志还有"附录刘湘煃堤防论"，此条附录后编者加按语云："刘氏论著凡数十篇，无一存者，此其一鳞片羽，见《汉川志》中，因亟录之，然与顾氏说大致略同。"由此可见，编者已注意到二者内容之雷同情况，但却未予考证其真正出处。查刘湘煃其人，乃武昌府江夏县贡生，曾主持纂修三十二卷本《汉阳县志》，志成后于乾隆十三年（1748）付梓①。据此推测，刘氏应为雍正、乾隆时人，其生年应远在顾氏之后，但他是读到过《水利志》还是只见顾氏书则不得而知了。以全省之人才、物力官修通志而不见万历志，可见至清中后期，该志已极为稀见。

由于上述水利专著和通志的错讹相传，加之《四库存目》本推出以前，全国所藏的万历志极少，故部分现代学者的论著也误以《利病书》为原始出处②。《水利志》内容详细具体，论述赅备精到，质量不可谓不高，后修通志中的水利堤防志及水利专著多有转录，但大多未注明出处，以致后人误为原始史料引用。在论文撰述过程中，误以《利病书》或其他资料汇编以及水利专著为原始史料引用，如有明确纪年的话，并不会对论述结果造成多少不良影响，但如无时间记载的话，则有时其结论会产生偏误。如长江流域办公室所编《长江水利史略》③第六章第一节中的"筑堤技术"一条即将"修筑堤防考"之内容归为清代的筑堤技术总结，其注释云转引自《续行水金鉴》，事实上，早在明万历前期甚至隆庆初年即已出台。所幸的是，万历志至今仍得保全并赖《四库存目》本而推广。笔者在此理清资料汇编转录与原志之间的关系、有关通志及水利专著的错讹等，也望能给研究者们在运用这些史料时提供一些方便。值得一提的是，《利病书》全书为资料汇编，除了笔者已

---

① 据中国科学院图书馆选编《稀见中国地方志汇刊》本，中国书店出版社，1992年。
② 如汤鑫华所著《荆湖关系的历史评鉴》、王绍良所著《汉江下游明代水患与水利格局》；有些论著同时引用《利病书》和《水利志》，而未发现其同出一源，如程鹏举所著《荆江大堤决溢及重要修筑的初步分析》、张国雄所著《明代江汉平原的水旱灾害与垸田生产》。前三文均刊于《长江水利史论文集》，河海大学出版社，1990年；张文载《中国农史》1987年第4辑。
③ 水利电力出版社，1979年。

作对照的这一部分外,其他部分也很有可能存在类似的情况,因此研究者们在引用这部书时,最好与现存的相关史料查对一下。

三、后修通志的继承与发扬

湖广总志自万历以后历九十余年未有纂修,至康熙二十三年(1684)才又有徐国相等纂修之八十卷《湖广通志》成书。该志之水利卷几乎原文转录了《水利志》,只是在文字上略作了修改,如"国朝"改为"明"等。此外,增加了明末至清初的新修水利工程及《水利志》原未载各府县之堤防考略、水利考略等内容。其后的雍正《湖广通志》也同样如此,只是在体例上作了一点改动,如将"各郡堤防图考"与"各郡陂塘堤堰数"按府县合并为一而以湖北、湖南分卷,内容又多有增加。乾隆年间湖广分为湖北、湖南二省,故其后分修通志。

时间推进到清中后期,与水争地的围湖圩垸越来越多,荆江左右两岸堤防大多连成一片逼溜归槽,泥沙淤淀、河床抬高而日益发展成悬河,惟恃荆楚一线堤防为人民生命财产之保障。每值夏秋水泛,各堤防险工地段在洪峰冲击下屡屡告溃,故堤防修守成为头等大事。各通志中之原"水利"卷亦为"堤防"、"堤堰"卷(以下称《堤防志》、《堤堰志》)所代替,其内容也以修堤防水为主,而陂塘水利则记载简略。各《堤防志》、《堤堰志》及部分水利专著如俞昌烈《楚北水利堤防纪要》、王凤生《楚北江汉宣防备览》等对原《水利志》也多有收录,但大都转引自前之康熙志及雍正志而非出自万历志。民国湖北《堤防志》之体例发展到了最完备的程度,共分四卷,江、汉堤防各一卷,而"堤防图说"、"成案章程"均单独成卷。其取材也相当广泛,不仅有方志、奏略、档册、水利专著等,还有采访册。

《行水金鉴》、《续行水金鉴》、《再续行水金鉴》等资料汇编对以上总志或通志多有摘录,一般都注明了出处,按其刊刻时间就能推知为何志,这里就不赘述,但如为转录《水利志》内容,则应予以注意。

总之,万历《湖广总志》开创了专修水利堤防志的传统,且其水利志记载详细,分析透彻,立论系统。其后历修之湖广总志、通志,湖北、湖南通志均很好地继承和发扬了这一传统,各水利志、堤防志、堤堰志一脉相承,且体例日趋完备。这使我们系统地研究两湖平原大堤的历史发展和防洪、河湖的历史演变和治理、堤垸陂塘水利格局、区域开发与自然保护之人地关系等成为可能。因此,我们有必要对万历《湖广总志·水利志》予以更多的关注和重视。

万历《湖广总志》,上海、南京、福建、台湾、湖南等地图书馆、河南博物馆有藏;北京图书馆、石家庄图书馆所藏不全;北图又有胶卷;湖北另有抄本,存卷一至卷七十五、卷七十八至卷九十八[①]。《四库全书存目丛书》有收录,乃据福建省图书馆藏明万历刻本影印。

---

① 据《中国地方志联合目录》,中华书局,1985年。

清代湖北地区重要水利史料
——《楚北水利堤防纪要》述评

尹玲玲

《楚北水利堤防纪要》(以下简称《纪要》)是目前所见清代湖北地区的一部内容丰富、图考并重、资料可靠的重要水利堤防专著。书成于道光二十年(1840),但由于作者位卑职低,该书当时未受到应有的重视,直至同治四年(1865)才得正式出版,其后流传亦不广,影响不甚大。本文拟对其内容作一简要评述,希引起广大学者的关注,使其史料价值得到充分而全面的发掘。

《纪要》,二卷,(清)俞昌烈著,清同治四年湖北藩署刻本。

一、作者简介

俞昌烈字鸿甫,直隶顺天人,国子监监生,官至参军。俞昌烈自道光元年(1821)从河南来楚(本书卷一"图记总叙":"昌烈于辛巳之冬自豫来楚"),在楚为官至少三十年,可查考者如:任监利县典史(年代不详),道光十七年任宜都县知县,道光二十三年任公安县知县,道光三十年任江陵县知县等[①],可以说是谙习楚北故事。

昌烈在楚北虽身处下位,久居外乡,但却心系吴楚民人。在楚北长达几十年的为宦生涯中,昌烈一直以该地的水利堤防、民人的生命

---
① 光绪《荆州府志》卷三十四《职官志六》。

财产安危为重,平时十分留心楚北的河湖水系结构形态及其变迁。杭州仁和沈城序言:"鸿甫参军,器宇不凡,宏深抱负,隐于下位而志壮千秋。吴楚寻源,量沙印雪,殆有年所矣!"其自序亦言:"岷江汉水为害于楚者,犹黄河之为害于豫与吴也……江之至松滋、汉之过钟祥,亦无所羁勒。筑堤捍御以卫田庐,是与水争地也!然舍此别无良图……频年御险,烈皆从事。"在每次洪峰到来的紧要关头,昌烈不顾自己的生命安危,毅然奋战在抗洪抢险的第一线。如监利王柏心序载:道光七年夏,鸿甫为监利尉,时"江涨,夜大风雨。水溢出城南堤上,吏民散走殆尽,鸿甫步至堤,持瓴甓为堰,因号呼吏民捧土御之。至晓,水定堤卒"。长洲陶梁序载:道光二十年夏,"时霪雨弥月,江水骤至。中方城堤以险告,内堤倏圮丈许,漏孔围径可二三寸;子堤横裂数处,表里洞彻,江水入啮之……旋筑旋陷,浑水突出如激箭",可以想见当时千均一发之险情,而正当此时,"甚雨又及之,村民皆狂走号哭欲去。鸿甫方助捍卫,手书诀妻子:若不测,则委身以殉……亟募人探得其实,下豆絮塞之。内渗绝,外筑始坚。仍徒步暑雨中,上下侦视,亲塞漏孔凡数十百处,堤卒无恙"。当是时,"吏民及观者数万人皆罗拜曰:俞参军活我",可见楚北人对其心存之感激。

关于本书的完成时间,从其自序及其他人为其所作序中大体可以推定。陶序中言:"道光庚子(二十年)夏……俞参军……出所著……见示。"王序与沈序之落款日期分别在庚子岁暮春及谷雨之后。其自序落款亦云:"道光庚子夏日北平俞昌烈识于荆州经历官廨。"由此可以推断,是书迟至道光二十年俞昌烈任荆州府经历时已告完成。

二、内容评述

(一) 图考并重、内容丰富

《纪要》共分二卷,卷首有长洲陶梁序、监利王柏心序、仁和沈城序、梦泽刘希祖序及作者自序,序后录载湖广总督汪志伊所作《湖北水利篇》。卷一为全书主体,内容依次为:江汉全图、川汉经流各图记、岷江源流考、清江河记、东西汉水考、松滋县图记、江陵县图记、公安县图记、石首县图记、监利县图记、洞庭湖图记、襄阳老龙堤图记、钟祥县图记、荆门州图记、京山县图记、潜江县图记、天门县图记、沔阳州图记、汉川县图记、汉阳县图记、嘉鱼县图记、四县公堤图记、江夏县图记、广济县图记、黄梅县图记、九穴十三口记、开穴口总考略。各图幅所含内容十分丰富，大致可以归为以下五类。

一、河湖水系形态。图绘并注记河流发源地、流经地、大致流量、流注地、各段河床形势形态、分流穴口、上中下游河段名称及别名等，沙洲名称、大小分布、密集程度、居民状况、开发状况（如松滋全图上注记：芦花洲，共六百六十一亩，松四枝六），湖泊名称、大小、形状、分布及汇聚情况。

二、堤防工程形态。图绘并注记堤防位置分布、延亘长度、起止规模、类别及分段（官堤、民堤、军堤）、口门闸坝及险工等。

三、府州县城形制。图绘并注记城墙形状（圆、方不一）、城门开设（四、六、八不等）、城楼建置、城市发展状况（如城外草市、民居等）。

四、桥渡草市、铺递驿站、斥堠关防、公署寺庙、市镇民居。

五、古迹。故城（如江陵全图：纪南城、郢城；广济全图：樊哙城）、墓冢等。

综览该书全图，可以毫不夸张地说，其内容十分丰富，符号较为科学，定位基本准确，形态逼真，形象直观，因此说，这些图具有相当重要的研究价值和史料价值。

各图图记与图相辅相成，互为印证解释，详述河川发源、经流及汇注地、各段里程、河床形势形态、淤塞通流状况等；详列堤防工程状况，堤分南岸、北岸、官工、民工、主堤、支堤、土工、石工，标明各段起讫规模、险工及当风险要处格外标示，注明属何汛等。兹举一例：

江陵县水利堤防记

江水南岸自松滋涴市流入县境，历古墙、虎渡口、白庙、尹家场六十余里而入公安界；北岸自枝江县入境，万城官工距江尚远，至杨林矶江势北趋，历黑窑厂、沙市、横堤（官工止）、阮家湾、郝穴至拖茅铺入监利境止,延长二百二十余里,中有虎渡支河分泄,江涨险工林立,官工尤为紧要。昔之獐捕、鹤穴久经堵塞。襄水自潜江泽口入长湖,逆灌草市,顺流从直路河、府场河入监利、沔阳境出青滩、沌口。杨水发源于纪山,北会纪南诸水,出板桥迳龙陂入海子湖。纪西自枣林冈匡家桥与八岭以西之水同会杨澳桥,历梅槐桥入沙滩湖,迳秘师桥、太晖港达城濠,迳草市入长湖。沮水出房县景山,漳水自临沮至当阳注焉,迳鄢台入江陵界。旧有两河口、窑口以杀其势,下流至荆出水师营入江,今窑口淤塞,水师营外洲阻遏,至筲箕洼始达于江,以上大堤更为契重。虎渡口泄大江,盛涨从公安、澧州以达洞庭。旧两旁皆砌以石,口仅丈许。故江流之入者细。自吴逆蹂躏、石尽毁折,今阔数十丈矣!……沙洋西南俗名青村,有杨铁、彭冢、借粮湖,水势浩淼,各由支河汇注于三汊河,一曲潜江达于襄河,一由荆河而归长湖。……

　　北岸大堤 堆金台(民工)、得胜台(民工)、上逍遥湖(官工起)、下逍遥湖、上万城、下万城……黑窑厂(险工,石矶土坝长十八丈八尺)……横堤(官工止,当东南风险要),自上逍遥湖起至横堤止,官工共二十五工,连堆金台,得胜台民工二段共长一万六千零二十三丈,计八十八里六分;阮家湾(以下民工)……杨二月(险工)……梧桐桥(以上沙市汛属)……龙二渊(石矶石岸险工)、上新开(石工)、下新开(范家闸因江逼近,今废)……石首南堤(以下当东南风)……拖茅铺(以上郝穴汛属),阮家湾民工起至拖茅铺止,共四十二工,长二万三千一百十二丈,计一百二十八里四分。……

　　卷二内容依次为:《会典》湖北水道图记、《通志》湖北水利论、御史张汉《请疏通江汉水利疏》、总督鄂弥达《奏覆台中开河之议》、巡抚彭树葵《查禁私垸滩地疏》、总督汪志伊《奏浚各河疏》、魏运昌《上巡抚陈诜议开京山、泗港书》、阮元《荆州窖金洲考》、岁修(估计增培土工、大汛防守长堤)、堵漏子说、捕獾说、创筑新堤、溜矬工、石工六则(碎石工)、开河、土方算法、龙泉码、水平式、三角旱平式、丁字旱平式、部尺式、土石例价、浚河器具各图(铁苕帚式、刮地笼、浚河铁篦子式、浚河铁蒺藜式)。

各档案奏疏保存了大量详细具体、极其珍贵的原始材料,如历年洪涝灾害、堤防溃决及重修、分流穴口开疏堵塞、朝廷振恤救灾措施、以邻为壑与地方冲突、区域及整体利益的矛盾等等。其堤防修守技术与经验总结对于当今来说也仍具有借鉴意义。其所刊载的器具图式更具有研究价值。

(二)专工亲历,资料可靠

前已述及,作者平时十分留心楚北的河湖水系结构形态及其变迁,频年御险,总是奋战在抗洪抢险的第一线。可以说,该书乃其二十来年经验之总结、心血之结晶。其自序言:"从事两河,计十有四年。凡所越历,必咨访舆论,并考志乘。其险易情形、宣泄故道、堤塍丈尺及起止段落,随笔记载。"其图记总叙亦言:"昌烈于辛巳之冬自豫来楚几二十年,习见狂澜泛涨、险易情形、江汉之分合、堤工之起止。凡所阅历,确访舆情,更考志乘。虽远慕前圣之遗则,近读往哲之成书,身受名臣之指使,未能一劳永逸。时虑疏虞,不揣固陋,谨图江汉大略及两大川所经各州县之堤工。"

虽然作者自谦说:"予非知治水也,能言其曲折而已矣;予非能治堤也,能言其险易而已矣。"然而,正如王序中所说:"夫不悉水之曲折,有能治水者乎?不辨堤之险易,有能治堤者乎?"可以毫不夸张地说,该书作者是当时当地最出色的水利专家之一。对于这本倾注作者二十来年之心血的著作,时人即已给予了高度的评价。王序言:"子之书有图有释,郡有纲,邑有目,有经流,有支渠,故道有宜复不宜复,民议有可从不可从,堤有难易有废置,粲乎若经纬黑白之不可淆。"刘序言:"《纪要》一书,变迁情形无不详悉指明……若水疏塞、若堤进退之法……先生之惠我楚者亦正无涯,而不徒以河工历练之材,为救荆南连年之灾也!"沈序言其书"举全楚江防扼要,稽古居今,疏注成帙,俪以图说,切中窾要。使问津者了如指掌,不啻身历其境"。

由上可知,该书所载都是作者亲身经历,实地考证,随笔记载及其心得体会,资料十分可靠。今日综览全书,应该说,时人所予的评价都是客观而中肯的,并非夸饰之辞。况且该书著者位卑职低,无阿谀奉承之嫌。

(三)承前启后,独成一家

就笔者目前所知,有关湖北地区的水利专著,图考并重、内容丰富者明代即已出现。冀朝鼎著、朱诗鳌译《中国历史上的基本经济区与水利事业的发展》引用到《江汉堤防图考》一书,并注明:"史度震(音译)撰,三卷,明隆庆二年(1568)刊行。该书包括了一篇很有趣的关于长江流域防洪问题的长篇引言,书中每一幅地图都附有大约两页的注释。"由此可证,早在明隆庆年间即已出现图考并重、内容翔实、分析透彻、立论系统的水利堤防专著。冀朝鼎的英文原著于1936年在伦敦初版,估计冀氏当在英伦见到此书。可惜经笔者穷力搜寻,此书国内无线索可寻。所幸的是,我们仍可从万历《湖广总志》的二卷水利志(以下简称《水利志》)中略窥其大概。《水利志》共载三幅堤图,各堤图后有堤防考略。经笔者考证推测,《江汉堤防图考》可能即为《水利志》的重要资料来源之一。

继《江汉堤防图考》以后至《纪要》之前,笔者未见有图考并重的湖北水利专著。如胡祖翮著、同治十一年(1872)湖北崇文书局刊《荆楚修疏指要》一书,即只有文字内容而未有图,且其内容远不及《纪要》翔实、丰富、有价值。继万历《湖广总志》以后的历修总志、通志等仍有水利志专卷,但遗憾的是,都只有文字考释而不再有图,且其文字内容中为抄录前志者不少,使读者难辨先后、混淆不清。

从明隆庆二年至清同治四年(1568—1865),历史又已经走过了二三百年,楚北地区的河湖水系形态、堤防工程系统等已大为变迁。如果没有《纪要》一书,我们只能通过总志、通志及各府州县志中的水利堤堰志等窥其大概,但要得出全局的整体映象则很难。《纪要》一书的出现,使我们对清代楚北地区的水利堤防系统有了一个具体而全面的了解。我们既可以横向比较清代楚北各区域之间河湖水系及堤防系统的格局,又可以纵向研究明代后期至清中后期楚北地区的河湖水系及堤防系统的变迁,同样,我们还可以研究清中后期以来至今楚北地区的水利堤防变迁大势。而通过这一系列的研究,通过长时段的历史经验总结,我们或许可以摸清江汉河湖水系的演变规律、水流泥沙运动的特点,从而为当今长江流域的防洪抗洪和治理提供历史借鉴和经验指导。

因此,《纪要》一书可谓是承前启后,独成一家。昌烈先生的历史功绩是不可掩没的。

三、流传及影响

前已述及,清人给予了《纪要》一书高度的评价。陶樑序言:"盖鸿甫久于楚,江汉宣防,周历殆遍,故其言论确凿、其备豫尤远。"未版之前,即已有人充分认识到该书的潜在价值。王柏心序言:"使守土之吏得是书而思之,引而伸之,先事而防,事至而应,其于以备患不难矣!然则害何必不可去,而利何必不可兴?"

虽然如此,该书的出版仍属难产。前文已证,该书迟在道光二十年已经写成,但其正式出版,却一直拖延至二十五年后的同治四年。究其原因可能有二:其一,作者并非楚地人,虽在楚地一呆几十年,但在楚人心目中,或许总仍视其为客乡人;其二,作者位卑职低,虽在楚为官三十余年,但其官职却总只是典史、县尉、参军、经历、知县等,因此其影响力终究不大。正由于以上两点,书成以后没有得到应有的重视而迟迟未与广大读者见面,只为著者交游的小圈子中人物所称道,没有及时发挥其应有的作用。

众所周知,时间演进到清中后期,两湖平原的洪灾暴发愈来愈频繁,为祸愈来愈剧烈。清咸丰十年(1860),长江发生特大洪水,川江洪峰下来,遇汉水顶托,无法宣泄,形成了流域性的特大洪灾。当时,"宜昌平地水深六七尺,公安县水位高出城墙一丈多,江湖连成一片,江陵县则民楼屋脊浸水中数昼夜"。这一年十一月十三日至十二月十一日还出现一次罕见的后期洪水①。在此环境背景下,鸿甫先生这本优秀水利堤防专著的出版终于提上了日程,而由湖北藩署于同治四年(1865)正式开雕。至此,这本埋没了二十余年的优秀著作终于问世了。

自此以后,该书在一定程度和范围上流传开来。就笔者所知,光绪《荆州府志》与宣统《湖北通志》中的堤防志对该书均有摘录。光绪《荆州府志》摘录条目较多,有公安、石首、监利、松滋四县之"水利堤防记"。之所以该志摘录条目较多,或许与昌烈先生长期在荆州地区为官,对该地水利堤防的熟悉程度及民人对他的了解远大于楚北其他区域有关。令人遗憾的是,该书的重要部分与成就——图的体裁未能为通志及各府州县志中的水利堤防志所继承采纳。

总之,《楚北水利堤防纪要》一书是清代湖北地区的一本图考并重、记载详细、内容丰富、资料可靠、分析透彻、立论系统的水利堤防专著。它使我们系统地研究湖北地区河湖的历史演变和治理、大堤的历史发展和防洪、堤防工程修筑技术、堤垸陂塘水利格局、区域开发与自然保护之人地关系等成为可能。因此,我们有必要对《楚北水利堤防纪要》一书予以更多的关注和重视②。

---

① 参考长江流域规划办公室编《长江水利史略》,水利电力出版社,1979年,第130页。
② 该书复旦大学图书馆有藏,而从图书借阅卡记录来看,笔者是第一个也是迄今为止的唯一一读者。

论我国古代对河流水文学与动力学的认识
—— 以长江武汉段江面人工干预洲港变迁事例为中心

尹玲玲

一、问题的提出

在地理学史中,关于对河曲发育的认识,对河流的侵蚀作用与堆积作用的认识,学术界以往已作过不少相关探索。陆心览先生指出,《管子·度地》篇关于河曲现象的议论,是研究流水作用规律的珍贵文献。《度地》篇有一段关于河曲现象的简要记述,它说:"水之性,行至曲必留退,满则后推前,地下则平行,地高则控,杜曲则捣毁。杜跃激是跃,跃则倚,倚则环,环则中,中则涵,涵则塞,塞则移,移则控,控则水妄行,水妄行则伤人。"陆心览先生认为,其大意是说天然河道的水流,流到弯曲的地方会产生环流,环流滞停积聚,则导致水势高涨,河床低平则平缓地向前流去,坡度较大则水流湍急。水流经过弯曲河道时,或者啮蚀河岸,或者激荡翻腾,偏旋打转,有些地方流速减缓,泥沙沉积,就造成河道堵塞,水流要另找出路,就会泛溢成灾[①]。杨正泰先生进一步指出,在这段议论中有以下三点特别值得重视:第一,作者已认识到天然河流在弯道区会产生环流,抓住了河曲发育的主要原因;第二,已注意到河床坡度对流速的影响,以及流速、流向变化会产生泥

---

① 陆心览等《地学史话》,上海科学技术出版社,1979年。

沙沉积，由此会引起河道淤塞和决徙；第三，已经注意到河曲的天然截直作用。这三点正是现代河曲发演变理论的主要内容。由此他认为，《度地》篇对河曲发育、演变的分析，不是单纯停留在感性认识上，而是已经进入到对成因的探索，开始上升到理性认识了[1]。竺可桢先生指出，宋代著名科学家沈括（1031—1095）正确认识到了流水对地形的侵蚀作用，而西欧学术界直到 1780 年苏格兰人郝登（哈顿，J. Hutton）才提出侵蚀学说[2]；王育民先生认为，沈括可谓是"叙述海陆变迁中第一个以河流的沉积作用来解释华北平原成因的人"[3]。

在今天，稍有自然地理知识基础的人大都知道，根据水文力学原理，河流对凸凹两岸岸线起着淤积与侵蚀的不同作用。因河中沙洲的出现，河流分汊，又有主副泓道之分。而河流主泓道的左右摆动，又导致对左右两岸侵蚀与淤积作用的演替。事实上，并非在科学发达的今天才对这一原理有充分认识，古人对这一问题已有相当认识。对于历史上河流河曲处的侵蚀与堆积作用的研究，王育民先生指出明末清初伟大的旅行家徐霞客发现了"河流弯曲处或岩岸逼近水流处，急流冲刷作用显著"，科学论证了河流"弯曲与侵蚀作用的关系"[4]。事实上，早在徐霞客很久以前的先秦时期，先民们对河流河曲地貌就已经有相当的观察。

王克陵先生等曾撰文论述"关于河曲地貌述称的科学史"，指出中国先秦时代对河曲侵蚀岸与堆积岸就有相应的述称，即"滢"与"汭"。该文引征大量文献进行分析论证，认为"从经史文献中的语境看，'滢'与'汭'正是河曲的两岸——相对并举；它们各象一义，'语功'截然对立，不见混淆，是河曲地貌中矛盾对立的两岸"。并进而感慨中国两千

---

[1] 杨正泰《中国历史地理要籍介绍》，四川人民出版社，1988 年，第 37 页。
[2] 竺可桢《北宋沈括对于地学之贡献与记述》，《科学》1925 年第 6 期。
[3] 沈括在观察浙东山势峭拔的雁荡诸峰时，推测："当是为谷中大水冲激，沙土尽去，惟有巨石岿然挺立耳。"他奉命出使契丹时发现："边太行而北，山崖之间往往衔螺壳及石子如鸟卵者横亘石壁如带"；推测："此昔之海滨，今东距海已近千里，所谓大陆者，皆浊泥所湮耳"；指出：此因大河浊流"其泥岁东流，皆为大陆之土，其理必然"。
[4] 王育民《中国历史地理论丛》上册，人民教育出版社，1987 年，第 17 页。

多年前,古人对河流地貌与生态地理环境的观察认识及其语文符号演绎所达的科学水平。但是,王文随即又指出,"自汉朝以后,汉语中此两词渐至不用而成为冷僻字词,汉以来的经学家对其解说由含混而至不清,其本义遂至湮没"①。

由于并非论文旨趣所在,王文并没有进一步揭示为何自汉朝以后"澨"、"汭"两词渐至不用而成冷僻字词,乃至汉以来的经学家对其解说含混不清,两词本义遂至湮没。就笔者看来,先秦时期之所以大量出现"澨"、"汭"这类述称河曲地貌的语词,可能是因为在历史早期,古人寻觅合适居地,大多选择居临水滨而又不易被水冲淹的河谷台地,故对河曲地貌中凸凹两岸观察仔细,而长期的经验积累则使古人对河曲两岸有了相当认识,因而有了"澨"、"汭"这样的地名通名用字,成为一种述称,故文献记载中出现频繁。秦汉以后,人们选择居地时侧重考虑的因素已发生较大变化,居民点或者说聚居地也大多不再近在水滨,而是离得较远了,散布于广阔的平原上。这或许就是文献中"澨"、"汭"这类语词自汉以后渐至不用,乃至其本义"遂至湮没"的原因。这是否也意味着人们对河流河曲地貌的观察和认识就自此停滞不前乃至倒退了呢?是否真的一直到明末清初的徐霞客才科学地认识和论证河流"弯曲与侵蚀作用的关系"呢?古人对于河流地貌和河流水文力学的认识到底怎样?又经历了一个什么样的过程呢?

笔者在阅读有关方志时,注意到明代前期长江武汉段江面出现人工干预洲港变迁的事例,对这一问题产生了浓厚的兴趣。本文即以长江武汉段江面的洲港变迁为中心,就此主题展开论述,以期引起学术界对这一问题更多的关注和讨论,并求正于方家。

二、对河中沙洲演变和水流特性的认识

前已述及出现河曲地貌述称"澨"、"汭"等可能是因为水边河滨与

---

① 王克陵、潘晟、孙小珂《释"澨"——中国先秦时期河曲地貌的述称》,《中国科技史料》2002年第1期,第76—80页。

先民的日常生活,也就是居地选择有着密切关联,因此人们对河曲地貌有细致的观察和辨识。同样,文献中再次出现大量关于河流地貌的记述及其河流水文力学原理的阐述,也是因为这与人们的社会经济生活又一次发生了密切联系。具体来说,就是人们对河流江心中的沙洲的垦殖利用,以及围绕沙洲的淤涨坍消而出现的利害关系等一系列问题,再次与人们的社会经济生活密切联系起来,人们对河流江心沙洲的淤涨坍消变化也就有了细致认真的观察,对其水文力学原理也就有了进一步的认识和阐述。

(一) 对沙洲淤涨现象的观察和描述

就笔者所见,将河流江心中淤出的沙洲开垦为沙田最早出现在宋代。这也是情理之中的事,唐中叶安史之乱及其后的黄巢农民军起义、两宋之际的靖康之难都引发了大规模的北方人口南下,中原北人大量南迁,分布在江淮间的密度尤大。两宋以来,人口逐渐增长,大量北来移民更加速了对南方地区的开发,人口对土地的压力也就相对加大,人们开始将目光投注于江中沙洲,对其开垦利用。南宋时围绕着是否应对江中沙田征税一事,在君相臣下间引起了不同的意见和争议。此事当时影响颇大,在《建炎杂记》、《宋史·食货志》以及一些文集中都有相关记载。以近臣梁俊彦为首的一派向皇帝建言,他们认为各地沙田芦场颇为可观,应该予以征税,可以添助军饷。宋孝宗"乃诏淮东西绍颂、张津、杨俊同三路漕臣措置,而俊彦总制之",其时当政的臣相叶颙虽"深不以谓然,而弗能止也"①。宋孝宗问臣相叶颙的意见时,叶颙奏以"沙田乃江滨地,田随沙涨,而出没不常"而请罢征②。叶颙因担心民心不稳,引起变乱,便背后斥责近臣梁俊彦之举。

我们透过叶颙"田随沙涨,而出没无常"这句话可约略看出时人对沙洲演变的观察与认识。元代王祯《农书》中有关于"沙田"的阐述及其对宋代沙田应征税与否的这段争议的记载,而这段文字则更明显地

---

① 《都下马料(淮浙江东沙田芦场本末)》,《建炎杂记》甲集卷十五。
② 《宋史》卷三百八十四《叶颙传》,《宋史·食货志》卷一百七十三、宋罗大经《鹤林玉露》卷十六对此也有相关记载。

体现了当时人对沙洲淤涨坍消及其水文力学原理的理解:

> 沙田,南方江淮间沙淤之田也。或滨大江,或峙中洲,四围芦苇骈密,以护堤岸。其地常润泽,可保丰熟。……旧所谓坍江之田,废复不常,故亩无常数,税无定额,正谓此也。宋乾道年间,梁俊彦请税沙田,以助军饷,既旋行矣,时相叶颙奏曰:"沙田者乃江滨出没之地,水激于东,则沙涨于西;水激于西,则沙复涨于东。百姓随沙涨之东西而田焉,是未可以为常也。"

这里对"沙田"有着明确的定义,指的是南方江淮地区泥沙堆淤而成的田,有的是江滨沙地之田,有的是峙立于江心沙洲中之田。据此可知,至迟在宋代乾道年间以前,人们对这一现象已有相当明确的认识,即所引之"水激于东,则沙涨于西;水激于西,则沙复涨于东"等句所揭。也就是说,水流冲激东岸,则西岸淤涨出沙洲;水流冲激西岸,则东岸又涨出沙洲;并如此往来反复更替。这就说明,人们已正确认识到水流对岸线的冲刷作用及水中所含泥沙对岸线的堆积作用。

(二)对沙洲淤消演替原理的阐述

时至明代,人们不仅关注到沙洲淤涨坍消这一现象,而且对这一现象从原理上进行了解释,我们且看明代前期当时人的言论:

> 尚书戴金云,洲聚于沙,而沙抟于水也。汉晋以前(指鹦鹉洲,笔者按)横亘于鄂尾,接鹤楼。下逮国初,徙于汉滨。每经世复有消长,革而复营。或逆为汜,别为沱。随时异状,若神物然而隐其机也。……湍急无回势,沙河逐水生。正平才赡赋,鹦鹉遂留名。岁时累千百,抟沙亦几更。人为正平惜,我为沙渚惊。东倾西复涨,翻覆谁经营。洲更名不易……①

据此可知,明代人已指出沙洲的形成是由于"洲聚于沙,而沙抟于水也",也就是水流回旋导致所携带的泥沙沉积下来聚而成洲的。这里的"抟"字字形显为"扌"旁而非"车"旁,但后期所修各方志经转录传

---

① 嘉靖《汉阳府志》卷二《方域志》。

抄后几乎全误为"车"旁，即写成了"转"字，这样就完全误解了当时人对沙洲形成原理的认识。由此可见，在利用方志史料时要特别注意查寻其原始出处。此外，也可见在进行文史考据时，文字校勘的重要性。对于今武汉段江面当时的沙洲变迁，论者指出沙洲在南北两岸多回合交替出现及消亡、长江主泓道南北摆动的现象，即所引之"每经世复有消长，革而复营。或逆为氿，别为沱"等句所揭；时人颇惊异感慨于此洲沙沧桑之变迁，即所引之"岁时累千百，拚沙亦几更。人为正平惜，我为沙渚惊"等句所揭；更为重要的是，他指出沙洲虽已历经无数次变迁，而洲名却仍因袭旧名而称鹦鹉的现象。这也就是我们今天要讨论历史时期这些沙洲的演变增加了很大难度的重要原因之一。

三、运用水文力学原理对沙洲演变进行人工干预

明代人不仅对沙洲淤涨坍消演变的原理进行了阐述，而且已开始运用这一原理人为干预洲港的演变，以使其向自己所希望的方向或者说对自己有利的方向转变。当然，这种转变有时候对某一方来说有利，但对另一方来说却可能是不利的。也正因为这样，往往导致利益双方的矛盾冲突。这也同样说明人类科技史离不开人类自身的社会经济生活，科技的发展是与人们对自然环境的观察、认识和利用相伴而生的。

（一）运用沙洲淤消原理人为干预洲港的演变

运用沙洲淤消水文力学原理人为干预洲港的演变，最明显的例证莫过于"陈公套"的出现和沌口沙洲的形成。首先，我们来看看武昌府的"陈公套"是如何在这一思想指导下成功出炉的：

> 弘治辛酉（1501），武昌知府莆田陈公晦有巧思于所属管家套，以小舟数百，载铁器沉水中，并渡，急棹犯其高，沙随水去。一夕，套口遂深阔。乃号令汉阳商人，使移舟套中，更其名曰陈

公套。①

据此段可知,"陈公套"原名"管家套","陈公套"的出现是武昌与汉阳两府之间为争夺深水港以利于自己的经济发展,而以人力干预改变江流动力特性,从而改造沙洲和港口形态的实例。具体而言,就是很有头脑的武昌知府陈晦想出了一个奇妙的招数,即用数百条小船绑载铁器沉入水中,然后鼓棹驾驶这些小船在管家套上一并急速地行驶。这样洲沙就被运行中的铁器掀起,并被水流带走。这其实类似于今天的一些河港疏浚工程,也就是当河港被泥沙淤浅时要进行定期疏浚、浚深,保持处于深水航道和深水港的状态。这样,大吨位的船舶才能进入和停泊。也只有这样,港口才能保持高级别的贸易港地位。"陈公套"的出炉就是一个人为改造洲港形态以利于在近本府水域形成深水良港,借此招徕商贾,形成繁荣商业区以利于本府的经济发展的突出实例。正因为知府陈晦对该府经济发展作出了贡献,武昌府原名管家套的港套便改名叫"陈公套"以感其恩。

由原管家套改造为"陈公套"乃疏削沙洲、浚深港口的行为。除此之外,对于沙洲演变原理的认识和应用,同时还表现为人为促使或加速沙洲的形成。明末沌口沙洲的形成和扩大就是最好的例证,让我们来看看这一人为造洲的过程:

> 崇祯之末左帅良玉驻军武昌,以沌水为荆沔下流,恐贼舟乘间而至,乃用巨舰二只载以铁石沉之沌口。未几,果然成小洲,直塞江沌之间,二十年来,且广数十丈矣。②

这是说在明崇祯末年,官军将帅左良玉在武昌驻军,考虑到沌水处于荆洲、沔阳下游,担心农民军的船舰乘间隙从上游顺流而下造成威胁,于是用两艘巨大的船舰装载大量的铁器石头使船舰连同铁石一起沉入沌河入江口的江底。没过多久,果然淤出一个小沙洲。这个小沙洲正好充塞在江中沌水入江口这个位置。而在沙洲出水后的二十

---

① 嘉靖《汉阳府志》卷二《方域志》。
② 乾隆十三年《汉阳县志》卷五《山川》。

多年间,洲体更进一步堆淤,洲形规模已不断扩大,洲头至洲尾已长达数十丈。

(二)运用水文力学原理对洲沙淤消进行人工干预的理论总结

时至清乾隆中,更有人进一步明确阐述沙洲的淤涨坍消可以以人工干预的道理,将对这一问题的认识上升到理论总结的高度。且看其论:

> 凡江中洲渚多由浮沙旋拥以成,而沙之所以旋拥者,必有巨石重器兀然抵柱其间。水性湍逆,沙滓附着,顷刻而起。又江流趋下,或时自岸东倒西,则西岸之土东拥成洲;或时自岸西扫东,则东岸之沙西淤成套。虽天工所在,实可以人力为也。崇祯之末左帅良玉驻军武昌……二十年来,(洲)且广数十丈矣。①

论者进一步阐述了沙洲形成的原理,即"凡江中洲渚多由浮沙旋拥以成。而沙之所以旋拥者,必有巨石重器兀然抵柱其间。水性湍逆,沙滓附着,顷刻而起"一句所揭。这就是说,江中的沙洲都是由于江水回旋,水中所携带的悬浮泥沙沉积下来拥聚而成的。而江流之所以回旋导致泥沙拥聚,则是因为前方有巨大的岩石或重器兀然挺立而不能畅流而下,江流因而回转打圈,水速减慢,携沙能力下降,水中泥沙因而沉积下来,久而久之,聚集成洲。论者较以前更详细地阐述了江流主泓道可以东西摆动,并且摆动时在东西凸凹两岸交替出现泥沙淤积和侵蚀这一原理,此即"江流趋下,或时自岸东倒西,则西岸之土东拥成洲;或时自岸西扫东,则东岸之沙西淤成套"一句所揭。也就是说,江流主泓自东岸摆向西岸时,就冲蚀西岸岸线,将岸上的泥土带入水中,然后在东岸拥聚成洲;当江流主泓自西岸扫向东岸时,则将东岸岸线上的泥土冲刷入水中,然后在西岸拥聚成洲。论者明确提出沙洲的演变"虽天工所在,实可以人力为也"的观点,也就是说,可以以人力干预沙洲的演变。为了证明自己的观点,论者列举了前述明末崇祯年间左良玉人工促成沌口沙洲形成的实例。

---

① 乾隆十三年《汉阳县志》卷五《山川》。

四、对江流洲沙与两岸岸线间水文力学关系的认识与应用

长江主泓道的南北摆动取决于上游、下游段的河床形态所决定的江流动力，同时也受汉水入江的河床形态影响，汉水下游的改道并直接影响到沙洲的变迁。如明代成化年间汉水下游的改道，即在郭师口与排沙口之间的截弯取直，使得汉水下游入江河段较前大为顺直，流速加快，对江中沙洲可能有冲刷作用。

随着长江主泓道的南北摆动，造成江流水文动力特性的改变，致使武汉南北江岸呈现坍刷与堆淤两种现象交替出现的变迁过程。而南北江岸岸外有无沙洲护岸直接关系到武昌、汉阳二府府城城垣的安全与否。

如汉阳府境，"大江东北流，环境二百里，去城仅咫尺。诗云，滔滔江汉，南国之纪。言纪夫南国也，囊江岸有刘公洲障之，去水略远。百年以来，洲既沦没，岸亦崩洗。城郭剥肤，势且不测"①；武昌府江夏县境，大江"逼绕会城，旧恃金沙洲障之。迩来洲徙，水泛横流，直冲江岸，侵啮城址，岸石崩弛"②；"而聚洼之处，（汉阳府）城根半在水中，向赖城南之鹦鹉洲以为外障。今洲已湮没，外无捍御。江水直洗堤脚"③。

据上可知，汉阳府南纪门一带城垣恃刘公洲以护岸可保无虞，随着刘公洲的逐渐坍没无存，该处城垣也日益告警，后随着新淤沙洲的出水成陆，有关城垣告警的记载又渐消弭，而隔江对岸的武昌府城则开始告急。类似事例不胜枚举，如此不断反复。

上述时人对洲沙淤消水文力学原理的理论总结，其目的就在于通过阐述该原理，并以明末左良玉人工促成沌口沙洲形成一事为实例，建议再造新刘公洲为屏蔽，以保护汉阳府府城东南城址不受江水冲洗

---

① 乾隆十三年《汉阳县志》卷五《山川》。
② 万历《湖广总志》卷三十二《水利志一》。
③ 乾隆十三年《汉阳县志》卷五《山川》。

侵蚀,其论如下:

> 按如秦志之言,则此洲(指刘公洲)直跨府城东南,捍江涛而聚贾舶,为利久远。乃今南纪、朝宗两门之外,不盈寻丈,即涉长江。昔人之荻苇繁茂、夹沙缠护者,今且化为洪波浩流矣。止有小碛微见于隆冬水涸之时,雪消冰泮即已渺然无迹,安足恃哉。江岸洗啮,剥城及址。往日之忧在输养,今日之忧在郡邑。虽复汲汲以修理江岸为要务,而其势其害终无已也。为今计者,在此洲之复淤而已。洲若复淤,则江流必杀折而东注,江岸可以无吞陷之虞。且十年之间可仍如刘公旧迹矣。然议者谓,大江之中,安能令此洲自无而有,自小而大?则复淤之说甚妄。不知事理有最易者。凡江中洲渚多由浮沙旋拥以成……虽天工所在,实可以人力为也。崇祯之末左帅良玉驻军武昌……二十年来,(洲)且广数十丈矣。夫沌之入江,水性迅逼,然且沙泥附物,而淤成小渚。况此洲尚有遗址,施工更易。若能于水涸之后,堆积铁石,委以败舰于遗址之上。一则捍水东去,一则积塞泥沙。不四五年,洲可如故也。洲既渐大,江水之在城南者势必弱小,江岸可渐以阔,而城隍可渐以固。渔薪之利又其小者矣。夫言之非难,创始为难。悠悠籍籍,总少成功。舍此不图,而云力修江岸、急固城隍,亦岁计耳。安能永保无虞哉?①

在这里,论者认识到近岸之沙洲对沿岸岸线及城垣有屏蔽护岸作用,即"洲若复淤,则江流必杀折而东注,江岸可以无吞陷之虞"一句所揭。实际上就是说近岸形成沙洲后,主泓道就会摆向对岸,于是己岸成淤涨之势而对岸成侵蚀之势。针对有人提出的"大江之中安能令此洲自无而有,自小而大",认为让沙洲再次淤出来的想法"甚妄"的观点,论者进一步阐述了沙洲形成的原理,此已如上述。为了说明再造刘公洲的可行性,论者并将沌口沙洲与刘公洲二处的水文动力特性作了对比。他认为,在沌水入江处水流非常湍急,在左良玉采取措施人

---

① 乾隆十三年《汉阳县志》卷五《山川》。

为干预下,尚且可以淤出沌口沙洲;何况刘公洲处尚有遗址可寻,进行人为干预的话,施工应该更容易。

近岸如淤出沙洲并壮大后,岸线往外淤涨延伸,城垣也就远离江岸,不会遭到江流掏蚀冲刷,自然牢固了。"洲既渐大,江水之在城南者势必弱小,江岸可渐以阔,而城隍可渐以固",这一句进一步说明了这一点。总结人工干预促使沙洲形成并壮大的经验,驳斥无知人士认为大江中的沙洲演变非人力所能干预的观点,指出与其花费大量人力物力去急着维修沿江堤岸和巩固城垣,不如人为干预使刘公洲再次淤涨壮大以护岸。

这些都说明了当时人对江流水文动力特性的科学认识,即江流对凸凹两岸的不同的淤积作用和刷蚀作用。具体而言,就是江流对江岸凹岸岸线城垣的刷蚀作用,以及凸岸岸线外沙洲对沿岸城垣的屏蔽护岸作用。

五、小结及余论

综上所述,先秦时期出现河曲地貌述称"濦"、"汭"等语词,宋以后至明清时期的文献中又出现大量关于河流地貌的记述及其河流水文力学原理的阐述,究其原因,这些都说明科技的发展是与人们对自然环境的观察、认识和利用相伴而生的,人类科技史离不开其自身的社会经济生活,而不是在脱离实际生活的情形下玄思冥想的结果。古人对河流江心中沙洲的淤涨坍消现象及其水文力学原理这一问题的认识,大致经历了从对沙洲淤涨现象的观察和描述,到进一步阐述沙洲淤消演替原理,再到运用沙洲淤消演替原理人为干预沙洲的演变,并对其进行经验总结与理论提升,这样一个发展过程。

科技史应该如何书写,怎样才能尽可能真实地反映历史时期科技的发展,这由多个方面所决定,如历史时期有文献记载与否,历史时期文献的保存和流传程度如何,以及我们对历史文献的掌握程度又怎样等。前面两个方面是今天的我们无论如何努力也已经无法改变的了,但最后一个方面则是可以通过我们的努力而有所提高的。随着新材料的发现或发掘，原有的科技史都有可能随时被改写。这不仅在我国，在西方可能也同样是如此。一般来说，古人对相关问题的科学认识、古代科技发展所达到的水平等，往往会因为新材料的发现或发掘而将其年代前推到更早些的时候，有时候甚至是大大提前。因此，我们探究和书写科技史一般不宜轻易下断语，而只能说是根据已有材料暂可得出怎样的结论。

明代所修"三峡工程":川江石坝介绍
——基于《川江石坝志略》的讨论

尹玲玲

一、问题的缘起

对于三峡水利,以往的研究较多地关注新中国成立后三峡工程的酝酿与实施,从其最初的论证,到后来工程的启动,再到工程的每一步进展。关于三峡工程的利弊,在其最初进行工程论证时,曾有过非常热烈的讨论。从其正面效应来说,一方面可以遏水防洪,几乎可以一劳永逸地解决两湖平原洪涝灾害频发的问题;另一方面,该工程又可以提供巨大的水电能源,在相当大程度上缓解我国能源紧缺的压力。这里毋庸赘言。

事实上,对于前者,这一水利思想并非今人的专利,古人早就认识到了这一点。也就是说,在三峡上建坝遏水防洪的思想古已有之,并且多次付诸过实施。有的还曾经达到相当的数量和规模。然而,对于历史上的三峡水利思想与水利工程,则很少有人涉及,更遑论进行专门的研究和讨论。民国时期曾经规划设计兴建三峡工程,有学者写过专文进行介绍①。笔者曾在《明代湖广地区重要水利史料——万历〈湖广总志·水利志〉简介》一文中引录介绍过《川江石坝志略》,指出明代

---

① 智效民《半途而废的民国三峡工程》,《文史博览》2005年第3期。

年间曾在三峡地区兴修过石坝工程①。不知是由于论文本身过于稚拙，还是主题过于冷僻，或者书刊读者面太窄，又或者学术界对这一问题并不敏感，总之，该文并未引起对历史时期的三峡水利思想和水利工程的相关讨论。

当前，三峡工程正在如火如荼、紧张有序地进行施工。笔者认为，为使我们更好地认识水利科技史，总结有关经验，有必要对历史时期的三峡水利思想与水利工程作一次很好的清理，进行认真的研究，这同时也是对这一水利思想的继承与进一步发扬。正如笔者上述拙文所论，万历《湖广总志·水利志》中附有几篇重要的奏疏、题志，这些奏疏、题志中保存了大量极为宝贵且详细具体的原始材料。其中一篇题为《川江石坝志略》，记载了明代年间在三峡地区巴东、归州、夷陵（即今宜昌）三地修建的二十来座石坝。笔者曾花大力气遍查这些地区的方志，包括这之后纂修的《巴东县志》、《归州志》、《夷陵州志》、《荆州府志》、《宜昌府志》、《恩施府志》、《湖广总志》、《湖广通志》、《湖北通志》等，希望能找到更多的、详细具体的记载，但令人遗憾的是，我的这些努力并没有得到更大的收获。本文只能基于《川江石坝志略》一文对明代年间兴修的"三峡工程"——川江石坝，作一简要介绍，主要是就石坝的修建背景、石坝工程的设计者、石坝的分布、规模及其效应等方面加以介绍。

二、川江石坝的修建背景

《川江石坝志略》开篇即云："楚自（嘉靖）庚申（1560）以来，川、汉二水每遇夏秋，辄交涨泛滥于荆、承、潜、沔、武、汉之间沃壤数千里悉成巨浸。"我们可通过当时其他文献的大量相关记载得知两湖平原上洪灾频发的情况及其原因。

---

① 尹玲玲《明代湖广地区重要水利史料——万历〈湖广总志·水利志〉简介》，《历史地理》第16期，上海人民出版社，2000年。

(一) 两湖平原洪灾频发及其原因

元代末年,湖广一带遭兵燹蹂躏,人口大减。明朝建立以后,战乱基本平息,经济复苏发展,人口亦相应渐增,人口对土地的压力加大。有相关文献为证:"今日生齿渐盛,耕牧渐繁,湖渚渐平,枝河渐湮,穴口故道皆为廛舍畎亩。"①不仅肥沃的淤地被垦、冬涸夏涝的湖地被围,乃至"深山穷谷、石陵沙阜莫不芟辟耕耨",然而盲目开垦所造成的恶劣影响则是令人触目惊心的:"地脉既疏,则沙砾易崩,故每雨则山谷泥沙尽入江流,而江身之浅涩、诸湖之湮平职此故也。"②两湖平原上每次洪水过后,都会有大量泥沙在此堆积,使河湖水系淤浅、淤废而成陆。

明初至成化以前,江汉平原上人均耕地尚较为宽广,况圩垸较少,河湖较深,即使发洪水,未为大害。成化至弘治间,江汉平原上的大小湖泊尚未全面淤浅而较深广,蓄洪、泄洪能力较强,故水患即使为害,尚不频繁。但发展至正德末季以后,大小湖泊经成化、弘治间多次洪水淤沙堆积,湖底高程增高,蓄洪、泄洪能力明显减弱,"湖河淤浅,水道闭塞"③,故正德末以后水患越来越频繁,为害也越来越严重。沔阳州"自正德十一、二年(1516、1517),大水泛溢南北,江襄大堤冲崩,湖河淤浅,水道闭塞,院垡倒塌,田地荒芜。即今十数年来,水患无岁无之"④。沔阳州境内的湖泊自成化弘治以来,因"汉淤江溢,湖水停注,积滓所澄……由是湖平强半矣。今(嘉靖末年)……水患日盛"⑤。沔湖为江汉诸水所汇,潴于太白湖,泄于沌口,明前期尚广袤二百余里的太白湖"岁自正德末季,经四十年,浊流成漳,趋下如涠,深薮渐涨为平陆,故时人戴金有"沟渠时互换,川陆易高深……桑田沧海变,往事复而今"之叹⑥。新淤出的湖地肥沃而易耕垦,故富豪侵占围垦严重,这

---

① 万历《湖广总志》卷三十三"开穴口总考略"。《四库全书存目丛书》本。以下同。
② 万历《湖广总志》卷三十三"修筑堤防总考略"。
③ 嘉靖《沔阳州志》卷八《河防》,《明天一阁方志选刊》本。以下同。
④ 嘉靖《沔阳州志》卷八《河防》。
⑤ 〔明〕陈全之《蓬窗日录》寰宇卷之一。
⑥ 嘉靖《汉阳府志》卷二《山川》,《明天一阁方志选刊》本。以下同。

就又加速了水患严重、湖泊淤浅的进程。荆州府"自嘉靖年间富豪侵占湖地,私图己利",陆续筑塞通往各湖的小河口、丁家河、泗港口、张接港、黑流渡、渔泛口、潭子口等穴口,以致"嘉靖三十九年至今,堤塍无岁不决"①。愈益频繁的水灾势必造成更多的泥沙堆积,湖泊进一步淤浅,由此而形成恶性循环。

洞庭湖平原华容、安乡一带,在宋元以前尚为水乡泽国,没有什么居民聚落,"楚邑华容,昔称水国。五渚萦墟,九江汇泽。邑西教里,届于水滨。宋元而上,绝无居人"②。明嘉靖、隆庆以后,随着江汉平原渐被淤填,地势高于江南之洞庭地区,依水流就下之势,荆江向南分流。虎渡、调弦二口分流所挟之泥沙大量淤积其地,长期淤填的结果,水下三角洲渐出水成陆,正统年间共筑堤为四十八垸;隆庆年间已有百余区垸,其中安津、蔡田、官垸面积最广,延袤均达十余里,小者田亦达百亩;至万历年间,官垸、涛湖、安津、蔡田四垸已发展至各周回达四十余里③。嘉靖、隆庆以前,荆江北岸统一大堤尚未形成,荆江洪水决堤多在北岸之江汉平原。随着嘉隆间荆江北岸统一大堤的连成,虎渡、调弦二口向南分流,泥沙随之向江南的洞庭湖平原转移,其境内的水灾即渐趋增多。如岳州府华容、安乡境内"正德、嘉靖间防始损,而补葺无方,寻致今日。修之者屡屡,成功则微。隆庆以来,长江、大湖每至秋而混合之矣"④。

嘉靖庚申三十九年(1560),长江流域发生特大洪水,川江、汉江、九江同时涨水,"三江水汜异常,沿江诸郡县荡没殆尽,旧堤防存者十无一二"⑤;被灾区域广覆两湖平原的荆州、承天、汉阳、常德、岳州各府境。且自此之后,两湖平原每到夏秋季节川汉同时涨水,辄无宁日。这就是前述《川江石坝志略》中所记"楚自庚申以来"云云所指。

---

① 万历《湖广总志》卷三十三"附开复荆承二府属穴口疏"。
② 隆庆《岳州府志》卷十二《水利考》。《明天一阁方志选刊》本。以下同。
③ 万历《湖广总志》卷三十三"华容县堤考略"。
④ 隆庆《岳州府志》卷十二《水利考》。
⑤ 万历《湖广总志》卷三十三"三江总会堤防考略"。

(二) 两湖百姓所临之局面及其期盼

《川江石坝志略》又记曰,撰者陈瑞于"乙亥(1575)秋,得拜抚绥","首檄司道谘访川汉水源,有谓下流壅滞所致,有谓天时气运使然,有谓汉水不足虞,惟川水骤会,斯为患也"。陈瑞新任伊始,即首先发下檄文,令各有司前往地方咨询采访对长江汉水水情的意见和看法,有的说是因为下游壅塞淤滞导致洪水,有的说乃由于气候本身反常而引发洪水,有的说汉水本不用担心,只是在江水洪峰也突然会合时,才会暴发特大洪灾。

事实约略如此,两湖平原上的洪涝灾害,有时是荆江洪水为患,有时是汉水洪峰为虐,有时是洞庭九江流域水发,有时则可能荆江、汉水、九江洪峰同涨。如果其中仅某一流域暴发洪水,受灾面积就较小,可能只在一州一府,受灾程度也有限;如果是两个流域或三江同时涨水,则受灾范围很广,被灾情况也会严重得多。嘉靖三十九年特大洪水,荆州府夹岸南北凡六县,北岸则江陵、监利,堤凡四万九千余丈,南岸则枝江、松滋、公安、石首,堤凡五万四千余丈,"洪水决堤,无虑数十处,而极为要害者,枝江之百里洲,松滋之朝英口,江陵之虎渡、黄潭镇、公安之摇头铺、艾家堰,石首之藕池诸堤,冲塌深广"。江陵县更是"一遭巨浸,各堤防荡洗殆尽",承天府潜江县"诸堤半决而枝河更多湮塞",汉阳府汉川县因"汉水大溢,各垸堤俱溃"①。洞庭湖平原洪灾暴发时,水患最为严重的为常德、岳阳二府。常德府境嘉靖元年大水始决堤防,"十二年江涨,几破城垣;三十九年以来岁遭淹没"。常德府境又以郡治与武陵(今常德)、龙阳(今汉寿)二县境受灾最多,尤其以槐花、花猫、南湖、皂角、宿郎堰、大围等处堤防最为紧要,洪水一涨,最易冲决。岳州府境常受水灾之苦的有郡城及安乡、华容、巴陵、临湘四县。其府城西岳阳楼一带正临洞庭湖,春夏水涨,波涛撼城。明初,城渐退缩,后"移城于冈阜,至嘉靖三十九年以后,冈阜半摧而悬城孤危,

---

① 万历《湖广总志》卷三十三"荆州府堤考略"、"江陵县堤考略"、"潜江县堤考略"、"汉川县堤考略"。

岳阳楼亦将颓塌"。其属县安乡、华容、巴陵、临湘等也都常苦水患,但就堤防修筑来看,"安乡四面皆水,势难设堤;临湘半依山城,犹可捍御;巴陵堤防只在江北诸里;惟华容四十八垸之堤最为要害"。嘉靖三十九年长江流域特大洪水时,华容县四十八垸"诸垸堤尽溃";巴陵县永济、固城垸"诸堤俱决"①。岳州百姓"所幸迩年江陵诸堤悉溃,江水散流潜、沔。嘉靖庚申,枝江堤决,水由黄山、鹿湖即漫流邑之西鄙,故邑河势杀,不然几何弗以城市为瀛渤也"②。

嘉靖四十五年汉江流域发生大水灾,郧阳、襄阳、承天等府均受灾,郧阳府东南门外土堤被冲决,"城半崩塌,民多漂没";襄阳府"洪水四溢,郡治及各州县城俱溃,民漂流以数万计。郡西老龙堤一决,直冲城南而东,故郡治之患为尤甚";承天府"属邑大半滨江,而受害甚者,北岸则钟祥、京山、景陵之红庙,南岸则荆门、潜江、沔阳之沙洋也"③。

《川江石坝志略》记及两湖平原百姓所临之局面云:"虽筑堤浚冗,岁费不下万金,竟委之泥沙。民穷乎版筑无休,复不免于漂溺流移者十之六七。"两湖平原在嘉靖三十九年以后,年年都得修筑堤防,疏浚河道,每年在堤防修筑上耗费的资金不下万金,而每年所筑之堤防却仍然不免于被洪水冲决的命运。堤防修筑所投入的资金,竟然都付之于泥沙,并没有收到很好的成效,堤防防洪效果有限。老百姓因无休止的年年修堤而日益穷困,绝大部分却仍然无法避免遭受洪灾漂溺,并不得不因此而流离迁徙的命运。《川江石坝志略》的作者陈瑞曾于丙子(1576)春在两湖平原荆州府、岳州府等各地进行实地踏勘采访,"顾所过皆悉惨景象,田地鞠莱者过半,庐舍坟冢多成故墟,至有百里无人烟者"。这其中的描述或有夸张之处,但两湖平原洪涝灾害频繁暴发,并给两湖百姓带来了巨大的生命财产损失则是不争的事实。面对前来地方基层问民疾苦的一方父母官,"父老率遮道泣告曰:'民罹

---

① 万历《湖广总志》卷三十三"常德府堤考略"、"岳州府堤考略"、"华容县堤考略"、"巴陵县堤考略"。

② 隆庆《岳州府志》卷十二《水利考》。

③ 万历《湖广总志》卷三十三"郧阳府堤考略"、"襄阳府堤考略""承天府堤考略"。

漂溺十七载于兹,愿急有以救之。不然,皆无以自存矣。'"父老乡亲们都云集于道路向父母官哭诉他们所面临的悲惨局面,从嘉靖三十九年以来的十七年里几乎年年不免于被漂洗淹溺之苦。透过这些文字,我们似乎目睹聆听了两湖百姓在面临如此惨局时所发出的悲叹。笔者想要强调并提醒读者注意的无非是其中至关重要的一句话:"愿急有以救之。"这短短六个字既寄托了两湖百姓对一方父母官的急切呼声和殷殷期盼,也点明了川江石坝的修建背景。

三、关于陈瑞:川江石坝工程的总设计师

在介绍川江石坝之前,笔者认为有必要对《川江石坝志略》的作者,同时也是川江石坝工程的总设计师作一详细介绍。他是一个什么样的人?他有怎样的仕宦经历?他的官声宦绩如何?尤其重要的是,他对于两湖地区及至三峡是否切实了解?他都有些什么样的水利思想?以下一一介绍。

(一)仕宦经历与官声宦绩

陈瑞,字文峰,福建长乐人,嘉靖癸丑三十二年(1553)进士,官至两广总督、兵部尚书①。陈瑞曾先后在山西、山东、河南、湖广等地为官,担任过山东巡盐监察御史②、河南右参政③、湖广提刑按察使、左参政、左布政使④、山西督学道⑤。《川江石坝志略》乃是其任"巡抚湖广赞理军务都御史"⑥时所撰,所以万历《湖广总志·水利志》录载时题为"都御史长乐陈瑞《川江石坝志略》"⑦。总的来说,陈瑞在湖广一带任

---

① 雍正《福建通志》卷三十六《选举志》、王世贞《弇山堂别集》卷五十《兵部尚书表》、卷六十四《总督两广军务年表》,《四库全书》本。以下同。
② 雍正《山东通志》卷二十五之一《职官志》,《四库全书》本。
③ 雍正《河南通志》卷三十一《职官二》,《四库全书》本。
④ 雍正《湖广通志》卷二十八《职官志》,《四库全书》本。以下同。
⑤ 雍正《山西通志》卷八十五《名宦三》,《四库全书》本。以下同。
⑥ 雍正《湖广通志》卷二十八《职官志》。
⑦ 万历《湖广总志》卷三十一《水利志一》,《四库全书存目丛书》本,齐鲁书社。

官的时间最长,主要是在万历时期,他在湖广的经历也最丰富,历任湖广提按使、左参政、左布政、巡抚、总督等,可谓熟谙湖广故事。

陈瑞在各地为官时,其官声均颇好,有的地方甚至立有祠庙报祀其功德,文献中不乏论及其官声宦绩的相关记载,可谓宦绩突出,且看他在各地做官时为地方所作的贡献。

陈瑞在嘉靖三十二年中进士后任山西督学道,"宏才博学,以兴起斯文为任"。其时,有敌入寇,抚军不驻,藩臬也相继出疆,只有陈瑞与驿传道郭斗下死力督率守城。论者认为,陈瑞以文学臣而担任守城之责,实属难能可贵,故与巡抚万恭、驿传道郭斗同列于三功祠中受祀。①

武昌府城内凤凰山上的贡院,原来的号舍皆为板屋,"万历元年布政使施尧臣、陈瑞易以砖石,上覆以瓦"②。万历二年、三年陈瑞任湖广左布政时,又与佥事刘自存同巡抚赵贤详细商议,分檄江夏县知县李有朋、蒲圻县知县胡其高凿石筑城③。武昌府城汉阳渡原为民渡,江面宽阔,江流水险,轻舟一遇风涛则多危险,"明万历间,布政陈瑞置巨艘八只,将江夏县岁编操船水手十二名改募渡夫,领之"④。万历"六年七月,湖广巡抚陈瑞条上钱法四事。……庶解运易而脚价可省。皆报可"⑤。万历十年倭寇进犯广东,其"为蜑贼梁本豪勾引,势尤猖獗,总督陈瑞集众军击之,斩首千六百余级,沉其船百余艘,本豪亦授首。帝为告谢郊庙,宣捷受贺"⑥。可谓不一而足。

(二)忧民疾苦,实地踏访

透过以上这些文献材料,不难看出陈瑞在各地为官时良好的官声宦绩,可谓一桩桩、一件件都是为民办实事的结果。惟其如此,我们也就不难理解其忧民疾苦之用心了。且看他在湖广为官时在两湖地区问民疾苦,并前往各地进行实地踏勘采访之举:

---

① 雍正《山西通志》卷八十五《名宦三》、《山西通志》卷一百六十四《祠庙一》。
② 雍正《湖广通志》卷二十二。
③ 雍正《湖广通志》卷十五。
④ 雍正《湖广通志》卷十三。
⑤ 《续文献通考》卷十一,《四库全书》本。以下同。
⑥ 《续文献通考》卷二百三十七。

楚自庚申以来……余自入是时,目击民艰,亟思有以拯之。乙亥(1575)秋,得拜抚绥新命。首檄司道谘访川、汉水源……于丙子(1576)春,问俗荆、岳各属,通历夷、归,溯流穷源。顾所过皆悉惨景象……父老率遮道泣告曰……余相对亦泣下,再四抚谕而去。寻揭榜招抚流移,令所司给以牛种,宽其逋负,蠲其赋役,发仓粟千石分赈之,于是民稍稍集。一夕,宿夷陵署中……翌日,询诸父老,云西去二百里即三峡。……即日……偕巡道马宪副、署州辛、蔡二守彻驱从,操小舟冒险穿峡……是夕,宿于舟中……平明放舟顺流而东,回视三峡,不啻天上。

如前所述,两湖地区从嘉靖三十九年以来洪灾频发,百姓饱受水患之苦。自从来到湖广为官,陈瑞日日目睹百姓生活之艰难,一直努力思索,急待能想出良策以拯救黎民百姓。万历乙亥年秋天,陈瑞新任兵部左都御史兼湖广总督,第二年春天即下到基层荆州府、岳州府等各地前往咨询采访,并溯流而上,直到三峡夷陵(即今宜昌)、归州一带,在上源实地考察江流水情。见沿途所过州县均因饱受水灾之患而呈田土荒芜的景象,听百姓云集于道的哭诉与深切期盼,忧民疾苦的陈瑞不免潸然泪下,对百姓民众再三安抚宣谕以后才离去。有鉴于此,陈瑞遂即张榜告示招徕安抚流民百姓,命令有司采取一系列具体而实际的优惠政策和措施招集和安定百姓,如派给耕牛,分发谷种,宽限其拖欠的应缴税款负担,蠲免其赋税徭役,并开仓发粟米千石以赈济灾民。经过这番努力,才有部分百姓聚集起来从事耕垦。陈瑞偕同分巡道官员及夷陵州知州等,并带领一批手下,乘一叶小舟,冒险溯流穿越三峡。第二天又沿三峡放舟顺流东下,如此上下实地考察三峡地区水路水情。

(三) 水利思想

陈瑞怎么会产生建造川江石坝这样的想法?作为川江石坝工程的总设计师,他是如何看待三峡地区的水利问题的?对于将要建造的三峡石坝与下游两湖平原之间的利害关系,他又是怎样认识的呢?《川江石坝志略》记曰:

……平明放舟顺流而东。回视三峡,不啻天上。噫,水涨时势若建瓴,一无停滞,瞬息千里。其冲激溃决,弥漫江浒,何怪其然。及环视,沿江两岸多积石,且横有石梁插入江中者。余反复思维,乃翻然曰:"嘻,神之所示,其在斯乎。"夫治水之策二:在杀其源,疏其委。今源委既远,难于为力。若于上流少加阻遏,以缓水势,使下流以渐而通,是亦治水之一策也。况岸有积石及天生石梁,因以垒石坝数十座,或者可挽狂澜万一。谋之道府,金曰可。

上文清晰地记载了他在三峡实地踏勘考察时,在三峡本身地形的启发下,这一具有创新意义的大胆设想从萌发到成熟的过程。陈瑞在乘小舟冒险穿越三峡溯流而上后,次日又乘舟顺流东下,对峡江地区因坡降很大而造成的急湍奔流感受至深。"势若建瓴"即言其坡降之陡,"一无停滞,瞬息迁里"即言流速之快,"冲激溃决,弥漫江浒"即言其水势之险。一开始,陈瑞面对峡江中如此汹涌澎湃的水势,只慨叹曰:"何怪其然?"放舟东下的同时,他也在仔细观察沿江两岸及江中山势地形,我们仅从"及环视"三字即可知。通过仔细观察后,他发现"沿江两岸多积石,且横有石梁插入江中者"。这之后,陈瑞反复思考,苦苦思索,最后翻然有悟,一个大胆的设想产生了,此即"余反复思维,乃翻然曰"一句所揭。接下来,陈瑞简明扼要地阐述了自己对水利问题的认识。陈瑞认为,治水的方法有两种,一者在于减杀上游河源来水,二者在于疏通下游河口去水。而现在对于峡江而言,河源、河口都相隔遥远,难以在这两方面着力。但如果在上游设法稍加阻障以拦水,使水势较以前稍微和缓一些,下游来得及排水疏通的话,也不失为一个治水的好办法。更何况沿江两岸多有巨石堆积,而且还有天然的石梁横插入江中,如果因势利导,就地取材,借助江中已有的天然石梁,并以两岸堆积的巨石为原料,垒砌数十座石坝,或许可以阻遏汹涌激越的水势。陈瑞将自己这一设想同其他道、府官员商量,都说可以。笔者相信,如果不是身临其境,亲自在峡江中行舟体验的话,不可能对峡江水势有如此切身感受。同样,这一大胆创新的设想也绝非凭空想象所能得,而是建立在仔细观察峡江山势地形,并结合具体山势地形反复思考治水良策的基础上。

川江石坝建成之后,针对石坝的防洪效应,陈瑞进一步阐述了其水利思想:"盖据高为坝,当时之水中淹而行,坝若无功。间值洪水横流之时,则遇坝而阻,水势回合转折,停蓄盈科徐下,不复向之澎湃直泻。"这就是说,凭借高的地势垒砌大坝,在当时而言,坝中积水淹没,好像显现不出来什么大坝的好处;但如果碰上长江洪水暴发时,洪流遇坝而受到阻障,水势不得不迂回转合,在坝前停滞积蓄盈满,然后再缓慢下流,而不再如原来那样急流澎湃,直泻而下。结合《川江石坝志略》开篇之记述,"川汉二水,每遇夏秋辄交涨泛滥于荆、承、潜、沔、武、汉之间沃壤数千里悉成巨浸","有谓汉水不足虞,惟川水骤会,斯为患也"等句来分析,我们便不难看出川江石坝对下游两湖平原防洪的积极意义。因为石坝的垒筑,能在相当程度上避免江、汉二水洪峰的汇合,从而尽量降低两湖平原暴发洪涝灾害的频度和烈度。

《川江石坝志略》又记云,石坝"不日告竣。……愿立石以志不朽,林守然其请。遂求记于名公,以纪颠末。余闻之固辞曰,此惟勉尽职分之常,以少逭癏瘝尔,曷敢以记,愿已之。因再檄所司,令其一新黄陵庙□,以酬灵贶。仍仿诸堤垯事例,每岁将石坝加修,以永保障。至于或葺其危,或补其缺,或增其所未高,或□其所未备,使坝与岁而俱存,又在将来。□□□加意焉。姑叙其略以纪时云"。坝成后,士绅百姓向荆州知府林氏建言,希望刻石立碑记载以纪念这一不朽之事,林氏很赞同他们的请求,于是想约请名公撰写碑记,以此记录并纪念修筑川江石坝之始末。陈瑞听到这件事后坚持推辞谢绝,说这是他应当勉力所做的职责之内的事情,怎么敢刻石立碑、大肆张扬地来宣传这件事情呢?希望不要这样做。于此可见陈瑞不贪功、不图名,只求为官一方即能为百姓谋实事的优良品德。另一方面,陈瑞再次下发檄文,责成有关官员依照堤防修缮维护之例,每年将石坝进一步加固维修,以为遏水防洪之保障。并且,寄希望于将来川江石坝能随时修漏补缺,增高加厚,而不致坍塌消没入江,以保证其长期发挥作用。

四、工程组织与管理及其分布、规模与效应

以上对川江石坝的修建背景、工程规划者和总设计师作了较为详细的交代和介绍,那么这一工程的组织与管理工作是如何展开的?这一系列工程的分布、规模和最终效应又怎样呢?下文即从这两个方面予以介绍。

(一)工程组织与管理

陈瑞在和道、府官员讨论商量,都认为可以操作垒筑之后,"又以事无责成,难求实效",如果事情不责任到人,难以收到实际成效,于是亲自指定工程规划、组织与管理人员。以下叙述工程参预人员的职历及其工程上的职能分工。《川江石坝志略》记云:"始檄留守司经历任梦榛相度之,专任通判郝郊身亲经理以董其成,会诸牧令袁昌祚、林琛、蒋时材复加酌量……"可知,当时参与工程规划、组织与管理工作的有留守司经历任梦榛、通判郝郊,以及夷陵州知州袁昌祚、归州知州林琛、巴东县知县蒋时材。其中由分守道经历任梦榛负责组织工作,通判郝郊亲自经办并全盘负责,会同各知州、县令袁昌祚、林琛、蒋时材三人进行工作,也就是说,后三者主要起到配合协助的作用。从参与工程规划、组织和管理工作的这些官员的职历与身份来看,都分别是峡江地区的一方父母官,应该对当地的具体情况都相当了解。笔者也曾查寻搜集到关于他们的一些材料,在此略作交代,作为一个线索,或许有助于今后对川江石坝的进一步研究。任梦榛曾于万历三年与知县方岳督责修拓过当阳县城,还于万历年间纂修过一部《当阳县志》。林琛乃直隶江阴人,举人,万历三年任归州知州[1]。袁昌祚,进士出身,任夷陵知州[2]。关于郝郊,未曾查到其任通判之准确材料。但据

---

[1] 万历《归州志》卷二《司牧》,上海师范大学图书馆藏上海图书馆1960年抄本。以下同。

[2] 同治《宜昌府志》卷六《职官表上》。上海师范大学图书馆藏线装书。

雍正《四川通志》可知,有明代时人郝郊,万历中曾任雅州知州①。又据雍正《陕西通志》可知,有明代时人郝郊,绥德州人,贡生,曾任知州②。或者此二郝郊即为同一人。又据《千顷堂书目》,郝郊曾撰《入蜀纪见》一卷③。关于巴东县知县蒋时材的准确材料也未能获得,但据查可知,明代时有蒋时材,广西全州人,嘉靖四十三年甲子科举人,万历年间曾任广东琼州府同知④。或者此二蒋氏亦为同一人,姑录于此。

工程修筑所需资金来源,乃"各量动仓粟,计值银不过六十两。募工垒砌,沿江居民欣然子来,不日告竣"。三州县分别酌量支拨部分仓储粟米,各计值银不过"六十两",这里的"十"字疑有误,或当为"千"更合情理。招募民工垒砌石坝,沿江居民百姓都欣然应募前来修筑,没过多久就宣告竣工。

（二）工程分布、规模与效应

万历年间所修川江石坝究竟只是一座,还是数座、数十座呢？根据文中所记,"复加酌量地势水势所宜可以坝者二十余处。夷陵七,归州九,巴东四"。也就是说,在进一步依据峡江沿岸地势和沿程水势情况,仔细斟酌考虑,最后选定适宜垒砌石坝的地方二十来处。就其具体分布而言,是夷陵州七处,归州九处,巴东县四处。那么,这二十处地方只是供选择的适宜修坝的处所呢,还是在这二十处地方最终都修建了石坝呢？文中又说:"引石坝,古人尝砌以防水,缘岁久湮没。今所立坝处,多系故址……"据此可知,早在明代以前,古人就曾砌坝防水,只是因为时间久了坍塌没入水中。从"今所立坝处,多系故址"一句中的"多"字来看,明代所修石坝并非仅只一处,而应该是上面提到的二十处。而且,这二十处石坝的选址大多即与古坝址合。明确了这一点之后,我们进一步要解决的是,这二十处石坝的具体位置究竟在哪儿？这一直都是笔者想努力求证落实的,然而十分遗憾的是,笔者

---

① 雍正《四川通志》卷三十《职官》,《四库全书》本。
② 雍正《陕西通志》卷三十二《选举三·贡生》,《四库全书》本。
③ 《千顷堂书目》卷八,《四库全书》本。
④ 雍正《广西通志》卷七十三《选举》、雍正《广东通志》卷27《职官二》,《四库全书》本。

穷力搜索也未能发现直接的其他材料,这里仅只能作一大致推断。峡江地区方志中对"滩"一词定义云:"山石横插江滨,与水怒激而作波浪者曰滩。"① 也就是说,"滩"的地形特征与上述二十处石坝的选址原则——"横有石梁插入江中者"正相合。如此,我们就可以推断说,这二十处石坝应该都是位于"山石横插江滨,与水怒激而作波浪"的"滩"上。那么,石坝的具体位置,应该就在于当时夷陵州境、归州境及巴东县境内相应的带"滩"字的地名中。夷陵州境内有,归州境有"新滩"、"叱滩"、"滩",巴东县境也有等等。

据文中所记,石坝"坝身长十丈,阔五丈,高一丈五尺,屹然相向"。也就是说,石坝垮度长十丈,石坝厚度达五丈,坝高有一丈五尺。二十座坝在峡江中两两相向,屹然耸立。由此可知,石坝规模颇为可观,在峡江中形成一道道壮丽的景观。

前已述及,筑坝后,如遇上洪水横流暴发之时,江洪冲至坝前,遇坝受阻,水势回转,水蓄于坝内,缓慢下泄,不再像筑坝前之汹涌澎湃,急泄直下。那么,石坝建成后,对于下流江汉平原的防洪减灾所发挥的效应到底怎样呢?对此,《川江石坝志略》亦有较为详细的记载:

> 是岁松滋、江陵、公安、石首、监利一带,江堤晏然如故。虽堤外低田亦无淹溺,民间所播麦稻,悉获全收。且汉水亦免骤合之患,潜、沔、武、汉胥庆丰稔。收成之日,父老相率告之荆州林守曰:"今岁自祷神垒坝之后,江水旋涨旋消,真为神异。且水流纤缓,堤岸不溢,穴口不穿,民得粒食,此十五六年来所未见者。引石坝,古人尝砌以防水,缘岁久湮没。今所立坝处,多系故址,若合符节,费少功多。若由此而岁加修垒,诚足为千百年永利。愿立石以志不朽。"林守然其请。

也就是说,当年石坝建成后,荆州府松滋、江陵、公安、石首、监利一带的江堤安然无恙,没有遭受被洪水冲溃之灾。即便是江堤外的低洼田地也没被水淹,老百姓所播种的麦子、水稻等都获得了全面大丰

---

① 万历《归州志》卷一《山川》。

收。而且，由于洪水在坝内稍作停蓄，避免了和汉水洪峰同时汇合之患。江汉平原上的潜江、沔阳、武昌、汉阳等地欢庆丰收的那天，父老乡亲们率相向荆州知府林氏告喜说，今年自从向神祷告并垒砌石坝以后，江水随涨随时就又消退了，真是十分神异。况且江水迂回，流速趋缓，堤防未曾溢水，穴口也没有溃决，老百姓借此而获丰收，这是十五六年来所没有见到的好景象。父老百姓认为川江石坝如若能在此基础上坚持每年修缮垒砌维护的话，诚足为千百年永久享利的水利工程，此即"若由此而岁加修垒，诚足为千百年永利"一句所示。透过此语，我们不难看出两湖民众对川江石坝这一系列水利工程所寄予的感情，以及他们希望川江石坝能得到长期维护而一直发挥良好作用的美好愿望。

五、余　论

综上所述，明代三峡石坝的兴修自有其特殊的背景，即自明嘉靖三十九年长江流域暴发特大洪水以后，两湖平原一带连年洪灾频发，老百姓的生活受到严重影响。三峡石坝工程的总设计师陈瑞曾长期在湖广一带为官，经常深入到基层百姓中咨询采访，可谓熟谙两湖地区的民生疾苦，并乘小舟溯流而上，冒险穿越三峡，实地考察峡江两岸的地形地势及江流水情，受到启发，遂即提出并阐述其在峡江上建坝遏水防洪这一具有重大创新意义的水利思想。峡江石坝共二十处，分布在自上而下今巴东、归州、宜昌三地境内，其中巴东四处、归州九处、宜昌七处。石坝工程的长、宽、高之规模颇为可观，在峡江上形成一道壮丽的景观。石坝建成当年就发挥了良好的工程效益，松滋、公安、石首、监利一带江堤赖此坝而安然无恙，堤外低田均获得丰收。江水洪峰亦因此坝之阻滞而避开汉水洪峰，潜江、沔阳、武昌、汉阳各地也都欢庆丰稔。

三峡地区自诸葛武侯建黄陵庙（又名黄牛庙）以来就开始有了黄陵神信仰。众所周知，中国的宗教信仰自有其明显的多功利性的一面。从《川江石坝志略》可知,峡江石坝的兴修,从最初这一水利思想的萌发、酝酿到石坝最后落成,自始至终都和三峡地区的黄陵神信仰紧密结合在一起。这一结合,主要以陈瑞二梦黄陵神这一故事为主线。可以说,在这一点上,峡江石坝对于三峡地区的黄陵神信仰存在着一种依附关系。然而,这种结合,这种依附,或者说峡江石坝的兴修对黄陵神信仰的附会,也毫不例外地是出于功利的目的。不管这一附会一开始到底是出于主动的,还是被动的思想。也就是说,在进行了这样一种附会以后,在峡江上建坝遏水防洪的水利思想就更能为大多数人所接受,峡江石坝的兴修也就能更顺利地出炉,工程也就能更快速地上马并竣工。甚至石坝工程的效应都更能为人们所相信,尽管人们也同样感恩并归功于石坝工程的总设计师陈瑞,并请求刻石立碑以记其功德,这二者并不矛盾。就这一点来说,峡江地区的黄陵神信仰就已经得到了客观上的实际效果,这就已经足够了。我们完全不必去追究或者考证陈瑞二梦黄陵神之故事真实与否,因为这对我们来说已并不重要。

行文至此,笔者尚觉意犹未尽的一点是,为何文献中几乎未见后期修缮石坝之记载?这之后建坝遏水防洪这一水利思想似并未能进一步贯彻,峡江石坝为何并未得到很好地修缮维护而长期发挥良好的效应?究其缘由,笔者认为,不同地域之间存在利益冲突和矛盾乃是其中重要原因之一。具体而言,就当时来说,峡江建坝遏水防洪主要是两湖平原受益,而对于峡江地区本身来说则并非如此。也就是说,峡江石坝的兴修,同峡江地区当地的利益可能反而是相抵触的。据多方文献可知,峡江地区的地方官员经常主持疏凿江中壅石,以除滩害,以疏江流,以便交通。再者,筑坝遏水后,峡江水位势必抬升,在当时,如何全面协调解决今日之三峡工程同样面临的移民等问题。由于文献资料及文章篇幅等所限,本文就此打住。

附都御史长乐陈瑞《川江石坝志略》全文:

楚自庚申(1560)以来,川汉二水,每遇夏秋辄交涨泛滥于荆、承、潜、沔、武、汉之间沃壤数千里悉成巨浸。虽筑堤浚冗，岁费不下万金，竟委之泥沙。民穷乎版筑无休，复不免于漂溺流移者十之六七。余自入是时，目击民艰，亟思有以拯之。乙亥(1575)秋，得拜抚绥□。新命，首檄司道谘访川、汉水源，有谓下流壅滞所致，有谓天时气运使然，有谓汉水不足虞，惟川水骤会，斯为患也。于丙子(1576)春，问俗荆、岳各属，通历夷、归，溯流穷源。顾所过皆悉惨景象，田地鞠莱者过半，庐舍坟冢多成故墟，至有百里无人烟者。父老率遮道泣告曰：民罹漂溺十七载于兹，愿急有以救之。不然，皆无以自存矣。余相对亦泣下，再四抚谕而去。寻揭榜招抚流移，令所司给以牛、种，宽其逋负，蠲其赋役，发仓粟千石分赈之。于是民稍稍集。一夕，宿夷陵署中。忽梦神人，黑面绛衣，谒余曰：吾黄陵神也。觉而惊讶。翌日，询诸父老，云西去二百里即三峡。峡之上有神名黄陵，极灵异。在昔，佐禹开峡治水，有大功德于民。历代崇封庙祀之。凡有□□□应。成化初，西□四境暴虎群聚为患，延蔓归州□□□，捕之不得。夷陵牧刘瑛率僚属祷之，不数日，众虎□□道左。虎患遂除。其显赫类如此。余闻之喜。即日，□又令所司具牲醴，竭诚偕巡道马宪副、署州辜、蔡二守彻驱从，操小舟冒险穿峡，恭拜祠下。酹毕，默祝曰：某□为拯溺计，惟神一视古今，其佑之。是夕，宿于舟中，复梦神谢余，起伏若垒石状。既寤，尤香气袭人。心窃喜曰：思之思之，鬼神将通之，信之。平明放舟顺流而东，回视三峡，不啻天上。噫，水涨时势若建瓴，一无停滞，瞬息千里。其冲激溃决，弥漫江浒，何怪其然。及环视，沿江两岸多积石，且横有石梁插入江中者。余反复思维，乃翻然曰：嘻，神之所示，其在斯乎。夫治水之策二，在杀其源，疏其委。今源委既远，难于为力，若于上流少加阻遏，以缓水势，使下流以渐而通，是亦治水之一策也。况岸有积石及天生石梁，因以垒石坝数十座，或者可挽狂澜万一。谋之道府，佥曰可。又以事无责成，难求实效，始檄留守司经历任梦榛相度之，专任通判郝郊身亲经理以董其成，会诸牧令袁昌祚、林琛、蒋时材，复加酌量地势、水势所宜可以坝者二十余处。夷陵七，归州九，巴东四，各量动仓粟，计值银不过六十两，募工垒砌。沿江居民欣然子来，不日告竣。坝身长十丈，阔五丈，高一丈五尺，屹然相向。盖据高为坝，当时之水中淹而行，坝若无功。间值洪水横流之时，则遇坝而阻，水势回合转折，停蓄盈科徐下，不复向之澎湃直泻。是岁松滋、江陵、公安、石首、监利一带，江堤晏然如故。虽堤外低田亦无淹溺，民间所播麦稻，悉获全收。且汉水亦免骤合之患。潜、沔、武、汉胥庆丰稔。收成之日，父老相率告之。荆州林守曰：今岁自祷神、垒坝之后，江水旋涨旋消，真为神异。且水流纡缓，堤岸不溢，穴口不穿，民得粒食。此十五六年来所未见者。引石坝，古人尝砌以防水，缘岁久湮没。今所立坝处，多系故址，若合符节，费少功多。若由此而岁加修垒，诚足为千百年永利。愿立石以志不朽。林守然其请，遂求记于名公，以纪颠末。余闻之固辞曰：此惟勉尽职分之常。以少谊瘝瘝尔，曷敢以记，愿已之。因再檄所司，令其一新黄陵庙，以酬灵贶，仍仿诸堤埭事例，每岁将石坝加修，以永保障。至于或葺其危，或补其缺，或增其所未高，或□其所未备，使坝与岁而俱存，又在将来。□□□加意焉。姑叙其略以纪时日云。

历史时期三峡地区的城镇水资源问题与水利工程建设①
——以秭归归州地区为例

尹玲玲

一、引　言

　　西南地区历史时期以来就是我国地质灾害发育最为频繁的地区，对于这一问题，学术界已有学者就某些灾害类型进行过相关的研究②。西南地区特殊的地域地质环境，地壳内、外动力条件的强烈交织与转化，导致西南地区高边坡"景观"发育，构成这一地区人类活动的主要地质环境，三峡地区也不例外。正如唐代诗人白居易言峡江地区之忠州云："山束邑居窄，峡牵气候偏。林峦少平地，雾雨多阴天。"③可知这里受山势约束，少有平地可供营建居民聚落。峡江地区复杂的地质地貌情况④，使得人们选择一个合适的生存环境并不容易，自然环境对这一带的城市选址起着较大的制约作用。城镇选址一般都在一个相对

---

　　① 本文为"教育部人文社会科学研究规划基金项目"研究成果，项目批准号：10YJA770064。
　　② 曾桂林《云南的地震灾害与社会应对：1659—1949》，《中国地质大学学报》（社会科学版）2011年第3期。
　　③ 白居易《初到忠州登东楼寄万州杨八使君》，《白氏长庆集》卷十一。
　　④ 尹玲玲《明代三峡新滩地区地质滑坡对交通和社会的影响》，《中国历史地理论丛》2008年第4期。

独立的自然地理小区内,城缘山为堞,依山势而筑,城内外均有较大的落差,街道亦随地形而有弯曲,这种城市易守难攻,但同时城市的发展也会受到地形的影响。

正因为城镇选址受到上述因素的限制,城镇聚落的分布仍只能是依山势而筑,地势较为高仰。而正所谓"依麓为营,则无足容千人之区",然"凭高为寨,则不便于汲"①,故历史时期峡江地区历来饮水困难,城镇及乡村聚落的饮用水与生活用水均水源不足。此外,尤为严重的是,自重庆以下,一直到秭归归州均因缺碘严重而导致当地人患有甲状腺肿,俗称大脖子病,即历史文献中记为"瘿疾"者。

学术界关于三峡州县城镇选址及城址变迁等已有一些相关研究成果②,这些研究成果大多与长江三峡水利工程的前期论证或后续影响研究有关,或者和相关的文物考古与发掘及保护与迁建等工作有关。对于历史时期峡江地区的城镇及乡村聚落的饮用水与生活用水等水资源问题,就笔者所见,已有数位学者论及。蓝勇先生主编《长江三峡历史地理》,在第五章第一节"历史时期三峡城镇发展的地理特征"中有一小节讨论"历史时期三峡城镇发展中的四个隐患",其中着墨最多的即为"民汲之难"的问题③。陈可畏先生主编之《长江三峡地区历史地理之研究》,在第三章第三节"宋元时期三峡地区城与市的结合和商业、手工业的发展"的论述中,即论及"瘿疾"问题④。四川大学博士学位论文马强先生的《唐宋时期中国西部地理认识研究》中对瘿疾问题有较详细的讨论⑤。瘿疾的产生与饮用水源有着密切的关系。以上讨论均已涉及城镇选址及水资源问题,但大多为论述其他问题时连带及之,未见专门论述者。本文即拟以历史时期的秭归归州为例对此问题试作讨论。

---

① 《疆域乡分图说》,同治《归州志》卷二《建置志·乡镇》。
② 陈羲《六朝至北宋巴东县城的初步研究》,《江汉考古》2009 年第 2 期。
③ 蓝勇《长江三峡历史地理》,四川人民出版社,2003 年。
④ 陈可畏《长江三峡地区历史地理之研究》,北京大学出版社,2002 年。
⑤ 马强《唐宋时期中国西部地理认识研究》,四川大学博士学位论文。

二、地势高仰,取水困难

峡江地区皆崇山峻岭,各城镇所在均缘山为墉,依山而筑,故山城均因地势高仰而水源匮乏,取水困难。山城居民饮水与生活用水多取汲于江,但因各城镇大多高踞山腰而非近居水滨,故取水相当艰难。关于这一问题,蓝勇先生早在其著作《长江三峡历史地理》中即已指出:"三峡地区虽然城镇多沿江而居,但取江水一则多浑浊不堪,一则搬运艰辛万分。早在唐宋时夔州城的居民汲水便十分困难。"①

事实上,早在唐宋时代,峡江地区取水困难这一问题即已凸显,且这一现象给唐宋时期的诗人留下了非常深刻的印象。他们或途经峡江,或曾在这一带为官,耳闻目见,深谙民生之苦。唐宋文人的诗文中对此现象有非常形象而具体的描述和记载。杜甫《引水》诗云:"月峡瞿唐云作顶,乱石峥嵘俗无井。云安沽水奴仆悲,鱼复移居心力省。"意即:地处三峡中之瞿唐峡的居民聚落高踞云端,地势险要,到处乱石峥嵘,且俗无水井可取;云安城中的住户要下到江边取水,然后再将水运到高处的城中;鱼复城则相对来说地处滨江,取水较易,无此困境,故而言移居鱼复则可省却此等取水之心力。该诗之内容背景在宋人为此诗所作注释中更是明白无误,表露无遗,宋人注云:"楚俗山居,负水而食,故高者引水。云安无泉,尤难得水,故云。"②峡江地区汲水之难可谓形成该地一独特的自然与人文景观之对比,此类描述在宋人诗中同样屡屡可见。陆游《峡口夜坐》诗云:"三峡至此穷,两壁犹峭立。估船无时行,妇盎有夜汲。"③

(一) 归州州城

陆游《入蜀记》记云:归州"之为州,才三四百家,负卧牛山,临江,州前即人鲊瓮,城中无尺寸平土,滩声常如暴风雨至。隔江有楚王城,

---

① 蓝勇《长江三峡历史地理》,第362页。
② 〔唐〕杜甫《引水》,〔宋〕黄鹤《补注杜诗》卷十一。
③ 〔宋〕陆游《峡口夜坐》,《剑南诗稿》卷十。

亦山谷间,然地比归州差平"①。据此可知,宋代时归州城城镇规模尚小,城中居民人口不多。其时城在江北,尚未迁往江南。江南的楚王城虽也地处山谷间,但比北岸的归州则要平坦些。江北的归州背山面江,城中竟"无尺寸平土",可见地势之崎岖险要,不难想见取水之困难。不仅归州州城如此,归州境内沿江的其他城镇取水也同样困难。如归州新滩镇,人烟较为凑集,居民人口不下归州。陆游《晚抵新滩宿新安驿》诗云:"木盎汲江人起早,银簪簇发晓妆新。"②需下到江边汲水,然后负水爬上山城。

明代时江边取水仍然是归州城城市用水的重要来源之一,这从明人的诗文记述可见:"归州城门半天里,白云晚向城下起。市廛架屋依岩峦,妇女提□汲江水。巴山雪消江水长,城中夜闻滩濑响。"③由诗中不难感受归州城高踞山腰的险要地势,依山倚岩的城市建筑,以及妇女江滨汲水的城市生活景观。

关于清代时归州城的城镇规模和城市人口数量,相关文献中有不同记载。同治《宜昌府志》记云:"归州于山腹为城,居民不过三百户。城中广厦甚少,乡间室庐亦隘。"④同治《归州志》则记云:"我秭归为楚蜀咽喉,附郭居民不下数千户。"⑤一云"不过三百户",一云"不下数千户",数据可谓差异悬殊。从前述宋时归州城即已"三四百家"的数据来看,根据明清时城镇经济与人口普遍发展的规律,后者的数据理应更接近事实。这还可以从其他记述中找到佐证,如嘉庆二十一年时任归州知州的李炘记曰:"归之为州,乃楚蜀咽喉,旧称用武之国。且人烟辐辏,万瓦鳞次。"其时归州城之繁荣可见一斑。

归州城依山麓而建,自南向北逐步升高,清嘉庆年间更向城北高地扩展。处在地势高仰之山地的山城,城市的水资源供应即成相当困

---

① 〔宋〕陆游《入蜀记》卷四。
② 〔宋〕陆游《晚抵新滩宿新安驿》,同治《归州志》卷十下《艺文志》。又见《剑南诗稿》卷二,下句作"银簪簇髻女妆新"。
③ 〔明〕孙贲《归州诗》,同治《宜昌府志》卷十四《艺文·诗》。
④ 同治《宜昌府志》卷十一。
⑤ 〔清〕向国庠《李公引泉入城注官井记》,同治《归州志》卷十上《艺文志》。

历史时期三峡地区的城镇水资源问题与水利工程建设

难的问题。城镇所居较之乡村聚落人口密集得多,故而所面临的水资源问题就显得非常突出,这在历史文献中多有记载。有云:"州城虽凭大江,然高踞山腰,去江较远。盖自江之视城,若天半建瓴,攀跻莫及也。"① 又曰:"城中无井,百姓不得不取汲于江。然城高江远,民颇病之。"② "民颇病之"四字可谓简洁地道出了百姓取水艰难的事实,文献中不乏更为形象直观的记述:

> 男妇挈瓶升陟,肩荷背负,联步于途。……民人缺饮,互相叩求。市水者每担或易升斗之粟。贫民不能不亲汲于江,勤毕日之力,始获一杯之济。噫! 归之为州,乃楚蜀咽喉,旧称用武之国。且人烟辐辏,万瓦鳞次,取水若是其艰,其不便于民,宁仅朝夕之用而已哉。③

可见,为取水,不论男女,都得出动,携带各种容器,或肩挑,或背负,接二连三行走在路途上。百姓因为缺乏饮用水,相互求助。卖水的,每担水甚至要相当于升斗之粟米的价值。因贫苦而无钱买水的老百姓则不得不自己到江边取水,来回往返于山城与江边,往往要花上整整一天的时间,才能获得可怜的一点点水。取水是如此的艰难,给民众百姓造成的不便又岂止是一朝一夕、一天二天的事呢?

(二) 其他村镇聚落

峡江地区崇山峻岭,水陆交通均极为险要,当楚蜀之门户、为楚蜀之咽喉的归州更是如此。州治、城垣、坛庙、衙署,皆坐东北向西南。州境跨大江两岸,分为十八乡,前控十一乡,后倚七乡。故州境西南较广,而东北则较狭。且看同治《归州志》卷二中的"疆域乡分图说"所记:

> 疆域如归州,其为水陆最险者乎。……前后各乡皆危崖峻岭,溪涧纵横。非仅车马所不能通,即背负徒行之人,亦惟少壮习

---

① 〔清〕李炘《修秭归石棍引泉记》,同治《归州志》卷十上《艺文志》。
② 〔清〕向国庠《李公引泉入城注官井记》,同治《归州志》卷十上《艺文志》。
③ 〔清〕李炘《修秭归石棍引泉记》,同治《归州志》卷十上《艺文志》。

惯者始免蹉仆。一遇淫霖积雪，咫尺辄断往来。……设有欺荒烽警，凭高为寨，则不便于汲；依麓为营，则无足容千人之区。①

正因为地形极为险要，不仅不能通行车马，即便是背负东西徒步行走，也只有那些从小就习惯在山间行走的青壮年才可能免于摔跤跌倒的危险。反之，不习惯山路行走的人或者老弱人士则极容易跌地摔倒。碰到泥泞或严寒的雨雪天气，即便是短距离内交通也几乎处于断绝的状态。

不难想象，在这种地形条件下，老弱妇孺天天要下到江边取水，再负水攀爬回山腰，这是多么的艰难。除归州州城之外，"滨江一带如归州香溪、新滩等处人烟凑集，檐牙相接"②，则取水之难亦当如是。不仅城镇，即便是散布的各个小乡村聚落，取水也同样困难。如归州境内一个叫王保溪的地方，为闯王碥处所，山路崎岖。这里上通牛口，下达石门，乃楚蜀之驿路，为行客往来所必经之处，但却"山路褊窄，旷无人居。既无泉水，又无林木"③。江干大道，则居者接连，而"石门之上，旷无人烟。望若非遥，行若愈远。憩息无林，饥渴不免。夜行尤甚，水火难求。冬寒夏暑，辄死山陬"，故"行者视为畏途。庚辰夏旱，旅人竟有渴死者"。此事发生之后，知州李炘即捐资以"营盖室宇"，并招徕居人，以"便夫行旅"④。

三、水源匮乏，多赖山泉

正因为三峡地区各城镇取水困难，故掘井引泉以解决水源供应之困难，即成为峡江各府州县贯穿整个历史时期的重要水利工程，成为峡江水利中的重中之重。事实上，与两湖平原等平原地区地方志中水利志专篇大不相同的是，平原地区的水利志专篇以堤防圩垸等为其主

---

① 《疆域乡分图说》，同治《归州志》卷二《建置志·乡镇》。
② 同治《宜昌府志》卷十一。
③ 〔清〕李炘《王保溪凉亭记》，同治《归州志》卷十上《艺文志》。
④ 〔清〕向鸿翥《新建王保溪凉亭颂》，同治《归州志》卷十上《艺文志》。

要内容,而峡江地区的地方志中,水利志专篇的主要内容则为开挖水井,接引山泉。

此则正如道光《夔州府志》卷七《水利志》记云:"夔郡则井泉之利尤重,以各属城内皆高燥无泉,民之用汲厥为艰哉。自诸葛武侯造竹枧引水之法,而城内之水利兴。间有效淘潭包堰之法,而遂之水利又兴。"①这一记述清晰地道出了夔州府境内城镇水利工程以掘井引泉为主,尤以山泉引水工程为重,并述及两种水利工程之源流。蓝勇先生即指出,峡江地区"用瓦筒、木槽、石枧引山水入城,一供民汲,一供蓄水以防火灾。综观三峡历朝,城镇挖井掘泉不断,《夔州府志》有关修凿井泉的记载不绝"②。

峡江夔州地区的水利工程以接泉引水为主,唐杜甫《引水》诗云:"白帝城西万竹蟠,接筒引水喉不干。人生留滞生理难,斗水何值百忧宽。"可谓形象地描述了白帝城西以竹筒引水,蟠曲于山间的景观,也道出了人们生活的艰难。宋人为此诗作注曰:"夔与云安有盐井,而罕有凿井汲泉者";"夔俗无井,皆以竹引山泉而食。蟠屈山腹间,有至于数百丈者"③。由此可知,夔州府与云安县境虽开挖有煮盐之盐井,却很少开挖有供饮用的泉井。城内向来少有水井,水源主要靠竹筒接引山泉解决。一节节接起来蟠曲于山腹间引水的竹筒,有的长度甚至达数百丈。

宋之前,用竹枧引水到州城后,居民得用钱买食。宋人王十朋有《义泉》诗曰:"官费接筒竹,民蠲沽水钱。丁宁后来者,莫负义名泉。"④关于此事,明人曹学佺所著之《蜀中广记》有更详细记述:按赵不拙《义泉记》:"不知谁氏子告郡帅,引三泉,每担辄鬻十金,入公帑。大暑中烈日如灼,细民操瓢,绕舟傍徨,咽津欲涓滴润喉,有不可得。自待制王公十朋始下令罢之,易名为义泉。任民取用,一方大悦。"⑤

---

① 道光《夔州府志》卷七《水利志》。
② 蓝勇《长江三峡历史地理》,第363页。
③ 〔唐〕杜甫《引水》,(宋)黄鹤《补注杜诗》卷十一。
④ 〔宋〕王十朋《义泉》,《梅溪集后集》卷十三。
⑤ 〔明〕曹学佺《蜀中广记》卷五十七。

这一工程是用官方经费架接竹筒接引泉水，泉水售价竟高达每担十金，售水所得钱款入官库。烈日炎炎的暑天夏日，正需用水以清凉消夏，却因水价昂贵，百姓不免犹豫彷徨。后王十朋王始下令蠲去买水所需之钱，免费供百姓取用，并命名为"义泉"。人们有时或者到远距城外的卧龙泉取水，宋人范成大记曰："夔水不可饮，取之卧龙十里之外。"①王十朋之《题卧龙山观音泉呈行可元章》一诗记述则更为详细：

  □州苦无井，瘿俗殊可怜。竹筩喉不干，可浣不可煎。日汲卧龙水，屡赖担夫肩。所取都几斛，深惭未投钱。前日招提游，入耳声涓涓。泓澄可照胆，草木皆光妍。②

据此可知，夔州苦于没有井水可饮，这里的人们因常饮多沙的江水而得缺碘的地方性疾病，所谓"瘿疾"，即俗称因缺碘而引起的"大脖子病"。山间竹筒所引来之山泉也"可浣不可煎"，意即主要用来浣洗衣物等，而不能饮用。卧龙泉之泉水水量不小，水声涓涓入耳，水无杂质，水色澄澈可照，周边生长的草木都非常光鲜妍丽。卧龙泉水虽可供饮用，却往往要依赖挑夫担水负卖。

归州城中的地质条件也不适宜掘井，主要靠引山泉水入城以解决水源缺乏的问题。所谓"民之不给于水者，视不给于粟而更甚，井养之利缺焉"③。清代嘉庆年间归州有州学，城中有学宫，学宫中有泮池，但水源非常匮乏。其时学宫中之学子诸生都说"山巅有泉，若引之入城，可达泮池"④。且看同治《归州志》中的详细记载：

  城势既居高，城中地皆石核，苦无井。惟后山有泉二道，一由卧牛垭发源，引之入城可达于泮池。囊因工费浩大，屡修不果。一由磨刀溪发源，前人曾引之入城，达于官井，架以木枧。涓滴之

---

① 〔宋〕范成大《夔州即事》，《石湖诗集》卷十九。
② 〔宋〕王十朋《题卧龙山观音泉呈行可元章》，《梅溪集后集》卷十二。
③ 〔清〕向国庠《李公引泉入城注官井记》，同治《归州志》卷十上《艺文志》。
④ 〔清〕蒋志埥《引泉入城溉泮池记》，同治《归州志》卷十上《艺文志》。

水既不足供用,且遇山水陡发,辄易冲塌。①

可知城中地势高仰,均为石质地层,以当时的工程技术条件难以掘井。惟有后山中则发源有两处泉水,可供接引。发源于卧牛垭之一水,此前也曾多次修建引水工程,但都因工程浩大,所需经费额巨大而未能真正实现成功引水。发源于磨刀溪之水,此前曾架枧成功引水入城,但泉水流量不大,不足以供应城中所需,况且每当大雨,即可能导致山洪暴发,所架之枧就很容易被冲垮和坍塌。

归州城历来饮水困难,鉴于以上形势,清嘉庆二十一年(1816)时任归州知州的李炘即主持兴修引水工程,引磨刀溪水入城达于官井,解决城区东北部的饮水问题。据20世纪90年代北京大学考古学系及湖北省文物考古研究所对归州城址所作调查,归州城内的街道,东西向的主要有连接东门和北门的建设街,连接南门和西门的解放街。其南北向的主要街道有四条,这四条街南北均有较大的落差。其一由鼎新门即西南门通向解放街,现在只是一条小巷,另有两条位于解放街与建设街之间,联系两条东西向的主要街道。第四条南北向的街道是在东门内,由种子公司附近拾级而上,约五十米即到官井遗址。此官井一直到1985年秭归县城有自来水以后才被填没②。

州城以外,州境中如香溪新滩等地居民人口密集之地③,也多赖山泉补给用水。宋人陆游《入蜀记》卷四中有相关记载,在舟行到达新滩时,曾"游江渍北庙。庙正临龙门,其下石罅中有温泉,浅而不涸,一村赖之"④。

---

① 〔清〕李炘《修秭归石枧引泉记》,同治《归州志》卷十上《艺文志》。
② 北京大学考古学系、湖北省文物考古研究所《湖北秭归归州城址调查》,《江汉考古》1998年第2期,第20页。
③ 尹玲玲《明清时期三峡地区环境变动下的驿传变迁与改革——关于三峡新滩地区的滑坡地质灾害之影响的个案考察》,《上海师范大学学报》(哲社版)2009年第2期。
④ 〔宋〕陆游《入蜀记》卷四。

四、城市水利：山泉引水工程

  地方官员作为一方之父母官，是否热心民生、能否关心民众疾苦，直接关系到一地百姓的经济生产或日常生活。峡江地区历史时期即不乏这样的一些优秀地方官，他们往往在到任后即留心观察民生疾苦，着力于一地的公共领域和公益事业，注重解决民众的实际困难。正如归州士绅向国庠所说："自古水利之兴，曰河曰渠，而亦于井。……昔白太傅在杭州，首复六井，宋苏长公继之。迄今二公之风流犹与杭州山水相辉映，官方以为善政，志乘以为美谈。无他，急先务也。"①

  峡江地区各城镇中用水如此不便，即有众多优秀的各级地方官如知府、知州、知县等着力于解决城市水资源问题。其中，归州的山泉引水工程就是一个十分典型的事例。嘉庆二十一年知州李炘主持兴修了两大引水工程。其一为疏浚卧牛垭，引水源由将军堡入城，注于学宫中的泮池，主要供州学中的诸师生使用。学宫墙外又有太平池。如泮池水满则溢出，注于太平池中，可供民众百姓取用。其二则为疏浚磨刀溪，引水源入城，注于城隍庙侧的官井，以供百姓取用②。官井即上述考古调查中之官井遗址者。以下拟从工程组织与规划、工程资金与规模及工程成效与民众反响等几个方面详细分析这一山泉引水工程。

（一）工程组织与规划

  将城市引水工程提上议事日程，并对该工程作出全面宏观的规划，工程顺利组织和实施，并取得最终成功，在这一环套一环的一系列程序中，地方官员的倡导、组织管理以及表率作用可谓至关重要。

  归州山泉引水工程之一，卧牛垭引水工程，事实上应该说缘起于

---

① 〔清〕向国庠《李公引泉入城注官井记》，同治《归州志》卷十上，第521页。
② 同治《归州志》卷八《政典志·太平池官井》。

早在李炘前来任知州之前，清嘉庆二十年前来担任归州学正的蒋志堉，发现学宫中的泮池池水枯竭，州学中的学生用水不便，心中很是不忍。询问学生们有什么办法解决，都说山顶有泉水，如果引水入城，可以接到泮池，以前就曾讨论修建，因为费用不够而没修。第二年春天，李炘来任归州知州，和蒋志堉谈起"为政之要，当择其□且巨者图之，于利兴弊除之外，尤谆谆于建书院、修志乘诸大端"。蒋氏即与其商议修建泮池引水水道一事，并请其首倡此事。李炘欣然答应，说这本身就是官方应承担的职责①。

归州引水工程的主持者李炘可谓一地之良吏，此前他在四川任蓬溪县令时，鉴于县城城垣低矮，护城河浅涸，即曾加以修治，增高城垣，培深城池，池中深蓄山水以为城池护卫。又创建环溪书院，延聘教师主讲。任涪州知州时，又曾设立养济院，并捐钱修建房屋以收容瘰寡孤独人士。又设置义冢以掩埋无主尸骨。还"添置钩深书院学田，师生束修、膏火无缺，于今赖之"。其中，因"州属卡门子与长寿垫江接壤，僻在山隅，匪徒潜滋。公上其事，请设汛弁，并筑室多楹，招居民垦荒芜，聚居成市，行旅无惊。尤为人所乐道"。此类善事，可谓不胜枚举。

李炘到归州任州牧后，即付出同样的热忱投入到归州的治理工作和为归州百姓的服务上，"李公于下车之始，询民所苦，廉得其情"②。归州士绅向国庠赞其"硕德长才，庶务就理，以实心行实政"，故"远迩称之"③。对待这一引水工程，李炘更是"亲为相度地势，估其工值，任之己而不辞"④，"乘肩舆，相流泉，自云台观前山，寻源流，设石枧，导卧牛垭一源，逶迤入城，达于泮池"⑤。实可谓躬力亲为，鞠躬尽瘁。

前述归州王保溪盛夏竟有渴死路途的旅人，李炘"当即捐廉建造凉亭一座"作为路途旅客休憩之所，并"招募看司住守。每年捐给钱三

---

① 〔清〕蒋志堉《引泉入城溉泮池记》，同治《归州志》卷十上《艺文志》。
② 〔清〕向国庠《李公引泉入城注官井记》，同治《归州志》卷十上《艺文志》。
③ 〔清〕向国庠《李公引泉入城注泮池记》，同治《归州志》卷十上《艺文志》。
④ 〔清〕向国庠《李公引泉入城注官井记》，同治《归州志》卷十上。
⑤ 〔清〕蒋志堉《引泉入城溉泮池记》，同治《归州志》卷十上《艺文志》。

千六百文,以为汲水之资。令于五、六、七月多备净水,以济行人"①。李炘心系民众,深悯路途旅客之难,故"捐俸修置三间,俾行者有所憩,招人住守,不索其租,且施水焉"②。当地士绅向鸿蓊撰《新建王保溪凉亭颂》曰:"公所振兴,岂徒是乎。首崇文教,书院创立。浚井引泉,受福于汲。表彰忠孝,屈祠重修。凿石贯绳,以便行舟。利贻千年,罔非实德。万家生佛,辅我王国。"③可见,李炘之惠政广及教育、日常生活、伦理、交通等诸多公共领域和公益事业。

(二)工程资金与规模

对于归州这种人口并不太多,财力也不够雄厚的州城,像山泉引水这种城市水利工程,要筹集足够的工程资金,确非易事。一方面,官府并没有这方面的专项资金支出,无法依赖官款资助;另一方面,因地方经济发展水平有限,也缺少富甲一方的地方士绅,因此要想在民间募资也有一定难度。

事实上,在嘉庆二十一年李炘主持修建山泉引水工程之前,也曾多次动议兴修引卧牛垭一源之山泉。关于这一点,多篇文献中都有提及,所谓"前人曾议举修,因费多而止"④,"在昔曾议修理,因费用不赀而止"⑤,"曩因工费浩大,屡修不果"⑥,可知,最终都因缺少足够的修建经费而不得不放弃。磨刀溪引水工程则此前付诸过实施,"缘架以木枧,接水甚细,涓涓滴滴,既不能供饮,往往山水斜发,常有冲塌之患"⑦。可知因经费有限,沿途接引泉水之设施乃均木枧而非石枧,且水量很小,远不足供归州市民百姓取用。更何况往往在山洪暴发时,沿途之木枧即容易被冲垮坍塌而不能用。

应该说,归州向来都不乏心存百姓、急百姓之所急、苦百姓之所苦

---

① 〔清〕李炘《王保溪凉亭记》,同治《归州志》卷十上《艺文志》。
② 〔清〕向鸿蓊《新建王保溪凉亭颂》,同治《归州志》卷十《艺文志》。
③ 〔清〕向鸿蓊《新建王保溪凉亭颂》,同治《归州志》卷十上《艺文志》。
④ 〔清〕向国庠《李公引泉入城注泮池记》,同治《归州志》卷十上《艺文志》。
⑤ 〔清〕蒋志堉《引泉入城溉泮池记》,同治《归州志》卷十上《艺文志》。
⑥ 〔清〕李炘《修秭归石枧引泉记》,同治《归州志》卷十上《艺文志》。
⑦ 〔清〕向国庠《李公引泉入城注官井记》,同治《归州志》卷十上《艺文志》。

的官员。前述归州学正蒋志埍感叹"从来教化之兴自学校始,学校者,风化之原,人才所由出也",学宫泮池引水工程"在昔曾议修理,因费用不赀而止",蒋志埍"太息者久之,自愧力薄弗能为也"。可知,蒋志埍一直念念不忘,心系此事,但终因自己心有余而力不足,只能空自叹息。李炘来归州上任后,听蒋志埍提及此事,"亟谏吉捐俸,鸠工鞭石"①。也就是说,工程修建资金的落实与解决,最终是通过知州无私地捐出自己的薪俸来筹集的。

从同治《归州志》中收录的多篇当事人的文记来看,均以非常感佩的口吻提到知州李炘"捐廉俸"、"捐清俸"以兴修引水工程,并首倡其事,主持兴修,付出极大的热忱投入到工程的组织与规划中,躬力亲为,不辞辛劳,故而工程得以能在"不赋民财,不辞劳瘁"②、"不藉民谋,不赋民财"③的情况下最终得以完成,引水成功。

关于工程的材质与规模、工程周期与用工数量等,我们也不难从文献中找出该工程面貌的相关信息,使我们得以对其具体情况有相当详细的了解。且看李炘本人的相关记述:

> 相度地势,鸠工琢石,浚卧牛垭一源,由将军堡逶迤入城,浮于泮池以达于太平池。计弓口二百二十丈。浚磨刀溪一源,由分水岭逶迤入城,注于官井,计弓口三百七十四丈。俱用阴阳石梘,以期坚久。上覆以土,以便人行。经始于五月望日,落成于六月晦日。④

据此可知,与此前的木质导水材料不同的是,这次的两大引水工程中,其沿途导水管的材质均由此前的木质改为石质,且采用阴阳对接,也就是榫卯对接的结构形式。这样一来,就不大可能再像以前的木质导管那样一遇山洪即容易冲塌了。如此,则该工程可谓坚固耐用而持久,工程质量不可谓不高。

---

① 〔清〕蒋志埍《引泉入城溉泮池记》,同治《归州志》卷十上《艺文志》。
② 〔清〕蒋志埍《引泉入城溉泮池记》,同治《归州志》卷十上《艺文志》。
③ 〔清〕向国庠《李公引泉入城注官井记》,同治《归州志》卷十上《艺文志》。
④ 〔清〕李炘《修秭归石梘引泉记》,同治《归州志》卷十上《艺文志》。

关于这两大引水工程,除李炘本人及前述学正蒋志埮的相关记述外,其时当地士绅向国庠分别撰有《李公引泉入城注泮池记》、《李公引泉入城注官井记》二文以记其事。向国庠云,卧牛垭工程乃"琢石为枧,计弓二百二十丈,以期坚久。为路环山而遥,为工数千余"[①];磨刀溪工程则"易木枧为石枧,阔其水眼,高其石碴,以图垂久。计弓二百七十四丈,为工千余,而工始告竣"[②]。从工程规模来看,卧牛垭引水工程,李炘本人与向国庠均记云长达"二百二十丈"。而关于磨刀溪引水工程,则二人之数据有所出入,李炘记云其长"三百七十四丈",向国庠则记云长"二百七十四丈"。其中一数据必误,估计为方志编修时刻板之误。具体究竟哪一个数据真实,而哪一个有误,非经实地踏勘,则不得而知了。

从工程周期来看,这两大引水工程起始于嘉庆二十一年五月十五日,落成于同年六月末,前后长达一个半月时间。从用工数量来看,则一者用工"数千余",一者用工"千余",可见花费人工不少,也可见工程规模颇大。

(三)工程效益与评价

当知州李炘捐出薪俸,将两大引水工程提上议事日程后,于工程兴修前,当地士绅即普遍看好其预期效益。例如,学正蒋志埮云,"我秭归泮池向无水",而"后山卧牛垭有泉,若引之入城达于泮池,既可以助文澜,满则溢出太平池,复可以资民饮"[③]。事实上,卧牛垭工程兴修完成后,其效益也确如众人先前所预期的那样,"满则注于宫墙外之太平池,以助文澜,兼资民饮"[④]。

这两项规模浩大、周期长达一个半月的引水工程,对其最终显现的工程效益而言,不管是当地士绅还是捐资主修者李炘本人,应该说都是非常满意的。士绅向国庠记载说卧牛垭引水工程在"不惜劳,不

---

① 〔清〕向国庠《李公引泉入城注泮池记》,同治《归州志》卷十上《艺文志》。
② 〔清〕向国庠《李公引泉入城注官井记》,同治《归州志》卷十上《艺文志》。
③ 〔清〕向国庠《李公引泉入城注泮池记》,同治《归州志》卷十上《艺文志》。
④ 〔清〕蒋志埮《引泉入城溉泮池记》,同治《归州志》卷十上《艺文志》。

惜费"的情况下,"卒以告成","方今源源活水,溢于泮池"①,工程效益十分显著。同样,向国庠说磨刀溪引水工程引水成功后,众人"俯彼清泉,弥弥焉,浼浼焉",进而肯定地说:"而今而后,咸食其利于无穷。可无远汲之劳,直不啻家给而人施之也。"简直是不亚于将水施赠给了城中的每家每户乃至每个人,并感叹说"所谓'可用汲'者,此欤",用《井卦》之语以表达感奋之情②。

如果说当地士绅的有关记颂也许因存在溢美之词而有失真之嫌的话,那么,捐资主修这两项工程的李炘本人的相关记述则应该能大体能反映事实,且看他对工程完工后引水效益的描述:"爰集同城僚佐,俯彼清流,其来汩汩。美哉!自今以往,吾民可以取之无尽,用之不竭矣。"③读到这里,我似乎就看到了一幕这样的景象:一位恪尽职守、心系百姓的知州,正带领着他的同僚和下属在兴高采烈地观览汩汩流淌着的甘洌清泉。我几乎能感受到他英姿勃发、风流倜傥的身影和在清凉的山风中飘动的衣裾,就像当时城中百姓所看到的和感受到的一样。我敢说,这实际上就是当时当地的百姓们心目中的高大的知州大人的形象。与此同时,披览这些文字,我们也不难从其字里行间领略到这位知州大人的喜悦甚至是无比自豪之情,因为所有这些恰恰就来自于知州本人,正是尽职尽责的他,为自己治下的百姓做了实事,收了实效。

应该说,我的这些描绘并非夸张虚饰之词,且看时人对该引水工程及其捐资主修者的评价和议论。如谈到学宫泮池所受之惠,学正蒋志埰叹道:"夫以泽宫育才之区,即隐寓利用斯民之意,一举而教养兼该,民不知扰,厥功岂浅鲜哉。"④士绅向国庠则云:"吾见祗祀至圣,礼仪备矣。小大从公,人才众矣。至于淑问之彰,则公之所优更不待言矣。'思乐'之盛,谅不是过。将来人文蔚起,道学昌明,于我秭归,非

---

① 〔清〕向国庠《李公引泉入城注泮池记》,同治《归州志》卷十上《艺文志》。
② 〔清〕向国庠《李公引泉入城注官井记》,同治《归州志》卷十上《艺文志》。
③ 〔清〕李炘《修秭归石枧引泉记》,同治《归州志》卷十上《艺文志》。
④ 〔清〕蒋志埰《引泉入城溉泮池记》,同治《归州志》卷十上《艺文志》。

小补也。公之造福于士林者,又可量哉。"①

百姓心目中的知州大人李炘之形象之所以高大,尚不止于上述已有之功德,还在于他不仅能自己忧民疾苦,心系百姓,造福百姓,而且为后之来者树立了榜样,更提出了期望,寄予了厚望。且听其言:"夫庶事不难于创始,而增修端赖夫将来。后之继者,其以予为嚆矢乎?"②"然而世远年湮,兴废何常。惟期石枧常通,毋有坏堕,使吾民永无升陟挽汲之苦者,斯不能不望于后之君子焉。"③

对于僚佐与士绅们给予自己的赞颂,"公闻之,瞿然以予言为溢美,弥惴惴焉,如弗克胜者于戏",知州李炘谦谦君子的形象跃然纸上,故学正蒋志埔说,"此愈见公之目待者厚,而所思者远也",故蒋志埔"既为州士人之得贤司牧庆,更为文以记,以告后之来者"④。

知州李炘关注民生,心系百姓,他为归州人所做的一切,州人感佩。事实上,他每到一地,都在其治下之公共领域和公益事业上做出了贡献,可谓有目共睹。故僚佐叹曰:"宜乎,蜀人士之美斯爱斯,传者为不诬也。乃公即以治蜀者治归,吾恐蜀人之思公,将不得专美爱于前矣。"⑤故李炘虽然自谦,但百姓心中自有一杆秤,且听由士绅之口道出的百姓心声:"行旅咸言,乐出其途。三多之祝,敬效康衢。予心感焉,愿笔之书";"爰顺舆情,敬为之颂,曰:心湖李公,州之父母。惠保小民,各得其所"⑥。

正是为李炘高尚人格所感动,士绅百姓纷纷为其送上由衷的祝福。例如:"王明受福之占,为公拭目俟之矣。"⑦又如:"造福于人者,天亦福之。育人才、治教化既如鲁侯,则受纯嘏、介眉寿亦如鲁侯,固有可操券而获者","拭目于诸君子之凤起蛟腾,复翘首于公之受多祉、膺

---

① 〔清〕向国庠《李公引泉入城注泮池记》,同治《归州志》卷十上《艺文志》。
② 〔清〕李炘《王保溪凉亭记》,同治《归州志》卷十上《艺文志》。
③ 〔清〕李炘《修稀归石枧引泉记》,同治《归州志》卷十上《艺文志》。
④ 〔清〕蒋志埔《引泉入城溉泮池记》,同治《归州志》卷十上《艺文志》。
⑤ 〔清〕蒋志埔《引泉入城溉泮池记》,同治《归州志》卷十上《艺文志》。
⑥ 〔清〕向鸿叡《新建王保溪凉亭颂》,同治《归州志》卷十上《艺文志》。
⑦ 〔清〕向国庠《李公引泉入城注官井记》,同治《归州志》卷十上《艺文志》。

圣眷焉"①。

五、小　　结

　　因峡江地区的地质地貌条件所限,秭归归州地区无论城镇还是乡村聚落均地势高仰,取水困难。该区水源匮乏,用水多赖山泉,故而明清两代曾多次兴建作为城市重要水利设施的山泉引水工程。嘉庆二十一年知州李炘主持兴修的卧牛垭与磨刀溪两大引水工程,经过缜密的工程组织与规划,工程资金主要来源于知州李炘个人的捐资,工程规模浩大,工程效益明显,在很大程度上解决了城市百姓的生活用水问题,故而得到了民众的积极评价,李炘本人更是得到了百姓的真诚拥戴。历史时期归州城镇乡村聚落居民饮水和生活用水所面临的困境,两大山泉引水工程对城市生活用水问题的解决,这些在明清时期的峡江城镇具有一定的典型性和代表性。我们通过对这一个案的研究,得以了解历史时期尤其是明清时段峡江地区水资源问题的总体面貌。

---

①〔清〕向国庠《李公引泉入城注泮池记》,同治《归州志》卷十上《艺文志》。

宋元以来太湖东部平原聚落形态的分化及驱动机制

吴俊范

　　太湖平原传统聚落的形成过程与人地关系机制是历史地理学者较少涉足的领域,有关聚落环境的研究成果与水环境相比,实属寥寥①。但是,在太湖平原这样的三角洲水网地貌区,水环境可谓影响聚落的形态与分布的最直接因素,因此聚落对水文变化的适应过程,应当是该区聚落地理研究的合理切入点,本文即是以此为入口来具体观察宋元以后太湖东部平原聚落的形成机制及相关影响因素。宋以后太湖东部平原人口压力的增大和人类活动的加剧,引起了自然与社会领域的一系列变化,水环境与聚落的变化乃为其中之一,对该过程与影响因素的详细复原,能够从一个重要侧面反映太湖东部平原在宋元以后的人地关系特征。

---

①　古代江南聚落的形成机制是学者很少涉及的领域,与江南水利史、农业史所受到的关注不可相提并论。最近几十年发掘的考古遗址对太湖平原史前聚落的形态与环境有所揭示,然尚需其他方面的佐证。运用文献资料对历史时期尤其是中古以来的聚落分布、形态等进行描述,所见主要有滨岛敦俊《关于江南"圩"的若干考察》(《历史地理》第七辑,上海人民出版社,1990年,第188—200页),其中有关于明清时期江南村落与圩田、河浜的布局关系的概括性认识,例如"江南三角洲低湿地带的聚落一般都是沿着河渠在圩岸上形成","在这里居住的农民们的耕地散布在不同的圩里,具有一定的地理空间,只是界限不明确,所谓村,就是这样的一种地缘性的结合"。滨岛主要从村落共同体的角度观察圩田边界与村落组织的地缘关系。王建革《水乡生态与江南社会(9—20世纪)》(北京大学出版社,2013年)将聚落作为水乡生态环境的组成部分有所关注,其立足点虽为水环境与农业生态,而不是聚落本身,但笔者从中深受启发。

宋元以来太湖东部平原聚落形态的分化及驱动机制

太湖东部平原指的是晚更新世末期太湖湖盆形成以后,其东部不断向海扩展而成的三角洲平原区域。在人类活动的长期作用下,该区形成了网格状的水网地貌和圩田水利系统,农业种植以水稻为首位,交通以行船为主,河流的水文状态直接关系聚落的营建和人们的日常生计,所以太湖以东平原在唐宋以后逐渐成为人们意识中典型的江南水乡地区①。从区域历史地理的视角来看,首先该区地理环境与人居环境的地域一致性十分明显。无论在滨海还是腹地,聚落与河道都有着紧密的依存关系,聚落形态具有"浜村相依"的显著特征,河浜与村互融互动,有村必有浜,有浜必有村;自远古至近世,河流为人们提供饮用水、灌溉用水和交通的渠道;上游的水灾必然影响到下游河道的排水与农业收益,低乡塘浦泾浜的紊乱,随即引起高乡的干旱;人们以河浜为中心来构村建宅,他们相信村落的风水和子孙的福祉由河浜的格局来决定。其次,该区地理环境的内在差异也显著存在。汉晋以后太湖以东的三角洲平原形成了以冈身为界的地理分区,在地势、地貌、土壤与种植结构等方面的分异愈加明显②。古代苏松地区的文献资料中多有"低乡"、"高乡"的称谓,正是这种东西差异在区域名称上的反映。古代文献所谓之"低乡",主要指苏嘉湖平原腹地的低洼积水平原,海拔一般在2.8米以下,河流水量丰沛,以水稻种植和塘浦圩田系统为特征。具体到本文所研究的太湖以东平原,则主要指青浦、松江、金山西部靠近湖泖的低洼地带。"高乡"则指唐代以后华亭、娄县、嘉

---

① 正如王建革在《水乡态与江南社会(9—20世纪)》一书"导言"中所指出:"宋代以来的太湖东部,是最经典的江南水乡,水是生命的基础,这一地区有丰富的水环境,孕育了中国最为发达的鱼米之乡。"

② 从距今七千年开始,长江三角洲南翼在沿岸流、潮流和波浪的共同作用下,自江苏常熟福山一带,以南南东方向形成数条近于平行的密集的贝壳沙带,并延伸至今上海南部的漕泾、柘林一带海边,其再向南的延伸段,已沦没于杭州湾之中。在今上海地区的苏州河以北,自西向东有浅冈、外冈、青冈和东冈五条贝壳沙带,苏州河以南则有沙冈、紫冈、竹冈和横泾冈四条自西向东分布。对贝壳沙带沉积特征所作的分析,确认这些沙带属于滨岸沙带,代表不同时期的海岸线所在。贝壳沙带所在之处,地势相对高爽,俗谓之"冈身"。"冈身"立论以来,逐渐被学界公认为江南滨海平原高、低乡的地理分界线。冈身以东大部分地区是在魏晋以后形成陆地,成陆后从滨海平原逐渐向内陆腹地转化,河流、土壤、种植结构等要素均经历了内陆化过程。

定、上海境内冈身附近及其以东的平原。清代宝山、南汇、川沙设县后,其境内的滨海平原因地势较高,通常也被认为是高乡地区。高乡地势略高于西部,因距海近而河流感潮性强,对潮汐依赖性大,灌溉难度大于排水的难度,在宋元以后形成了以棉花为主的种植格局。本研究则充分考虑了上述高、低乡地理环境各要素在聚落发生、形态和分布方面的影响以及相互关系。

　　自然环境与生存资源对古代聚落的早期构建起着决定性作用,但各类历史文献中的记载却比较少见,因此在尽力发掘古代环境史料的基础上,本文也尝试对遗存较为丰富的明清乡村聚落地名和民国地方志中常见的区域地形图加以充分利用,对早期聚落的情况进行某些学理性的推断。这种研究方法的依据是:古代乡村聚落地名往往包含聚落缘起时的地理环境信息,由于乡村聚落地名属于自然形成的低层级地名,受政治因素的影响微小,很少像政区地名那样反复经过文化和意识形态的再加工,所以能够在较长的历史时期内稳定地延续。有时村落名称因宗族主体的变化而更名,但自然环境信息则相对得以保留,因此乡村聚落地名在与其他文献相互参照的情况下,可作为追溯聚落发生史的较可靠资料。另外,清代、民国时期江南地区有大量乡镇志的修撰,其中包含一部分珍贵的大比例尺乡镇地形图,从中可以看到村庄与河道的详细布局与空间形态,而这些尚未受到城市化影响的村庄在名称和形态上具有比较稳定的历史延续性。

一、低乡聚落:浜村合一

　　宋元以降太湖东部平原以冈身为界的高、低乡地理分异愈加明显,地理环境的制约性势必在聚落构建机制和形态方面有所体现。在这方面,日本学者滨岛敦俊曾对太湖平原低湿地带(即低乡)的"浜""村"关系作过具体描述:

　　　　所谓"浜",是指大沟渠的支汊死胡同状的小水体,在现存的二万五千分之一或五万分之一的地形图上,可见村落位于浜的沿岸,且村名为某某浜的也不少。①

滨岛指出的乃是直至前城市化时期仍然存在于太湖周围低湿地带的"浜村合一"现象,即河浜与村落不仅在形态上相互依存,名称也不分彼此,包含着聚落形态与聚落地名双重合一的意义。那么"浜村合一"现象在低乡地区是否具有普遍性呢? 早期的发生机制如何?

（一）发生机制的分析

以下先通过清代金泽、朱家角、朱泾这三个低乡市镇下辖的乡村聚落地名,来具体分析河浜与村落在地名上的同一性,并据此追溯其早期的发生机制。

清代金泽镇在青浦县治西南三十五里,位于淀山湖以东,平均海拔不足一米,至迟在宋初已成镇。修成于乾隆年间的《金泽小志》,谓其"四面距湖,涵浸相属,土厚而肥,民饶而简,水云乡中乐土也",可见该处地势低洼,水量丰沛,田土肥沃。当时物产以稻米为主,杂以麦、豆、油菜,并无棉花之植②,此为典型的低乡种植结构。《金泽小志》所录的"图圩村庄"有：

> 潘家湾、仙泾港、杨垛、颜家浜、西湾、神道浜、芦田浜、池家港、新池家港、南汪、谢家湾、李家圩西岸、徐家湾、小北沈浜、塘湾、西田、东圩生田、薛家港、俞家浜、斜河田、姚蔪、金泽港。③

朱家角镇比金泽镇稍靠东部,但仍处于泖湖低地范围内,平均海拔仅1.5米,该镇在明中叶达到极盛,"商贾云集,贸贩甲于他镇"。清嘉庆三十年《珠里小志》所列村落名称如下：

> 陆九房、周家港、高家港、和上湾、道士浜、玉阶桥村、薛家汇、小江村、南大港、理麻浜、长条、王家浜、罗家浜、江家角、强固埭、

---

① ［日］滨岛敦俊《关于江南"圩"的若干考察》,《历史地理》第七辑,上海人民出版社,1990年,第188—200页。
② 〔清〕周凤池纂、蔡自申续纂、杨军益标点《金泽小志》卷一"土产、水利",第7、19页,上海市地方志办公室编《上海乡镇旧志丛书(7)》,上海社会科学院出版社,2005年。
③ 〔清〕周凤池纂、蔡自申续纂、杨军益标点《金泽小志》卷一"疆域",第3页。

汤家埭。①

朱泾镇原属青浦县,在清雍正二年金山置县后改隶金山,位于低乡地带的边缘,平均海拔2.5米,在元代已成巨镇。据修成于清嘉庆十二年的《朱泾志》所记,物产中除稻米外,亦有棉布之属,但并未提及当地人是否种植棉花。该志所载的乡脚村庄有:

> 张家浜、市前浜、王家浜、尤家阁、下圩、绣针浜、沈家浜、徐家浜、高家村、河沿村、周家埭、三家村、潦浜、南腰浜、北腰浜、黄草塘、赵圩、新浜、东瑶潭、西瑶潭、和尚淀、豆头港、二塘浜、许家库、上圩村、徐家浜、南傍湾、北傍湾、王油圩。②

以上三个地点的村落名称存在明显一致性:大多数村落的通名直接使用了各种水体的名称,其中多数为低洼地带所常见的深通阔大的水体,如塘、港、潭、荡、淀等,而直接以"村"命名的聚落只是少数。

首先从地理意象的形成原理来看③,村落与河浜的同名,可以理解为现实中的丰沛水环境和丰富的水体景观在地名上的意象反映。该区位于太湖碟形洼地的底部,东排的太湖水及周边的淀泖之水易于蓄积,为塘浦泾浜提供了稳定丰沛的水源。在时人看来,宽广通达的水面环绕着村宅与农田,举目皆是,因之自然而然形成了以水景观为主体的环境感知。地理景观实体的名称经过意象的加工而体现在聚落的命名中,在我国古代乃是一种常见的地名文化现象。

上述聚落地名中还蕴含着更重要的发生史信息,即河浜名称与宗族姓氏的结合。表示小型分支河道名称的"浜"之前多被冠以宗族姓氏,共同构成村落的名称,如颜家浜、王家浜、徐家浜等,说明已被研究

---

① 〔清〕周郁滨纂、戴扬本整理《珠里小志》卷五"村落",第59—61页,上海市地方志办公室编《上海乡镇旧志丛书(7)》,上海社会科学院出版社,2005年。
② 〔清〕朱栋纂、郭子建标点《朱泾志》卷一"村庄",第3页,上海市地方志办公室编《上海乡镇旧志丛书(5)》,上海社会科学院出版社,2005年。
③ 张伟然认为,"意象"正在成为国内人文地理学界的热词。从历史地理学本位理解,最重要的意象有两类:其一是区域意象,它蕴含在各类地区名称以及人们的感觉文化区中;其二是环境意象,即人们对各种环境和人地关系的感知、评价和记忆,即从景观到生态再到观念的上升(参见张伟然《文学中的地理意象》,《读书》2014年第10期,第49—56页)。

者证明的唐宋以后太湖平原塘浦干河系统的泾浜化、大圩分小圩等环境变迁过程,与聚族而居式村落的增殖过程有着密切的关系。

太湖平原自有人类活动以来,河道与聚落的依存形态即已确定,人们的生产与生活空间围绕河道而展开。环太湖的低湿地带最先得到开发,聚落构建以开浚河道、排除积水为先决条件。太湖流域考古遗址中水稻田的发现,可作为史前时期人们围绕定居地开浚水沟、利用地表淡水的证据。1995年马家浜文化(公元前5000—前4000年)晚期的草鞋山遗址发掘出水稻田三十四块,这些水稻田面积较小,从几平方米到十几平方米不等,周边有水沟、水塘及水路等水利配套设施[①]。这说明新石器时期人们的定居地与人工水塘的依存关系业已存在,地表水的河渠化方式对应该区的沼泽平原地貌而产生。随着人类活动的深入,地表河渠化进一步完善,河道开凿与农田水利兴筑的力度加大,原来的沼泽地貌逐渐演化为塘浦圩田地貌。这种地貌以纵横交织的河道和排灌有序的圩田为主体,聚落错杂分布其间,河道是人们生产、生活、交通的根本依托。

早期太湖平原治田治水的根本是疏水、导水、开河以排干沼泽,而建造聚落最需要的高爽地面,自然通过各类河道的开凿和沼泽湿地的干爽化而获得。所以,造宅以开河浚水为先,宅随河而就,是由低湿平原的地理环境所决定的聚落营造原则。

然而,以"浜"命名聚落的现象,则可能主要发生在晚至宋元之后的小圩时期,尤以明清为显著。根据缪启愉的研究,唐五代时期的圩田规模较大,动辄方圆上百里,堤岸高厚,塘浦深阔,圩区排灌有序[②],那么据此推测,宋以前的低地聚落应多依塘浦干河而建,处于大圩边缘比较高爽的地方。这种傍依大河的聚落享有交通之便,但却免不了

---

① 谷建祥等《对草鞋山遗址马家浜文化时期稻作农业的初步认识》,《东南文化》1998年第3期,第16—19页。关于史前时期缘太湖地区人居环境的分析,亦可参考上海市文物管理委员会《1987年上海青浦县崧泽遗址的发掘》,《考古》1988年第3期,第204—219页;陈杰、陈中原、李春海《上海松江区广富林遗址的环境分析》,《考古》2007年第7期,第71—79页。

② 缪启愉编著《太湖塘浦圩田史研究》,农业出版社,1985年,第40页。

风涛潮流冲击之险,缺乏安全保障。宋室南渡后,太湖平原的人口增殖及相伴而来的生存压力使该地区农业向精耕细作发展,土地私有制进一步完善,随之出现了水网的泾浜化和农田的小圩化,聚落格局也发生了相应的改变,由原来依附于大型河道改为沿小型泾浜而分布。

明嘉靖年间王同祖的《治水议》描述了小圩抵抗水旱能力较强的好处以及具体的修治办法,当时由大圩分成小圩可谓势在必行:

> 小圩之田,民力易集,塍岸易定。或时遇水,则车戽易过,水潦易去,虽有巨浸,莫能为害。而大圩之田,塍岸既广,备御难全。雨潦冲击,东补西坍,皆荡然没矣。纵使修举积水,然居民有远近之不同,民力有贫富之不一,地形有高下之不均。顾大圩之田,遇灾不救者十居八九。今莫若较田圩之大者取而分之。以二三百亩为率,因其高下督民取土,裹以塍岸,则田圩之形成矣。……今观大圩之内,多有沟洫池溇之属,纵横布列。古人制之,所以备旱潦者也。宜因而浚其两旁,增筑塍岸,就以分圩裹田。①

修小圩以分割河道为前提,这导致小泾小浜的数量大大增加,而泾浜增加与聚落增长具有内在的关联。聚落所依存的河流,由大型塘、浦转向分支的泾、浜,实际这一现象在北宋已经显著存在。北宋水利家郑亶曾分析过当时何以普遍出现以姓氏命名的小河流:

> 古者,人户各有田舍,在田圩之中浸以为家。欲其行舟之便,乃凿其圩岸以为小泾、小浜。即臣昨来所陈某家泾、某家浜之类是也。说者谓浜者,安船沟也。②

郑亶指出,人们在塘浦围绕的田圩之内营造村落,古已有之,但近来圩外的大河却被圩内人家分割成小泾、小浜,圩岸也受到破坏。这些河浜因系某家所开,所以多以某家姓氏命名。言下之意,这种私家所开的小泾小浜已遍及各处。但进一步分析则会产生这样的疑问:若

---

① 〔明〕崇祯《松江府志》卷十八"论治田法",《日本藏中国罕见地方志丛刊》,书目文献出版社,1991年。

② 〔宋〕范成大撰、陆振岳校点《吴郡志》卷十九"水利上",江苏古籍出版社,1986年。

无田圩之内新聚落的扩展,何来新的交通需求(浜作为安船沟,即交通渠道)? 泾浜小河道不断增加的内在驱动力,实则是新聚落不断涌现所带来的交通与用水需求。

南宋水利家黄震则明确指出了泾浜是原来的塘浦系统发生分化的结果,而泾浜的增加与田宅的增多直接相关:

> 凡今所谓某家浜、某家泾者,皆古塘浦旧地……后人求一己田宅之利便而坏之,见止一时。坏之既久,则复之甚难。……议者多谓围田增多,水无所归,然亦只见得近来之弊。[①]

可见,由人口增殖、土地分割、聚落增加所推动的水网泾浜化,也引起了负面的环境效应,导致古代塘浦大河、大圩的形势被改变,水无所归,排水不畅,这可由明清时期太湖平原水旱灾害的频发得到证明。

小河浜对于低乡聚落营造的重要性和先决性,也时常体现在明清江南士人的诗词中,使我们对当时的聚落形成机制获得更多的了解。清中期人汤显业途经朱里镇(今上海市青浦区朱家角镇,又称珠里)小江村时留下《泊小江村》一诗,其中有"水村以江名,江小亦卑耨。湖泖为邑襟,潮汐润塍镂。……浚沟同甲庚,占宅适丁戊。辛祈而卯耕,寅禾与申豆"等语[②]。小江村在朱里镇东南二里,处于淀山湖以东的低洼之区,既受到湖泖之水的浸润,也享有潮汐流通之便,水资源十分丰沛。但此时的小江村与其他众多的低乡聚落一样,依存的已然不是大江大河,而是一条名为"小江"的河浜,人们在这条河浜两岸居家造宅,田地也围绕河浜、房屋而分布。

总之,各类文献所共同指向的"浜村合一"现象,反映的古代太湖平原低乡地带的聚落沿小泾浜分布的一般范式,这一趋势在宋元时期已经随着大圩分小圩的发生而广泛铺开。其背后蕴含的则是大河三角洲湖沼低地的聚落营造以开河导水为先、宅随河而就的基本原则。

---

① 〔明〕正德《华亭县志》卷二"水利(中)","治策",《上海府县旧志丛书(松江县卷上)》,第100—101页,上海古籍出版社,2011年。

② 〔清〕周郁滨纂、戴扬本整理《珠里小志》卷五"村落",第61页。

而聚落名称呈现出宗族姓氏与河浜的结合,这与宋元以降江南人口与宗族聚落的大量增殖,并由干河沿岸向其支流体系的扩散有关。

(二) 形态的分析

明清时期低乡聚落在空间形态上的特征已十分突出,即聚落房屋沿小河浜呈线状排列,房屋与河浜的距离普遍较近,并具有向集村演变的趋势。

清代的青浦县西岑乡,周围为东白荡、北白荡、西岑荡等广大水面所包围①,但村内的房屋却无一分布在湖荡岸边,而是沿着几条从大湖伸出的小泾浜呈线性延展如图1所示。

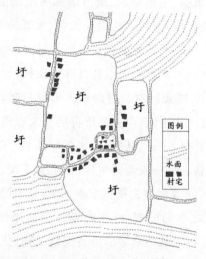

图1 低乡聚落的小河浜与房屋格局(清代西岑乡的村落形态)
(根据清《西岑乡土志》卷首插图改绘)

从图1还可明显看出,房屋所依存的河浜一般为"通浜",即小河浜的两端均与大河(或湖淀)相通,水源补给相当丰富,不仅有利于稻作生产,而且浜边村宅的对外交通也相当便利,使得行船成为主要的交通方式。这与滨岛敦俊所谓的浜专指"大沟渠的支汊死胡同状的小

---

① 〔清〕唐澄甫原著、葛志坚续编、赵航标点《西岑乡土志》(不分卷)"地址",第1页,上海市地方志办公室编《上海乡镇旧志丛书(7)》,上海社会科学院出版社,2005年。

水体"之说法是有出入的,滨岛之用意可能不在于将高乡河浜的形态与低乡刻意地加以区分。

低乡聚落傍依"通浜"的证据以及与之相关的种植结构和交通特征,还可以 1930 年代费孝通所研究的开弦弓村周围的情况来说明:

> (该村)90%以上的土地都用于种植水稻,人们靠种稻挣得一半以上的收入。当地人称一块环绕着水的土地单位为圩,每个圩有一个名字。住宅区的规划同村子的交通系统联系起来。在这个地区,人们广泛使用船只载运货物进行长途运输。除了一些挑担的小商人外,人们通常乘船来往。几乎家家户户都至少有一条船。由于船只在交通运输上的重要位置,为便利起见,房屋必须建筑在河道附近,这就决定了村子的规划。河道沿岸,大小村庄应运而生,大一些的村子都建在几条河的岔口。①

开弦弓村位于太湖东南约十五公里的地方,属于典型的低洼水网地带,浜、村、圩具有紧密的一体化关系,而丰沛的水量也决定了该村绝大部分土地种植水稻以及家家户户靠船只进行交通的事实,甚至也决定了村庄房屋的规划,即房屋必须建筑在贴近河道的地方,村庄整体上呈现沿河扩展的形态。

开弦弓村所处的水陆格局,则充分说明"通浜"是低洼地区河道的共性特征,几乎所有的圩村都依存着互相通达的河流,形成十分典型的水网地貌。村落和农田处于这样的环境中,正如舟泛水上、莲浮塘中,河湖景观的主体地位得以凸显。

由于所处的低洼地势和河流水量丰富的原因,开弦弓村已具备一般所认为的集村形态。鲁西奇在总结人文地理学者关于聚落形态的研究成果后提出了简明的集村概念:集村是由许多住宅集聚在一起而形成的大型村落或乡村集市,其规模相差极大,从数千人的大村到几十人的小村不等,但各农户需密集居住,且以道路交叉点、溪流、池塘

---

① 费孝通《江村经济——中国农民的生活》,江苏人民出版社,1986 年,第 11—16 页。

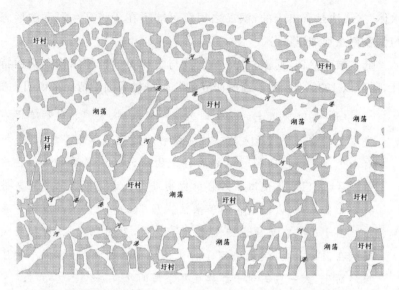

图 2　低乡聚落所处的"通浜"与水网大格局（民国吴江县开弦弓村）
（根据开弦弓村周边的水陆形势图改绘，局部经过意象处理，即突出水陆景观的对比度，并不改变原图要素的布局和比例。原图载《江村经济》江苏人民出版社 1986 年版第 10 页）

或庙宇、祠堂等公共设施为标志，形成聚落的中心①。开弦弓的形态与上述概念十分符合，村中房屋沿几条河浜的岔口向四周展开，具有明显的几何中心。这与滨岛敦俊在《江南的聚落、社区与农民共同关系》一文中的发现也是一致的，滨岛指出：江南三角洲高地的聚落规模很小，多半是以孤立庄宅构成，以疏村、小村为主；三角洲西部的低乡，以一百户为中间数值的集村为主②。不过，滨岛是从聚落共同体的角度来观察，本文则是以地理环境的基础作用为立足点，从地理环境与聚落发生的关系来看，太湖平原低地良好的河浜通达性和丰富的水量，的确为集村的发生提供了基本的条件。

低乡村宅沿河浜分布、距离河浜普遍较近的形态，除受农田水利

---

①　鲁西奇《散村与集村：传统中国乡村聚落形态及其演变》，《华中师范大学学报》（人文社科版）2013 年第 4 期，第 113—130 页。

②　滨岛敦俊《江南的聚落、社区与农民共同关系》，《社会》2007 年第 3 期，第 189—205 页。

需求和交通方式的影响外,与河浜所提供的便利的日常生活功能也有密切关联。笔者在青浦沈家埭、大桥港、三沙湾三个自然村的实地调查中发现:大多数房屋的正面或背面对准河浜,距离河边最远的住宅也不超过五十米①。据村民回忆,在安装自来水之前,生活饮水和洗涤用水均来自河流。村民一般趁早上河水尚未被往来船只搅乱的时候从河里取水,放在家中的大水缸内用明矾澄清备用,虽然村中桥头边也有水井,但主要是在干旱时应急之用。以前人们习惯于在河水中洗衣、淘米、洗菜,偶尔用井水洗衣,却因碱性较大而致使衣物易于返潮。

综上所述,长期以来太湖以东低湿地带的"浜村合一"现象,不仅指河浜与村落在形态上紧密依存,也指二者在名称上的统一;聚落的形态变化不仅与宋元以后低乡水环境的演变相适应,也反映了地势、交通、生计需求等因素的综合作用。

二、高乡聚落:以宅为主、浜随宅就

从遗存的各种旧方志地图来看,高乡的村宅与河浜也有着紧密的依存关系,体现出水乡聚落的一般特征,但具体到浜村体系的整体格局、单体聚落的内部结构以及背后的驱动机制,仍然存在一些差异。

(一)高乡聚落的形态

先以民国时期嘉定县方泰乡为例,来辨析高乡浜村体系的形态特征。该乡地跨冈身,地势高亢,是名副其实的"高乡",清志载其地"仅宜木棉",而不见种稻的叙述(虽然事实上棉与水稻间种,所谓棉七稻三)②。从民国十九年《嘉定县续志》所载的乡境地形图来看,宋元时期与大圩相适应的"纵浦横塘"格局的遗迹尚存,由大圩大河演变而来的

---

① 三个自然村均位于淀山湖以东的今青浦区朱家角镇附近,村中河流形态依然完整,只是稍稍淤塞,稻田面积比以前缩小。笔者于2013年12月22日和2014年1月12日、13日共进行三次采访,除田野勘察外,访谈五位八十岁左右的老人,一位六十多岁的退休教师,一位四十多岁的村民、一位五十多岁的村民。

② 〔清〕萧鱼会、赵稷思编,吴宣德标点《石冈广福合志》卷一"疆域考",第8页;〔清〕《方泰志》卷一"土产",第28页,《上海乡镇旧志丛书(1)》,上海社会科学院出版社,2004年。

泾浜化聚落体系十分明显,这一点与低乡的情况大抵相同①。

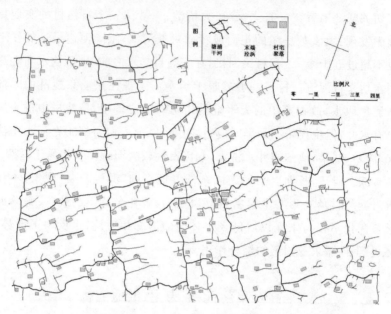

图 3　高乡水网的整体形态与聚落分布(1920 年代嘉定县方泰乡)
(根据民国《嘉定县续志》卷首,图说,"方泰乡图"改绘)

但是,方泰乡河浜与村宅的具体结构却与低乡不同。从图 3 可以看到,纵向干河基本保持完整,而横向干河则趋于破碎和凌乱,且发散出数量众多的泾浜尾闾,构成十分发达的末端水体系统。其次,作为分支水体的泾浜形态也与低乡的"通浜"不同,低乡泾浜两端均与外河相通,而高乡泾浜则为一端不通且弯曲度较大的死胡同状,与滨岛所谓"浜"的概念恰好相合。再者,聚落分布也具有随机性和分散性,有些村宅甚至距离河浜较远。

上述特征可从该区的水文条件,即河流对潮汐的依赖性得到解释。明万历五年巡江御史林应训作《议处荒田疏》曰"该区(指嘉定安亭、方泰一带)之内有吴塘、顾浦,皆干河也,北通刘家河以接海潮,南

---

① 〔民国〕《嘉定县续志》卷首,图说,《上海府县旧志丛书(嘉定县卷四)》,第 2654—2691 页,上海古籍出版社,2011 年。其中共包含当时嘉定县所辖三十三乡的详细地形图。

通吴淞江以吞潮水,三四十里之内俱赖引灌,就中起钱粮不亚三万余石"①,从中可见高乡农田和民生对潮汐来水均十分依赖。根据民国《嘉定县续志》中对水道与水性的说明,南北向干河盐铁塘、吴塘、顾浦等为该区最重要的纳潮通道,逆浏河而上的长江潮和逆吴淞江进入的东海潮藉此形成流通之势,然后再通过东西向的横塘分流,最后才进入末端小泾浜,深入到田间村宅。另一方面,由于太湖东流的清水至此已势弱,加上地势较高、排水不畅的缘故,形成"清不抵浑"的局面,所以每日上涨的潮汐成为该区河流重要的水源补充,可谓"支河承干河,潮汐通呼吸"②。

　　反过来看,高乡的潮汐依赖也造成环境与社会诸多方面的局限性。由于潮汐来水不稳定,潮沙沉积又易致河道淤塞,所以农田时常遭受干旱的影响,日久则成贫瘠之乡。明人归有光《论三区田赋役水利书》曰:"连亘嘉定迤东沿海之地,号为冈身,田土高仰,物产瘠薄,不宜五谷,多种木棉,土人争事纺织……夫高阜之地,远不如低洼之乡,虽遇大旱,有鱼鳖菱芡之利,长流采捕,可以度日。高乡之民,一遇亢旱,弥望黄茅白苇而已。低乡水退,次年以膏腴倍收,瘠土之民,艰难百倍也。"③顾士琏《论海口劝浚》则说:"高乡之河与低乡异,海口之河与内地异。低乡湖水清澈,又因翥泥致深。海口一日两潮,每潮淀积一箸,一岁淀七百二十箸。又无湖水冲激,潮益浑,一升水,二合泥。"④如此道出高乡缺水与河流失浚对民众生计的损害,稍遇干旱,则温饱难以相继。其次,潮水灌溉还有损田土肥力,对水稻生长不利。因此,自明代以后高乡便负有瘠薄之名,这与该区水环境的转变以及农田水利与民生对潮汐的依赖有很大关系。

---

① 〔清〕孙岱、陈树德编辑,王健标点《安亭志》卷三"田赋",第38页,上海市地方志办公室编《上海乡镇旧志丛书(2)》,上海社会科学院出版社,2004年。
② 〔清〕章树福纂辑、邹怡标点《黄渡镇志》卷三"水利(上)",第32页,上海市地方志办公室编《上海乡镇旧志丛书(3)》,上海社会科学院出版社,2004年。
③ 〔清〕孙岱、陈树德编辑,王健标点《安亭志》卷七"艺文(三)",第91页。
④ 〔清〕张人镜纂、魏小虎标点《月浦志》卷三"水利志",第53页,"治水议",上海市地方志办公室编《上海乡镇旧志丛书(10)》,上海社会科学院出版社,2006年。

在这样的水文条件下,高乡小河浜的蓄潮功能显得尤为重要,甚至直接制约着聚落的构建方式。图3显示的小河浜数量很多,随处而就,这是因为开凿的小河浜越多,就越有利于农田的灌溉和村宅的用水,尾闾弯曲比直来直去的河浜更便于潮水的潴留。另一方面,随着村宅数量的增加,泾浜尾闾系统也愈益复杂。

至于高乡单体聚落内部房屋与河浜的微观布局,则可以民国时期松江县的薛家埭等村为例来说明。

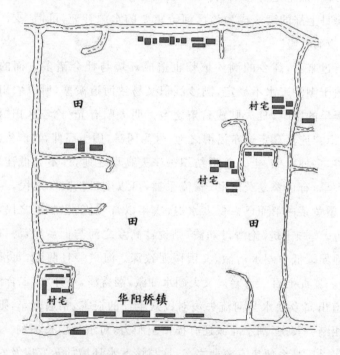

图4 高乡聚落内部的小河浜与房屋布局(1940年代松江县华阳桥薛家埭等6个自然村)

(根据黄宗智《长江三角洲小农家庭与乡村发展》第150页插图改绘,中华书局2000年版)

在地处高乡的薛家埭等村,通潮小河浜不仅为农田所赖,而且是村庄的重要水源,所以乡村房屋一般聚集在小河浜附近。但与低乡村宅房屋沿河浜一线排开的形态有所不同,华阳桥村宅的房屋呈不规则的簇状分布,甚至距离河浜较远,没有明显的几何中心,而是呈现出房屋与河浜的离散趋势。这种不规则的住宅分布与水量不足的河浜,很难形成如低乡那样的集村形态。这一特征促使笔者进一步从地理环境变迁的角度追溯高乡人们开凿小河浜的最初动机,以及开浜与建宅的先后次序。

（二）高乡聚落的发生机制

低乡人们开凿河浜的目的,首先是疏通和排除积水,只有排干沼泽,才有足够的干爽地面以供建造住宅,所以低乡聚落营造的原则是以开浚河浜为先,宅随浜而就。低乡的丰水环境也造就了河浜的通达性,因此船只成为主要的交通方式,屋宅沿浜分布,交通的便利显而易见。然而,高乡人们开凿河浜的目的,首先是引潮和蓄水。相对高亢的地势与窄小的河流,使得营造聚落所需的干爽地面并不缺乏,所以形成以屋宅为中心、浜随宅就的局面。环绕住宅开凿河浜,主要为解决生活水源,距离河浜较远也并不影响河水的取用。又由于河道浅窄不利用行船,即使大河里的船只也常常候潮而行[①],所以住宅没必要非建在河浜岸边,交通反而更依赖陆上通道。

考诸史料,太湖东部平原高、低乡农田水利与聚落环境的分异,是在南宋以后开始显现的,高乡日益严重的干田化引起聚落发生模式的相应变化。

唐五代时期太湖东部平原的农田水利系统尚具有一体化的特征,在官方力量主导下,整个区域都形成了大圩田制和塘浦泾浜体系,具有植稻的丰水环境[②]。当时吴淞江排水通畅,两岸农田水利井然有序。地跨冈身的嘉定一带地势虽高,但并未出现后来的旱象。嘉定境内干河练祁塘,最早是因"澄澈如练"而得名,因为早期太湖来水的排泄尚

[①] 历代均有不少文献、诗歌、竹枝词等讲到高乡河道船只交通的局限性,主要是"待潮而行",例如宋人游君传诗《沙冈待潮》曰:"待潮舟搁浅边冈,少憩田园竹树凉。数点弄秋疏雨过,槿花篱落带斜阳。"元人顾发作有《待潮顾浦宿耕者张钦舍》一诗;清代嘉定人钱竹汀诗曰:"顾浦待潮天欲晚,田居冷僻似僧房。"

[②] 参见王建革《水乡生态与江南社会(9—20世纪)》第一、二、三、七章相关内容。

且通畅,浑潮势力并不强大①。另一条干河吴塘两岸遍种水稻,水土条件与低乡相似。宋游君传《吴塘晚泊》歌咏两岸秋色曰:"稻随秋雨熟,水带晚潮浑。"②元代流寓江南的陈达观夜泊嘉定练祁水,作诗曰:"黄芦叶响双溪雨,白稻花香两岸田。"③这些均说明当时高乡的稻田景观令人印象深刻。此类景象一直持续到明初,当时嘉定县境内仍"塘浦、泾港大小三千余条,水道流通,犹可车戽,民间种稻者十分而九"。

宋南渡后在人口增长的压力下,农田开发强度增大,低乡的大圩田体制首先开始崩坏,上游湖水出现壅塞难排的局面,纵浦横塘的格局日益向破碎化的泾浜转化,正如郑亶所云:"今昆山诸浦之间,有半里或一里二里而为小泾,命之为某家浜者,皆破古堤而为之也。浦日益坏,故水道湮而流迟,泾日益多,故田堤坏而不固。"④地处上游的低乡排水不畅,使过境客水减少,导致高乡的河道大量湮没干涸,到清中叶,古人遗留的塘浦干河已消失过半。嘉庆《嘉定县志》对高乡河道的减少有如下追溯:

> 唐以前,(嘉定)概为平陆。赵宋时,浚导之功始兴,纵而为沥,横而为塘,大者为港,次者为浦,转而为泾,分而为浜,回而为湾,合而为汇,派而为沟、为漕。《杨志》谓支河昔有三千余条,今湮其半。姑指可名者,百有奇。韩《志》增至二百有七十。赵《志》增补,统计九百。分县之后,尚应四五百条,迄今又多湮没者也。⑤

伴随着高乡塘浦泾浜的减少和湮没,以稻为主的种植结构开始向以棉花为主的旱作格局转化,这种变化至迟在明初已经发生。乾隆

---

① 〔清〕乾隆《嘉定县志》卷四(上)"水利志",《上海府县旧志丛书(嘉定县卷二)》,第1097页,上海古籍出版社,2011年。
② 〔清〕康熙《嘉定县志》卷十九"艺文(二)",《上海府县旧志丛书(嘉定县卷一)》,第729页,上海古籍出版社,2011年。
③ 〔清〕乾隆《嘉定县志》卷四(上)"水利志",《上海府县旧志丛书(嘉定县卷二)》,第1097页。
④ 〔清〕乾隆《嘉定县志》卷四(下)"水利志",《上海府县旧志丛书(嘉定县卷二)》,第1129页。
⑤ 〔清〕乾隆《嘉定县志》卷六"沟洫考(一)",《上海府县旧志丛书(嘉定县卷二)》,第1485页。

《嘉定县志》追溯道:"江湖壅塞,清水不下,沙土日积,既不宜于禾稻,姑取办于木棉。"①可见,高乡丰水环境的消失是稻转棉的主因。明中期以后,松江府东境的高地也已形成以棉花为主的种植结构。华亭县东南一带跨越冈身,自冈身以至沿海,棉花种植日渐增加,据光绪《华亭县志》记:"邑境向惟浦北朱家行、浦南沿海等处,田高土燥,多种木棉,其余各乡,只于沟塍隙地种之。今六磊塘北种花,已十之三,再东北,十之七矣。大洋泾南种花,亦十之三,再东南,十之六矣。"②由此可见,高乡的干田化有逐渐扩大的趋势。

水环境变化对聚落的影响在明初以后也得到显著体现。这时高乡河道渐渐从宽深的塘浦演变为细港狭流,湿地积水环境退化,出现了大面积的干爽地面,从而提高了建屋造宅的自由度。塘浦变"细港"的现象实则于元代已经初露端倪,元人王逢《简夏嘉定》诗曰:"百里绕吴烟,重过喜地偏。深城迟闭户,细港倒回船。"③时至清中叶,嘉定一带河港窄小弯曲、种植以棉豆为主的景观已经十分突出,时人何平《盐铁道中》如此描绘:"百折矎城水,牵舟渡几湾。种棉培垄上,壅土菽麻间。岸曲疑无路,青来若有山。"④河港与积水面的减少为村聚分布提供了更大的地理空间,人们以农田和村宅为核心来开挖泾浜水道,重新布局水系的结构,进而形成浜随宅就的格局。

上述高乡聚落水环境与聚落格局的变化还可找到地名学的证据。其一,明清嘉定乡镇志中多有"原"字之谓,系指称傍河高爽而开敞的土地,冢墓、家祠等需要高爽的地面,常常建于原上。例如,乾嘉间《续

---

① 〔清〕乾隆《嘉定县志》卷三(上)"赋役志",《上海府县旧志丛书(嘉定县卷二)》,第1045页。
② 〔清〕光绪《重修华亭县志》卷二十三"杂志(上)",《上海府县旧志丛书(松江县卷中)》,第1157页,上海古籍出版社,2011年。
③ 〔清〕康熙《嘉定县志》卷十九"艺文(二)",《上海府县旧志丛书(嘉定县卷一)》,第730页。
④ 〔清〕康熙《嘉定县志》卷十九"艺文(二)",《上海府县旧志丛书(嘉定县卷一)》,第735页。

外冈志》载,高邑县知县金洲墓在"漳浦之原"①,浙江分巡宁绍台海防兵备道印宪曾墓在昆山县李区一图乌字圩"瓦浦之原"②。在塘浦纵横的水乡地带,"原"能够作为方位指称而得到普遍运用,可从一个侧面证明湿地丰水环境向干旱化的转变。

其二,低乡"浜村同名、村聚以浜为名"的地名规律在高乡极少体现,高乡聚落一般以"村""宅"为通名,以地理意象的原理来看,这是高乡缺水环境在地名上的意象反映。

清代的黄渡镇位于嘉定县与青浦县交界处,地跨冈身两侧,地势高阜,适合种棉,是典型的高乡市镇。镇之名始于明嘉靖年间,但在宋元以前镇区北半部已形成聚落,名卜家湾③。黄渡为大镇,编于咸丰三年(1853年)的《黄渡镇志》所载村庄众多,此处仅列举其中两图(三十一保二区一、二图)的村落名称如下:

> 蔡家桥、塌桥南村、陶家村、钱家村、杨林寺前、龚家村、印家村、餐桥头、张家村、周家村、徐家村、杨家荡、骆家村、童家村、北田村、坍石桥、姜家村、八仙泾、赵巷、李家村、马墙角、北谢家村、长潭村、许家村。④

江湾镇靠近吴淞口,属于地势较高的滨海平原,河流感潮明显,土壤沙质,适合种植棉花和杂粮。在政区隶属上,清中期以前属嘉定,清雍正十年宝山设县后改隶宝山。该镇以虬江之湾得名,成市于南宋中期。民国十年《江湾里志》所载之村宅有:

> 雨十五图内:严家宅,郭家宅,小场庙宅,李家宅,俞家厍,叶家宅,卞家宅,印家弄,东夏家荡,西夏家荡,八房宅,金家圈,中夏家荡,绵虾宅,杨家堰,孙家宅;
>
> 雨二十六图内:大沈家宅,印家宅,梁印宅,丁家宅,周家宅,

---

① 〔清〕钱肇然编、王健标点《续外冈志》卷二"冢墓",第29页,《上海乡镇旧志丛书(2)》,上海社会科学院出版社,2004年。
② 〔清〕孙岱、陈树德编辑,王健标点《安亭志》卷十五"冢墓",第256页。
③ 〔清〕章树福纂辑、邹怡标点《黄渡镇志》卷一"建置",第2—3页。
④ 〔清〕章树福纂辑、邹怡标点《黄渡镇志》卷二"疆域·行村",第25页。

马家宅,白漾宅,蔡家宅,顾家宅,苏家宅,唐家池,唐家宅,何家宅;

剑二十八图内:姚家宅,麦家宅,小沈家宅,周家宅,钱家宅,侯家木桥,坟山宅,楼下宅,新宅,西宅,金家宅;

剑三十图内:西颜中桥,钱张宅,东颜中桥,瞿家宅,郁家宅,孙家巷,冯家浜,大周浜,陆家桥,木行宅,小宅,朱家宅,小杨宅。①

高乡聚落以"村""宅"命名的传统一直延续到20世纪90年代以来村庄大量被城市化覆盖的时期,例如,2011年出版的《浦东新区金桥镇三桥村志》所列举的村落名称有:灵道庵、桂家宅、姚家弄、张家宅、叶家宅、凌家宅、王家堰、丁家宅、杨家宅、周家宅、倪家宅、北叶家宅、前后龚家门、东西丁家阁、俞家宅、南北张家宅、三桥宅、新宅、丁家门、陈家门、曹家门②。据该志载,这些村落大多形成于清中期,最早的是明末,可见明代以来高乡的干旱化环境开始凸显,与之相适应的聚落发生机制和命名规则均得到稳定的延续。

三、高乡中的低地:复合式的聚落形态

前述高、低乡聚落形态与发生机制的差异并不是绝对的,史料还显示另有一种介于两者之间的复合式聚落形态。

今上海市嘉定区钱门塘镇,在南宋嘉定设县后即成市镇,依干河盐铁塘而保持长期的繁荣。刊印于民国十年的《钱门塘乡志》载有其下辖的村落名称:

仓场、徐公村、古塘、东姚家宅、西姚家宅、新姚家宅、谢家村、管家村、陈家村、沈家宅、茅娄、石泾、许家厍、东洪家宅、中洪家宅、西洪家宅、周家宅、顾家宅、杨钱泾、绕泾、茅家宅、滕家宅、姚

---

① 〔民国〕钱淦总纂、颜小忠标点《江湾里志》卷一"舆地志",第3页,上海市地方志办公室编《上海乡镇旧志丛书(11)》,上海社会科学院出版社,2004年。

② 上海市浦东新区地方志办公室编《浦东新区金桥镇三桥村志》,上海锦绣文章出版社,2011年,第27—30页。

湾、小钱门塘、赵家村、李家村、王家宅、井家村、唐家宅、施家村、印家宅、王家宅、施家角、茭娄村、羌家角、邵家泾、宣家村、东黄泾、西黄泾、顾家宅、胥家宅、侯泾、张泾、诸家泾、麻漻泾。①

单纯以村落名称的命名规则来看，并不易见该地与其他高乡地区有根本的差异，以"村""宅"命名的村落仍占绝大多数，以"泾""浜"命名的只是少数。但是，将具体地名与具体的浜村形态结合起来观察，即不难发现问题所在。

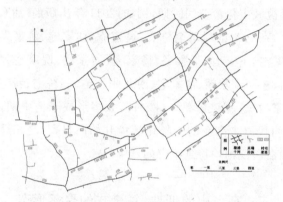

图5 过渡性的聚落与水网格局（1920年代嘉定县钱门塘乡）
（根据民国《嘉定县续志》，卷首，图说，"钱门塘乡图"改绘）

图6 低乡"浜村同名"现象在过渡地带的表现（1920年代嘉定县钱门塘乡）
（根据民国《嘉定县续志》，卷首，图说，"钱门塘乡图"局部放大改绘）

---

① 〔民国〕童世高编纂，许洪新、梅森标点《钱门塘乡志》卷一"乡域志"，"村落"，第5—9页，上海市地方志办公室编《上海乡镇旧志丛书(2)》，上海社会科学院出版社，2004年。

宋元以来太湖东部平原聚落形态的分化及驱动机制

明清时期的钱门塘乡地属嘉定，习惯上被视为高乡之区，但史料记载却显示，这一带实际上是低洼的稻作区，属于高乡中的"异类"。该区地势洼下，《钱门塘乡志》载其"乡间田亩，多栽禾稻，业户收租，皆以糙米计算"①；又进一步分析曰："嘉邑土产，以棉花为大宗，而我乡（钱门塘）稻多于棉。无他，田势低洼故也。"②可见，地势对河流水性与种植结构的影响十分明显，虽然钱门塘周围为高地环绕，但因其本身地势较低，河流水量较为丰富，种植结构也表现出与低乡相似的以稻为主的特征。嘉定县境内的望仙桥乡亦属低洼之区，与钱门塘乡的情况十分相似，民国《望仙桥乡志稿》载："我乡地势洼下，种稻者十居七八。乡民佃田还租，多以米石计算。"棉花只在地势较高的顾浦东岸小块地方有所种植③。

那么，在此类高乡中的低洼地带，聚落形态又表现出怎样的特征呢？从图5来看，大圩时期的纵浦横塘遗存比较明显，但泾浜尾闾结构却比较单一，远不如地处高地的方泰乡之泾浜系统那样复杂。聚落通常沿通浜分布，与低乡的情况类似。从图6来看，具有低乡特征的"泾浜同名"现象依然存在，例如宣家泾与宣家村、杨钱泾与杨钱泾村，且聚落沿浜集聚的形态清晰可见，并未呈现高乡常见的聚落与河浜的离散趋势。

但是，钱门塘乡毕竟地处高乡，整体上河道的蓄水、排水、通航等性能弱于低乡，所以其水道与聚落形态中的高乡因素也有所叠加。例如，聚落整体上呈现散村态势，住宅沿河浜两岸排列的大型村落并不多见，一般为单岸排列。高乡聚落的散村形态在元代已引起有识者的注意，元人谢应芳有诗曰"负郭人家星散住，水边多种木芙蓉"④，说的就是嘉定东境新泾镇的景观。《钱门塘乡志》所收录的诗篇中也有"东西两三村"、"一溪流水绕孤村"、"修篁绕屋背，细泾出泥滓"等表现散

---

① 〔民国〕童世高编纂，许洪新、梅森标点《钱门塘乡志》卷一"乡域志"，"风俗"，第15页。
② 〔民国〕童世高编纂，许洪新、梅森标点《钱门塘乡志》卷一"乡域志"，"土产"，第18页。
③ 〔民国〕童世高编纂，许洪新、梅森标点《钱门塘乡志》卷一"乡域志"，"土产"，第17页。
④ 〔清〕乾隆《嘉定县志》卷一"疆域志"，《上海府县旧志丛书（嘉定县卷二）》，第1012页。

村零落、河流浅窄的诗句①。蓄水量有限、径流不稳定、船只交通又得不到保障的小泾浜不足以支撑大型村落的形成，这是显而易见的道理，所以即便钱门塘地势洼下有利于河流的蓄水，但也只是高地包围中的一块孤岛，周边水环境整体上并不足以支持集村的形成。

钱门塘乡、望仙桥乡等的聚落与水网格局进一步说明，在明清以后的太湖东部平原，稍有起伏的地势以及与地势直接相关的河流的蓄水能力，是影响聚落形态的重要因子。

四、结　语

本文以宋元以来太湖东部平原这一特定地貌区的水环境变化为基础，本着地域一致性与内在差异共存的原则，具体分析作为人居生活场所的聚落在形态、分布和发生过程方面的适应性变化。通过对低乡、高乡两个不同地貌区的聚落构建过程与影响因素进行梳理，得出以下结论。

（一）"水乡聚落"范式

虽然影响聚落发生和演变的人文与自然因素多种多样，但研究者对地理环境局限性的认识基本是一致的②。本文对太湖东部平原个案的研究表明，大河三角洲湖沼平原的改造方式，即以疏水导水蓄水为中心的水网构建方式，自始至终决定着其传统聚落的基本形态和发生形式，本文将之归纳为"水乡聚落"范式。

"水乡聚落"的内涵具体表现在两个方面。其一，在太湖东部平原

---

① 〔民国〕童世高编纂，许洪新、梅森标点《钱门塘乡志》卷一"乡域志"，"图圩"，"村落"，第4—9页。
② 20世纪初法国地理学者阿·德芒戎就已指出"地形、地表的结构和水资源"对早期的聚落选址和居住形态往往起着决定作用（〔法〕阿·德芒戎著，葛以德译《人文地理学问题》，商务印书馆，2007年，第151—157页）。这一观点影响深远，就地理环境与地域性聚落的形态进行研究，在历史地理学界已有一些开拓性的实践，例如王庆成《晚清华北乡村：历史与规模》(《历史研究》2007年第1期)、侯甬坚《西昆仑出山径流尼雅河与尼雅聚落》(《西域研究》2009年第1期)、鲁西奇《散村的形成及其演变——以江汉平原腹地的乡村聚落形态及其演变为中心》(《中国历史地理论丛》2011年第4期)等。

聚落的任一发展阶段,均明显体现大河三角洲湖沼平原的水环境对人居空间的基本制约性。无论地势与地貌的差异,平原的各个部分均在人类活动的参与下逐渐形成干支相辅的方格状水网格局,各种等级的河道承载着交通、灌溉、排水、生活等综合功能,并决定着聚落缘起、存续与发展的路径。这一根本的聚落基因是由大河三角洲平原平坦低洼、积水易涝、排水不畅以及河流具有较强的感潮性等自然特征从整体上决定的。我们在学术领域或日常生活中之所以使用"江南水乡"或者"太湖平原"这样的词汇来作为一个边界并不确定的地理区域的概称,其中就暗含着对此地域内资源与环境一致性和局限性的认同,以及与此环境基础相适应的家园范式的认同。

其二,该区以河道为核心的地理环境改造过程,决定了其聚落形态与发生机制的共同特征,例如,河浜是聚落发生的前提,聚落的房屋沿浜分布,墓地围绕河浜而构建,泾浜扩展与聚落扩散相互促进,生产与生活空间围绕河浜而展开等。这种水环境对聚落发生和演变的制约性,普遍存在于太湖东部平原的每一部分,从地势低洼的湖㳇低地,到依赖潮汐补充河流水量的高乡地区,再到成陆较晚、水土盐碱程度较高的滨海地带,聚落发生的首要环节都是从解决淡水水源,以及沼泽地表的河渠化开始,这从根本上造就了太湖平原上从西至东广泛存在的"浜聚相依"形态。

因此,"水乡聚落"范式既可以代表传统时期太湖东部平原人居环境的典型特征,又可据以揭示现代社会条件下水网与聚落关系应遵循的自然法则。在今天的城市化时代,对土地进行高度的商业开发使农业时代的水网地貌发生急剧的变化,河道被阻断,潮汐不再流通,河流密度骤然降低,平原腹地的水体与海洋之水的沟通和交换变得困难,水质变得不适合健康人居,这些现象促使我们对家园营造模式的地域性、时代性以及可持续性进行深刻的反思。

(二)区域地理环境的本底制约性

聚落的塑造毕竟是一个动态过程,随着人们对周边环境认知的加深、生存经验的不断积累以及对环境局限性的不断突破,构成聚落的景观要素及其功能也发生着不断的再调整和再分布,使之更便于日常生产和生活。但是,也可能随着地理环境的变动,人们不得不放弃原来的住居形式,顺从于新的资源格局。换言之,聚落的形态只是一种人地关系的表象,从聚落的发生与构建以洞悉人类的环境适应机制才是根本。本文个案充分证明,太湖东部平原水乡聚落的形态和发生机制在宋元以后发生了明显分异,人类活动的作用使高、低乡地理环境的差异在明清时期得以凸显,进而又在近现代城市化时期发生河流大量消失的现象,这说明在一定的历史社会条件下,人文因素,例如宋室南渡后江南地区不断增长的人口压力和农田水利环境的变化,城市化时期人们对水资源利用方式的变化和技术的进步等对于家园营造的影响,较之于自然因素可能更为显性,但却更具有阶段性。

但是,除社会经济因素的阶段性影响外,水乡平原微微起伏的地势、潮汐等区域性的自然要素,对于太湖东部平原聚落形态的塑造却长期发挥着本底作用,地理环境对聚落形态的制约作用自史前时期一直到当前的城市化时期均可清晰地看到。在某些情况下,如果人类活动的强度超过自然环境可承纳的平衡点,则会出现种种难以应对的环境问题。例如,当历史进入到19世纪中期,长期积淀形成的太湖平原水网由于上海城市的崛起而被撕开一个巨大的缺口,原来的水乡聚落环境快速变化,随之出现河道与村庄的快速消失。自此,各种不同于传统的水环境问题相继出现,包括河道加速淤塞、水质黑臭、河浜消失、湖水变质、水生态链急剧变化、太湖蓝藻泛滥等。这些环境问题表现出广空间的特征,涉及青浦、嘉定、松江、太仓、浦东等广大地区。这说明,一定的地表水面积、畅通的河网、有序的水体循环,对于太湖以东平原良好的家园生态十分重要,地理环境的制约性也正是从这些变化中得到显著体现。

河浜·墓地·桥梁：太湖东部平原传统聚落的景观与乡土文化

吴俊范

太湖东部平原指的是晚更新世末期太湖湖盆形成以后，其东部不断向海扩展而成的三角洲平原区域。至迟在唐代，太湖以东已经形成西部湖沼低地、东部冈身高地、前缘滨海平原这三个不同的亚地貌区。在人类活动的长期作用下，该区形成了网格状的水网地貌和圩田水利系统，农业种植以水稻为首位，交通以行船为主，河流的开挖与维护直接关系聚落的营建和人们的日常生计甚至未来的福祉，所以太湖以东平原在唐宋以后逐渐成为人们意识中典型的江南水乡地区[①]。太湖东部平原的地理环境与人居环境，在空间差异的基础上具有十分显著的地域一致性。无论在滨海还是腹地，聚落与河道都有着紧密的依存关系，聚落形态具有"浜村相依"的显著特征，河浜与聚落互融互动，有村必有浜，有浜必有村。人工化的河道是这一地区人群生存空间的主体，其与聚落的发生、人群的精神诉求乃至地方乡土文化的形成与演变，均有着直接的因果关系。

本文主要在环境史视野下，解释太湖东部平原聚落景观的发生过程及其与乡土文化建构的关系。一个区域的基础地理环境，对该地人群的文化性格、民俗风气与社会生活等都具有重要的塑造作用，既是

[①] 正如王建革在《水乡生态与江南社会(9—20世纪)》一书"导言"中所指出：宋代以来的太湖东部，是最经典的江南水乡，水是生命的基础，这一地区有丰富的水环境，孕育了中国最为发达的鱼米之乡(北京大学出版社，2013年)。

人文地理学的观点,也为环境史学者所认同。正如王建革在《传统社会末期华北的生态与社会》一书导言中所指出:"人是地球生态系统的管理者,有着特殊的心智能力,人与环境的历史一方面是物质作用的过程,同时也是心灵、思想和人类整体社会关系对外界反映的历史。"①王利华也提出环境史研究应当"着重探讨生态环境参与和影响下的社会文化演变,最终走向融会贯通"②。值得注意的是,20世纪90年代以来的民俗学领域,也开始将乡土文化与生态环境的关系作为重要课题来研究。二十年前在日本活跃起来的"环境民俗学",将观察的视角转向人们怎样理解、认识与活用自然环境,重点针对农业时代的各种植物利用方式和水稻田形态展开研究③。我国民俗学界也日益形成"生态民俗学"分支领域,运用现代生态学的一些理论成果,对我国民众世世代代所奉行、被人们视为"理应如此"的一些传统生产、生活方式、习惯等,进行当代性的反思与文化价值的重新评估④。总之,地方性的生活方式、文化信仰等与地理环境的关系,日益成为人文地理学、环境史、民俗学共同关注的问题,只不过研究方法各有侧重而已。

基于上述理解,本文运用历史发生学的方法,详细复原太湖东部平原传统聚落的景观建构与地理环境的关系,在此基础上进一步讨论民间风水信仰、道德教化等乡土文化,如何在地方环境的孕育下发生和发展。

一、河浜营造与水乡聚落的发生

太湖平原自有人类活动以来,人工作用下的河道就是人居环境的

---

① 王建革《传统社会末期华北的生态与社会》,生活·读书·新知三联书店,2009年,导言部分。
② 王利华《中国生态史学的思想框架和研究理路》,《南开学报》(哲学社会科学版)2006年第2期,第22—32页。
③ [日]福田阿鸠著、白庚胜译《日本民俗学演讲录》,成都时代出版社,2008年,第118—120页。
④ 江帆《生态民俗学·绪论》,黑龙江人民出版社,2003年。

河浜·墓地·桥梁:太湖东部平原传统聚落的景观与乡土文化

核心要素,人们的生产与生活空间围绕河道而展开,这是由大河三角洲沼泽湿地的开发利用方式决定的。

太湖流域考古遗址中多处水稻田的发现,可作为史前时期人们围绕定居地开浚水沟、利用陆上淡水进行种植与生活的证据。1995年马家浜文化(公元前5000—前4000年)晚期的草鞋山遗址发掘出水稻田三十四块,这些水稻田面积较小,从几平方米到十几平方米不等,周边有水沟、水塘及水路等水利配套设施[①]。这说明新石器时期人们的定居地与人工水塘的依存关系已经确定,地表水的河渠化是与该区沼泽化的地理环境相适应的。

随着人类活动的深入,地表河渠化进一步完善,河道开凿与农田水利兴筑的力度加大,原来的沼泽地貌逐渐演化为塘浦圩田地貌。这种地貌以纵横交织的河道和排灌有序的圩田为主体,乡村聚落错杂分布其间,河道是人们生产、生活的根本依托。唐宋时期随着太湖平原人口的增长,塘浦圩田系统开始向细碎的泾浜化演变,促成了"浜村相依"的格局,自此,民间开浜与造宅成为聚落发生的两个并列行为,小型河浜的快速增加使太湖平原的聚落向各个方向铺展开来。至明清时期,太湖东部平原各地(包括高乡、低乡、滨海)的聚落发生原理已经趋于统一,即建宅必须开浜,开凿泾浜是聚落发生的必要前提,只不过河浜的自然属性与形态随地势和潮汐有所区别。

在松江、嘉定一带的高乡,由于河道水量的不足及对潮汐的依赖,构村建宅之前必须开浚蓄水的河浜。据光绪《松江府续志》记:在华亭县新桥镇三十六保六磊塘上,国初训导徐基曾避兵于此,辟莱通道,浚河作宅,遂成村聚[②]。此语点出了明清太湖以东高乡聚落构建的几个必要环节,即清除杂草、开辟空地、修筑道路、开浚河浜、建造房屋,其中"浚河"与"作宅"尤其不可分而为之。由于高乡地势较高(一般海拔

---

① 谷建祥等《对草鞋山遗址马家浜文化时期稻作农业的初步认识》,《东南文化》1998年第3期,第16—19页。

② 光绪《松江府续志》卷二"疆域志",第1页,《中国地方志集成·上海府县志辑(3)》,上海书店出版社,2010年。

4—5米,而低乡仅2—3米),宋元之后随着低乡大圩的崩溃和塘浦系统的破碎化,高乡受此水环境变化的影响,干旱化逐渐显露,河道水量普遍不足,所以开浜蓄水(包括留蓄来自太湖的过境客水,以及在涨潮时蓄积潮水),成为聚落兴起的重要前提。据该史料还可看出,这一徐氏村落属于明清时期太湖平原上典型的宗族聚落,代表许多聚落在初创时期"一宗族一河浜"的人地关系形态。

　　清代名儒钱大昕《盛泾先茔之碣》也提到嘉定高乡的泾浜与聚落兴起的关系:"盛泾先茔者,钱氏始迁祖之所葬也。苏松之水皆注于娄江、松江入海,纵者为浦,横者为塘,其称'泾'者,特小之者尔。盛泾介于吴塘、顾浦之间,广不过四五尺,不能容舟楫,相传昔有盛姓者居之,乡人读盛姓为直上切,并以氏名斯泾焉。吾始祖自常熟之双凤里来赘于盛泾之管氏,贫不能归,且乐其俗之朴而淳也,有田四五亩,有屋两间,夫耕妇耨,足以自给,既殁而葬于泾之阳。"①吴塘、顾浦均位于当时的嘉定县境内,乃为干河,盛氏先人据以建村的盛泾,只是从干河引出的一条分支尾闾,广不过丈,甚至不便交通行船,但即便如此,盛氏先人却依赖此浜繁衍生息。后又有钱氏加入,聚落随之扩大。傍依"盛泾"而兴起的盛氏、钱氏聚落,也包括其家族墓地,因墓地与村中住宅所依据的乃是同一条泾浜——盛泾。总体看来,高乡聚落的房屋、祖先的墓地、赖以生存的农田往往共享一条河浜(包括从该河浜发散出的数支浜头,浜头一般没有具体名称),整个聚落的布局围绕河浜而展开。

　　至于淀泖低洼区的低乡聚落,其与河浜的依存关系更为显著,这从村落的名称上即可得到直接体现。清嘉庆三十年修成的《珠里小志》所列青浦朱家角镇下辖的村落有:陆九房、周家港、高家港、和上湾、道士浜、玉阶桥村、薛家汇、小江村、南大港、理麻浜、长条、王家浜、

---

① 〔清〕钱肇然编、王健标点《续外冈志》卷二"冢墓",第30页,上海市地方志办公室编《上海乡镇旧志丛书(2)》,上海社会科学院出版社,2004年。

罗家浜、江家角、强固埭、汤家埭①。清《金泽小志》所列的村庄有：潘家湾、仙泾港、杨垛、颜家浜、西湾、神道浜、芦田浜、池家港、新池家港、南汪、谢家湾、李家圩西岸、徐家湾、小北沈浜、塘湾、西田、东圩生田、薛家港、俞家浜、斜河田、姚籬、金泽港②。朱家角与金泽均位于太湖东缘的湖沏低地，该处大部分村落直接以"浜""港"为名，亦即村落与其所依存的河浜同一名称，这说明泾浜与村宅在形态和名称上均已达到高度的合二为一。与高乡相比，低乡河浜宽深，水量丰沛，两端均与大河相通，交通便利，其在聚落景观中的主体地位更显突出。

今浦东一带的滨海平原虽然成陆较晚，水网地貌的发育与西部相比相对滞后，但滨海聚落的构建与泾浜体系的形成依然具有同步性，开河引水和蓄水仍然是聚落发生的前提。我们在浦东的田野调查中发现，滨海一带的乡村聚落普遍存在"宅河"这种水体。早期在滨海定居的人缺乏淡水供给，除打井外，还在地面开挖池塘以储存天然雨水，人们将这种近乎封闭的水体称为"宅河"，可见其具有为人们建宅定居提供淡水的重要功能。由于地下水含盐较高，实际生活中人们的生活用水主要是依赖宅河。为防止咸潮进入，宅河与外面的河流只有很窄的通道相通，主要靠雨水补给水源。最近二十多年，浦东地区农村的饮水已全部改为自来水，但依然随处可见宅河的遗迹。

关于滨海宅河的文献记载不多，主要在一些族谱中有所提及。例如，南汇北六灶《傅氏家谱》记：三房十二世南山公在弟兄分家时，分得田十二亩，房三间，衣食不能常给，乃弃读就耕，尝与曾伯祖矢鱼于自家宅河，得数十尾，不食，使家人畜之，曰，家有塾师，储以食之耳③。南山公生于乾隆十年，殁于嘉庆六年，时南汇各盐场已届衰落，农业已成主业。傅家老宅所在地——南汇北六灶，当时已是农耕之区，族谱中

---

① 〔清〕周郁滨纂、戴扬本整理《珠里小志》卷五"村落"，第59—61页，上海市地方志办公室编《上海乡镇旧志丛书(7)》，上海社会科学院出版社，2005年。

② 〔清〕周凤池纂、蔡自申续纂、杨军益标点《金泽小志》卷一"疆域"，第3页，上海市地方志办公室编《上海乡镇旧志丛书(7)》，上海社会科学院出版社，2005年。

③ 傅恭弼修《傅氏家谱》"三房直下十二世南山公暨倪安人传"，民国二年铅印本，上海图书馆家谱收藏部藏。

所提到的"宅河",就是当时滨海农耕人家所不可缺少的储水设施,也是建宅定居的前提条件。

《傅氏家谱》还载有一篇《访旧宅祖墓记》,其中则提到宅河与家族墓地的关系:"窃思二世至七世祖墓无从查考,欲寻无由,欲修不得,心不自安,因又往访六十六图先君所访之惠元公老宅,又访先君所访或曰惠元公墓,晤族人十五世顺龙学球等。顺龙谓此墓共九穴,向所祭扫者,似主山之西五穴,又谓其父祖曾祖之墓在河东新坟……又木和谓顺祥宅河西学球宅后则和田内,有一墓,似三穴,现由则和樵柴,相传系兰初祖墓。"①从中可见,滨海聚落的宅河与家族墓地的关系也类似于西部内陆地区,墓地位于族人田内,距离村中住宅不远,住宅与墓地共享同一个小水系。

市镇是传统聚落的高级形态,那么市镇的发生与河浜的关系条件如何呢？从方志中看,太湖以东的市镇有以"溪"作为雅称的习惯,这种地名现象至少暗示了市镇房屋临大河而坐落的形态特征。例如,清嘉庆《法华镇志》云:居民皆面李漎泾而居,故又号漎溪②。再如,清代金山县松隐市,在七保,一名松溪,旧名郭汇,元至正开。僧德然参石屋禅师,琪书"松隐"二字示之,遂以名其庵,明景泰中赐额为寺,镇名本此③。康熙《嘉定县志》也提到当时市镇名称普遍有文饰之嫌,喜欢以"溪"称之,例如,安亭则曰安溪,娄塘则曰娄溪,罗店则曰罗溪④。作为村庄聚落的高级形态,市镇一般为交通要道,房屋不但要距河近,而且对河浜的交通功能要求更高,市镇以"溪"为雅称的现象,实际上点出了市镇河流形制更大也更为宽深的特点。

---

① 傅恭弼修《傅氏家谱》"访旧宅祖墓记"。
② 〔清〕王钟编录、许洪新标点《法华镇志》卷一"沿革",第2页,上海市地方志办公室编《上海乡镇旧志丛书(12)》,上海社会科学院出版社,2006年。
③ 嘉庆《松江府志》卷二"疆域志",第28页,《中国地方志集成·上海府县志辑(2)》,上海书店出版社,2010年。
④ 康熙《嘉定县志》卷一"疆域",第8页,《中国地方志集成·上海府县志辑(7)》,上海书店出版社,2010年。

明代高乡一带形成大户创建市镇的风气①,创市者最初看重的往往就是交通便利的大河。例如,清代华亭县的萧塘市,"一名秦塘,相传秦始皇东游望海,由此塘而南,故名,后萧姓居此,渐成市集"②。可见在萧姓定居之前,早已有称为"秦塘"的大河存在,萧氏傍塘而居,成为其后来由村聚演变成市镇的重要条件。嘉定望仙桥镇的开创者无疑也十分看重通潮大河"顾浦"的存在,据《望仙桥乡志稿》记:"望仙桥人钱锅,字顺郊,生于隆庆五年,卒于顺治七年。生平孝友、诚笃。以农事起家。先世常熟,明万历间由里南之盛泾卜居望仙桥,沿顾浦创筑市屋数十间,招贸易者居之,里遂成市。"③又如,清代嘉定县娄塘镇,在县治北十二里二十二都,因滨娄塘而以水为名,为里人王睿所创④。

总之,太湖东部平原河浜与聚落在景观结构上的高度融合,以及河浜对于聚落构建的先决性,使本区域以河浜为物质内核的乡土文化的发生成为必然。

二、墓地、河浜与风水

无论从景观结构的角度还是从风水文化的角度,家族墓地都应当被视为水乡聚落不可或缺的组成部分。在一个宗族聚居型的水乡村落,家族的墓地一般分布在族人拥有所有权的田地间,田地距离他们居住的房屋并不远,这主要还是受制于河浜的分布。深入到田间地头用之于农业排灌的河浜,同时也具有墓地风水的功能,与村内屋宅边的小河同样属于附近外河的分支。也就是说,从村边干河发散出的小河浜将聚落的各个部分联为一个有机的整体,房屋、墓地和农田共属

---

① 参见谢湜《十五至十六世纪江南粮长的动向与高乡市镇的兴起:以太仓璜泾赵市为例》,《历史研究》2008年第5期,第35—57页。该文主要关注粮长群体的财富积累与创市的关系。

② 嘉庆《松江府志》卷二"疆域志",第25页。

③ 〔民国〕张启秦纂辑、陆世益编、杨军益标点《望仙桥乡志稿(不分卷)》"人物",第48页,上海市地方志办公室编《上海乡镇旧志丛书(2)》,上海社会科学院出版社,2004年。

④ 康熙《嘉定县志》卷一"疆域",第6—7页。

于一个微小的水系。

上述情形可以图1所示的南汇航头富家宅村在1940年前后的样貌来说明。该村虽然位于浦东滨海平原,但其地处老护塘以内(北宋皇祐年间筑成的海塘),聚落历史较长,泾浜与聚落的发生机制同平原西部的嘉定、松江一带已十分接近。从图中来看,小河浜成为凝聚整个聚落空间的主线条,住宅和墓地通过"王家港"干河发散出的几条小河浜联结起来。

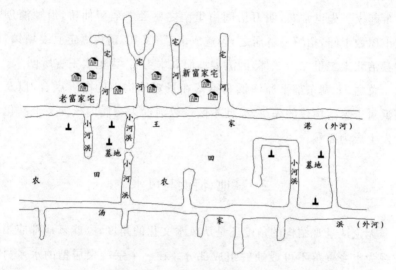

图1　富家宅的聚落格局——河浜、农田、屋宅与墓地
(1940年前后南汇航头镇富家宅村)

根据2010年编《上海浦东航头富氏支脉宗谱汇编》(族内交流资料)"卷首地图"改绘

太湖平原水乡聚落的风水形势以观水为要,许多家谱墓图显示,"三面环水"的墓地河浜格局是民间普遍认同的好风水。风水学上讲究平地要看土垅之脉,山地要看峰岭之骨,远来之山为势,近处之山为形,风水师以辨山势和山形为要旨[①],但平原水网地区因缺少高冈山地,则必须以水道为要,所以墓地周围的小河浜被赋予青龙、白虎等四

---

① 何晓昕、罗隽《风水史》,上海文艺出版社,1995年,第102页。

象的功能,河浜的方位也按照阴阳八卦的规则各就其序。河浜形态以屈曲环绕、层层环护为吉形,水流与坟地形成环抱朝揖之势,既彰显墓主之尊贵,又可减缓水流对墓周土地的侵蚀。

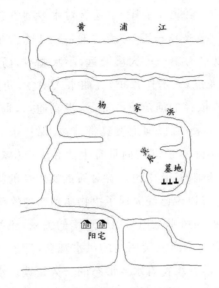

图2　清中期华亭竹冈董氏墓地的"三面环水"格局(地处高乡)
根据上海图书馆藏十卷本《华亭董氏族谱》中插图绘制

　　图2呈现的是清中期华亭竹冈(属高乡)董氏墓地的风水格局,从中可见水乡的小河浜承载着何等重要的风水意义。华亭董氏于南宋建炎间自汴迁至华亭,一世祖官一,元初居华亭竹冈。据《董氏世墓记》,董氏之墓,一在杨泾(杨家浜)之原,一在竹冈西望海塘北原,一在沙冈西荻门塘北原[①]。图2所示为董氏祖墓杨家浜原的墓基位置,据谱云,该墓风水上佳,主要得力于墓地周边优越的河流形势,远处有黄浦大江为干龙,发脉长远(源自震泽,即太湖),近处又有小泾浜曲曲环护,藏风聚气:"墓南距浦不到二里(图中黄浦江位置为南),自巽入,源源而来,几经曲折,环墓右入亥。亥之结尾处,东折而南,可二百余步,

---

① 〔清〕《董氏族谱》(华亭光训堂,作者不详)"董氏世墓记",清刻本,上海图书馆家谱收藏部藏。

圆转一钩,形如新月。墓在其中,大不二亩,三百年来振振子姓,孰非基所自出,此岂人力也哉?厥后择地而葬者,隆隆相望,无不在此浦以北、沙竹两冈左右三四里间。"①

华亭董氏族谱《语儿泾墓序》中还有对水乡河浜独特风水意义的总结,不仅适合华亭高乡一带,亦应普遍适用于太湖平原感潮区的聚落:"水乡葬地,以水为主……大溪缠远,小水缠身,杨公云,水缠胜似山缠……小水分龙虎,大水作盘护,九曲水入明堂,两潮汇聚为吉。"②这就是说,聚落所依存的河流贵在充足,贵在通达,贵在潮汐汇聚,淤塞的河浜不利于风水,所以河道要经常疏浚,保持水流通畅。这种地域性的风水观念实际上是以人们日常生活和生产中对河浜的高度依赖和勤于修治为基础的,其中包含着对河浜实用性的深层理解和利用方式的深刻总结,可以说已经完成了由物质到精神的跃升。

太湖东部人群的风水意识与地理环境的关系,还可从另一侧面进行反向观察,即缘起于河浜实用性的风水观念,反过来也推动着水乡地貌的泾浜化进程,并维持着水乡形态的长久延续。水乡地区无所不在的泾浜,本来就是人类长期对湿地沼泽地貌进行开发利用的结果,所以人们也可以通过安排泾浜的格局来人为地安排风水,根据风水吉地的准则,在住宅和墓地周围开挖各种各样的小河浜。由于小河浜的营造以家族之力即可为之,所以传统时期太湖平原的河浜以某家某姓命名十分普遍,这些以家族姓氏命名的河浜在开挖之时,不乏营造风水的动机。在各地家谱中,也常可见到人们为营造风水吉地而花费钱财改造水局地形的记载,如浦东钟氏家谱所记:"景元,字行甫,娶顾氏,二人合葬于宅西三十一图五十三号新阡主穴,雁行葬,公居东首,傍河,另筑零田为风水,故自栅门桥东堍至西二丈许,做三叉阳,而三叉上永不得耕种,系沟水,俱余家所有,及桥北往西至王浜为止。"③可

---

① 〔清〕《董氏族谱》"世墓图序"。
② 〔清〕《董氏族谱》"语儿泾墓序"。
③ 〔民国〕钟愈纂修《上海浦东钟氏家谱》,上海图书馆家谱收藏部藏,民国十九年铅印本,第五册,第33页。钟氏迁浦东始祖为琼,元至元间避乱迁江东(原属嘉定,后隶宝山八都,滨长江口)。

见,以河浜为中心的风水观念本就是从地理环境中孕育而来,反过来又影响着地理环境的变化。

三、桥梁修造与公共参与

桥梁对于水乡聚落社会生活的意义,正如清代《江东志》所云:"海浦津航乘潮上下,早晚风波有不测之警,诚险矣哉。至于桥梁,无论木石,通衢者可以济行旅之往来,野外者不过便耕耘之出入,因时乘利,不烦惠政之施,自无徒涉之虞。"① 方志所记载水乡桥梁的名称和沿革信息十分丰富,从其与聚落发生的关系来看,大致可归纳为以下三类。

其一,以宗族姓氏命名的桥梁,可从一个侧面证明其所在的村落早期起源于聚族而居的性质。宗族的单一性后来可能随着村落的扩展被打破,演变为多姓杂居,但村落起源时期单姓定居的原始记忆与开拓情形仍可通过桥梁的名称保留下来。

这方面的证据如清嘉定县《厂头镇志》所记王家桥,"在张家浜南,驾木以通南北,两岸人家数十,中多王姓";孟家桥,"驾木以通南北,东西百步许,有一聚落,名孟家宅,中皆孟姓";李家石桥,"驾石以通南北,严贻钟谓中书李允新家此";侯家桥,"跨长浜出口,驾木以通南北,两岸居者皆侯姓"②。清上海县《二十六保志》所记徐家桥,"在十五图徐家宅东偏";赵家桥,"在二十二图赵家宅前"③。清宝山县《月浦志》所记潘家桥,"在马路河,潘氏聚族而居,在镇东南四里"④。

造桥对于聚落发生和延续的重要性绝不亚于开河。在聚落发生之初,开河与造桥同等重要,所以才会出现河浜、桥梁与村落共同使用

---

① 〔清〕佚名纂修,占旭东、贺妹祎整理《江东志》卷二"营建志","桥梁",第43页,上海市地方志办公室编《上海乡镇旧志丛书(14)》,上海社会科学院出版社,2004年。
② 〔清〕钱以陶著,魏小虎标点《厂头镇志》卷二"营建",第24—29页,上海市地方志办公室编《上海乡镇旧志丛书(3)》,上海社会科学院出版社,2004年。
③ 〔清〕唐锡瑞辑、张剑光等整理《二十六保志》卷一"桥梁",第29—35页,上海市地方志办公室编《上海乡镇旧志丛书(12)》,上海社会科学院出版社,2006年版。
④ 〔清〕张人镜纂、魏小虎标点《月浦志》卷二"营建志",第27页,"桥梁",上海市地方志办公室编《上海乡镇旧志丛书(10)》,上海社会科学院出版社,2006年。

宗族姓氏来命名的现象。由此也得见,桥梁与河浜一样,是需要聚落社会各成员共同参与营造、也可共同使用的公共资源,因此桥梁的营造机制可较好地体现聚落的共同体性质。

其二,由桥梁在社会生活中的实用性及其对聚落社会的凝聚力,逐渐生发出文化意义,首先体现在桥梁名称的吉祥性及造桥动机的向善性。

聚落进入稳定期,子孙繁衍,经济实力增强,村中桥梁的材料和坚固性也随之升级,一般是由木易石,名称也随之变得吉祥而雅致,原先取自宗族姓氏的土名逐渐消失。清嘉定《厂头镇志》所记的此类桥梁名称有万善桥、天福桥、万寿桥、五福桥、永康桥、永安桥、太平桥、聚龙桥、永丰桥、虹桥等,这种桥梁所在的村落也一般为多姓杂居、历史较长的大型村落。如其中的万寿桥,"石梁也,嘉庆二十四年,里人重修。夹河而居者,不下百家。南畔为吉家宅,中多陈姓,而吉姓实少,北畔为庄家池,庄姓居多"①。又如民国《钱门塘乡志》所记寿人桥,"原名寿宁,为康熙间里人姚西亭,寿其封翁八旬,翁命减宾客之需以倡建此桥者也。光绪六年有僧人今涌,联合当地善堂捐款重修,更名为寿人桥"②。可见人口众多、兴旺发达的村落才可能不断地重修和改建桥梁,桥梁的美称则融入了众人的美好寄托,也反过来为村落增光添彩,彰显出村庄的文化水准。修桥造桥作为乡村美事,一般有着美好的动机,典型的事件往往被载入地方文献而流传后世。

第三,桥梁修造行为向更高层次的公益性和慈善性转变,人人力争参与,桥梁最终由物质的景观实体上升为乡村社会道德教化的精神载体。跨越大河的大型桥梁的修筑,一般由官方统一组织和投资,地方大户捐资支持;而乡间造桥所需的资金(包括市镇和村庄),则为大户、富户、乡绅、衿耆等组织筹措或捐赠,即使贫穷小户人家,也无不以修桥为积德行善之举,踊跃加入其中。这种具有民间公益性质、全员

---

① 〔清〕钱以陶著、魏小虎标点《厂头镇志》卷二"营建",第24—29页。
② 〔民国〕童世高编纂,许洪新、梅森标点《钱门塘乡志》卷三"营建志","津梁",第33页,上海市地方志办公室编《上海乡镇旧志丛书(2)》,上海社会科学院出版社,2004年。

河浜·墓地·桥梁：太湖东部平原传统聚落的景观与乡土文化

参与的造桥铺路机制，在乡村聚落精神共同体的塑造方面发挥着重要作用。

桥梁之所以由一种物质性的交通设施上升为乡村道德教化的载体，首先是因为其在水乡社会生活中的有用性，其实用价值与每家每户的利益密切相关，为一日也离不开的必需设施。虽然在我国古代的各个地方，修桥铺路、解决交通需求均为聚落存续和发展的基础，但在江南水乡，建造桥梁的意义尤为重要。太湖平原的低乡地区河道宽深，泾浜密布，陆上交通对桥梁的依赖性非常高；东部高乡虽河流浅窄，但泾浜密度并不比西部小，造桥仍然为陆上交通之必需，加之水流和每日涨落的潮汐对桥梁冲击严重，对桥梁不断加固和重修也是乡村的重要事务。所以，在传统江南水乡捐资建桥的人以"易木为石"为常事。例如，清代上海县二十六保之"百步桥"，在龙华港口，初建时为木制，明万历间张云程易木架石；清朝康熙间，举人张泰、僧上机募捐重建；乾隆十年，邑令王侹重修；四十五年，周国祯等重建；嘉庆四年，徐思德创捐重建；同治十年，僧观竺募捐修葺栏杆[1]。可见，出于交通出行和聚落发展的需要，乡间维修改建桥梁的频率是很高的。参与修桥的人士包括乡间士绅、知识阶层、富户、僧侣、普通乡民等各种人群，对于交通要道上的桥梁，地方官也时有参与。

同类事例又如清代宝山县罗店镇的"丰德桥"，居镇中，俗名张家桥，明成化八年初建为木桥，清雍正八年方重建为石桥。东阳桥在镇西六里，跨练祁，初建时为木桥，道光十年里人沈树易木以石[2]。此类易木为石的案例在地方志中数不胜数，由于重建改建过于频繁，而早期造的桥一般又比较简陋，以至于地方志编纂者往往弄不清许多桥梁的初建情形，故而大多数桥梁的始创时间在方志中是缺载的。

桥梁被频繁改建的原因，主要是出于交通安全的考虑。激流对桥梁的破坏性有时难以想象，简陋的材料（例如木材）经不起流水的侵

---

[1] 〔清〕唐锡瑞辑、张剑光等整理《二十六保志》卷一"桥梁"，第30—31页。
[2] 〔清〕潘履祥总纂、杨军益标点《罗店镇志》卷二"营建志（上）"，"桥梁"，第80—85页，上海市地方志办公室编《上海乡镇旧志丛书(11)》，上海社会科学院出版社，2006年。

蚀,所以造桥材料需适时升级,有时地点也需变换。清代金山县朱泾镇的万安桥就曾因地理位置的特殊性而历经变迁,据《朱泾志》载:

> 万安桥,跨秀州塘,明洪武初建自里人宋华甫。永乐十年,僧道腴重修。弘治辛亥重建,年久而倾废。万历初,徐文贞罢相归,复建于南渡口。癸丑复坍,楚雄太守徐裕湖与朱晚庵言于方郡尊岳贡,移建北三十余丈水阔处,崇祯八年落成。至本朝顺治三年三月倾废,即广生庵前桥基也。康熙十九年,里人张仲玉、顾俊生以渡船不便,募建木桥于文昌阁前,水口狭,舟触桥柱辄覆。癸亥,程中翰白山独建大木桥于旧址之前,未及复塌。雍正元年,杨九皋等仍建木桥于文昌阁前,坏舟如故,旋复废。乾隆四十三年,程邑侯名程以水急桥易坏,与董事张扶摇、周涵、徐溶、张同庐诸君议,别浚支流以杀其势,乃于桥之西岸开池泾,东南三里通泖漕,并建木桥及池泾庙,修积骨龛。费千金,遂疏遂塞,功迄勿成。盖桥建水狭处,无论木石均碍行舟。若依旧址,水面阔处石尚易倾,何异于木?多设津渡,以便往来,地方急务也。①

正是基于造桥在乡村公共事务中的重要性,乡村士绅往往通过修桥的组织或捐赠行为获得社会地位的认同,方志显示的造桥事件多数是由乡间绅耆所领导。然而,也不能忽略平民百姓的参与,他们虽然财力拮据,但由于将造桥视为积德行善之举,期待着善有善报,因此常常有倾其所有投资修桥的行为。南汇北六灶《傅氏续修家谱》中《族人建石桥记》,就十分详细地记述了乡间小民的公益造桥之事及其背后的真实心态:

> 为善者昌,积善之家必兴。近于善则善,习于善则善,人饥如己饥,人溺如己溺,饥者饱之,溺者救之,为善者必以此为责任也。建桥筑路,公益也。吾傅氏族人之众多,为浦东第一慈善家祠。近始发起建石桥便行人者,族祗一人,本年有十五世傅春山者,在

---

① 〔清〕朱栋纂、郭子建标点《朱泾志》卷一"疆域志","桥梁",第 8—9 页,上海市地方志办公室编《上海乡镇旧志丛书(5)》,上海社会科学院出版社,2005 年。

河浜·墓地·桥梁:太湖东部平原传统聚落的景观与乡土文化

第三区六灶镇东南严桥乡建造寿春石桥,谕子孙曰:此即功德,余夫妇百年后不再做道士之功德也。上年有十六世族人傅企岩,以子有神经病许愿建石桥于六灶港见龙桥之西南傅氏公墓之西,旁跨船舫港,建石桥曰企岩桥,桥未竣工而病已愈矣。前有四房十世族人白福号焕章,无子,同妻庄氏变产建石桥于见龙港之西六灶港北岸,曰报祖桥,以为无子而建石桥以报祖宗也。桥成而产。盖年老不能工作,无以自养,又无辅助之人,不得已夫妇为丐。当时人称此桥为告化石桥,相传至今无有知为报祖桥者。近始检阅桥侧,刻有"乾隆十五年九月傅焕章同妻庄氏建是桥,载明县志及家谱",始知所由来,惟未载为丐也。①

市镇桥梁修造的公益性更加明显,这是因为市镇的桥梁密度本身就比乡村要大,各方人士需投入更多的财力、物力来改善交通条件,以维持市镇经济的繁荣兴旺,由此牵动的社会群体也更为复杂。清康熙三十八年,黄渡镇横跨吴淞江上的迎恩桥建成,邑人张诗作《迎恩桥记》,从中可见整修和拓展桥梁在市镇这样的商业聚落占有何等重要的地位,修造桥梁之人也因之得到大力颂扬:

> 吴淞江自震泽迤逦历昆山、嘉定、青浦、上海,延袤三百余里而后入海。民居在腹,独黄歇渡北属嘉定,南属青浦。江之两厓,居民稠叠,屹为巨镇,形势至此一束。镇东西向有两江桥,用木为之。后东江桥废,不惟不利于行,而镇亦日就凋耗,盖镇所以束吴淞形势,而两江桥又为一镇锁钥而聚其气者也。里中任事者谓桥之兴废关乎镇之盛衰,乃协心齐力竭已资创始,广为劝募,矢公矢慎,以底于成。高广若干尺,为级各五十,面平如砥,约可坐百人,坚致宏敞,两邑中得未有也。桥成,适令上南巡,行幸松郡,因名曰迎恩桥。自此民物日阜,行其途,往来不绝者肩相摩焉。②

---

① 〔民国〕傅恭弼续纂《傅氏续修家谱》"族人建石桥记",民国二十八年油印本,上海图书馆家谱收藏部藏。

② 〔清〕章树福纂辑、邹怡标点《黄渡镇志》卷一"建置",第11页,上海市地方志办公室编《上海乡镇旧志丛书(3)》,上海社会科学院出版社,2004年。

市镇桥梁的密度之大,则可从以下所引用清代嘉定南翔镇的镇区图上清楚地看到,该志有载的桥梁比图中所绘更多,共计七十一座,其中有三分之一经过反复重修和改进,投资造桥的人士之多难以一一列举①。

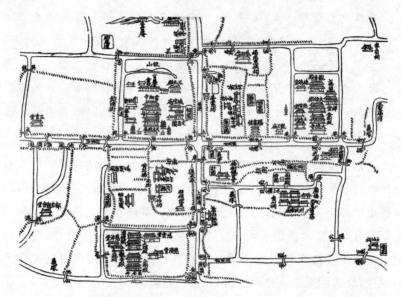

图 3 清乾隆年间嘉定县南翔镇的河流与桥梁分布(跨河流的月牙符号为桥梁)
资料来源:〔清〕《南翔镇志》卷首"南翔镇图"

总之,水乡聚落的桥梁作为最重要的人工交通设施,其营造与维护的过程更加明显地体现了聚落社会全员参与的公共运作机制,成为聚落精神凝聚力的标志。桥梁所负载的精神内涵不断丰富,除作为道德教化和慈善公益的载体之外,也包括风水方面的内容,桥梁建造的方位被认为与村落或市镇的长远兴旺密切相关,建造地点和方位一般要经过形家的指点。即使在桥梁建成后,如果于风水有碍,迁移地址也是常事。上海县二十六保之太平桥,"在道光年间,里人张春舲从形

---

① 〔清〕张承先著、程攸熙订、朱红标点《南翔镇志》卷二"营建",第 24—30 页,上海市地方志办公室编《上海乡镇旧志丛书(3)》,上海社会科学院出版社,2004 年。

家言,迁西数武,以三架石桥改为一架"①,就是一个普通的例子。另外,桥梁落成后,往往在桥头附加建造水井、井亭等公益设施,以供来往行人休憩,或为本地人提供茶余饭后的休闲空间,则是桥梁的公益性内涵不断加积的表现。

四、讨 论

霍耀中、刘沛林在对黄土高原聚落景观与乡土文化的研究中,借用了"景观基因"的原理,认为"一定区域内的聚落景观之所以如此相同,就是因为聚落作为文化的载体之一,在景观传承或传播的过程中总是保持其文化基因的遗传特征所致;同时,由于时间和空间的一定变化,又会导致聚落景观基因在遗传的过程中出现一定的细微变化,即为了适应环境而产生的必要的变异"②。本文以太湖东部平原传统聚落为对象的景观与乡土文化研究,进一步证明该区聚落的"景观基因"是十分确定的:河浜是聚落发生的前提,聚落的房屋沿浜分布,墓地围绕河浜而构建,桥梁成为水陆交通配合的重要方式。太湖平原的地理环境基因在聚落建构中的显著作用,并不受地势、潮汐、成陆早晚或聚落规模的限制,从地势低洼的湖溇低地,到依赖潮汐补充河流水量的高乡地区,再到成陆较晚、水土盐碱程度较高的滨海地带,聚落发生的初始环节都是从解决淡水资源,以及湿地的河渠化开始,这从根本上造就了从西至东广泛分布的"浜聚相依"形态。

基于河流、桥梁在现实中的高度有用性发育而成的乡土文化,与聚落实体和景观享有共同的地理环境基因,也就是说,传统聚落的形态、景观与本乡本土的文化信仰、道德教化载体的认同具有生态环境的同源性。河道作为太湖东部平原聚落景观的重心,不仅是民众生活饮水之源泉,也是农业、交通之命脉,而由这些实用功能又生发出风水

---

① 〔清〕唐锡瑞辑、张剑光等整理《二十六保志》卷一"桥梁",第33页。
② 霍耀中、刘沛林《黄土高原聚落景观与乡土文化》,中国建筑工业出版社,2013年,第59页。

方面的象征意义。按照阴阳五行的说法,河浜担负着"聚吉祥之气"的风水作用,因此乡间住宅和坟地周围的河浜格局都有方位的讲究。坟地的选址向来有"三面环水,谓之福地"之说,以通潮的活水为吉地,河浜淤塞意味着风水形势的解体,所以河浜需要经常疏浚以保持畅通,以现代科学知识来看,这些地方性的风水观念是有充分科学依据的,与现代地理学、建筑学所理解的美好人居环境十分契合。

正是因为物质景观的形成与乡土文化的发育一脉相承,使得太湖平原的聚落有条件从物理意义上的地缘共同体发展成为具有共同心灵生活的精神共同体①。在这里,人们共同享受着自然赐予的水资源和土地资源,也享受着由此升华出的精神文化所带来的满足感,聚落各群体共同参与了资源的运作,也共同享用了文化上的归属感。水乡聚落的桥梁作为最重要的人工交通设施,其营造与维护的过程更加明显地体现了聚落社会全员参与的公共运作机制,因而成为聚落精神凝聚力的标志。

然而换个角度来看,正因地理环境对聚落形态和乡土信仰的形成和演变具有一脉相承的塑造作用,那么地理环境的逆转性变化也将带来传统乡土信仰的快速解体和聚落的崩解,这是我们在今天的城市化时代不得不正视的现实。如今城市化所驱动的土地商业开发,正使太湖平原传统的水网地貌发生急剧的变化,河道被阻断,潮汐不再流通,河流密度骤然降低,平原腹地的水体与海洋之水的沟通和交换变得困难,水质变得不适合健康人居,这等于是从根本上忽略了太湖东部平原的地理环境基因。笔者曾经对上海开埠初期租界周围乡村聚落的解体过程进行研究,发现在租界城市空间不断向乡村地区扩张的影响下,乡村聚落所依存的河道体系首先从物质形态上瓦解,继而乡民所看重的风水形势被打破,由此引起了传统水乡聚落快速向非城非乡的

---

① 德国著名社会学家斐迪南·滕尼斯(Ferdinand Tönnies)系统阐述了人类共同体生活的结合类型理论,指出共同体是建立在有关人员的本能的中意或者习惯制约的适应或者与思想有关的共同记忆之上的,精神共同体才是真正的人的和最高形式的共同体。而自然形成的村庄是精神共同体的重要类型(参见斐迪南·滕尼斯著、林荣远译《共同体与社会——纯粹社会学的基本概念》,北京大学出版社,2010年)。

棚户区转化,城乡交错带一直面临水环境突变所带来的种种问题①。这一案例给今人的警示是,区域地理环境的基础和生态基因,在地方社会和经济发展中的作用是不可随意忽略的,对地理环境与地域社会、经济、文化发展的关系进行研究,仍将是未来环境史的重要课题。

---

① 吴俊范《环境·风水·聚落:以近代上海为中心的历史地理考察》,《民俗研究》2009年第4期,第170—187页。

城市区片地名的演化机制及其历史记忆功能

——以上海市中心城区为例[①]

吴俊范

20世纪80年代以来,更多学者认识到地名在区域环境史与社会文化史研究中的"证据"功能,并在具体实践中加以运用[②]。地名作为反映地域社会变迁的多功能载体,同时也是历史记忆和文化遗产保护研究所不可多得的珍贵资料。略为遗憾的是,相较于乡村地名系统的研究而言,城市地名系统并未得到充分关注,尤其是关于乡村地名向城市地名过渡的机制以及该过程与区域史、城市文化史的关系,成果更显寥寥。由于我国城市化历史不长,学界对于城市地名研究范式的探索也相对滞后。

就地名最基本的"证据"功能而言,城市地名的时空分类和属性更加复杂,并不是所有的城市地名都能够反映本区域的悠久历史文化与

[①] 本文受到教育部人文社科重点研究基地重大项目(10JJDZONGHE003)、上海市哲社规划项目(2011BLS005)、2011年度上海市教育委员会科研创新重点项目(12ZS115)资助。

[②] 在我国,20世纪80年代以来兴起的现代地名学,更加强调将地名作为环境与社会变动研究的证据,将地名直接作为研究的史料来源,不再停留在对地名本身涵义与语音语义的单向分析。20世纪90年代后西方地名学界亦出现将地名作为文化史专门研究证据的倾向,较有影响的著作为 Iwan Wmffre, *Language and Placenames in Wales—the Evidence of Toponymy in Cardiganshire*. Cardiff: University of Wales Press, 2003; Phukan Sarat Kr, *Toponymy of Assam*. New Delhi: Omsons Publications, 2001; Lawrence D. Berg and Jani Vuolteenaho, *Critical Toponymies: the Contested Politics of Place Naming*. Farnham, England; Burlington, VT: Ashgate Publications, 2009.

城市化进程的特征,因为相当一部分地名是从异质文化中借鉴或吸纳而来,发生在城市化趋于成熟之后,与本区域最初的历史地理开发过程和乡村景观向城市景观的过渡并无多大关系。所以,必须在客观忠实于区域开发史的前提下,对城市地名系统进行科学的分层和界定,才可能有效地发掘不同类型城市地名的历史文化价值和"证据"功能。那么,究竟哪些类别的地名与城市化过程存在更为密切的契合关系? 又与城市历史记忆存在何种链接机制? 这是深化城市地名研究亟待解决的一个基本问题。

近年来城市文化遗产保护领域有若干成果,已关注到城市地名与历史文化记忆的关系问题,主张保留那些历史含量高且延续到城市化时期的乡村地名,甚至还尝试制定了城市地名历史含量的量化标准,这些都是值得借鉴的,但是,其主要手段是通过语义学、语音学、统计地名起源和历史跨度等传统的研究方式,对地名的文化内涵进行整齐划一的分级[①],而并非从城市地名系统形成与演化的内在机理这一最基本的命题做起,以阐述乡村地名向城市地名过渡中的初始差异以及人地关系特征的根本差异。基于上述思考,本文以上海中心城区的区片地名为例,通过对其进行时空分类和深入的人地关系解析,来探讨

---

① 石超艺《城市化进程中地名文化价值的量化分析——以上海市乡镇级地名为例》(《城市问题》2010年第1期,第27—31页)一文认为:我国各地城市地名中不同程度地出现了一对明显的矛盾,一方面苦于好地名难觅,盲目模仿造成地名趋同、文化内涵浅俗等现象突出;一方面又忽视对原有老地名的保护,不少内涵丰富、历史悠久的老地名遭到弃用,使原本具有鲜明地域特色的地名文化不断弱化。基于此,本文制定了"历史性、文化性、知名度、合规性"四个指标,对上海中心城区周边乡镇地名的文化价值进行了量化评估,结论认为,应该按照得分高低对百年以上的老地名进行重点保护。石文并未提及如何将主观性的乡镇地名历史文化含量评估结果,与城市化过程中地名的自然演化规律相互调适,仍然属于一种理想化的地名文化保护观点。朱竑等《城市演进视角下的地名文化景观——以广州市荔湾区为例》(《地理研究》2009年5月第28卷第3期,第829—837页),指出了城市地名与一般性的区域地名的大致区别,也认识到应当研究城市历史地段的地名演进过程,但仅使用2003年和1983年两个年份的地图作为地名提取的依据,对地名的历史演化过程缺乏长时段的历史资料检索和历史学考证。随着联合国对包括地名在内的非物质文化遗产保护工作的一系列指导文件的公布,我国各省市也相应出台了城市历史文化遗产保护的政策,对城市地名中蕴含的文化遗产价值比以往有了更加理性的认识,这将催生出更多关于城市地名演化机制与文化遗产保护关系的研究。

城市化条件下地名演变的社会选择机制以及城市地名系统的历史文化遗产价值。

一、城市区片地名之概念

城市地名体系包括马路街道名称、建筑物名称、社区名称、组织机构名称等,与乡村地名相比,明显具有数量繁多、包容性强、开放性和现代性的特征,例如,许多中国城市街道的命名,就经常借用北京、上海、广州、南京等大都市的名称,以显示城市文化的开放与融会贯通;一些区域中心城市的街道,也常常用本地区一些县份的名称或者区域内的代表性景观来命名,体现出城市地名的文化包容性与地理空间内涵的宽广。但是,就地名作为区域环境史与社会文化史研究之"证据"这一基本功能来讲,城市地名在承载历史记忆的功能方面与乡村地名的差别是比较大的,即并非所有城市地名都能成为本区域史的"证据",这就不如乡村地名的"证据"功能那么单一。一般来讲,城市地名中大量存在从异质文化中借鉴而来的名称,其史料价值比不上那些本土滋生、转化进而延续下来的地名,后者经过城市化过程的洗练和沉淀,具有突出的区域史、城市史"证据"功能。举例来说,上世纪90年代,因上海张江高新技术产业开发区的设立而以中外著名科学家命名的一批路名,如居里路、祖冲之路、郭守敬路等,就具有借鉴他文化的显性特征,其内涵与高新技术开发区的科学技术属性相当合拍,但却不具有佐证本区域历史地理发展过程的功能;相比之下,上海老城厢一批以姓氏命名的马路,如侯家路、陆家宅路、康家弄、盛家街等,却与古代上海县城几大家族的聚居地有直接关系,此类街道名称传承至今,对研究上海移民史和城市化过程中的人口结构变化均具有珍贵的史料价值。

本文所关注的城市区片地名,整体上属于在区域史和城市史研究方面具有显著"证据"功能的地名类别,其能够十分贴切地反映一个地域从乡村向城市发展过程中自然、人文景观的变化与人地关系的基本特性。但是,由于目前地名研究界对该类地名尚缺乏关注,并未形成明确的理论认识,因此本文的首要问题是给予城市区片地名一个明确的定义。

之前关于城市区片地名的某些论述,主要见于一批新编的城市志和城市地名志,例如,1997年出版的《杭州市志》将其定义为:

> 区片地名泛指某一知名点及四周附近地区,无明确的界线,但在人们日常生活中却使用频繁,并且久用不衰。由于城乡建设的发展,出现了许多自成体系的居民点——新村和集镇,它们作为地名的性质与功能,和区片类似。①

此论述强调区片地名具有三个特征:其一,无明确的地理边界;其二,延续时间长,具有历史属性;第三,能够从一定程度上体现传统乡镇向现代城市演变过程中的自然与文化特征。这个定义虽未上升到学术研究的理论高度,但起码暗示了城市区片地名在城市史研究领域的特殊价值。1998年出版的《上海市地名志》被认为是一部学术性较强的地名志著作,其中将区片地名作为一个规范性的语汇频繁提及,却未对其进行概念上的界定,然而从其行文中亦可看出,编写者倾向于将区片地名作为区域开发史的"证据"和城市文化的"活化石"。例如在"上海旧城厢的地名文化"一节中,编者如是叙述老城厢区片地名的形成:

> 拆城以后(指上海县城墙在1912年拆除,笔者注),原十座城门的俗称,后来都沿用为区片名,如老西门、大东门等。地名的历史和文化是人民创造的,如今在上海旧城厢地区所留下的历史遗存、文化遗存已为数不多了,只有少数留下它的"化石"——路名或区片名,如蓬莱路(以蓬莱道院得名)、学院路(曾名敬业路,以敬业书院得名)、白衣街(以白衣庵得名)、徽宁路(以徽宁会馆得名)、大境路(以大境关帝殿得名)、也是园弄(以也是园得名)、刘

---

① 杭州市地方志编纂委员会编《杭州市志》,《建置篇》第四章第三节"市区区片地名",中华书局,1997年。

家弄(以刘峋宅第得名)、老西门(原城门仪凤门的俗称)等。①

为了给区片地名一个更贴近学术研究需要的定义,笔者特别对城市地图的标识体例进行了长时段的考察。地图所标识的地名,虽然较大程度上体现了城市政府部门对地名体系的规划意志,但毕竟还是立足于社会现实中民众对地名的使用情况,体现了社会层面对地名文化的理解和记忆,所以,对区片地名在地图上的标识体例进行研究,再结合各类城市志的已有界定,可对城市区片地名的学术概念作出一个较为综合的判断。

最近三十年来我国公开出版的各类城市地图中,已经形成了一种新的地名标识体例,即以相对突出的带背景色字体所标识的"区片地名"。在经过一段磨合期之后,此类地名的标识已走向常规化。在2010年版的《上海市实用地图册》中,中心城十二个行政区范围内标出的区片地名就达到一百一十七个,涉及古、近代不同历史时期已消失的自然、人文景观名称和当代新出现的城市标志性景观,以特殊的地图语言,在阅读者面前呈现出一个丰富多彩、时空交叠的历史想象空间。相较于1997年上海城市地图上标识的区片地名三十九个②和2000年的六十八个③,2010年版地图在区片地名的标识体例、呈现的数量和标记技术方面已经相当成熟,这表明城市区片地名的历史记忆功能正逐步被政府管理部门和城市规划部门所认知。

在我国,区片地名在城市地图上由"了无踪影"到"遍地开花",经历了大约一个世纪的过程。20世纪30年代曾世英主编《中华民国新地图》的出版,标志着我国地图编绘技术和体例由传统向现代的转型,与此相适应,城市地图从景观内容的详细程度到标识体例的科学程度都比古代方志中的治所城市地图(主要是显示标志性景观相对位置的

---

① 上海地名志编纂委员会编《上海地名志》附录之"专记——上海旧城厢的地名文化",上海社会科学院出版社,1998年。

② 参见《上海市地图集》编纂委员会编《上海市地图集》中心城各区图幅,上海科学技术出版社,1997年。

③ 参见上海市测绘院编《上海市地图册》中心城各区图幅,中国地图出版社、中华地图学社,2000年。

示意图)有了根本性的转变,但区片地名这一类别,在整个民国时期基本很难在地图上找到。就笔者所见民国上海市区图及其他城市旧地图中,一般找不到此类标识体例,仅在1948年版《上海市全图》中①,看到一处对当时工人聚居区"曹家渡"的标识,明显是指一个边界模糊的以曹家渡古渡口为中心的新兴城市区域,在视觉效果上有别于一般的聚落符号。当时曹家渡一带是上海最著名的工厂区和劳动阶层居住地,非常契合上海作为中国工业中心城市的地位,将此名称在地图上加以突出显示,是有道理的。遗憾的是,同类的其他符号在该图上却未能找到,这说明区片地名作为一种城市地图的标识体例,在民国时期尚未形成明确的概念。

新中国成立初期出版的上海城市地图②,在区片地名的标识上亦未有明显进步,而主要是在城市边缘区作出一些"重点聚落"式的标识,以突出指称那些基层行政中心和商业市镇,权且可将其视为城市区片地名体例的一种过渡形态,这也说明后来的区片地名概念与实体聚落概念之间有着天然的内在联系。但是,"重点聚落"式的地名毕竟指的还是实体聚落,具有实实在在的边界,只有经过一定的演变过程才能转化为边界模糊的区片地名。例如,上文提到的"曹家渡",现在已经完全从一个平民居住区实体的名称演变为一个涵盖工业、商业、住宅、河流、桥梁等自然与人文景观意象在内的区片地名。

基于上述论证,本文对城市区片地名作出如是界定:首先,城市区片地名是超越了包括聚落在内的景观实体之上的一种抽象的城市地名符号,是实体景观名称的虚化,不论其本初所依存的景观实体是否已经消失,此类地名均可在城市文化记忆层面长期延续;其次,区片地名所指代的地理空间边界只能大致确定,不同人群往往根据自己对城市空间的感知和自身经历,形成不同的"意象"边界;第三,民众是区片地名的使用主体,政府部门则对区片地名的明确化和系统化起到规范

---

① 参见(民国)上海市地政局编《上海市全图》(单张版),中华地图学社,2006年复制版,根据1948年大东书局彩印本。

② 参见地图出版社编《上海市市区图》(单张版),地图出版社,1956年。

作用;第四,实体地名向区片地名的演化,能够十分贴切地反映一个地域从乡村向城市发展过程中自然、人文景观的变化特征与基本的人地关系特性。

二、上海城市区片地名的人地关系辨析

那么,城市区片地名的形成、城市化的历史地理过程、城市人群对地域文化的感知与记忆,以上诸方面之间究竟存在何种内在联系和链接机制? 这正是笔者研究城市区片地名的演变试图要回答的问题。本文根据近代以来上海城市空间扩展的实际路径和时间顺序,将今上海中心城区分为核心区、扩展区、边缘区三个地理范围,来探讨区片地名的形成机制及其文化记忆传承功能①。

(一) 核心区

紧邻外滩的黄浦区是近代上海城市化的策源地,不仅起步最早,所历经的城市形态和发展阶段也最为多元(此处所指黄浦区的地理范围截至 2011 年 6 月卢湾区并入之前,下同)。该区既包含古代上海县治所在地——老城厢区域,也包含 1843 年上海开埠后最早发展起来的近代商贸金融区——英租界苏州河以南的区域,还涵盖了 1949 年新中国成立后以人民广场(原租界跑马场)为中心的现代城市公共空间。与此相适应,地图上标识出来的该区范围内的区片地名,也恰恰层次分明地体现了其作为古代、近代、现代城市化核心区域所留存下来的"递进式"景观记忆。

今上海市区地图上所标识的"老北门、老西门、大南门、小南门、大东门、小东门"等区片地名,系由古代上海城门实体景观名称演变而来。明嘉靖三十二年(1553年)为防御倭寇侵袭,上海县始建城墙,之

---

① 本文将今上海中心城区划分为核心区、扩展区、边缘区三类,主要是考虑上海城市空间第一轮规模化扩展时期(20 世纪 80 年代之前)乡村景观向城市景观过渡的时间顺序,以及地表景观受近代租界城市空间影响程度的差异等因素,此分类与现代城市规划和土地利用学科对城市空间结构的划分标准不一,主要便于本文历史地理之研究。

后开始出现以几座城门命名的实体地名。随着时间的推移,其所指代的空间范围逐渐扩大,成为城门附近区域的代称,甚至包括一部分城门外的近郊地带,此即为实体景观地名向虚化的区片地名演化之过程。一旦完成向区片地名的过渡,该地名承载城市文化记忆的能力即得到加强。尽管在辛亥革命后普遍兴起的拆除城墙运动中,上海城墙也未能幸免,被尽数拆除改建成了环城马路(今中华路和人民路),但几座老城门的名称却没有随着景观实体的消失而湮没,而是成为承载古代上海城市景观记忆的载体。

另一区片地名"斜桥"的形成,则可追溯到古代上海县城近郊斜跨在肇嘉浜上的一座桥梁,该名称在明弘治《上海县志》中已有记载。明清时期的斜桥,长期作为船舶进出县城的停靠站,是连接县城和乡村腹地的交通要冲,地理位置十分重要。从地名学的角度来说,"斜桥"之名是众多乡村景观中内涵丰厚的佼佼者,具有稳定延续而进入城市地名系统的良好基础。民国初期因填浜筑路,河道湮没不存,桥梁亦废,但因桥的历史悠久,文化、经济基础深厚,民间仍将这一带称为"斜桥"[①]。今天的斜桥地区虽然高楼林立,一派现代大都市面貌,但由于这一地名的留存和沿用,却无形中昭示着传统时代上海典型的水乡景观意象,为今日之大都市平添了一份历史的厚重。

又如缘起于明末清初的义渡"董家渡",位于黄浦江西岸南码头附近,以创办者的姓氏命名,开始规模很小,后来逐渐演变成连接浦东与浦西的商业渡口[②]。20世纪初期摆渡的船只就已换成了轮船,码头设施和轮渡线的管理也日益现代化,但这个以一家一姓命名的古代渡口名称仍然传承到了今天,成为浦西地区的重要区片名,代表着南市小南门外至黄浦江边一大片由传统商业码头区演变而来的城市区域。

除上述一类见证上海由乡村(或传统城市)到现代都市发展过程

---

① 南市区人民政府编《上海市南市区地名志》(内部资料,未出版)第五章《习称地名居民点》"概况",1982年内部印刷本。

② 南市区人民政府编《上海市南市区地名志》(内部资料,未出版)第五章《习称地名居民点》"概况"。

的地名外,黄浦区的区片地名中还包括"外滩"、"外白渡桥"等近代城市标志性景观名称。外滩以遍布欧式经典建筑和现代金融商贸机构而著称,具有中西文化交融、海纳百川的文化形象,外白渡桥作为城市交通枢纽,二者进而演变成上海大都市的区片地名,显然具有合理性。但同时也应该看到,"外滩"与"外白渡桥"的通名部分,即"滩"与"桥",同传统上海的水乡景观特征——河浜密布、桥梁纵横、径流缓慢、河流易淤积成滩地等,亦是非常吻合的。

由此可见,目前正在使用的黄浦区区片地名中,起码有两个类别的文化特征是非常突出的:一类涵盖的历史区间比较长,历经古代、近代直到当代,构织了一幅传统和现代交汇、乡村向城镇乃至大都市演进的景观变化图景,较为完整地保存了区域史和城市史双重背景下的文化记忆;另一类涵盖的历史区间,表面上是主要限于近代城市化时期,但其前身的环境特征也得到一定程度的保留,同本区域传统的历史地理景观仍然存在某种吻合。

与黄浦区城市化路径比较接近的还有静安和卢湾两区(指2011年6月并入黄浦区前的卢湾区,下同)。今静安区的大部分属于1899年后英租界越界筑路的区域,马路网络和其他市政设施发端较早,工业、商业、房地产业相继得到发展,尤其是沿苏州河一线,由于交通便利和土地价格优惠,在19世纪末20世纪初成为上海民族工业和外资工厂集中的地方①。近代卢湾区的城市化程度也相对较高,区内大部分为1900年和1914年法租界两次扩展所覆盖的区域,市政、人口和工商业亦起步较早②。静安、卢湾两区与黄浦区的区片地名在缘起景观类别和地域文化表征功能上存在一定的相似性,具体情况见表1。

---

① 静安区人民政府编《上海市静安区地名志》第一章《行政区划地名》"沿革、概况",上海社会科学院出版社,1988年。
② 卢湾区人民政府编《上海市卢湾区地名志》第一章《行政区划地名》"卢湾区概况",上海社会科学院出版社,1990年。

表1 上海城市核心区的区片地名缘起类型及其文化表征功能①

现属政区	区片名称	1997年地图标识	2000年地图标识	2010年地图标识	曾作近代政区地名	缘起类型/时间
黄浦区（含原南市区）	泥城桥	◆		◆		近代市政设施（但与古代河流与桥梁有关）/1853
	外滩	◆	◆	◆		近代金融商贸区（但与古代河流滩地有关）/明代
	八仙桥	◆	◆	◆		近代市政设施（但与古代河流与桥梁有关）/1860
	大世界	◆	◆	◆		近代城市游乐场/1917
	小北门	◆	◆	◆		近代市政设施（但与已拆除的古代城墙有关）/1909
	老北门	◆	◆	◆		古代市政、防御设施/1553
	新北门	◆	◆	◆		近代市政设施（但与已拆除的古代城墙有关）/1860
	十六铺	◆	◆	◆		古代商业区/清中期
	小东门	◆	◆	◆		古代市政、防御设施/1553
	大东门	◆	◆	◆		古代市政、防御设施/1553
	小南门	◆	◆	◆		古代市政、防御设施/1553
	大南门	◆	◆	◆		古代市政、防御设施/1553
	老西门	◆	◆	◆		古代市政、防御设施/1553
	小西门	◆		◆		近代市政设施（但与已拆除的古代城墙有关）/1905
	斜桥		◆	◆		古代桥梁/明初

① 资料来源：《上海市地图集》编纂委员会编《上海市地图集》中心城区各区图幅，上海科学技术出版社，1997年；上海市测绘院编《上海市地图册》中心城区各区图幅，中国地图出版社、中华地图学社，2000年；上海市测绘院编《上海市实用地图册》中心城区各区图幅，中国地图出版社、中华地图学社，2010年。各区片地名的缘起类型及时间的确定，系根据各区地名志及笔者研究积累。

续表

现属政区	区片名称	1997年地图标识	2000年地图标识	2010年地图标识	曾作近代政区地名	缘起类型/时间
黄浦区（含原南市区）	董家渡		◆	◆		古代渡口/明末
	老闸桥			◆	◆	古代水闸/清中期
	外白渡桥			◆		近代城市标志性景观（但与古代环境结构有关）/1873
	新开河			◆		近代市政设施（但显示水乡环境的改变）/1865
	人民广场			◆		现代城市标志性景观/1951
静安区	曹家渡	◆	◆	◆		古代渡口/明末
	忻康里	◆		◆		近代城市聚落/1912
	康家桥	◆		◆		古代桥梁/清中期
	静安寺	◆	◆	◆	◆	古代庙宇/南宋中期
	美丽园	◆		◆		近代城市聚落/1912
卢湾区	卢家湾	◆		◆	◆	古代河流/元初
	打浦桥	◆	◆	◆		古代桥梁/清初

表1显示，最近十几年的上海市区图对区片地名的标识日渐规范，三个时间断面中，以2010年地图所标识的区片地名最为完善。具体分析，静安、卢湾两区由于少了"古代城市"这一中间环节，完全是在传统乡村基础上直接发展起来的城区，而且近代城市化起步早，发展充分，所以遗存下来的区片地名数量较少，种类比较单一。但在为数不多的七个区片名中，古代乡村景观地名的遗存占了五个，涵盖了桥梁、河流、渡口、庙宇四个景观要素，仍然显示了传统水乡景观名称在城市地名中较为强大的传承能力。黄浦区能够留存至今的古代景观地名，除了具有较强生命力的老城厢景观之外，其他主要就是在古代渡口、水闸、桥梁以及河流滩地之类的传统水乡景观地名的基础上，经过环境改造而形成的城市景观。

（二）扩展区

今杨浦、闸北、虹口、徐汇四区覆盖的范围，城市化时间相对较晚，在20世纪50年代以前属于城市扩展区范围，80年代后才加速向中心城区转化。该四区的区片地名文化特征如表2所示。

表2 上海城市核心区的区片地名缘起类型及其文化表征功能①

现属政区	区片名称	1997年地图标识	2000年地图标识	2010年地图标识	曾作近代政区地名	缘起类型/时间
杨浦区	五角场	◆	◆	◆		近代市政设施（＋传统聚落通名）/1929
	控江			◆		近代市政设施/1926
	茭白园			◆		古代乡村聚落/清中期
	引翔港			◆		古代河流/明中期
	八埭头			◆		近代城市聚落（以传统聚落命名方式）/1908
	复兴岛		◆	◆		近代市政设施（＋传统水乡景观通名）/1926
	定海桥		◆			近代市政设施（＋传统水乡景观通名）/1927
闸北区	北站	◆			◆	近代市政设施（标志性）/1898
	番瓜弄	◆				近代城市聚落（以传统聚落命名方式）/1920
	彭浦		◆	◆		古代乡村聚落、庙宇、河流/元中期
	谈家桥			◆		古代乡村聚落、河流、桥梁/清初
	上海站			◆		现代市政设施（标志性）/1987

---

① 资料来源：《上海市地图集》编纂委员会编《上海市地图集》；上海市测绘院编《上海市地图册》；上海市测绘院编《上海市实用地图册》。各区片地名的缘起类型及时间的确定，系根据各区地名志及笔者研究积累。

续表

现属政区	区片名称	1997年地图标识	2000年地图标识	2010年地图标识	曾作近代政区地名	缘起 类型/时间
虹口区	镇北	◆				古代乡村、市镇聚落/元代
	镇南	◆				古代乡村、市镇聚落/元代
	大柏树	◆	◆	◆		近代市政设施/1937
	提篮桥	◆	◆	◆	◆	古代河流、桥梁/清中期
	虹镇		◆			古代乡村、市镇聚落、河流/清初
	江湾			◆	◆	古代乡村、市镇聚落、河流/宋代
	三角地			◆		近代市政设施/1915
徐汇区	徐家汇	◆	◆	◆	◆	古代乡村、市镇聚落、河流/明末
	龙华		◆	◆	◆	古代乡村、市镇聚落、河流、庙宇/三国
	漕河泾		◆	◆	◆	古代乡村、市镇聚落、河流/明代
	港口		◆	◆		古代乡村聚落、河流/清末
	枫林桥			◆		近代市政设施(＋传统水乡景观通名)/1928
	柿子湾			◆		近代城市聚落(＋传统乡村聚落通名)/1940
	新龙华			◆		近代市政设施/1916
	关港			◆		古代乡村聚落、河流/明代

统计发现,这四区的区片地名所保留的文化遗存,也同核心区的区片地名一样,包含"古代景观地名"和"近现代市政设施地名"这两个主要类型。但有一点与核心区明显不同,即该四区"古代聚落地名"的遗存现象比较突出,这是颇值得分析的。

表2中以黑体字突出显示由古代聚落地名演化而来的区片地名或与古代聚落特征有关的近代命名。经过考证后发现,这些古代聚落

地名一般与该地原生的自然景观有伴生关系,由此类聚落地名演化而来的城市区片名,从某种程度上仍然是地域性自然环境和人文特征的文化遗存与再现。以今虹口区区片名"江湾"为例,其缘起景观是虬江(吴淞江故道)的一个河湾,曾经是上海地区重要的出海港口;这里从宋代就沿河湾出现了市镇型的聚落,明代遭倭寇毁坏,后再度生成聚落,一直延续至今,成为上海中心城区内的一个现代化居住社区。江湾地名演变的前半段历史详见于《江湾里志》:

> 市始于宋,自胡陆湾桥起,沿河向东,坐落走马塘北岸,为今之雨号十五图。明嘉靖间,遭倭寇之乱,荡然尽毁。既而日久生聚,就保宁寺东西营造寺屋,恢廓成镇。东自景德观,西讫今之西庙止,计长六里,南北广一里,大小商铺三百余家。坐落袁长河、走马塘北岸,跨今之殷号六图,雨号二十五图,而兼及雨号十五图,其全境区域原包括彭浦、殷行之一部分。道光而后,始分设彭浦、殷行两厂,今仅领三十图。①

江湾地名演变的后半段历史,是指其实体地名的抽象化过程。随着城市化程度的提高,江湾镇之行政建置已于2006年撤销,改为街道办事处,这标志着经过长时间的历史沉淀,江湾已由一个聚落实体地名最终演变成为一个抽象性的城市区片名。在最近几年的上海城市地图上,江湾均被以区片名的体例做了突出的标识,相对于1997年、2000年地图上未做标识的状况,这是一个明显的变化。

表2中的"徐家汇"区片名,亦缘起于乡村聚落名,作为其前身的自然景观,是原来蒲汇塘、肇嘉浜和李漎泾三条河流的汇合处。明万历三十五年(1607年)进士徐光启葬其父徐思诚于三水汇合处西侧,并在墓旁结庐守制,在此进行农业实验。徐光启死后亦归葬于此,之后其家族一部分人也由南市迁来定居,逐渐形成了聚落。上海开埠后,此处成为天主教活动的中心,先后建起耶稣会修院、圣母院、圣经院等

---

① 〔民国〕钱金总纂《江湾里志》卷一"舆地志",民国十二年(1923年)稿本重印本,上海社会科学院出版社,2006年。

宗教建筑，徐家汇在较短的时间内发展成为上海著名的宗教、文化中心，开始了乡村聚落向城市聚落的转型①。租界时期这里是法租界的城市扩展区，新中国成立后，徐家汇进一步演变为上海城市西南部的商业、文化重心。徐家汇在由实体地名向区片地名转化的过程中，其原先的自然景观底蕴与后来的城市文化内涵是一种和谐的相互促进和交融关系。

另一区片名"虹镇"，则因最初的乡村聚落在虹口港畔兴起而得名②，从而保留了古代河流与聚落相互依存，继而向商业型市镇发展的历史记忆。今天虹镇所指的地理范围，已经不再局限于当初的商业老街，而是泛指"虹镇老街、飞虹路、飞虹支路所形成的三角形地区及其毗邻地带"③，早已不是当初聚落实体的空间意义了。闸北区"谈家桥"区片的由来，是因为谈姓聚居地附近彭越浦上有一座重要桥梁，也属于水乡河流景观与乡村聚落景观相互交融的类型。据《闸北区地名志》载，谈姓聚落最早形成于明晚期，名"谈宅、谈家观音堂宅"，民国初期该处城市化起步，市面兴盛，居民增多，谈宅遂成为大型村镇，即以桥梁为名，定名"谈家桥"④。村落、河流与桥梁相互伴生，在江南水乡是再正常不过的景观组合，为何直到民国初期谈家聚落才以桥梁命名，还值得再考证，但谈家桥之名由于能够反映区域环境特征和该村镇后来的经济地位，而逐渐沉淀为今天的区片地名，则是不可否认的事实。村镇型的谈家桥聚落已在1990年代消失，为城市社区所替代。

由此我们发现，与区域自然环境与人文特征都有着密切联系的传统乡镇聚落地名，确实是城市区片地名的一类重要来源。上海地区乡村聚落地名向城市地名演化的路径大致如下：当最初的人口集聚达到

---

① 徐汇区人民政府编《上海市徐汇区地名志》第2章"区片：徐家汇的形成和发展"，上海社会科学院出版社，1989年。
② 虹口区人民政府编《上海市虹口区地名志》第1章"行政区划地名：区片地名"，百家出版社，1989年。
③ 虹口区人民政府编《上海市虹口区地名志》第1章"行政区划地名：区片地名"。
④ 闸北区人民政府编《上海市闸北区地名志》第2章"闸北区区片地名简述"，百家出版社，1989年。

一定程度时,人们往往取附近标志性的自然景观或人文景观之名来给村落命名,同时也融入家族姓氏等人文要素,以增强其名称的可辨识性和独特性。但乡镇地名初步形成之后,其文化影响力是否能够逐渐扩大,以至于能够在城市化进程中顺利地融入城市区片地名体系中,就要看该乡镇地理位置、经济实力、文化辐射力等因素的综合影响程度了。例如,表2中因"江湾"而起的"镇南"、"镇北"两地名,也是两个比较重要的市镇聚落地名,但因为其距离江湾中心镇较近,受江湾经济空间的辐射较强,所以虽然曾经短暂地成为城市区片名(1997年版《上海城市地图册》上做了标识),但却很快又退出了(2010年的《上海市实用地图册》和刚出版的2011年《上海市道路图》上,均未见标识)。这说明乡镇聚落地名中那些经济、文化、交通地位比较重要的中心村或中心市镇(包括基层行政中心和自然形成的经济商业文化中心)地名,进入城市区片地名系统的可能性较大。另外,是否曾经做过基层政区的名称,从某种程度上也可加重其成为城市区片地名的砝码。

然而,上述由扩展区分析而发现的规律却不一定适用于整个中心城区,古代乡镇聚落地名的遗存能力在城市化时间不同的区域是有空间差异的。由前文已可看出核心区与扩展区的差异,下文再分析边缘区的状况。

(三)边缘区

今上海城市中心区所覆盖的宝山、普陀、闵行三区,位于整个市区的边缘地带,是近代城市化以来起步最晚的一个圈层。上世纪前半叶上海城市空间的第一轮规模化扩张,基本未直接触及这些区域,其城市化进程主要发生于新中国成立后十年以及1980年之后的第二轮城市空间扩张高潮,尤以1990年以来的二十年最为剧烈。虽然在上海城市空间构建的早期,上述区域内也有一些历史悠久的市镇与中心城区形成呼应之势,在中心城区的辐射下,得到些许发展的优势,但大致还是类似于城市中心区的"飞地",在景观和经济特征方面仍保持传统的面貌,现代城市特征不占主流。那么,作为城市化时间最短的城市区域,其区片地名的分布及其保留的文化遗存有何特点呢？先以宝山区为例来说明。

表 3 宝山区区片地名缘起类型及其历史地理特征①

现属政区	区片名称	1997年地图标识	2000年地图标识	2010年地图标识	缘起类型/时间
宝山区	张行		◆	◆	古代乡村聚落(伴生景观为张姓店铺)/清中期
	何家湾		◆	◆	古代乡村聚落(伴生景观为河湾)/清中期
	高境		◆	◆	古代乡村聚落(伴生景观为庙宇)/元代
	庙行		◆	◆	古代乡村聚落(伴生景观为庙宇)/明初
	大场		◆	◆	古代乡村聚落(伴生为景观为盐场)/明中期
	长浜			◆	古代乡村聚落(前身景观为河流)/清后期
	广福			◆	古代乡村聚落(伴生景观为寺庙)/清初
	刘行			◆	古代乡村聚落(伴生景观为刘姓店铺)/清初
	顾村			◆	古代乡村聚落(前身景观为未开发沼泽地)/清初
	杨行			◆	古代乡村聚落(伴生景观为杨姓店铺)/北宋初
	张华浜			◆	古代乡村聚落(前身景观为河流)/明初
	陈家行			◆	古代乡村聚落(伴生景观为店铺)/清中期
	祁连			◆	现代市政设施(马路)/1954
	塘桥			◆	古代乡村聚落(伴生景观为桥梁)/清初

① 资料来源:《上海市地图集》编纂委员会编《上海市地图集》宝山区各图幅;上海市测绘院编《上海市地图册》宝山区各图幅;上海市测绘院编《上海市实用地图册》宝山区各图幅。各区片地名的缘起类型及时间的确定,系根据宝山区地名志及笔者研究积累(宝山区人民政府编《上海市宝山区地名志》,上海科学技术文献出版社,1995年)。

由表3可见,2010年上海市区地图上所标识出的区片地名,落在宝山区范围内的有十四个,除一个"祁连"之名缘起于1954年修筑的马路"祁连山路"和后来随之兴起的"祁连新村"外,其他十三个均为古代乡村聚落名称的遗存。这初步说明在城市化历史最短的城市边缘区,乡村聚落名称转化为城市区片地名的能力最强。

浦东新区的区片地名分布和源流也显示了同样的规律。2010年版上海市政区图上所标识的区片地名中,以浦东新区的数量最多,计有塘桥、老白渡、洋泾、凌桥、龚路、张桥、花木、杨思、三林、白莲泾、杨家镇、白龙港等六十五个①。这部分是因为浦东新区在上海所有行政分区中面积最大,包含了原南汇县、川沙县的广大乡村地区,由于此类区域正处于城市化的初级阶段,所以大批具有中心地性质的乡镇实体地名,在地图标识体例中,暂时充当了区片地名的角色。可以预见,随着城市化的深入推进,最终保留下来的区片地名在密度上将会减少,在结构上将会发生淘汰或合并。这一趋势从浦东新区沿黄浦江一带城市化较早的区域可以得到证明。浦东沿江一带相对于南汇、川沙的乡村腹地虽然城市化起步较早,但比起浦西却起步较晚,而且主要是在20世纪90年代之后才得到快速发展,因此,沿江一带的区片地名虽然仍以乡镇地名为主要渊源,但密度却相对稀疏,也就是说,大部分乡镇地名已经遭到淘汰,留存下来的主要是那些文化表征能力强或者具有较强经济辐射力的乡镇地名。例如,"三林"这一名称,就因其蕴含着深厚的历史渊源和鲜明的区域环境特征,而成为浦东沿江一带最有文化影响力的区片地名之一。《浦东档案信息网》对三林区片的历史沿革作了详细的论证,其中最为关键的是对其悠久开发史的描述,可以直接作为笔者上述判断的证据:

> 自唐代起,先辈辛勤垦植,荒滩上偶观田宅,宋代人烟渐密。北宋时,福建人林乐耕携家室来此,与当地百姓一起创业。林的后裔繁衍成为世家大族,在黄浦江一条支流的北岸,沿河分居三

---

① 详见上海市测绘院编《上海市实用地图册》浦东新区各图幅。

处,曰东林庄、中林庄和西林庄,合称三林庄。元始祖至元二十九年(1292年),三林庄在上海县高昌乡二十四保的领地内,称为三林里。至明初,三林已发展成浦东一大镇;明洪武元年(1373年)设三林巡检司于此。自元明年间起,嗣后六百余年的时间里,历次地方行政机构、治安保卫部门,皆设于三林,镇上店铺园馆汇集中市,作坊工场分设市梢,形成了这一地区的政治、经济、文化、交通的中心。①

普陀区的区片地名亦显示出乡镇聚落地名占主流的特征,兹不详细列举。总之,上海城市边缘区正在使用的区片地名,还带有显著的乡村特征,属于乡村地名向城市地名转换的初级阶段,但已经发生过初次淘汰,一部分经济辐射力较弱的地名已经被筛选出去,深度的筛选和淘汰过程将随着城市化进程的深入而继续发生。

三、城市区片地名的演变机制及其历史记忆功能

在纷繁复杂的各类城市地名中,城市区片地名的历史地理特征和文化遗存机制是非常值得研究的,实体地名向区片地名的演化过程,能够十分贴切地反映一个地域从乡村向城市发展中自然、人文景观的变化与人地关系的基本特性。因而,城市区片地名对于区域史、城市史研究的"证据"功能及其对于城市文化遗产保护的实际价值,均应得到更多关注。

本文对于上海城市区片地名演变机制的考察首先反映出:原有乡镇型实体地名中的一部分向城市区片地名转化,而大部分被城市化所淘汰,这是一个客观的、不可逆转的趋势,同时也是城市地名与原有乡村地名既联系又区别的一条重要纽带。

在不同的城市区域,已经形成的城市区片地名与原有乡镇地名的

---

① 厉进超《三林史话》,2008年11月24日《浦东档案信息网》—"浦东记忆"—"文史大观"—"城市变迁",http://pdda.pudong.gov.cn/pddaxxw_csbq。

继承和转化关系是有差别的,地名的城市性由"边缘区"、"扩展区"向"核心区"显示出逐渐增强的特征。在上海城市"核心区",古代乡镇聚落地名的保留极为稀少,而由近现代标志性的城市景观名称、市政设施名称转化而来的区片地名,以及城乡元素相互融合的地名数量相对较多;"扩展区"的乡镇聚落地名遗存相应增加;而在城市化时间最短的"边缘区",其现行的区片地名则主要是由原有的乡镇聚落地名转化而来。可见,传统乡镇地名向现代城市地名的演变,毫无疑问地会将那些与城市文化特征不合拍的传统地名逐渐过滤掉,城市化时间越长,城市地名中区域环境原始特征的遗存能力愈弱。地名的区片化过程,使多数比较普通的乡村景观地名,随着城市更新的步伐和社区升级改造的进程而逐渐从城市地名体系中淡出,这是一个客观规律。正是由于这种淘汰过程的存在和持续,城市地名与乡村地名才具有本质的文化差异,此差异随着城市化的深入愈加明显。

另一方面,也正是通过地名的区片化过程,才使得典型的地域性景观记忆和历史地理元素在城市文化的肌体内继续存活并长期延续。城市区片地名历经时间的洗练而沉淀,不仅能够将地域性的自然、人文地理景观、传统乡村聚落景观等方面的典型记忆有效保存下来,而且能将这些元素充分融入现代城市文化。具体到上海地区,如果原来的名称含有"桥"、"浜"、"汇"、"浦"、"里"、"弄"等具有江南水乡景观特色的通名语汇,或者曾经依托知名度较高、经济辐射力较强的传统聚落实体,或者与大家族、历史名人等有渊源关系,该名称抽象演化为城市区片地名的可能性就较大。这一特殊的演变机制,使城市区片地名成为城市历史记忆的"活化石",其所保存的历史记忆将作为城市文化的一部分长期稳定地传承下去,这在地名文化中是十分值得注意的一种现象。

其次应当注意到,实体地名向区片地名过渡的过程,主要是一个文化自沉淀和社会综合推动过程,城市管理者和规划者应当充分认识这一内在机制,合理把握政策干预的"度"。

传统地名在向城市区片地名转化时,其语义和社会影响力会发生一定程度的地理空间扩散,形成一个以"源地名"为核心的新的地名网络,就是地名区片化过程中的一个值得重视的自在现象。以上海市普陀区"真如"区片名的形成为例。真如镇历史悠久,自元代延祐七年(1320年)真如寺建立后,人口逐渐集聚成镇。19世纪末期以后,随着上海都市区向周边乡村地区的扩张,真如镇区逐渐向中心城区过渡,"真如"也开始向城市区片名过渡。此后,以真如为"源地名"而命名的新地名不断产生,包括真如车站、真南路、真金路、真如体育场、真如新村、真如西村、真如文化馆、真北中学、真西新苑等各类单位和实体。该过程延续了大约一个世纪,现已形成一个以"真如"为内核的地名网络,这一方面使真如市镇的实体性逐渐淡化,另一方面又使真如所代表的地理空间范围和社会文化内涵逐渐泛化。在2000年之后的上海市区地图上,真如开始以区片地名的面貌出现,证明其区片化过程正式完成,而这一过程中出现的语义空间扩散现象,虽历经晚清(如真如车站建于1908年)、民国(如真如体育场1940年建成)直至1949年后的新中国,但以"源地名"为核心的指向一直非常明确,这期间除了官方规划的自觉性之外,其遵从地名演化和命名的内在规律、考虑民间使用习惯,恐怕也是重要的因素。

区片地名的最终形成,往往是官方意志与民间力量共同推动的结果;而区片地名的最初概念,则一般缘起于民间层面,体现着民众对自己所生活空间的名称化认同和历史沿革过程的记忆。

以沪西"曹家渡"的民间使用与官方推动过程为例来说明。曹家渡地名缘起于明代隆庆、万历年间(16世纪70年代前后),因曹氏祖先在上海县西吴淞江边设置义渡而得名。此地因渡口逐渐形成较为繁华的市集。上海开埠以后,曹家渡一带因地理位置优越成为商业兴盛、交通发达的地区,吴淞江上增建了船埠码头。至20世纪20年代后期,渡口不敷应用,在其东首建造了木结构的曹家渡桥(亦称三官堂桥)。该渡裁撤后,曹家渡作为一个区片地名,被长期沿袭下来[1]。曹

---

[1] 普陀区人民政府编《上海市普陀区地名志》第二章"地片、区片",学林出版社,1988年。

家渡虽然成为沪西一带重要的区片名,但其涵义发生了转化,在20世纪初期以后,它一直是作为沪西棚户区、工厂区、工人聚居区的代名词而被使用的,该名称能够延续下来,除其悠久历史外,也与该区片在城市化时期仍然保持其强盛的交通优势和人口吸纳能力有关。

曹家渡能够由实体地名抽象成为区片地名,与民众的习惯性使用及所赋予其的独特文化内涵有着直接的关系。20世纪三四十年代的报纸,已经驾轻就熟地将曹家渡赋予了鲜明的底层文化内涵,例如,《文汇报》一则新闻的措辞:"曹家渡圣约翰大学附近之棚户区域,于前日午夜十二时五十分,发生火警,时适西北风怒号,风助火威,一发不可收拾……"①《新民晚报》一篇涉及曹家渡的短文更具有调侃意味:"西北角的曹家渡,是个不可思议的地方。到市区来打伤了人,说声'阿拉曹家渡来的',必有人来'临你的盆'。上海打相打的白相人,都聚集在曹家渡。"②这说明,曹家渡作为沪西工厂区、草棚区、工人聚居区的地名指称功能,在该区域城市化的早期已经形成并被民间广泛认同和接受。直到今天,曹家渡的棚户区景观特征和偏于低端的人口结构特征,仍然是各类报道文字经常触及的话题。虽然今天曹家渡区片名的城市性更强,但它在形成过程中沉淀下来的历史地理特征可能会始终伴随着其今后的延续过程。

所以总的来看,民间层面的实际运用是保持地名文化记忆存活和延续的最基本途径,而官方的规范和管理则可起到引导和强化的作用。例如,上海市测绘院在其出版的各类城市地图上,将"曹家渡"作为主要区片地名来标注,就使得该地名被更多市民所认知,其所代表的地理范围和文化内涵也会引起更多民众的关注,无形中确认和强化了"曹家渡"在上海地名文化中的地位。

还需注意的一个问题是,随着上海人口来源的复杂化和更新加

---

① 《曹家渡大火:焚毁草棚二百余间,棚户区五六百人流离失所》,《文汇报》1939年1月29日第7版。

② 《公馆、棚户区、船家——在大上海的边缘》,《新民晚报》(上海)1946年7月11日第2版。

快，上海市民的结构加速变化，一些有着丰富历史内涵的城市区片名可能会随着"老上海"们的减少而逐渐退出历史舞台。这时，如果没有政府力量的介入和规范性管理，区片地名所代表历史文化记忆的消失将逐渐显现。所以，在某些特殊的条件下政府层面的有意识宣传和规范，对于城市地名文化遗产保护的需要来说可能要超越民间习惯力量。政府力量与民间力量在城市文化遗产保护方面应互为依托，互相促进。

城市区片地名的演化机制，也向研究者提出了一个重要的学术课题：如果不重视城市地名的科学分类和其本身的演化过程，仅仅因为大量历史地名的消失而盲目呼吁传统地名的保护，是一种笼统和不认真的态度。真正需要认真探讨的是，大量消失地名背后究竟存在着怎样的历史选择机制？人为规划与地名系统本身的演化是一种怎样的关系？哪些是可以人为控制的、哪些是不可逆转的？在此基础上，服务于城市地名的管理、规划和运用，才可能落到实处。

传统时期太湖流域的渔民及其生计

吴俊范

引 言

太湖流域的主体属于亚热带大河三角洲水网地貌,传统时代该区广大的河流湖沼盛产各种淡水鱼类,野生淡水鱼的生产、流通和消费与民众生活、社会经济发展有着密切关系,但近代以来工业化和城市化对水环境造成重大改变,20世纪中叶以后野生淡水鱼的生产趋于全面衰落,因此用历史地理学方法对太湖流域的渔业形态、渔业人群和渔业环境等问题进行长时段的系统梳理,厘清其变化和转型的重要节点和具体过程,具有重要的学术意义。从目前来看,对传统时期太湖流域渔业人地关系的研究比较缺乏,对近代以来渔业人地关系的转型研究更为少见。有鉴于此,本文尝试对传统时期太湖流域自然捕捞方式下的渔民生产方式、生活方式、社会身份等进行细致复原,并从传统人地关系延续与变化的角度,对20世纪中叶政府统一实施的渔民上岸定居、自然捕捞向人工养鱼全面转变的背景进行一些讨论。

关于太湖流域的传统渔业形态,李伯重指出自唐代以来江南地区的自然捕鱼与人工养鱼即一直并存,人们除了从自然河湖中捕捞野生鱼外,养鱼也是一项农家副业[①];尹玲玲在其著作《明清长江中下游渔

---

① 李伯重《唐代江南农业的发展》,北京大学出版社,2002年。

业经济研究》中①,也提及自然捕捞与人工养鱼方式的并存;李玉尚文章《从人工饵料到天然食料:16世纪之后中国绍兴的河道养鱼》②则对清代以后人工养鱼的发展考订较详,但以上著述对传统时代占主流的野生鱼捕捞以及捕鱼人群的具体形态均未作详细研究,而这一问题恰恰是理解后来人工养鱼全面替代自然捕捞的关键和前提,因此本文的侧重点即在于弄清传统时期自然捕捞渔民群体的类别、生计特征及其与自然和社会环境的适应性。

一、环太湖低地湖荡区:陆上定居的兼业渔民

(一) 捕鱼为农村主要副业

根据清代、民国时期太湖流域府、县、乡、镇志的记载,在环太湖的低地湖荡区,由于地势低洼、水面广阔而耕地不足,一部分缺地农民靠水吃水,将湖荡捕鱼(或虾、蟹、贝类)作为主要生计来源。由于捕鱼对于其日常生计的重要性,文献中一般称其为"捕鱼(蟹)为业者"。民国二十三年《青浦县续志》记:"西南水乡,田腴值贵,其农民之无田播种者,多以捕鱼蟹为业。"③此段文字说明:青浦县西南部因水面广大,地价高昂,因此存在以捕鱼蟹为生的人群,但他们的社会身份仍为农民。

在清代青浦县西南部的一些乡镇志中,可以看到湖荡地区的农民不仅从事捕鱼,而且同时从事耕种和其他副业,渔业只是附属于农业的一种副业形式,但其地位超出其他副业。例如,位于青浦县西南淀泖地区的蒸里镇:"蒸里地属水乡,俗尚俭啬。……居水村者,间或捕鱼为业"④;与蒸里镇相邻的章练塘镇:"农民力耕捕鱼外,大半以制车

---

① 尹玲玲《明清长江中下游渔业经济研究》,齐鲁书社,2004年。
② 李玉尚《从人工饵料到天然食料:16世纪之后中国绍兴的河道养鱼》,《中国农史》2015年第2期。
③ 〔民国〕《青浦县续志》卷二《疆域下》,《中国地方志集成·上海府县志辑(6)》,上海书店出版社,1991年,第638页。
④ 〔清〕《蒸里志略》卷二《疆域下、风俗》,《上海乡镇旧志丛书(8)》,上海社会科学院出版社,2005年,第10页。

为业,俗名镶车"①。该段文字将耕种与捕鱼并列为湖区农民的两大生计方式,除此之外的制车、纺织等副业不能与之相提并论。

(二) 捕鱼为重要救荒方式

在发生水旱灾害、农业减产的情况下,低乡农民普遍地将捕鱼捉虾作为一种信手拈来的生产自救方式。1954年6月青浦县发生严重水灾,低田地区的水稻大为减产,政府一边发动农民积极排涝,补种江西晚稻,一边鼓励有技术、有劳力的农民进行贩稻柴、装三和土、装鸭榭、做木匠、敲瓦子、踏脚踏车、给农场做零工、捕鱼捉虾等副业生产,以克服眼前生活困难②。上世纪50年代初青浦渔业生产仍以自然捕捞为主,1957年的养殖鱼产量不及野生鱼产量的十分之一③,利用湖荡河流中的野生鱼资源仍为农民的重要副业方式,在灾荒年份则更显重要。

(三) 渔业地位超过农业的情况

以上所述为湖荡低区农业聚落中普遍存在的捕鱼作为副业的一般情况,而在一些水资源条件良好、交通条件和地理位置比较优越的湖区村庄,渔业在农民生计中的地位可能超过农业,这一点可从20世纪30年代日本满铁公司对苏南农村的经济调查资料中得到证实。常熟县虞山镇严家上村坐落于常熟县城西南五华里处的尚湖沿岸,属于太湖西北面的湖群区,面积广大的尚湖和深阔的河道为村民捕鱼和水运提供了天然之便。居民55户中38户为种地户,有17户完全没有耕地,依靠打渔和水运为生。整体上该村70%的农户兼营渔业。1938年渔业收入1391元,而当年的其他副业收入仅872元,农产出售收入

---

① 〔清〕《章练小志》卷三《风俗》,《上海乡镇旧志丛书(8)》,上海社会科学院出版社,2005年,第38页。
② 《本府关于农业生产计划、农田受灾情况及成立机耕、规模调整、公布职务和年度工作、处理人民来信的总结报告、指示、通知》(1954—1955),档案号2-1-36,上海市青浦区档案馆藏。
③ 《1953—1957年青浦县农林生产计划表》(1955),档案号2-1-4,上海市青浦区档案馆藏。

415.2元。渔业收入是本村主要现金来源,在农户经济中占有首要地位①。虽则如此,严家上村仍为农业定居村落,种地户占大多数,从事打渔和水运的人户仍在村中定居,他们的社会身份仍为农民,这同水上流动的渔民群体有本质区别。

总之,传统时代太湖周边低地湖荡区的淡水渔业,实际上是附属于农业的一种常年性(非季节性)的副业,农民从事捕鱼的环境支持度和资源便利程度较高,因此其在农村副业序列中占有重要地位。

(四) 鱼产品的消费

低乡农民捕取鱼产品的消费方式可分为两种:一是无地或少地的农民以捕鱼作为主要生计来源,将捕获的鱼产品投入市场流通环节,以换取收入,这种渔业方式可视为乡村经济中的一类"产业";另一种是有地农民在耕作之余将捕鱼用于自家消费,或者少量出售以补贴家用,具有零敲碎打、自给自足的性质。清中叶青浦县金泽镇的资料可清楚地说明这两种农户捕鱼动机的不同:

> 金泽饶渔利,其专以捕鱼为业者,斜河田、潘家湾、塘岸人居多。农人之勤者,耕作稍闲,辄击鲜自便。或易钱沽酒,酣嬉淋漓,颇有渔家之乐。

查阅当时地图发现,金泽镇几个业渔者集中的村落均分布在淀山湖岸边,紧靠大湖,因而形成了以渔业为主的特殊聚落;而距离湖区稍远的村庄还是以农耕为主业,仅视捕鱼为农闲乐事,正如《金泽小志》所评述:"金泽多膏壤,而人皆重耕作,务蓄积,置良田,为本业。"②清代金泽镇的情况展现了环太湖水乡地区人地关系的和谐景象,由于水鱼资源近便,唾手可得,农民无须远距离从事捕鱼,减少了流动性,所以社会治安方面的不安定因素从相关资料中鲜有见到。

---

① 曹幸穗《旧中国苏南农家经济研究》,中央编译出版社,1996年。
② 〔清〕《金泽小志》卷一《风俗》,《上海乡镇旧志丛书(7)》,上海社会科学院出版社,2005年,第17页。

二、太湖以东高田区:定居但逐鱼而动的兼业渔民

由于太湖碟缘高地的地势作用和圩田开发成熟后带来的区域性排水不畅,太湖流域下游的平原地区在宋元以后出现干田化趋势,在水环境方面主要表现为:缺少积水湖泊,河流窄小,易于淤塞,河流水量随潮汐涨落和雨量而变化,这些因素对农田水利和渔业生产均构成影响。该区包括太仓、青浦、松江、嘉定、金山东部直至滨海一带,地面高程比西部湖荡区平均高出一到两米,其河流水情、鱼类生长的环境、人们对鱼资源的利用方式、捕鱼者的社会身份特征等均与西部湖荡区存在差异。

(一)捕鱼的季节性和自家消费目的

依靠纵横交织的河流,东部农民亦将捕鱼作为副业生产方式,但其捕鱼时间与西部的常年性显然不同。据民国嘉定《真如里志》记载:"农民每于耕余或春水满溪时,实行捕鱼,虽有赖渔以生活者,而十之八九,快一家之朵颐而已。"[1]可见,东部农民捕鱼多利用农闲时间,而且受制于河流水情的季节变化,具有较大的随意性。由于鱼资源不稳定,农民捕鱼的主要目的是补贴家用,大规模进入商品流通领域赚取利润的(即赖渔以生活者)较为少见。新中国初期,宝山县大场镇的农民依然延续着冬闲捕鱼的习惯:"一到冬天,农民空闲,把浜沟戽水捕鱼。而在平时,有大场东北乡村四华里许名叫李家楼宅,同它附近许多村民,前往各处捕鱼、摸虾摸蟹,差不多作为副业中之专业,大家身上背负一个篓笼,专门靠此为生。这一批人,大家叫它李家楼帮摸手。"[2]这则资料进一步说明,高乡也有个别村落的村民以捕鱼为业,投入捕鱼生产的时间较多,且以赚钱为目的,但仍然还是一种副业,捕鱼

---

[1] 〔民国〕《真如里志》卷三《实业志》,《上海乡镇旧志丛书(4)》,上海社会科学院出版社,2004年,第53页。

[2] 《大场里志》卷一《水产动物》,《上海乡镇旧志丛书(11)》,上海社会科学院出版社,2006年,第108页。

方式和技术也相对简单,如身背竹篓,下河摸取,下网捕捉①,将浜水车干后摸鱼②,到处寻找鱼资源等。总之,同西部湖荡区相比,东部农民的捕鱼副业并非常年发生,捕鱼方式多种多样,因时而异,这与东部水环境的制约大有关系。

(二)捕鱼农民的生产流动性与社会不安定因素

由于东部鱼产欠丰,少有大片水荡可资利用,农民捕鱼并不局限于自己居住的聚落周围,而是流动性较大,逐鱼而动,由此也滋生出一种具有群体特征的社会不安定因素。上引大场镇李家楼宅的村民在冬季外出流动,前往各处捕鱼摸虾,可为一例。另一例如1900年5月27日《申报》报道的一则刑事案件,该案主人公居住在上海县浦东陆家行,平时以耕田为业,偶尔外出捕鱼,在其"三月中旬偶往南汇捕鱼"的途中遭遇抢劫,其弟在殴斗过程中不幸丧命③。晚清《申报》有不少新闻言及东部捕鱼者的流动与犯罪,远离居住地外出捕鱼的人,或者本身沦为犯罪分子,或者成为犯罪分子施暴的对象。如1886年4月15日报道的南汇县祝家桥乡民乘舟至沪南白莲泾捕鱼途中突遇匪徒抢劫案④,1886年11月21日报道的嘉定县真如镇人至沪捕鱼时与人打架斗殴案⑤,1889年5月7日报道的浦东渔民在黄浦江边偷盗木材案⑥,1892年8月7日报道的上海县二十一保乡民在黄浦江边捕鱼因踩坏当地人田中棉花被殴打致死案等⑦。

渔者为求一己之利而危害公共安全的案件也时有发生,较常见的是投药饵毒鱼事件。据1875年《申报》新闻,上海县西南乡如蟠龙、莘庄、梅家弄、马桥等镇,向有无知刁民用药合成毒饵,散放于河内,不久之后即可导致满塘鱼鲜皆被毒死,尽浮于水面,该刁民即施网打捞,上

---

① 《索还渔网之冲突》,《申报》1915年12月16日第10版。
② 《车水捕鱼之纠葛》,《申报》1921年11月14日第15版。
③ 《上海县署琐案》,《申报》1900年5月27日第9版。
④ 《劫物弃船》,《申报》1886年4月1日第3版。
⑤ 《法界公堂琐案》,《申报》1886年11月21日第3版。
⑥ 《县案照录》,《申报》1889年5月7日第3版。
⑦ 《命案请验》,《申报》1892年8月7日第3版。

市出售。河边居民饮用有毒河水后,许多人患上疫疠吐泻之症,甚至伤及性命①。因事关公众生命安全,官府对此类事件向来严查不怠,但并不能杜绝此类利益驱动事件的一再发生。

对于东部内河区捕鱼农民的社会特征,民国社会学者沈会周认为,技术含量低、从业门槛低是造成该业人员良莠不齐的主要原因:"内河中捞鱼摸蟹者,其法简便,见之即领会于胸中矣。如虾蟹涉水以手捞捉,青鱼用网捞起等。然彼等亦熟能生巧,而局外人不知者。如鱼捉何部而不脱手,蟹离水钳手等。因此业之简便,故常有无业游流民,无处求生时,乃为此业。故此业之人,颇不纯粹也。"②沈并未言及地理环境与渔民生产方式之间的关系,而实际上东部内河地区欠丰的水鱼资源、密集分布的河浜沟渠、捕鱼技术简单易得等人地因素,共同促成了东部农民捕鱼生产的季节性和流动性,继而又综合促成社会安全的潜在隐患。

三、太湖上流动捕鱼的专业渔民

从专业性来讲,在太湖流域各种水面上流动捕鱼的船居渔民才是真正意义上的渔民群体,他们与陆上定居人群的社会特征差别较大。因其捕鱼地点和宿泊地点常年在水上,变动不居,官方对其著籍管理存在较大难度,所以在传统社会常被视为异质的不稳定因素。根据捕鱼区域的不同,太湖流域的水上流动渔民大致可分为两类,其一是在太湖及周边湖群中流动捕鱼的渔民,其二是活动在各处内河的连家渔船的渔民。

(一)渔业生产的规模化与互助性

关于太湖渔民的人口数量,古籍中由于分类不明确,常将农民中的渔户和水上渔户混同,故很难获得准确数字。尹玲玲曾对明代嘉靖

---

① 《严禁药饵毒鱼》,《申报》1875年11月15日第2版。
② 沈会周《渔民生活概况》,《水产学生》1930年第4期。

年间苏州府吴江县(位于环太湖腹地,水资源丰富)的渔户人口做过说明,云:该地有"鱼甲(俗呼鱼头目)三十三人,辖鱼、船户二千四百六十二",一县之境,渔户、船户多达两千五百来户,以每户平均五口人计,共约一万二千五百名渔民人口。由此大体推知,整个太湖地区渔民人口数量众多[①]。吴江县地处环太湖腹地,在太湖打渔的渔民相对集中,这一估计应比较接近现实情况,但渔民在整体人口中的比例仍属少数。

  根据民国时期一些实地调查报告,可大致勾勒出太湖水上渔民的生产、生活、教育、人口来源等状况。就渔业生产技术、生产规模和捕捞工具而言,水上渔民比陆上兼业捕鱼的农民要专业得多,他们构成了自然捕捞商品鱼生产的主力军,且在生产中初步形成不同规模的合作互助形式。以1934年江苏省对长兴、吴兴两县太湖一带的渔业调查为例来说明,此次调查范围为"北起长兴夹浦,南迄吴兴南浔,曲折二百余里"的太湖沿岸渔船出没之所:

> 太湖渔船,大小不等,大概以船为家。其最大者约罛船,亦名六桅船,不能停岸,不能入港,篙橹不能撑行,专候暴风行船,船长八丈四五尺,面量阔一丈五六尺,落舱深丈许,中立三大桅,五丈高者一,四丈五尺者二,提头桅一,高三丈许,梢桅二,各二丈余。其捕鱼联四船为一带,两船牵大绳前导,两船牵网随之,常在太湖水深处。次之曰大三片蓬,亦装六桅,专借风力,舟之长短大小,与罛船仿佛,捕鱼则用拖网。又有所谓张网船者,两舟并肩而行,船首各张巨网,往往逆水而行。每舟树桅三支,吃水较浅,故近岸之处,亦能行驶。其住泊无定所,止则下锚湖中,其桅常竖不眠。此外打网船、油丝网船等,则船身既小,吃水不深,往来于太湖沿岸,行止更不一定。据航政局统计,浙属太湖一带,渔舟之登记领照者,约有八百余艘,渔船之出发地点,多在夹浦、李家港、大钱口等滨湖之乡。渔民籍贯混杂,有海州帮、江北帮、安徽帮及本地帮

[①] 尹玲玲《明清长江中下游渔业经济研究》,齐鲁书社,2004年,第192页。

之别。民风刁顽,性情野蛮,近年来米珠薪桂,生活维艰,有时流为盗匪,贻害乡间。渔船人数,多寡不一,最多者二三十人,小者一二人。资本多者五六千元至万元,少者数百元,或由自己筹集,或以重利借来。捕鱼并无一定时期,得财即行浪费。①

可见,太湖渔船的捕鱼地点分为两种,一是太湖水深处,一是太湖沿岸,这些湖域水面广阔而鱼产丰富,为大规模的捕鱼生产提供了良好的条件。正是在良好的资源环境下,太湖渔民形成规模化生产,并组成各种联合性的生产组织,使生产力进一步加强。

(二)渔民成分的复杂性

另一方面也可看到,水上渔民以船为家,泊无定所、籍贯混杂等特征,加之湖面浩荡,给官方管理造成诸多困难,晚清《申报》不少地方新闻可以证实此点。如1898年4月18日报道云:"太湖汪洋三万六千顷,素为盗贼出没之区,自去年连出劫案后,商贾船舶无不视为畏途,各大宪迭次严饬,营县各官认真巡缉,而匪党此拿彼窜,迄未擒获一人。"②政府为加强管理,一般采取发给执照、每年定期核查的办法,如苏州吴县县署自民国初年起的一贯做法:"自民国三年起,为便于稽查起见,每届春季,由县署编查发给执照,分上、中、下三等,上等缴费两元,中等一元,下等半元。"③1922年吴县政府又对此办法进一步完善:"倒换执照,发给烙印船牌,一面令警佐赶制牌照,一面分饬渔船经理查德造各渔船花名清册送署,以凭核办。"④可见,对水上渔民进行人口、籍贯等的登记,是各项管理工作中的重中之重,而这一点在陆上居民中则相对容易做到。

(三)渔民的生活与教育

太湖北、东、南三面的湖群区,也是水上流动渔民分布的重点区

---

① 《湖属太湖一带之渔业——太湖外港渔业情形》,《湖社社员大会特刊(十周年纪念特刊)》,1934年。
② 《大盗成擒》,《申报》1898年4月18日第1版。
③ 《苏州编查渔户》,《申报》1919年3月22日第7版。
④ 《苏州更换渔船牌照》,《申报》1922年2月21日第10版。

域。根据这些区域的少许调查资料可复原水上渔民生活的一些侧面,例如1948年天主教会对常熟塘角地区渔民的生活状况作过简单调查:

> 渔民是水上的居民,他们的生活与陆上居民的生活,全然不同。他们没有宏敞舒适的房屋,也没有精美光亮的桌椅,没有温暖柔软的床铺。他们一家大小,都住在一只小小的船中,一家的衣食,全靠每天捕鱼所得。他们过着漂泊的生活,停船之处没有定所,今天在东,明天在西,但他们忍苦耐劳的精神,着实可嘉,虽在风雪狂吹火伞高张之下,还是不断地工作。①

这段描述认为"漂泊水上"是一种艰苦生活,尽管渔民本身的自我感知并不一定如此。我们从新中国成立初期的档案资料中也多可看到流动渔民对过去贫苦生活的回忆,其中也掺杂一些意识形态的因素,并不可全部取信,所以还应发掘渔民群体本身的感受来复原水上渔民的生活,但目前这种资料是缺乏的。上引资料为天主教会的记述,其中可能也存在为强调渔民入教的必要性而夸大其词的成分,这一点应客观对待。

由于太湖渔民相对封闭的生活环境,其同陆上社会的联系相对疏松,甚至某些方面处于隔离状态,造成其文化教育水平和政治意识整体较低。1935年,一名曾经在湖上担任教师的知识分子所作的一篇考察文章,比较深刻地揭示了太湖渔民的教育状况及其对待教育的心态:

> 太湖中所谓教育者,只不过识得几个他们终身很不需要的字而已。目前湖中有六位先生,大半年已接近半百,其中一位已七十二岁了,目前曾被这些先生教过的成人,读过的书是背得出的,但你写一个字给他识,他会回答不识,其实他们读过的书中是有的,比较用心一点的他们可识得一些关于他们如"鱼、网、水、湖、天、地"等的日常用的字,然而写字是很少有机会拿到手在写的,

---

① 戈平《常熟塘角渔民生活的素描》,《圣心报》第62卷第10期,1948年。

讲到写信或寄信这些,他们一点都不知的,根本一半也是用不着写信寄信。

他们的生活简单到除了捕鱼卖鱼外,其他便是买米、买柴、买油盐酱等。至于其他的知识,他们幼稚得看见警察喊老爷的。

教育是这样腐败这样使他们不适用,但他们仍旧浑浑噩噩,使他们的子女受这样的教育,在一般普通稍懂一些社会情形的人看来,这种渔民是要被认为未开化民族的。

渔民对于自己子女所需的常识,倘使一个儿子读了两年书会记鱼账,会计算鱼价若干,会写张借票文书,那是心满意足的了。目前能达到这地步的学生很少很少。①

闭塞的生活环境和世代相传、实践性很强的生产技术,使水上渔民对文化教育没有过高的需求,但他们毕竟要同陆上社会打交道、做交易(甚至通婚),逐渐也认识到识字的必要性,尤其是一些拥有大船的富裕渔民,"也要请先生教他们子女的书",几家联合起来在船上开设私塾②。整体而言,民国时期的太湖渔民即使已经开始意识到子女教育的重要性,也仍然是出于商品交易、同陆上社会联络的生存需要,与中国社会传统的读书从仕、齐家治国等学习和教育观念是有较大区别的。

四、东部水网区流动捕鱼的专业渔民

在太湖湖群以东的平原水网地区,河道密布,也是水上流动渔民的分布区域,但他们流动捕鱼的区域大而分散,呈星星点点之状,不似太湖渔民集中在太湖水域及周边湖群。民国《章蒸风俗述略》如是记述1940年前后青浦南部内河区的船居渔民:"全区居民大都居住瓦房,而草屋绝少。有一家独住一宅者,有数家合住一宅者。自经绑匪

---

① 王鼎鼐《太湖渔民教育调查记》,《浙江民众教育》1935年第3卷第5期。
② 王鼎鼐《太湖渔民教育调查记》。

骚扰,而乡居之稍有积蓄者均迁入镇市住居,故乡间空屋甚多,而镇上住房有人满之患。惟有少数渔户,终年船居,为浮家泛宅焉。"[1]可见,当时章练塘镇、大蒸镇、小蒸镇周围的河荡上分布着船居渔民群体,但总体数量不大。这些渔民在生产和生活方式上不同于太湖流动渔民规模生产、合作性较强的特点,而是"以流动分散、单船独户捕捞野生鱼为主",漂泊江河,日暮宿船,宿泊地往往聚集在沿江沿河的集镇,故习惯上被称为"连家船渔民"[2]。

（一）人口数量的弱势

关于太湖流域连家船渔民的数量,从民国资料中很难找到准确数字,但可以参考新中国成立初期上海市政府对连家船渔民进行社会主义改造时所公布的上海地区的统计数字,也可结合现代方志对以前的追溯。《上海渔业志》对解放前上海市郊区(指淀山湖以东的太湖平原区,不包括昆山、太仓、嘉兴、湖州等区片)连家船渔民数量的估计是:约有5700户,分布在各个乡镇,以青浦县最多,约占全市总渔户数的三分之一[3]。青浦县西南部跨淀山湖湖群,产鱼环境优于东部,故连家船渔民较为集中。再根据1965年底的调查,上海市十个县共有淡水连家渔船5716户,2.5万多人口[4],又根据1976年7月上海市委发布的推进连家船渔民上岸定居改造的文件,全市共有7624户连家船渔民,到1975年底已有6300户连家船渔民实现了陆上定居,占总数82.6%[5]。这些变动的数字说明,新中国成立初至70年代连家渔船上岸定居前的一段时间,从事淡水鱼自然捕捞的渔民数量处于上升趋势,这从一个方面反映出太湖以东平原的河湖水体尚可提供野生鱼的生长环境,至迟在60年代中期仍然保持传统时代的水环境状态。

---

[1] 〔民国〕《章蒸风俗述略·居家现状》,《上海乡镇旧志丛书(8)》,上海社会科学院出版社,2005年,第2页。

[2] 《上海渔业志》,上海社会科学院出版社,1998年,第71页。

[3] 《上海渔业志》,第72、73页。

[4] 《上海渔业志》,第72、73页。

[5] 《中共上海市委员会关于郊区连家船渔民上陆定居所需资金、材料的报告》(1967年),档案号：B109-4-511-136,上海市档案馆藏。

渔民船户在当地人口中所占比例是很低的,可以通过一些间接数字作一分析。1970年松江县革委会公布的本县连家船渔民数字是864户①,而据1965年嘉定县城东公社公布的数字,全社共有5457户社员,其中只有34户为渔民,一户一船,以船为家,终年在水上漂泊②。青浦县水环境条件较好,1956年公布的数字是:有渔户1488户,渔民6721人,渔船2177只③。可见东部内河水网区的专业渔民在总人口中实在属于少数群体。

但连家船渔民的原籍来源十分复杂,而且从事渔业生产的时间长短不一,人口素质良莠不齐,同样也是官方管理的难点所在,所以尽管连家船渔民的数量不大,也并不能抵消其对社会正常秩序造成的影响。据青浦县1956年对连家船渔民籍贯来源的统计,一千多户专业渔民来自两省八县,本县占百分之六十五,昆山占百分之五,盐城占百分之一,建湖占百分之三,泰州占百分之七,如皋占百分之三,东台占百分之二,兴化占百分之十三,山东滕县占百分之一;大部分渔民家庭在县境内流动捕鱼的历史较长,最长达到九十年,而其中一部分是新中国成立后迁来的,分散性更大,对其籍贯来源地难以全面掌握。由此分析,70年代政府统一推行渔民上岸定居,其重要原因应为加强对这部分流动人口的控制,将其纳入农民群体进行一体化管理。

(二) 生产力和社会地位的弱势

连家船渔民的生产方式以单家独户为单位,因此其鱼类生产量不能与太湖渔民相比,生产力相对低下。他们常年分散流动水上,"船小具陋,生产单一,基本是靠天吃饭,产量低,收入少",彼此之间又缺少互助合作,因此大部分连家船渔民生活困难。除此之外,流动渔民经济和社会地位低下,受地主欺负和当地农民排挤的现象也比较严重,

---

① 《松江县革委会关于安排渔民陆上定居的申请报告》(1970年),档案号:B248-2-266-49,上海市档案馆藏。

② 《上海市水产局关于嘉定县城东公社连家船渔民实现养捕结合陆上定居的经验材料》(1965年),档案号:B255-2-322-12,上海市档案馆藏。

③ 《青浦县水产工作的专题调查报告》(1956年),档案号:025-2-1,上海市青浦区档案馆藏。

以新中国成立初期青浦县渔民的回忆材料来说明：

> 解放前渔民受压迫剥削很严重,农渔之间纠纷较大、较多,特别是地主富农霸占湖港强收湖港租金,还骂渔民"江北乌龟贼网船,脚踏平基三分贼气"。部分小江又禁江,不准渔民生产,例如顾巷村顾巷荡陆顺清、陆彩琴等向渔民季永材每年收荡租6石米,连收4年,每年蟹汛向渔民沈云舟收港费大蟹30斤,少一些不行;重固区的野鸡墩等11条河港全部禁港,渔民进去捕捞往往发生争吵,打架。渔民不能开展捕捞生产,造成渔民生产生活困难。因此也有部分渔民有偷偷摸摸的。

由此看来,连家船渔民并不能做到自由捕鱼,常常与农民和地主发生矛盾,这将会使他们更加频繁地流动,寻找便宜的鱼资源,也使他们的收入缺乏稳定保障。新中国成立初期档案中所记渔民的贫困状态,主要是针对这类内河流动渔民而言。因此,上世纪六七十年代政府发动内河水上渔民上岸定居,由单一的自然捕捞转换为捕养结合的生产方式,再进一步发展到固定水面养殖为主,其中除维护社会稳定秩序之考虑外,政府力图改善渔民生活的贫困状态、减少渔农矛盾、优先保障农业生产等,也是不应忽略的因素①。

（三）宿泊地靠近市场和城镇

另外值得注意的一个重要问题是,连家船渔民的宿泊地点有靠近鱼货市场、市镇和城市的取向,这是其不同于太湖渔民的另一个特点。连家船渔民单家独户,行动灵活,不仅追逐鱼资源分布的水域而流动,而且要考虑交易方便和人身财产安全,因此他们夜晚停泊的地点往往选择在市镇、城市周边的河流上。19世纪中叶以后,在沿江沿海口岸对外开放的带动下,长江三角洲节点城市的外向型经济和商业性快速发展,城市市场的淡水鱼需求对于水上流动渔民更具吸引力,他们更趋向于在大城市郊区的水域内进行野生鱼的捕捞,再就近售卖给城市

---

① 《上海市水产局关于改造淡水连家船渔民座谈会纪要(初稿)》(1965年),档案号:B255-2-322-18,上海市档案馆藏。

市场,同时这一传统的捕鱼生产方式与城市化的矛盾也逐渐凸显出来。

五、结　语

通过传统时期太湖流域的渔民分布和生计方式,可观察工业化以前传统渔业人地关系的一般特征,亦可洞悉20世纪六七十年代政府统一推行渔民上岸定居的自然与社会背景。总体上可作如下归纳。

其一,传统时代渔民的生产与生活方式因水环境和鱼资源的分布而存在区域差异,反映出自然捕鱼生产与自然环境、社会环境的适应性。太湖周边低地湖荡区水资源丰富,兼业渔民从事捕鱼的环境支持度和资源便利程度较高,渔业在农村副业序列中占有重要地位。东部河网地区水鱼资源欠丰,捕鱼技术简单,农民捕鱼生产的季节性和流动性较大。太湖上流动捕鱼的专业渔民生产技术高,具有规模化和互助性,构成自然捕捞商品鱼生产的主力大军。流动于东部内河上的专业渔民以单家独户生产为主,产量低,收入少,缺乏互助合作。这几种渔民群体以及各自的捕鱼生产方式具有长期的历史积淀,一致延续到20世纪中叶。

其二,从太湖流域渔民传统生产与生活方式的延续与变化,可以反观河湖水体水环境质量的变化,可以大致推知,20世纪60年代为传统水环境向工业化水环境转化的重要时间节点,此可以从事自然捕捞的专业渔民群体整体上岸定居为标志。60年代开始现代工业和化学农业在太湖流域广泛铺开,带来水环境的快速变化。60年代以前,太湖流域渔民以自然捕捞为主要的渔业生产方式,虽然民国时期人工养鱼业在太湖流域各地已得到政府大力推行,但与自然捕捞相比并不占主流,水环境质量也可支撑传统的野生鱼生产、捕捞和消费。

其三,传统时期各类渔民共同具有的流动性和人口来源的复杂性,以及流动渔民社会身份的边缘化和异质化,使官方长期将其作为社会安全管理的重灾区,由此也促成20世纪六七十年代政府彻底实施渔民上岸定居的重要原因。传统流动渔民相对弱势的社会身份特征,与太湖流域水鱼资源的分布直接相关,是人地因素综合作用的结果。20世纪中叶,在水环境退化和政府对社会秩序加强管理的共同夹击下,太湖流域传统的船居流动渔民彻底退出历史舞台,一个传统族群与其自然捕捞的渔业生产方式一起消失了。

近代长江三角洲地区的铁路人口流动与交通事业的变迁

岳钦韬

以铁路、公路、轮船航运为代表的近代交通是现代化的一项重要标志。以铁路为例,目前学界对铁路的社会经济史研究多集中于货物运输(物流)与产业、商贸以及城镇体系的变迁问题[①],旅客运输(客流)与人口流动的关系及其影响的研究尚不多见[②]。事实上,不仅是铁路史研究,现有交通史研究普遍存在的一个总体性问题是:对"物"关注较多,而对"人"着墨甚少。

---

① 参见江沛《中国近代铁路史研究综述及展望:1979—2009》,徐秀丽主编《过去的经验与未来的可能走向——中国近代史研究三十年(1979—2009)》,社会科学文献出版社,2010年;黄华平《国民政府铁道部研究》,合肥工业大学出版社,2011年,前言第7—18页;苏全有《近十年来我国近代铁路史研究综述》,《苏州科技学院学报》(社会科学版)2005年第2期。

② 目前论文仅有以下三篇:高忠芳、侯德仁《铁路发展与近代人口流动》,《阴山学刊》2006年第6期;杨文生《平绥铁路与人口迁移及其职业变迁》,《河北大学学报》(哲学社会科学版)2006年第1期;杨玄博《沪杭铁路客运业务研究——以1928—1937年为例》,《三峡大学学报》(人文社会科学版)2012年第3期;杨玄博《沪杭铁路与沿线社会经济研究(1912—1937)》,硕士学位论文,杭州师范大学历史系,2010年。专题著作尚无,但部分作品中已论及此,如包伟民主编《江南市镇及其近代命运(1840—1949)》,知识出版社,1998年;丁贤勇《新式交通与社会变迁——以民国浙江为中心》,中国社会科学出版社,2007年;张瑞德《平汉铁路与华北的经济发展(1905—1937)》,"中研院"近代史研究所,1987年。

人口流动[①]、迁移问题长期以来都是人口史研究的重要组成部分[②]；而人口向城市集中已成为"城市化"一词被普遍接受的概念解释之一，因此成为学界的关注焦点[③]，其中关于农民离村和劳动力市场的问题自1930年代以来也备受瞩目[④]。但是，上述两方面的研究成果多致力于对人口流动的背景原因、数量规模、地域分布、经济社会影响等问题的探讨，而鲜有对其行进方式和交通工具的考察分析。或许此项内容并非该领域中的核心议题，但人口流动与交通的关系和影响不可谓不密切、不深远，当前的"春运"即为最典型之个案。实际上，近代中国也同样存在着程度不同但性质相近的人口运输问题。因此，近十余年来学界已有三项研究关注于此：侯杨方简要分析了铁路在救灾与移民中的作用，池子华认为交通对离村农民空间流动的影响力最为显著，并对铁路的相关功能作了初步阐述[⑤]。李楠的研究则着实迈进了一步，他凭借19世纪中叶至20世纪初东北地区移民和铁路发展的历史数据，利用移民重力模型对该时期两者之间的因果关系进行检验，

---

① 人口流动一般指离家外出工作、读书、旅游、探亲和从事一段时间，未改变定居地的人口移动。人口流动不属于人口迁移，流动的人口不能称为移民。参见中国大百科全书总编辑委员会《地理学》编辑委员会《中国大百科全书·地理学》，中国大百科全书出版社，1990年，第367页。

② 葛剑雄主编、侯杨方著《中国人口史》第6卷（1910—1953年），复旦大学出版社，2001年；葛剑雄主编、曹树基著《中国移民史》第6卷（清、民国时期），福建人民出版社，1997年；姜涛《中国近代人口史》，浙江人民出版社，1993年；[美]何炳棣《明初以降人口及其相关问题（1368—1953）》，葛剑雄译，生活·读书·新知三联书店，2000年。

③ 以上海为例，如邹依仁《旧上海人口变迁的研究》，上海人民出版社，1980年；张开敏《上海人口迁移研究》，上海社会科学院出版社，1989年；忻平《从上海发现历史：现代化进程中的上海人及其社会生活（1927—1937）》，上海大学出版社，2009年。全国性的研究可参考行龙《人口流动与近代中国城市化》，博士学位论文，中国人民大学历史系，1998年。

④ 浩平《中国农民离村问题之研究》，《民众运动》月刊社，1933年；[日]田中忠夫《中国农民的离村问题》，《社会月刊》第1卷第6号，1929年6月；马俊亚《混合与发展：江南地区传统社会经济的现代演变（1900—1950）》，社会科学文献出版社，2003年；张丽《非平衡化与不平衡——从无锡近代农村经济发展看中国近代农村经济的转型（1840—1949）》，中华书局，2010年；彭南生《也论近代农民离村原因》，《历史研究》1999年第4期等。

⑤ 葛剑雄、侯杨方、张根福《人口与中国现代化——1851年以来》，学林出版社，1999年，第143—147页。池子华《农民工与近代社会变迁》，安徽人民出版社，2006年，第56—65页。

得出与池子华类似的结论：铁路发展对移民的影响超过人口压力、工资率差异等其他各种因素①。但以上著述限于其研究目的,一般都侧重于论述交通对人口流动的影响,较少顾及人口流动对各交通行业兴衰的反作用,而现有交通行业竞争与发展的论著对其内在动因和变迁理路的研究亦不够深入②。

再回到当前交通史的研究中,我们不难发现相关论著均缺乏长时段的定量分析,进一步而言,难以透析两者之间的关联性及其对经济社会的影响。究其原因,一部分是因为未能充分利用交通管理部门的档案、统计数据等"内部"资料,而仅仅采用沿线地区经济社会的概况介绍、新闻报道、调查报告等"外部"资料。虽然后者的重要性固不待言,但其调查对象并非交通路线本身,难免与交通部门产生隔膜,调查手段也存在各种缺陷③,甚至所具有的某种宣传性质都降低了其在交通史研究中的价值。

有鉴于此,拙文将以1895至1936年④的长江三角洲地区⑤为中心,以铁路部门和区域内各海关的"内部"统计资料为主体⑥,通过分析

---

① 李楠《铁路发展与移民研究——来自1891—1935年中国东北的自然实验证据》,《中国人口科学》2010年第4期。

② 如前述丁贤勇著《新式交通与社会变迁——以民国浙江为中心》,以及复旦大学历史地理研究中心主编《港口—腹地和中国现代化进程》,齐鲁书社,2005年；戴鞍钢《大变局下的民生——近代中国再认识》第2编,上海人民出版社,2012年；苏全有《近代中国铁路的另面影响——论20世纪初我国铁路对内河航运的冲击》,《石家庄铁道大学学报》(社会科学版)2011年第4期等。

③ 相关缺陷可参见《太湖流域航运初步统计》,《太湖流域水利季刊》第3卷第2期,1930年2月,调查篇第11页。

④ 涉及吴淞铁路时上溯至1876—1877年,分析人口流动空间范围时延至1946、1947两年。因1937年5—12月统计数据遍寻不得,加之抗战增加了人口流动的复杂性,故1937年暂且不论。

⑤ 指沪宁、沪杭甬铁路沿线地区,大致范围是东到大海,南抵四明山脉,西达南京周边地区(不包括安徽),北至长江沿岸(不包括扬州以东的泰县、南通等地区)。

⑥ 档案以统计资料主要有清邮传部的"邮传部统计表"、江浙两省铁路公司的历年"报告清册"；1915至1935年民国交通部、铁道部的《国有铁路会计统计报告》,1932至1936年的《国有铁路统计月刊》；沪宁(京沪)沪杭甬铁路管理局的 Annual Reort、《京沪沪杭甬铁路日刊》、《运务周报》等。海关资料即《中国旧海关史料》与《中华民国海关华洋贸易总册》中的 Decennial Reorts 与南京、镇江、苏州、上海、杭州、宁波等口岸的贸易报告。

铁路旅客运输数量(简称客运量)的方法,回答通过铁路运输的这部分人口(包括区域内部及周边地区向区域内的两个部分)是怎么流动而来的,又是怎么流动而去的? 这其中具有什么样的特征? 而人口流动又是如何推动交通行业内部的竞争与兴衰?

一、从"一路"到"两路":长三角铁路发展与人口流动概况

长江三角洲地区是中国铁路的发源地。1876 年 7 月 1 日,作为"近代中国第一路"[①]的吴淞铁路之上海至江湾段开通[②]。通车伊始,"欲搭坐者已繁难不可计数,觉客车实不敷所用"[③]。8 月初,因火车轧死一名清兵引起清政府的交涉而一度停运,但从 12 月 1 日全线恢复运营到次年 10 月 22 日被清方收回,其营业状况尚称稳定:据《申报》报道,全线至 1877 年 8 月 25 日共输送旅客 161331 人次,每周的纯利润为 27 英镑[④];笔者另据英国外交部档案整理计算,1877 年 1—10 月共输送 158738 人次(其中 95% 以上均为三等车人次,大部分往来于吴

[①] 关于吴淞铁路是否为"近代中国第一路"的争论可参考邹宏仪《吴淞铁路不是我国的第一条铁路》,《社会科学战线》1982 年第 1 期;徐文述《吴淞铁路是我国第一条铁路》,《社会科学战线》1984 年第 3 期。其关键在于是否投入商业运营,此前的北京宣武门外铁道(1865)、天津紫竹林铁道(1872)均未投入商运。

[②] 由于该铁路的特殊历史地位,以及作为中西冲突的典型事件而成为中外学界持续关注的焦点之一,但下列研究成果均较少涉及其运营问题。Reid Alan, *The Woosung Road: The Story of the First Railway in China 1875-1877*, Woodbridge: Monewden Hall Suffolk, 1979;Crusheter, *Woosung Road: The Story of China's First Railway*, Hongkong: The Railway Tavern, 1999;David ong, "Confucian atriotism and the Destruction of the Woosung Railway 1877," *Modern Asian Studies*, vol. 7, No. 4. (1973), pp. 108-144;Blair C. Currie, "The Woosung Railroad(1872-1877),"*aers on China*, No. 20(1966), pp. 77-96;戚其章、骆承烈《对我国第一条铁路建成与拆毁的估价问题》,《山西师大学报》(社会科学版)1981 年第 2 期;野村亨《淞沪铁道に関する一考察》,佐久間重男教授退休記念編委会編《佐久間重男教授退休記念中国史・陶磁史論集》,東京:燎原株式会社,1983 年;孙昌富、陈蕴茜《从民众态度看吴淞铁路的兴废》,《开放时代》2005 年第 1 期;金志焕《中国第一条铁路诞生与铁路敷设争论》,中国社科院近代史研究所、河北师范大学历史文化学院编《晚清改革与社会变迁》下册,社会科学文献出版社,2009 年。

[③] 《民乐火车开行》,《申报》1876 年 7 月 10 日第 1—2 版。

[④] 《论吴淞铁路》,《申报》1877 年 9 月 18 日第 1 版。

淞与上海之间,详见第二节),营业收入总计为34561.08英镑①。

吴淞铁路通车不到一年即被清政府收回并拆除,上海至吴淞沿线的铁路人口流动随即中止,行进方式又退回到传统时期的水路与陆路②。直到1895年12月,时任两江总督的张之洞上奏清廷提出建设从吴淞经上海至南京的沪宁铁路的具体方案③,原吴淞铁路才作为其中一部分(更名为淞沪铁路)得以重建,而贯通整个长三角地区的铁路建设也随之拉开了帷幕。1897年2月该路开工,1898年9月通车。表1中显示1904年沪宁铁路即有12万人次的客运量,但因该路尚未开工,故笔者姑且判断为通过淞沪铁路输送的客流量。

与此同时,英国以最惠国待遇及利益均沾为由,于1898年4月向清政府提出承办沪宁铁路并随即签署《沪宁铁路草合同》,并开始勘测具体路线。但此后英方不断要求扩大其利益④,双方经协商后于1903年7月正式签订《沪宁铁路借款合同》,1905年4月该路正式动工,11月从上海通车至南翔,1906年7月抵苏州、无锡⑤,此时的沪宁铁路已将当时中国东部最大的口岸城市、江苏省会以及新兴工商业城市联为一气,故当年的客运人次增长了71%。1907年通车至常州、镇江后,流动量与上一年相比猛增了一倍有余,达109%。而1908年4月上海至南京全线贯通后,其增长幅度却回落到近60%。从某种程度上可以说明,苏南另一大府常州以及开埠早于南京(时称江宁)近四十年的镇江,其发展程度已超过太平天国后严重衰落的南京。

与此同时,长三角南翼连接上海与杭州、宁波的沪杭甬铁路也开始筹划建设。1897年开始,浙江已有建造杭州钱塘江江边至拱宸桥

---

① 英国外交部档案 FO228/593、594,英国国家档案馆藏。
② 参见《论铁路火车事》,《申报》1877年10月26日第1版。
③ 《筹办江浙铁路折》(光绪二十一年十一月十二日),苑书义等主编《张之洞全集》第2册,河北人民出版社,1998年,第1055—1057页。
④ 相关研究参见高志斌、王国平《晚清政府借外债修筑沪宁铁路述论》,《江海学刊》2000年第3期;朱从兵《张之洞与沪宁铁路》,中国社会科学院近代史研究所政治史研究室、苏州大学社会学院编《晚清国家与社会》,社会科学文献出版社,2007年;葛玉红《1903—1927年沪宁铁路研究》,博士学位论文,南京大学历史系,2009年。
⑤ 交通、铁道部交通史编纂委员会编《交通史路政编》第10册,1935年,第3122页。

（江墅铁路的前身）以及宁波至绍兴铁路的计划①。《沪宁铁路草合同》签订不久，1898年10月英国通过《苏杭甬铁路草约》获取了该路的借款权。之后因庚子事变、南非战争的影响，英方仅初步勘测了部分路段②，并未投入实际建设。1903年浙江绅商获准开办"杭州铁路公司"筹建江墅铁路，以连通大运河与钱塘江之客货运输。

1905年鉴于列强谋取路权日亟，浙籍绅商又创办了"商办全浙铁路有限公司"，次年江苏"商办苏省铁路股份有限公司"亦告成立，其目标均要求清政府废除草约各款，收回路权自行商办。同时两公司于1906年起将工程付诸实施，首先建设江墅路，然后分别从沪、杭两地向枫泾建设，翌年9月江墅路先行通车，至年底已有近15万人次往来于拱宸桥、杭州至江干一线（参见表1）。但是，商办之举使得英国以草约未废、贷款权归属仍归英方为由，一再压迫清政府与其订立正约。清廷遂决定采取所谓"部借部还"的方法了事，然此举无异于出卖路权，因此江浙绅民纷纷投入排拒英国借款的运动，史称"江浙铁路风潮"③。

---

① 《改建铁路》《筑路述闻》，《申报》1897年3月2日第1版、1898年5月29日第1版。

② 《铁路先声》，《申报》1898年12月23日第1版。

③ "江浙铁路风潮"凝聚了海内外学术界相当的注意力，自1950年代以来的研究成果几未间断，但也基本取代了经营管理等各方面内容而成为沪杭甬铁路唯一的研究内容。中国大陆地区主要著述如下（按发表时序）：黄铁琮《1907—1908年间江浙人民反对苏杭甬路借款的斗争》，《史学集刊》1957年第1期；赵金钰《苏杭甬铁路借款和江浙人民的拒款活动》，《历史研究》1959年第9期；何玉畴《清朝末年江浙人民收回苏杭甬铁路自办运动》，《历史教学》1963年第4期；闵杰《浙路公司的集资与经营》，《近代史研究》1987年第3期；王道《浙路风潮再反思——光复会计划失败的原因》，《史学月刊》2001年第2期等。2008年全国有四篇同题材的硕士学位论文问世，分别为：林艳《博弈与离合：苏杭甬铁路风潮中的官、绅关系研究》，华东师范大学历史系；胡进《江浙绅商与铁路风潮（1905—1908）》，苏州大学历史系；杨娟《绅商阶层与苏杭甬铁路风潮评述（1905—1910）》，华中师范大学历史系；黄文《论沪杭甬铁路的商办历程》，扬州大学历史系；海外研究成果如下：E-Tu Zen Sun（任以都），"The Shanghai-Hangchow-Ningo Railway Loan of 1908," *The Far Eastern Quarterly*, vol. 10, no. 2. (February 1951)；藤井正夫《清末江浙における鉄路問題とブルジョア勢力の一側面》，《歷史学研究》第183期，1955年4月；閔鬥基《清末江浙鐵路糾紛（1905—1911）》，《東亞文化》（韓國）第11輯，1972年；Lee En-han（李恩涵），"The Chekiang Gentry-Merchants vs. the eking Court Officials: China's Struggle for Recovery of the British Soochow-Hangchow-Ningo Railway Concessions, 1905-1911,"《中研院近代史研究所集刊》第3期上册，（转下页）

近代长江三角洲地区的铁路人口流动与交通事业的变迁

表1　沪宁、沪杭甬铁路历年载运旅客人次表（1904—1936年）

单位：人次

路别 年份	沪宁铁路	变动率 （与上一年相比）	沪杭甬铁路	变动率 （与上一年相比）
1904	122417	—		
1905	569963	365.59%		
1906	973323	70.77%		
1907	2035983	109.18%	149784	
1908	3238847	59.08%	984091	557.01%
1909	3490125	7.76%	1984860	101.69%
1910	4313268	23.58%	2175481	9.60%
1911	4511869	4.60%	2235748	2.77%
1912	4774353	5.82%	2340671	4.69%
1913	5252287	10.01%	3129090	33.68%
1914	5352601	1.91%	3230164	3.23%
1915	5439357	1.62%	3376479	4.53%
1916	5722250	5.20%	4118452	21.97%
1917	6144897	7.39%	4673104	13.47%
1918	6399082	4.14%	5078247	8.67%
1919	7122203	11.30%	5438005	7.08%
1920	8198724	15.12%	5743286	5.61%
1921	8754664	6.78%	5210003	−9.29%
1922	10449949	19.36%	6050894	16.14%
1923	11035397	5.60%	6160018	1.80%

（接上页）1972年7月；Madeleine Chi, "Shanghai-Hangchow-Ningo Railway Loan: A Case Study of the Rights Recovery Movement," *Modern Asian Studies*, vol. 7, no. 1. (1973)；王树槐《江苏铁路风潮——一个社会运动的实例》，许倬云等《中国历史论文集》，台湾商务印书馆，1986年；佐野实《光绪新政期鉄道政策における借款の再評価とその経緯——滬杭甬鉄道の建設方針を巡る官民の対立》，《史潮》第64期，2008年11月；佐野实《滬杭甬鉄道借款契約の実効性を巡るイギリスと地方の関係：地方有力者層の対立・協力が中英間外交に影響を及ぼした一事例について》，《史学》第78巻第4号，2009年12月。

续表

路别 \ 年份	沪宁铁路	变动率（与上一年相比）	沪杭甬铁路	变动率（与上一年相比）
1924	9655063	−12.51%	5430380	−11.84%
1925	8863989	−8.19%	5173625	−4.73%
1926	11313102	27.63%	5450612	5.35%
1927	8657304	−23.48%	3885704	−28.71%
1928	10861405	25.46%	5207158	34.01%
1929	11708039	7.79%	5341510	2.58%
1930	12661987	8.15%	5824859	9.05%
1931	12275837	−3.05%	5675252	−2.57%
1932	7565290	−38.37%	5046034	−11.09%
1933	10277243	35.85%	5240770	3.86%
1934	10750306	4.60%	5223407	−0.33%
1935	11612583	8.02%	4923294	−5.75%
1936	11456869	−1.34%	4783666	−2.84%

注1：经多方搜寻，笔者未能找到一份统一记载上述数据的资料，只得将下列文献综合、归并使用，但仍可保证各项数据均来自铁路系统内部。

注2：近代铁路客运人次分为"起运"和"载运"两种。简言之，前者仅为一条铁路内部发生的运输量，后者还包含与其他铁路联运所产生的数量。为完整起见，本表数据均采用"载运"人次。因资料本身之记载不甚统一，故将未标明之数据（如清末时期）默认为"载运"人次。部分年份各资料记载不一者，除注明为校正数（1931—1935年）外，一般以均取最多者。

资料来源（按时序排列）：〔清〕邮传部、（北京政府）交通部编《邮传部统计表》，北京：编者，1907—1911年；商办全浙铁路有限公司编《商办全浙铁路有限公司报告》，杭州：编者，1907—1911年；商办苏省铁路股份有限公司编《商办苏省铁路股份有限公司报告》，上海：编者，1908—1913年；（北京政府）交通部编《交通统计图表》，北京：编者，1912—1916年；（北京政府）交通部编《交通部国有铁路会计统计总报告》，北京：编者，1915—1924年；（国民政府）交通部、铁道部编《中华国有铁路会计统计总报告》，南京：编者，1925—1935年；（国民政府）交通、铁道部交通史编纂委员会编《交通史路政编》第10册；《统计月报》（国民政府主计处统计局编），1937年。具体页码从略。1934、1935两年之《中华国有铁路统计总报告》改按会计年度编印，记载时限为本年的7月到下一年的6月，故1934—1936年的数据转采自《统计月报》，该数据由铁道部研究室报告提供。

近代长江三角洲地区的铁路人口流动与交通事业的变迁

虽然最终中英双方于 1908 年 3 月签订了《沪杭甬铁路借款合同》,但两公司还是保住了铁路的建筑权和经营权[①],随着当年上海至松江以及艮山至长安段的通车,人口流动量出现了 557％的显著增长。1909年 9 月沪杭段全线建成通车,其增长率高于沪宁路全线通车时的幅度。

随着铁路自身业务的拓展、轮船航运业的衰退、周边铁路的通车以及沿线经济社会的发展,旅客列车的开行次数与行车时间分别出现上升和缩短的趋势,两路的人口流动量也因此逐年稳步上升。如 1910年沪宁路人流量因南京举办"南洋劝业会"而上升了近 25％,出现了"旅客特别进款"。1912 年南京临时政府的成立,沪宁夜班车的开行[②]和津浦铁路的全线开通均成为增长的原动力。1914 年沪杭甬铁路改为国有,实际管理权归沪宁铁路管理局所有。1916 年两路联络线在上海西郊贯通,从南京到杭州畅通无阻,因此当年和次年的增长幅度都有显著提升,尤其是沪杭甬铁路均超过了 10％。1922 年两路的涨幅均超过了 15％,以致出现"车辆不敷,乘客拥挤"的情形[③]。1923 年两路的流动人次之和位列历年第三,当年的沪杭甬路更是达到其最高值。

但是,人口流动量往往受到国内战争、自然灾害等不稳定因素的冲击而产生波动:1911 年辛亥革命及 1913 年"二次革命"时期,南京一带均成为主要战场,但两路的变动率不降反升,其原因在于当战场未遍布全线,铁路运输也未因此停止的情况下,人口流动的规模往往因避难的需要而迅速扩大,如辛亥年沪宁沿线"挈家避难乘车者,苏、锡、常、镇、宁各大站无日不摩肩击毂,纷至沓来"[④]。1913 年战争爆发后,

---

[①]《沪杭甬铁路借款合同》第 17 款规定:"此铁路建造工程以及管理一切之权全归中国国家办理。"王铁崖编《中外旧约章汇编》第 2 册,生活·读书·新知三联书店,1959 年,第 471 页。

[②] 由临时政府饬令路局开行,参见《交通部直辖沪宁铁路民国元年兴革事项一览表》,铁路协会编辑部编《民国铁路一年史》,1914 年,第 9 章插页。

[③] 交通、铁道部交通史编纂委员会编《交通史路政编》第 10 册,第 3359—3360、3362 页。

[④] 沪宁沪杭甬铁路管理局编查课编《沪宁沪杭甬铁路史料》,1924 年,沪宁篇第 134 页。

南京、上海避难来苏者"不可以千百计"①。再就自然灾害而言,1911年夏秋长江流域暴发洪水,"上海商务随之减色",沪宁路大受影响,所以虽然辛亥革命前后避难人流大涨,但全年的增长率仍不到5%。1921年沪杭甬路出现通车以来的首次负增长,则是因为所有客车车票均征收附加赈款救济华北地震、水灾而致乘客减少,沪宁路的短距离客流也"颇受影响"②;国际形势也对铁路造成了极大的影响:1914年一战爆发后杭州至宁波段的曹娥江桥因建筑材料由德国提供而被迫停工,以致杭甬段直到侵华日军占领杭州时仍未能贯通(1937年10月杭州至东关段虽已抢通,但曹娥江桥仍未建成)。因此,甬曹(娥)段一直孤悬一线,沪甬之间的人流基本都经由海上运输信道,加之沪杭沿线经济社会落后于沪宁地区,因此从图1中我们很容易发现沪杭甬路远远低于沪宁路的人口流动量。

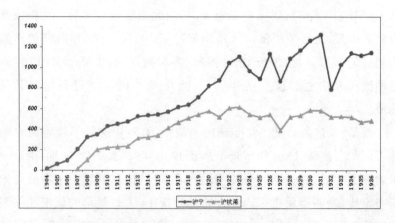

图1　沪宁、沪杭甬铁路历年载运旅客人次折线图(1904—1936)　单位:万人次
资料来源:根据表1数据绘制

虽然清末民初两路的人口流动量一直保持增长态势,但到了1924—1925年两次江浙战争成为其转折点——1924年9月战争爆发

---

① 《中华民国二年苏州口华洋贸易情形论略》,中国第二历史档案馆等编《中国旧海关史料》第62册,京华出版社,2001年影印本,第271页。
② 交通、铁道部交通史编纂委员会编《交通史路政编》第10册,第3359、3933页。

后，沪宁路沿线成为主战场，该路完全或部分停止行车共计 101 天，1925 年 1—5 月则达到 121 天；沪杭甬路相对较短，分别为 46 天和 1925 年 1 月初的 4 天①。铁路恢复运输后，车辆又遭到军队的劫掠，截至 1925 年 4 月底，两路被各方军队抢占的卧车共计 47 辆②，另有大量车辆遭破坏③。1925 年"五卅"之后，上海及其周边地区持续数月的劳资纠纷、工人运动也对客运产生了"不利的影响"④。虽然 1926 年局势稳定后又迅速回升到战前的水平，但 10 月爆发的夏超独立事件和次年的北伐战争使得铁路成为战争工具⑤，沪杭甬路沪杭段的正常行车从 2 月中旬到 3 月底完全中断，沪宁路中断时间为 3—4 月。1927 年的人口流动量因此创下了通车以来的最大降幅，成为"史上最艰难的一年"⑥。

南京国民政府成立后，其在江浙一带的政权得到迅速巩固，1928 年人口流动量又得以迅速恢复。由于南京成为首都，沿线主要站点来往首都的人次大为增加⑦。1929 年国民政府通过外交谈判从英国手中收回了沪宁铁路的路权，在将其更名为京沪铁路的同时，采取措施革除了英人管理的种种弊端，并全力发展铁路各项事业，1930、1931 年两路的人流量也随之提升至通车以来的最大值。惜乎好景不长，从

---

① 交通、铁道部交通史编纂委员会编《交通史路政编》第 10 册，第 3353、3941 页。

② 根据 I. Tux fond to the General Manager (1925/4/29) 整理计算，京沪沪杭甬铁路管理局档案四五七—8843，中国第二历史档案馆藏。

③ 仅 1925 年春，沪宁铁路即有 33 辆机车、600 辆货车被毁。参见《中国海关民国十四年华洋贸易报告书》，中国第二历史档案馆等编《中国旧海关史料》第 98 册，第 71 页。

④ Chinese Government Shanghai-Hangchow-Ningo Railway, eds., *Annual Reort for the Year 1925*, Shanghai: Chinese Government Shanghai-Hangchow-Ningo Railway, 1926, p. iv.

⑤ 截至 1927 年 3 月底，沪宁路军车 404 辆，占全路总车辆数（603 辆）的 67%；正对北伐军进攻方向的沪杭甬路军车 291 辆，占全路（401 辆）的 73%。参见《各路车辆机车状况》（1927 年 3 月 17 日），《交通公报》（北京）第 1573 号，1927 年 5 月 1 日，第 3 页。

⑥ Chinese Government Shanghai-Nanking Railway, eds., *Annual Report for the Year 1927*, Shanghai: Chinese Government Shanghai-Nanking Railway, 1928, p. vi.; Chinese Government Shanghai-Hangchow-Ningo Railway, eds., *Annual Report for the Year 1927*, Shanghai: Chinese Government Shanghai-Hangchow-Ningo Railway, 1928, p. xv.

⑦ Chinese Government Shanghai-Nanking Railway, eds., *Annual Report for the Year 1928*, Shanghai: Chinese Government Shanghai-Nanking Railway, 1928, p. iv.

1932年起，两路的人口流动量由盛转衰，沪杭甬路甚至出现连续多年的倒退。究其原因：首先，是受1932年"一二八"淞沪抗战的剧烈冲击，与前述战争不同的是，此次战役并非由江浙向上海推进，因此在京沪铁路上海至南翔段停运近四个月①的时间里，以往时局动荡时京沪沿线欲避居有租界庇护的上海的人口均无法通过铁路到达，因此导致当年的客流下降率跌破30％的历史极值；第二，由世界经济危机引发的"沿线工商不振"②造成了更深层次的影响，譬如承载商务性人流的二、三等客车的上座率即严重缩水，甚至到了低于1910年代的程度；第三，随着长三角地区公路和城市道路建设的不断推进，汽车对火车形成了日益加剧的竞争之势，尤以短距离的沪锡、沪翔、淞沪、拱闸、甬曹各区间为甚③。在上述各种不利因素的制约下，尽管铁路方面持续、大力改善自身业务，如加密车次、缩短行车时间、办理陆海空联运、设置营业所、举办各项旅游等各种方法招揽客运，但效果均难如预期。尽管1930年代南京下关轮渡、杭江（浙赣）铁路、苏嘉铁路等工程相继建成营运，从理论层面上拓展了两路沿线人口向全国各地流动的通达性（accessibility）④，但并未从根本上扭转客运衰退的局面。

---

① 5月24日全线恢复通车。参见京沪沪杭甬铁路特别党部监察委员会编《一二八两路创痕》，京沪沪杭甬铁路特别党部执监委员会，1933年，第86页。

② 京沪沪杭甬铁路管理局编《京沪沪杭甬铁路管理局廿四年第三季工作概况》，1935年，第26页。

③ Chinese Government Shanghai-Nanking Railway, eds., *Annual Report for the Year 1929*, Shanghai: Chinese Government Shanghai-Nanking Railway, 1930, p. xvi.；徐荣绶《南翔客运减少之研究》、王叔龙《公路包围中之曹甬段》、知世《上海市四周之公路与京沪沪杭甬铁路》，《京沪沪杭甬铁路日刊》第708、927、1790号，1933年6月30日、1934年3月19日、1937年1月14日；黄伯樵、吴绍曾《序》，京沪沪杭甬铁路管理局编《京沪沪杭甬铁路一览（二十三年度）》，1935年。

④ 指一个地点到其他主要活动点的总体通达程度，即一个地方能够从另外一个地方到达的容易程度。它可以用空间距离、拓扑距离、旅途距离、旅行时间或运输费用来衡量，并且可以比较不同交通方式的差异。参见杨家文、周一星《通达性：概念，度量及应用》，《地理学与国土研究》1999年第2期；金凤军、王姣娥《20世纪中国铁路网扩展及其空间通达性》，《地理学报》2004年第2期。

近代长江三角洲地区的铁路人口流动与交通事业的变迁

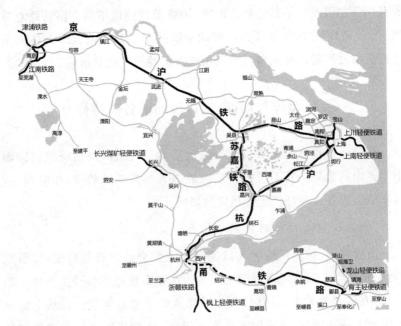

图 2　长三角地区铁路、公路交通示意图（1935—1937）

资料来源：京沪沪杭甬铁路管理局工务处工程科编《京沪沪杭甬铁路全图》，上海：编者，1935 年；浙江省公路管理局编《浙江省公路路线图》，杭州：编者，1937 年；《江苏省政建设月刊》，1936—1937 年

综上所述，从晚清到抗战前，长三角地区通过沪宁、沪杭甬铁路流动的人口总量不断增长。其中 1904 年至 1936 年流动总量达到 370845224 人次，接近"四万万"，年均 11237734 人次。北翼沪宁沿线为 241560576 人次，多出南翼沪杭甬地区（129284648 人次）近一倍。无论是总量、年均量还是两路各自的输送量，均高居全国铁路之首；两路基本全线通车后（1909—1936）的年均变动率为 4.97%（另据 1948 年上海市都市计划委员会计算，1915 至 1937 年的"历年递增平均值"为 3.86%）[①]。其趋势呈现出先速增后趋缓并伴有大幅波动的现象。南翼变动趋势较为平缓，北翼则相对剧烈，波动多由战争引起，但并非

[①] 上海市都市计划委员会秘书处编《上海市区铁路计划初步研究报告》，1948 年，第 3 页。

所有战争都引发向下的趋势。沪宁、沪杭甬铁路以不到全国铁路总里程5%的路线长度,输送了占同时期全国铁路27.8%的流动人口①,足见长三角地区是当时人口流动利用铁路交通最广泛的区域。

二、整体与局部:人口流动的各项特征

铁路运输具有速度快、行程远、运量大、昼夜皆可行、受气候影响小等方面的优势。其不仅扩大了区域内人口流动的数量,在时间、空间和结构等各方面都产生了相应的影响。

(一)人口流动的时间特征

明清时期,长三角地区人口流动的主要交通工具是舟船,即所谓"南船北马",人们以此通过四通八达的水路系统进行各种生产生活活动②。在各类舟船中,具有公共交通功能的主要是航船。以从上海至杭州为例,航船的行程一般需要五六天③。光绪年间各地出现快班船后,"航船的乘客大为减少"④。甲午战后,作为近代交通的先声——轮船航运在内河中广泛兴起⑤。轮船在速度上大胜航船,沪杭行程缩短至24个小时左右⑥,因此对航船运输造成了强大的冲击。火车作为行

---

① 全国铁路长度以抗战前的12000公里计。全国人口流动量根据《交通部国有铁路会计统计总报告》、《中华国有铁路会计统计总报告》、《交通史路政编》等资料计算,为1333975626人次。

② 相关研究可参见[日]松浦章《清代内河水运史研究》,董科译,江苏人民出版社,2010年;冯贤亮《太湖平原的环境刻画与城乡变迁(1368—1912)》,上海人民出版社,2008年。

③ 1858年10月26日,王韬由上海启程,经闵港、松江、平湖、十八里桥、嘉兴、石门湾,于30日抵达杭州,途中停留时间较表2中短。参见王韬《王韬日记》,方行、汤志钧整理,中华书局,1987年,第24—25页;1874年12月11日,曾根俊虎由上海出发,经天马山、青浦、朱家角、西塘、干窑、嘉兴、陡门、石门、塘栖等地,于16日到杭州,加上游览时间共计六天五夜。参见[日]曾根俊虎《北中国纪行·清国漫游志》,范建明译,中华书局,2007年,第346—356页。

④ [日]松浦章《清代内河水运史研究》,第40页。

⑤ 甲午战前已有轮船出现,参见樊百川《中国轮船航运业的兴起》第3章,中国社会科学出版社,2007年。

⑥ 《杭州关十年报告(1896—1901年)》,中华人民共和国杭州海关译编《近代浙江通商口岸经济社会概况——浙海关、瓯海关、杭州关贸易报告集成》,浙江人民出版社,2002年,第655页。

驶速度最快的陆上交通工具,在缩短旅行时间、加速人口流动方面更具有革命性意义。从各时期的时刻表即可窥得一斑:清末两路开通之初,上海到南京最快需要 7 小时 18 分钟左右,到杭州 5 小时 13 分①。随着铁路自身的不断发展,火车的行车时间也不断在缩短(战争前后除外),如 1922 年初沪宁之间最快行车时间已缩短为 6 小时 13 分,沪杭间只需 4 小时 45 分钟②。到 1937 年抗战爆发前,上海北站至杭州城站和南京下关站最快分别为 4 小时和 4 小时 48 分③。

表 2 沪宁、沪杭甬铁路人口流动季节比例

	春	夏	秋	冬
1909 年	27.04%	25.35%	23.45%	24.16%
1910 年	23.94%	26.02%	24.13%	25.90%
1933 年	26.91%	22.09%	25.76%	25.23%
1934 年	26.97%	22.69%	25.68%	24.65%
1935 年	27.84%	22.69%	24.96%	24.51%
1936 年	26.81%	23.09%	25.19%	24.90%
平 均	26.59%	23.66%	24.86%	24.89%

注 1:清末农历二月至四月、民国公历 3—5 月为春;农历五至七月、公历 6—8 月为夏;农历八至十月、公历 9—11 月为秋;农历十一至十二月及正月、公历 12、1、2 月为冬。

注 2:1909—1910 年仅浙江铁路(沪杭甬铁路浙江段)自身及江苏铁路(该路江苏段)连带统计之人次,江苏铁路自身部分无记载。

资料来源:《沪宁铁路搭客人数月别表》(1909 年),邮传部编《邮传部第三次统计表》路政上,北京:编者,1909 年;(北京政府)交通部统计委员会编《宣统二年邮传部统计图表》,北京:编者,1915 年,统计表第 38—39 页;《客票类别总表》(1909—1910 年),商办全浙铁路有限公司编《商办全浙铁路有限公司报告》,1909—1910 年;《载运旅客统计》,《国有铁路统计月刊》,1933—1936 年各期;《中华民国国有铁路营业进款概数月报表》,《铁路杂志》,1936—1937 年。根据上述资料统计计算。

---

① 《滬寗鐵路行車時刻表》(光緒三十四年三月初一),《滬淞滬甯兩鉄道關係雜纂》,JACAR,Ref. B04010926000(第 219 個画像);《杭州上海間開車時刻表》,《滬杭甬鉄道關係雜纂》第二卷,アジア歴史資料センター(JACAR),Ref. B04010927000(第 221 個画像)。

② 《沪宁铁路行车时刻价目表》、《沪杭甬沪杭线行车时刻价目表》,沪宁沪杭甬铁路编查课《沪宁沪杭甬铁路第三期旅行指南》,沪宁沪杭甬铁路管理局,1922 年,插页。

③ 《京沪铁路行车时刻表》(1937 年 3 月 1 日修正)、《沪杭甬铁路行车时刻表》(1937 年 4 月 1 日修正),《铁路杂志》第 2 卷第 12 期,1937 年 5 月,广告页。

再从季节角度来看,表2列举清末及1930年代若干年份的情况。从中可见春季的流动比例最高,夏季最低,冬季略多于秋季。由于各种统计资料缺乏乘客职业身份的记载,我们无法判断乘客自身的出行目的与各个季节之间的关系,所以只能从铁路本身分析其原因:春季有较大一部分人流为旅游之目的,京沪沪杭甬铁路管理局(以下简称"两路局")在1930年代大力发展铁路旅游,如开行各种游览专车、创办昆山青阳港花园饭店、扩建莫干山铁路旅馆等,因此在《国有铁路统计月刊》1933至1936年的统计数据中,历年春季"游览"项的比例大多高于其他月份;夏季天气炎热,民众的出行意愿较低,且因客车车辆条件较差,尤其是历年乘坐人数最多的三、四等客车缺乏电扇等简易防暑设备①,因此成为人流量减少的因素之一;冬季的情况与当代中国的"春运"相类似,如1935年1月,两路局鉴于镇江"客居上海人士,乘便回乡者,实繁有徒,劳工尤占多数"而增开"沪镇三、四等临时专车"②,虽然性质相近,但其规模与"春运"不可同日而语。

(二)人口流动空间范围的变迁

整体而言,铁路拉近了各个区域的空间距离,便利了人员往来,从而扩大了人口流动的空间范围。但通过深入分析,我们可以发现实际情况并非完全如此,在不同时段都会体现出不同的变化。

铁路沿线各站点是吸纳该站周边区域人口向铁路沿线地区流动的中心。表3—表8罗列了晚清和战后若干年份沪宁铁路、吴淞铁路以及沪杭甬铁路沪杭段各站点客运量占全线总数的百分比比重。通过比较铁路通车后近四十年的变化情况,可初步揭示空间变迁的详细特征。

---

① 京沪沪杭甬铁路管理局编《京沪沪杭甬铁路管理局廿三年第一季工作概况》,1934年,第13页。

② 京沪沪杭甬铁路管理局编《京沪沪杭甬铁路管理局廿四年第一季工作概况》,1935年,第8页。

1. 沪宁铁路

表3 沪宁铁路各站客运比重变化表

清末站名	1908年	1909年	战后站名	1946年	1947年1—11月
上海	25.00%	22.25%	上海北	27.45%	28.28%
真如	0.59%	0.64%	真如	0.72%	0.99%
南翔	4.06%	3.98%	南翔	0.87%	0.67%
黄渡	0.40%	0.38%	黄渡	0.34%	0.35%
安亭	0.55%	0.55%	安亭	0.52%	0.54%
陆家浜	0.64%	0.64%	陆家浜	0.40%	0.43%
昆山	2.84%	2.76%	昆山	2.43%	2.31%
正仪	0.56%	0.54%	正仪	0.29%	0.32%
唯亭	0.82%	0.82%	唯亭	0.42%	0.43%
外跨塘	0.29%	0.24%	外跨塘	0.14%	0.14%
官渎里	0.64%	0.59%	官渎里	0.31%	0.35%
苏州	16.23%	15.64%	苏州	11.77%	11.20%
浒墅关	0.91%	0.92%	浒墅关	0.81%	0.71%
望亭	0.50%	0.64%	望亭	0.83%	0.83%
周泾巷	0.27%	0.26%	周泾巷	0.59%	0.57%
无锡旗站	0.20%	0.17%	无锡南门	0.33%	0.24%
无锡	8.31%	7.94%	无锡	11.70%	12.48%
石塘湾	无记载	0.22%	石塘湾	0.51%	0.37%
洛社	1.54%	1.03%	洛社	0.96%	0.82%
横林	0.97%	0.93%	横林	0.86%	0.77%
戚墅堰	0.65%	0.63%	戚墅堰	1.04%	0.97%
常州	5.33%	5.93%	常州	5.77%	5.72%
奔牛	1.02%	1.27%	奔牛	1.18%	1.10%
吕城	0.32%	0.60%	吕城	0.48%	0.53%

续表

清末站名	1908年	1909年	战后站名	1946年	1947年1—11月
陵口	0.20%	0.34%	陵口	0.41%	0.38%
丹阳	2.98%	3.72%	丹阳	2.29%	2.59%
新丰	0.76%	0.93%	新丰	0.82%	0.66%
镇江旗站	0.69%	1.12%	镇江南	0.91%	0.99%
镇江	7.65%	8.09%	镇江西	9.76%	9.24%
高资	0.93%	1.12%	高资	0.48%	0.51%
炭渚	0.14%	该站撤销	桥头镇	0.24%	0.22%
下蜀	0.46%	0.62%	下蜀	0.45%	0.54%
龙潭	0.77%	0.97%	龙潭	0.87%	0.92%
孤树村	无记载	0.31%	栖霞山	0.38%	0.38%
尧化门	0.28%	0.31%	尧化门	0.13%	0.09%
南京	4.73%	5.02%	南京	11.47%	11.40%

注：已剔除因撤销、新建而无法对应的天福庵、恒利、新闸、渣泽、镇江江边、和平门六站及代售票处的数据，故全部站点百分比总和不为100%。1907年沪宁铁路尚未全线通车，故仅取后两年数据。

资料来源：《沪宁铁路各站客货数目三年比较表》，邮传部编《邮传部第三次统计表》路政上，北京：编者，1909年；《京沪线各站客运人数及货运吨数百分比率表》，《运务周报》1946—1947年各期。根据上述资料统计计算。

从表3可见以下四个特点。第一，两个时期均占据榜首的上海及临近市区的真如两站比重有所上升。但另一方面，从南翔到浒墅关，包括苏州、昆山在内各站的客运比重均显下降，其中南翔、苏州两站最为显著。此现象说明距上海100公里以内铁路沿线地区的人口流动不再以铁路为主。其原因多为来自与铁路基本并行的苏沪公路（参见图2）的竞争，事实上，南翔早在抗战前就已如此①。第二，从望亭到洛社，即无锡附近的各中程（100—140公里）站点的比重显著增加，但洛社除外。第三，中远程（140—200公里）以常州为中心的各站变化相对前者较小，从横林到陵口的六站中下降者仅横林一站。第四，远程

---

① 参见徐荣绶《南翔客运减少之研究》、知世《上海市四周之公路与京沪沪杭甬铁路》，《京沪沪杭甬铁路日刊》第708、1790号，1933年6月30日、1937年1月14日。

(200—300公里,丹阳至南京段)降多升少,仅镇江、南京两站有明显提升,丹阳、新丰、高资三站以及南京城外已有公路通往的尧化门站明显下降。总体而言,三十六个站中上升者为十五个,下降者达十八个,其余三站基本持平,降多升少。城市站点的比重普遍上升,而乡镇站点多为下降。

2. 淞沪(吴淞)铁路

本文第一节简要介绍了中国近代的第一条铁路——吴淞铁路的概况,该路于1898年恢复后便成为上海市区来往江湾、吴淞等地的便捷通道,不仅其原址大部分成为当今的轨道交通3号线,而且随着近代上海城市建成区的不断扩大,尤其是"大上海计划"的推行,铁路也逐步由城际交通功能转变为市内交通功能①。

过去的吴淞铁路研究成果较少关注其经营情况。除研究视角不同外,主要原因是史料的缺乏,因该路完全由英国管理,铁路被清政府收回后其档案资料全部送回英国,故国内几无留存。笔者在英国国家档案馆发现英国外交部档案中存有1877年10月清政府收回前各个月的客运量等数据,故列表分析。

表4 吴淞铁路与淞沪铁路各站客运比重变化表

晚清站名	1877年1—10月	战后站名	1946年	1947年1—11月
蕰藻浜	24.62%	蕰藻浜	—	—
吴淞口	5.12%	何家湾	5.30%	18.95%
江湾	15.02%	江湾	19.72%	21.78%
上海	55.25%	上海北站	43.30%	44.08%

注1:已剔除因新建而无法对应的天通庵、高境庙两站数据,故百分比总和不为100%。
注2:1945年何家湾至炮台湾的线路被日军拆毁,蕰藻浜站随之废弃。但由于该站在1914年北吴淞站建成前是吴淞镇唯一的客运站点,其重要性不可忽视,故仍列于表中。
资料来源:英国外交部档案FO228/593,594,英国国家档案馆藏;《沪杭线各站客运人数及货运吨数百分比率表 附淞沪支线》,《运务周报》1946—1947年各期。

---

① 与淞沪铁路具有类似交通功能的还有南京的宁省铁路(亦称江宁铁路,南京国民政府成立后改称京市铁路)和杭州的江墅铁路(沪杭甬路闸口至拱宸桥段),前者不归两路局管辖,后者缺乏数据,抗战时期又被日军部分拆除,故暂不作分析。

表 5　除上海站外吴淞、淞沪两路各站客运比重变化表

晚清站名	1877 年	清末站名	1907 年	1908 年	1909 年
蕰藻浜	55.01%	蕰藻浜	29.24%	38.78%	39.28%
吴淞口	11.44%	张华浜	31.99%	21.30%	22.08%
江湾	33.55%	江湾	38.77%	39.92%	38.64%

注：清末时期无列车直接从蕰藻浜开往南京，沿线旅客必须到上海站换乘，故该时期的数据仅限于该路内部，可保证与吴淞铁路一致。

资料来源：英国外交部档案 FO228/593,594，英国国家档案馆藏；《沪宁铁路各站客货数目三年比较表》，邮传部编《邮传部第三次统计表》路政上，北京：编者，1909 年。

如表 4 和表 5 中所示，张华浜（何家湾①）与江湾两站的比重上升，而上海、蕰藻浜两站显著下降，说明吴淞铁路主要承接上海与吴淞两地来往的人流，而淞沪铁路则更多地服务于沿线地区。这部分人流除了普通居民外，还有江湾的复旦大学、劳动大学、吴淞的同济大学以及炮台湾的中国公学等校的大学师生。但在"一二八"淞沪抗战时期，中国公学被毁，劳动大学解散，战后客流中的师生比例因此下降，而"从吴淞、宝山各乡里出来，或由上海回去的"乡民比例增加了不少②。但无论流动人口是何种群体，沿线各站人口流动量都在增加，亦可作为近代上海郊区城市化进程的一大旁证。

表 6　淞沪铁路各站客运比重变化表

清末站名	1908 年	1909 年	战后站名	1946 年	1947 年 1—11 月
蕰藻浜	7.27%	7.30%	蕰藻浜	—	—
张华浜	3.99%	4.10%	何家湾	0.87%	2.46%
江湾	7.49%	7.18%	江湾	3.25%	2.83%
上海	78.11%	78.02%	上海北站	83.53%	87.00%

注 1：已剔除因新建而无法对应的天通庵、高境庙两站数据，故百分比总和不为 100%。

注 2：由于清末两年未单独列出上海站来往淞沪路沿线的数量，故战后上海北站亦加入沪宁铁路全线的数量。清末时期的数据仅限于该路内部，可保证与战后一致。

资料来源：《沪宁铁路各站客货数目三年比较表》，邮传部编《邮传部第三次统计表》路政上，北京：编者，1909 年；《沪杭线各站客运人数及货运吨数百分比率表 附淞沪支线》，《运务周报》1946—1947 年各期。

---

① 两站并非同一站点。何家湾站建于 1943 年，张华浜站 1945 年遭日军拆毁。两站间距离仅为 2.5 公里，客运辐射范围亦相近，故可作对比。

② 参见新运视察团编审组编《东南》，扫荡报社，1936 年，第 172 页。

在1920年代后期兴起的城市道路交通的强烈冲击下,淞沪铁路的人流量大为减少。1929年该路的客运量即跌至通车以后除1927年外的最低值,路局认为"这毫无疑问是归因于来往于上海与江湾之间的公共汽车业务"①。因此,从1930年起该路引进不同于普通铁路的"蒸汽"客车,"约每二十分钟开一班"。1933年每日开行十五对,运营时间为早上六点至晚上十点半,1936年推迟到零点以后②,极大便利了民众的出行③。但是,公铁竞争日趋激烈,而最终结果已如表6所示,与前述沪宁铁路距上海100公里以内区段的情况相同。

3. 沪杭甬铁路

表7 沪杭甬铁路沪杭段各站客运比重变化表

清末站名	1909年	战后站名	1946年	1947年1—11月
上海	10.44%	上海北	25.44%	24.81%
梅家弄	0.87%	新龙华	0.56%	0.45%
莘庄	3.10%	莘庄	0.61%	0.70%
新桥	1.91%	新桥	0.75%	0.71%
松江	5.31%	松江	5.68%	5.93%
石湖荡	0.65%	石湖荡	0.79%	0.89%
枫泾	0.72%	枫泾	2.13%	2.25%
嘉善	0.92%	嘉善	4.22%	4.25%
嘉兴	3.64%	嘉兴	10.18%	10.23%

---

① Chinese Government Shanghai-Nanking Railway, eds., *Annual Report for the Year 1929*, p. iv.
② 参见《京沪铁路淞沪支线行车时刻表(自民国二十二年三月一日实行)》、赓《淞沪支线与公共汽车》,《京沪沪杭甬铁路日刊》第678、1685号,1933年5月26日、1936年9月9日,合订本第8、59页。轨道交通3号线的运营时间为晨五点半至晚十一点半。
③ 如丰子恺从江湾到上海"至多每日乘三、四次"。丰子恺《车箱社会》,良友图书印刷公司,1935年,第2页。

299

续表

清末站名	1909 年	战后站名	1946 年	1947 年 1—11 月
王店	1.13%	王店	2.37%	2.21%
硖石	2.32%	硖石	5.58%	5.63%
斜桥	0.55%	斜桥	2.01%	1.91%
周王庙	0.35%	周王庙	0.85%	0.71%
长安	2.01%	长安镇	4.19%	4.74%
许村	0.44%	许村	0.90%	0.89%
临平	1.73%	临平	3.76%	3.04%
笕桥	1.23%	笕桥	1.28%	0.79%
艮山	7.19%	艮山门	1.61%	1.14%
清泰	13.46%	杭州	22.24%	22.19%
南星	7.74%	南星桥	无记载	0.01%
闸口	2.00%	闸口	无记载	0.01%

注1：已剔除因撤销、新建而无法对应的上海西、徐家汇、高昌庙、龙华、明星桥、七星桥、拱宸桥、玉皇山八站数据，故百分比总和不为100%。

注2：1909 年的上海站是 1938 年被侵华日军拆毁的上海南站（今黄浦区南车站路南端），与战后的上海北站并非同一站点，但均可视作出入上海的车站。

资料来源：《本线旅客乘降一览表》《连带旅客乘降一览表》，商办全浙铁路有限公司编《商办全浙铁路有限公司第四届报告》，杭州：编者，1910 年；《江苏铁路各站等级员役客数目表》，邮传部编《邮传部第三次统计表》路政下，北京：编者，1909 年；《沪杭线各站客运人数及货运吨数百分比率表》，《运务周报》1946—1947 年各期。根据上述资料统计计算。

表8　沪杭甬铁路浙江境内各站客运比重变化表

清末站名	1910 年	1911 年	战后站名	1946 年	1947 年 1—11 月
枫泾	1.69%	1.98%	枫泾	3.47%	3.73%
嘉善	3.95%	4.77%	嘉善	6.86%	7.06%
嘉兴	9.08%	9.80%	嘉兴	16.56%	17.02%
王店	3.04%	3.07%	王店	3.86%	3.68%
硖石	5.44%	5.61%	硖石	9.07%	9.36%
斜桥	1.20%	1.18%	斜桥	3.26%	3.18%
周王庙	0.66%	0.65%	周王庙	1.38%	1.19%

近代长江三角洲地区的铁路人口流动与交通事业的变迁

续表

清末站名	1910年	1911年	战后站名	1946年	1947年1—11月
长安	3.68%	3.69%	长安镇	6.82%	7.88%
许村	0.69%	0.68%	许村	1.46%	1.48%
临平	2.86%	3.05%	临平	6.11%	5.06%
笕桥	3.06%	3.19%	笕桥	2.09%	1.31%
艮山	10.18%	8.35%	艮山门	2.62%	1.90%
清泰	21.14%	22.91%	杭州	36.18%	36.90%
南星	12.32%	12.19%	南星桥	无记载	0.01%
闸口	2.99%	3.14%	闸口	无记载	0.02%

注：已剔除七星桥、拱宸桥、玉皇山三站。总量为表中各站之和，故与表4的比重不同。
资料来源：《本线旅客乘降一览表》、《连带旅客乘降一览表》，商办全浙铁路有限公司编《商办全浙铁路有限公司报告》，1910—1911年；《沪杭线各站客运人数及货运吨数百分比率表》，《运务周报》1946—1947年各期。根据上述资料统计计算。

从表7和表8中我们可以发现沪杭甬铁路与沪宁铁路大相径庭：二十一个站点中十四升七降，多数乡镇站点的比重上升。其中，上海站的比重大增而临近上海的各站明显下降，仅这一点与沪宁铁路相同，而"临近"的距离较沪宁铁路的100公里缩短了近80公里，因其从松江站（距上海35公里）开始到临平的各站均呈上升之态，其中以嘉善、嘉兴、硖石、长安、杭州五站幅度最大。唯独清末杭州城外运量颇大的三个车站出现了大幅下滑：艮山门站因1938年通往拱宸桥的路线被日军拆除①，致使该站彻底丧失了以往从杭州西、北两个方向②到拱宸桥，再乘车至该站转往上海方向的人流；而南星、闸口两站则因浙赣铁路和钱塘江大桥的建成（修复）而几乎完全失去了来自浙东宁绍、金衢以及富春江-新安江沿岸等方向的人流。

---

① 《杭敌拆卸铁轨及敌商收买秋茧情形》(1938年10月17日)，国防部史政局和战史编纂委员会档案七八七—4197，中国第二历史档案馆藏。
② 指杭徽路沿线的临安、於潜、昌化等地和苕溪流域的德清、武康、湖州、长兴以及安吉、孝丰等地。

中国历史地理评论(第二辑)

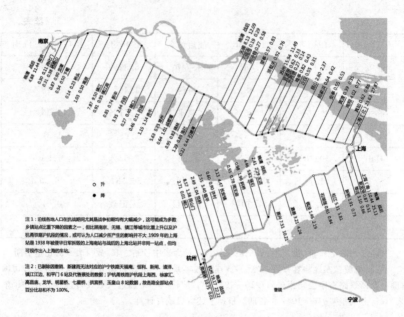

图3　清末与战后沪宁沪杭甬铁路沿线各车站客运比重变化

资料来源:根据表3、7、8数据绘制

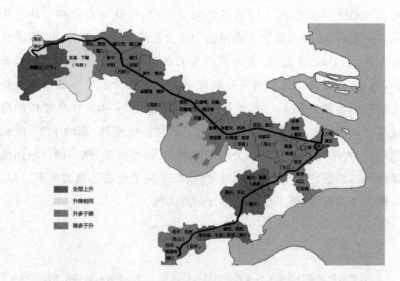

图4　清末与战后沪宁沪杭甬铁路沿线各车站所在各县客运比重变化

注:括号内地名为各站所在的县名,但并不完全代表该县的人口流动情况。

资料来源:同图3

清末与战后两个时段人口流动的空间变迁情况已如图 3 等上文所示,但由于 1910 年代至 1930 年代抗战前的数据严重缺失①,笔者只能通过其他零星资料结合表 7、表 8 绘制关于沪杭甬铁路的图 5、6,以期弥补上述分析之不足。

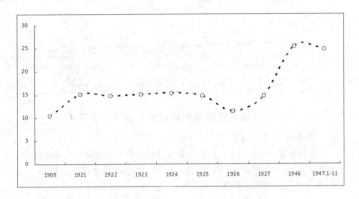

图 5　沪杭甬铁路上海站客运比重变化

注:纵坐标单位为‰。1921—1927 年为上海北站、南站两站总和。北站不包括沪宁及淞沪铁路部分。

资料来源:1921—1927 年数据来自 Chinese Government Shanghai-Hangchow-Ningpo Railway, eds., *Annual Report for the Year 1927*, 1928, p. iv. 其余年份参见表 7。

结合上述沪杭段的图表,我们可以发现从清末到战后这段时期,上海站的比重总体呈上升之势,杭州附近各站则悉数下滑,尤其是 20 世纪二三十年代与清末相比已逊色不少,尤其是拱宸桥站。而战后仅城站一枝独秀,其余车站占全线的比重均已微不足道。

4. 小结

综上所述,人口流动空间范围分时段分区段体现出不同的情形,并不像流动时间那样基本朝单一方向(缩短)发展。铁路通车后,上海

---

① 两路的统计数据都存在"两头详,中间略"的情况,即清季邮传部、浙江铁路公司和战后的京沪区铁路管理局都有各站客运量的详细记载,浙路公司尤甚(参见第三节)。但两路局(包括民初的沪宁铁路局、沪杭甬铁路局)公开印行的书刊中均无详细记录(沪杭甬铁路的 Annual Report 中仅有上海南北两站的数据,沪宁铁路全无)。

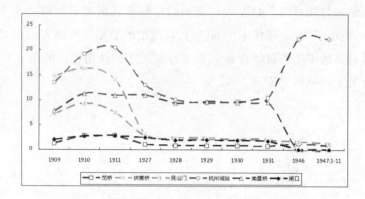

图 6　沪杭甬铁路杭州附近各站客运比重变化

注：纵坐标单位为%。

资料来源：1927—1931 年数据来自建设委员会调查浙江经济所统计课编《杭州市经济调查》上编，杭州：建设委员会调查浙江经济所，1932 年，第 144 页。其余年份参见表 7 和表 8。

一直保持着最大的人口流动量，其他城市依次为苏州、无锡、杭州、南京、镇江、常州。沪宁沿线乡镇人口向城市集中的现象较沪杭地区更为显著，换言之，铁路对长三角北翼的城市化进程助力更多。而长途公路、城市道路等其他交通方式的兴起与发展，改变（缩小）了其辐射范围内各站人口的流动空间。

须补充说明的是：第一，沿线各地人口在抗战期间尤其是战争初期均有大幅减少，这可能成为沪宁沿线多数乡镇站点比重下降的因素之一，但比照南京、无锡、镇江等城市比重上升以及沪杭路的情况，或可认为人口减少所产生的影响并不大；第二，如能有更完整的战前数据，则分析将更为全面、精准。这些问题都有待于资料的进一步发掘，而铁路运输、空间范围的变化与区域经济社会变迁的三者关系也值得深入研究，本文权作抛砖引玉。

（三）流动人口的结构组成

通过铁路流动的人口结构可以从铁路各个等级客车车厢的相关情况加以分析。客运分等级运输的目的在于"按其等级以分别运价之低昂"，以便铁路部门经营管理。铁路开通后，三、四等车厢一直是承载人口流动的主体,是客运收入中最主要的部分,这一点也和当时世界各国的客运情况相同①。所以,铁路部门开行的客车亦以此为主,如表 9 所示,1909 年沪宁、沪杭甬两路三、四等车总数已达到总量的55.5%,至 1924 年上升至 61.3%,1927 年以后这两路局大力发展运输,由于各类车辆总数的增加,到抗战爆发前三、四等车的比例回落到58.6%,但三个时期的比重均超过半数。

表 9　沪宁、沪杭甬铁路各等客车数量表

单位:辆

	1909 年	1924 年	1937 年
一等车	21	17	23
二等车	10	14	27
三等车	64	118	122
四等车	16	44	88
混合车	19	35	29
行李车等	14	33	69
总计	144	264	358

资料来源:交通、铁道部交通史编纂委员会编《交通史路政编》第 10 册,第 3226—3227、3840 页;《现存车辆一览表》,商办全浙铁路有限公司编《商办全浙铁路有限公司第四届报告》,1909 年;商办苏省铁路股份有限公司编《商办苏省铁路股份有限公司(自丙午开办至己酉年底止)报告总册》,上海:编者,出版时间不详,第 9 页;京沪沪杭甬铁路管理局档案四五七-212,中国第二历史档案馆藏。根据以上资料整理。

1. 各等车厢的情况与旅客身份

因铁路部门鲜有对各等车厢旅客身份的详细记载,故笔者通过其他史料加以分析。

一等车厢设备先进,环境整洁,1937 年 7 月 23 日起,两路局开始

---

① 凤介《客车等级的趋势》,《京沪沪杭甬铁路日刊》第 1575 号,1936 年 5 月 2 日,合订本第 12 页。各等收入的详细数字可参见《交通部国有铁路会计统计总报告》《中华国有铁路会计统计总报告》《国有铁路统计月刊》中各"客运进款表"。

在京沪铁路"首都特快"该等车厢内添置冷气设备,在国内属于领先水平①。乘客多为社会高层,包括政府要员、金融企业家和文教人士等,外国人也占有一定比例。1936—1937年,时任浙江大学校长、中央研究院气象研究所所长的竺可桢,经常乘坐京沪一等卧铺夜班列车和沪杭一等特快列车往返于南京、上海、杭州三地,根据其日记记载,途中遇到的政界人物有吴稚晖、朱家骅、翁文灏、许绍棣、徐青甫、罗霞天等,文化教育界有马寅初、蒋梦麟、傅斯年、吴贻芳、赵元任、董作宾、何思源等人,经济界主要有中国银行杭州分行行长金润泉,外国人有密歇根大学教授 W. C. Rufus 夫妇、法国一家三人②。唯一一次因故乘坐三等车,遇到了一名湖南益阳县的小学教师③。

　　二等车厢档次虽低于一等,但乘坐的一般也是比较富裕的人,如报人包天笑来往苏沪时"常是坐二等车"④。燕京大学历史教师王桐龄乘坐沪宁路二等车时,觉"车座皆藤椅,颇干净","茶房亦尚驯谨",但沪杭二等车因"只有半辆"而显拥挤⑤。总体而言,二等车"旅客向极稀少"⑥,如竺可桢曾坐过只有四个人的二等卧车⑦。但是,春、秋两季以旅游为目的的出行者多集中于此,如1909年庄俞等人赴杭州旅游时,在嘉杭和江墅区间均乘坐二等车⑧。1931年,沪江大学一名学生遇到一群去杭州游玩的"所谓绅士与太太一流人物",车厢内弥漫着"浓厚的纸烟气息"和"无尽的谈话笑声"⑨。

　　三等车厢硬件设备落后,"冬无暖气,夏无电扇,乘客局促于阔不

---

①《部路简讯》,《铁道生活》第 8 期,1937 年 8 月 1 日,合订本第 138 页。
② 竺可桢《竺可桢全集》第 6 卷日记,上海科技教育出版社,2005 年。根据其分类整理。
③ 竺可桢《竺可桢全集》第 6 卷日记,1936 年 4 月 11 日,第 54 页。
④ 包天笑《钏影楼回忆录续编》,刘幼生点校,山西古籍出版社、山西教育出版社,1999 年,第 736 页。
⑤ 王桐龄《江浙旅行记》,文化学社,1928 年,第 45—46 页。
⑥ 京沪沪杭甬铁路管理局《京沪沪杭甬铁路管理局廿四年第一季工作概况》,1935 年,第 8 页。
⑦ 竺可桢《竺可桢全集》第 6 卷日记,1936 年 4 月 9 日,第 53 页。
⑧ 我一《西湖游记》,江伯训编《中外新游记》,商务印书馆,1928 年,第 97 页。
⑨ 朱玉相《松江行》,《沪大周刊》第 6 卷第 6 期,1931 年 2 月,第 9 页。

满尺之横凳,后至者且求一席之地而不可得焉"①,而人多又导致"空气尤坏"②,厕所等卫生设备也较差,往往成为各种疾病滋生、传播的温床。到了晚上因座位"小不足卧"③,乘客只能坐着睡觉。旅客服务也远逊于一、二等车,"既无水吃,又不卖饭"④;而列车员尤其是验票员的态度也比较恶劣,他们基本不干涉那些野蛮占座的乘客,反而埋怨、责骂因此找不到座位的人"阻碍了走路"⑤。而一旦查到无票乘车者即不由分说地强行赶下车⑥,如遭反抗,则往往暴露出蛮横的工作态度⑦。因此时人笔下的三等车厢成了下层社会的象征,如包天笑认为车厢中都是"贩夫走卒"⑧,出售佛经的书商认为他们是"对于社会多感无出路者"⑨,更有甚者直言:"大概都是些穷光蛋。"⑩

最初,各铁路并无四等车厢,如吴淞铁路仅有图8中的三个等级,1906年沪宁铁路部分通车时期亦无。从1907年起,沪宁路开始出售

---

① 王余杞《沪宁道上(一九二九年暑期实习报告)》,《交通经济汇刊》第3卷第1期,1930年4月,该文第3页。
② 舒新城《漫游日记》,中华书局,1945年,第149页。
③ 陈体荣《华北小游录》,姚祝萱编《新游记汇刊续编》第6册第38卷,中华书局,1935年,第1页。
④ 竺可桢《竺可桢全集》第6卷日记,1936年4月11日,第54页。
⑤ 丰子恺《车箱社会》,第7页。
⑥ 一位无票乘车的老人被发现后,尽管说自己是去上海找工作,因未成功且川资耗尽而不得不回正处于饥荒中的家乡,但仍被验票员强行赶落到一个小站下。参见程宝连《沪杭快车》,《新上海》第1卷第8期,1934年8月,第4页。
⑦ 1925年,暨南大学一名学生从真如站购买三等车票前往上海,但开车时三、四等均已满座,其不得已登上一等车厢。验票员发现后要求其补票,该生据理力争,但不仅遭侮辱唾骂,而且被扭送军事部。故该校校长姜琦致函沪宁路车务总管韦燕(C. L. GWayne)严厉谴责:"即使该生未谙路章,抗不补票,该查票员亦只可于行使应有职权范围之内,将该生带至站长室,报告经过情形,听候处分,何至于竟耸动浙军司令部便衣宪兵出而干涉,将该生颈领扭住,横加痛骂!"参见《校长致沪宁铁路车务总管书》,《暨南周报》第13期,1925年12月,第7页。
⑧ 包天笑《钏影楼回忆录续编》,第736页。
⑨ 《关于京沪车赠书之来鸿去雁》,《佛学半月刊》第48期,1933年9月,第58页。
⑩ 程宝连《沪杭快车》,《新上海》第1卷第8期,第4页。

四等车票①，沪杭甬铁路则始于全线通车后的 1909 年 10 月②。但沪宁铁路的四等车均由货车直接改用，直到 1915 年才引进客车③，浙路最初也没有一辆四等客车④。因此，四等较三等有过之而无不及。在 1929 年前英国人掌握两路管理权的时代，路局报告中的四等车并非"4th Class"，而是"Coolie Class"⑤，即"苦力"车。因为车中主要都是底层劳工和离村农民，他们大都是"去上海找事的"。车内的拥挤程度比三等车厢更甚，"连站脚的地方也没有"。火车一停，空气停止流动，"那股人气和尿骚要闷得你头发晕"⑥。

车厢这一小小空间中存在着如此强烈的反差，以至于时人不禁发出类似于下文的感叹：

  在优等的睡厢里躺卧着的布尔乔亚们！你们享着天堂乐园的幸福，会知道三等厢里的悲剧吗？……啊！这铁的怪物！载人离别的怪物！你曾载着千万的兵士，到前线去牺牲，你也载着无数的人们，到人生底征程上去挣扎。啊！只有享受者才赞美你能力底伟大，我们这批生活底奋斗者，却要诅咒你的！⑦

铁路上流动人口的等级结构暴露出当时社会分层的制度化，车上的"种种人间相是一部活的好书"⑧，所以"车厢社会"成了近代中国社会的缩影，而寻求改变这一现状的种子由此埋在了那些日后改变中国社会的人们的心中。

---

  ① 参见東亞同文會《支那經濟全書》第五輯，1908 年，第 678 頁；交通、铁道部交通史编纂委员会编《交通史路政编》第 10 册，第 3333 页。
  ② 参见《客票类别总表》，商办全浙铁路有限公司编《商办全浙铁路有限公司第四届报告》，1910 年。
  ③ 沪宁沪杭甬铁路管理局编查课编《沪宁沪杭甬铁路史料》，沪宁篇第 90 页。
  ④ 参见《现存车辆一览表》(1909 年)，商办全浙铁路有限公司编《商办全浙铁路有限公司第四届报告》，附表。
  ⑤ 参见 Chinese Government Shanghai-Nanking Railway, eds., *Annual Report for the Year 1928*, p. iv.
  ⑥ 俊影《京沪车中》，《十日谈》(上海)第 27 期，1934 年 4 月，合订本第 100 页。
  ⑦ 程宝连《沪杭快车》，《新上海》第 1 卷第 8 期，第 5 页。
  ⑧ 丰子恺《车箱社会》，第 5 页。

2. 各等客流量的比例与行程

1876年吴淞铁路开通后,英国领事曾对三等客流占90%的相关情况作了如下阐述:

> 12月里,旅客是17527人,其中三等车的旅客是15873人。在三等车中有7946人买的是单程票,因而他们可假定是为商业往来的,另外的大量旅客则是买的来回票,他们乃是真正的旅行者。公司曾估计三等客车中约近3000位旅客的旅行仅仅在观看这条线路,因此,毫无疑义,这一部分旅客的运输业务是将会消失的。①

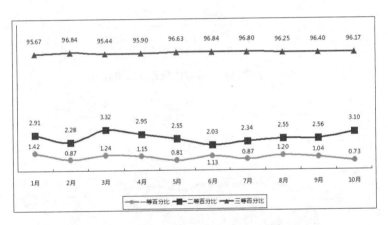

图7 1877年吴淞铁路各等客流量百分比示意图

注:为便于绘制与说明,本图及图9和图10之一、二等百分比数据线均已作调整,故纵坐标均无单位和刻度。

资料来源:英国外交部档案FO228/593,594,英国国家档案馆藏。

结合图7中的实际情况来看,"这一部分旅客的运输业务"在1877年并未"消失",反而上涨到95%以上。按照常理,随着时间的推移,"旅行者""观看这条线路"的意愿应呈降低趋势,基于这一点,我们可以初步判定1877年非游览或者说"商业往来"的人口流动比重较上一

---

① 《英国领事商务报告》(1876年),宓汝成编《中国近代铁路史资料(1863—1911)》第1册,中华书局,1963年,第37页。

年有所增加,一等则有所下滑,二等变化不大。虽然该路的通车时间较短,但流动人口结构特征与后来的情况(参见图 8 和图 9)已非常接近。

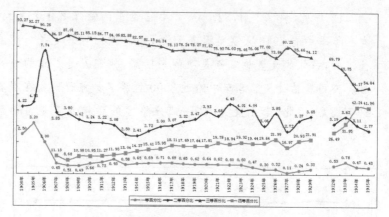

图 8　沪宁铁路各等客流量百分比示意图

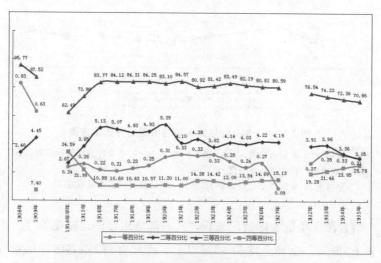

图 9　沪杭甬铁路各等客流量百分比示意图

注:不包含游览、优待、政府(民事、军事)等项。中断处为数据缺失之年份。

资料来源:除表 1 所载资料外,另有:Chinese Government Shanghai-Nanking Railway, eds., *Annual Report for the Year 1929*, 1930.

图 8、图 9 再度说明两路的人口流动均以三、四等为主体。其中沪

宁铁路三等平均每年为78.44%,四等19.15%。一等(时称头等)、二等的比例与此相差悬殊,分别仅为0.76%和3.57%。沪杭甬铁路三等年均79.55%,四等15.98%,二等4.14%,一等0.33%。沪宁路一、四两个等级的客流高于沪杭甬铁路,二、三等级低于后者。

从趋势上来分析,沪宁铁路方面,三等客流逐年下降,1932年后急剧下跌。四等稳步上升,但从1932年起猛增。一等前期有较大的起伏,但1907年全线大部分通车后即趋于平稳。二等的波动最为明显,首先是1907年前大起大落,此后逐渐下降,1914年起改向上发展,在1920年代中期的战争中波动最为显著,1932年后与三等的情形类似。

沪杭甬铁路方面,三等客流在清末时期占超过85%的比例,而到1914年则已严重下滑,随后又开始增长,至1916年形成与同时期沪宁路相近的比例,此后基本保持平稳,1932年后虽开始下降,但幅度较沪宁铁路小。四等的前期(1908—1916年)与三等恰好相反,先升后降,至1916年后趋于稳定,1932年开始的增长幅度也比较小。二等也是先涨后跌,但后期的变化幅度大于四等。一等前期也呈下跌之势,此后逐步增长,但江浙、北伐战争对其冲击较大,1930年代升中有降。

再来看各等客流的平均行程(流动距离),这也属于前述人口流动空间变迁的特征之一。

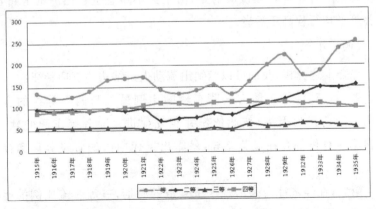

图10　沪宁铁路各等客流平均行程　　　　单位:公里

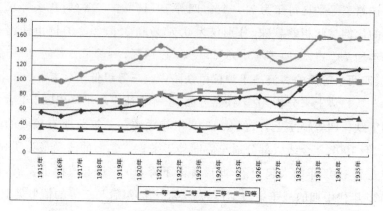

图 11　沪杭甬铁路各等客流平均行程　　单位：公里

资料来源：（北京政府）交通部编《交通部国有铁路会计统计总报告》、（国民政府）交通部、铁道部编《中华国有铁路会计统计总报告》、Annual Report。部分年份数据缺失。

图10、图11中四种线条从上到下黄—蓝—绿—红的顺序与图8、图9中的顺序基本相反，也就是说，各等客流的行程与其比重成反向关系。具体而言，三等客流的平均行程最短（40—60公里），而一等客流最长超过250公里，1930年代一、二两等的增速也与同时期的比重下降度成反向关联。此外，三、四等的变化幅度小于一、二两等，而各等行程总体均呈上升之势。须说明的是，由于沪宁路总里程比沪杭甬路长，故各等平均行程高于后者。

（四）小结

综合上述分析，我们可以归纳出流动人口结构的五项特征：

第一，三、四等车厢占全路车辆的比例最大与两个等级的客流量比重最高互为因果，彼此依赖并相互促进。而各等车厢的软、硬件和旅客身份都存在显著差异，暴露出近代中国的阶级分化和社会不公。

第二，在经济社会未出现严重衰退的时期，三等客流比例的逐年下降而二等比例上升的现象（如1914—1922年的沪宁铁路），从某种程度上可说是出行人口在经济状况有所改善的情况下，选择了档次更高的车厢。但是,在由世界经济危机引发"沿线工商不振"①和华北局势动荡②的情况下,1933年起三等比例的下滑和一、二等上座率的严重缩水,则应归因于减少出行或降低档次出行。

第三,"工商不振"、"农村破产"加速了农村劳动力流向城市的进程,两路局遂不断增加面向离村农民的四等车票在沪宁铁路乡镇车站的发售量和发售区间③,该路的四等客流比重因此迅速抬升。但是,沪杭甬路没有采取类似措施,故其上升幅度低于前者。

第四,沪宁铁路一、四两个等级的比重高于沪杭甬铁路。三等虽低于后者,但仅低一个百分点,而四等高出后者达三个百分点。由此可见,沪宁沿线的人口流动无论在等级还是规模上均超过沪杭甬地区。

第五,随着周边其他铁路的建成,尤其是1930年代通车的南京下关轮渡、杭江(浙赣)铁路、苏嘉铁路增强了两路沿线地区的通达性,即人口向全国各地流动的能力得到提升,这一点尤其满足了一等乘客的需求。因此,各等客流行程的上升成为总的趋势。

三、铁、公、水之间:人口流动视野下的交通行业内部竞争

从传统时代的航船、快班船,到晚清民国的轮船、火车、汽车,各种交通工具依次登场,演绎了一台"螳螂捕蝉,黄雀在后"的近世中国交

---

① 京沪沪杭甬铁路管理局编《京沪沪杭甬铁路管理局廿四年第三季工作概况》,1935年,第26页。
② (英文)《金融商业报》:《对于京沪铁路二十四年度会计统计年报之评论(三)》,邝锡光译,《京沪沪杭甬铁路日刊》,第1879号,1937年4月30日,合订本第205页。
③ 1929年在"农民甚夥"的丹阳、新丰两站间开始试办,"成绩甚佳"。1933年第二季度起发售唯亭、横林至苏州和奔牛至苏州、无锡的车票。次年5月起又增加了周泾巷与无锡,陵口与苏州、无锡,尧化门与镇江、无锡、苏州、上海各区间。1935年4月再增加石塘湾、浒墅关至苏州、无锡区间。参见京沪沪杭甬铁路管理局编《京沪沪杭甬铁路民国十八年工作报告书附十九年上半年进行计划》,出版时间不详,第18—19页;京沪沪杭甬铁路管理局编《京沪沪杭甬铁路管理局二十二年第二季工作概况》、《京沪沪杭甬铁路管理局廿三年第二季工作概况》、《京沪沪杭甬铁路管理局廿四年第二季工作概况》,1933—1935年,第6、7、10页。

通变迁大戏。关于这一议题的相关研究已有不少,但多为定性描述①,缺乏较长时段的量化分析,故笔者以人口流动的视角对该问题进行再分析,以期探究更为丰富的历史面向。

(一) 铁路客运对水上客运的冲击

沪宁、沪杭甬铁路规划建设时,许多路段都与传统时期人口流动的水、陆(陆道多为沿河的塘路、纤道)通道②相近甚至重合。譬如,沪宁铁路上海至昆山段与吴淞江并行,昆山至苏州段与娄江几近平行,浒墅关至新丰段也紧贴京杭运河北上,而镇江至南京段则北倚长江;沪杭甬铁路松江至嘉兴段与古浦塘、华亭塘、魏塘、冬瓜湖塘相邻,嘉兴至硖石段与长水塘并行,硖石至周王庙段与许公塘河同行,长安至杭州段与下塘河、上塘河为邻。从铁路的路线布置来看,其必然会对其沿线的水、陆运输造成巨大冲击。

20世纪初,日本在华设立的东亚同文书院曾派出许多调查班赴中国各地进行实地调查,在此基础上编撰了《支那经济全书》。该书在论及开通不久的沪宁铁路时认为:上海至无锡段通车后"乘客寥寥,每年收入有限"。究其原因,乃因其三等车与货车相同,一、二等车亦简陋,而费用与轮船相比则更昂贵③,因此出现了图12中的状况。

如图12所示,1907年日本大东轮船公司在铁路沿线开行的轮船中,"只有一等客有些减少,二等以下乘客未受何等影响,反却日益增加"。而当时大东、招商局、戴生昌三家轮船公司曾"结为运输同盟",因此该书作者初步判断"其货客的比例基本上是相同的"④。换言之,轮船运输尚有竞争优势。

然而事实上,铁路的竞争优势从通车伊始就迅速显现,并很快超越了包括轮船在内的所有水上运输。笔者将1904年至1928年二十

---

① 近代海关史料中各口岸的"华洋贸易情形论略"等报告也都是描述性文字。各关的"贸易册"中虽有详细的统计数据,但均各自为政,缺乏整个区域的记载与分析。
② 相关研究参见陈学文《明清时期太湖流域的商品经济与市场网络》,浙江人民出版社,2000年;张海英《明清江南商品流通与市场体系》,华东师范大学出版社,2002年。
③ 東亞同文會编《支那經濟全書》第五辑,第678页。
④ 東亞同文會编《支那經濟全書》第五辑,第679—681页。

近代长江三角洲地区的铁路人口流动与交通事业的变迁

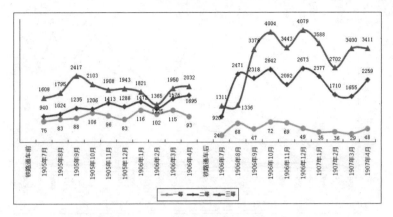

图 12　沪宁铁路沪锡段通车前后大东公司轮船客流量变化　单位：人次

资料来源：東亞同文會編《支那經濟全書》第五輯，第 679—680 頁。

五年间①上海、苏州、镇江、南京、杭州各口岸海关报告中记载的水路旅客人次与同时段的铁路载运人次进行比较，以期展现较为完整②的近代长三角地区铁路与水路人口流动的全貌。

从图 13 中我们可以清晰地看到，在两路均未全线通车的情况下，沪宁铁路（1906 年）和沪杭甬铁路（1907—1908 年间）的人流量就分别超过了各自对应的水路数量，苏州海关在 1906 年的报告中也指出："本年由小轮及拖船所载来往之客，较之上年减少八万。考历年关册，相差之数未有若是悬殊者。今兹之故，实由于铁路交通耳。"③所以，哪怕前述日本大东轮船公司的情况属实，也只不过是局部现象而已。此后通过铁路运输的人口流动量不断上升，而水路人流量一直徘徊在低水平状态，每年都不超过 100 万人次。即便是在铁路跌入波谷的年份（如 1925、1927 年），水路也没有出现明显的波峰（参见图 13）。海关报

---

① 1928 年后无此项记载。部分口岸的报告最初分别列出轮船（steamers）和帆船（sailing vessels）的数量，但后来合而为一。

② 由于仅有五个口岸的数据，海关自身的某些缺陷亦导致其无法完整统计本地的数量，其统计数据也"不足以代表全埠贸易之轮廓"（参见 1929 年杭州口报告），所以我们无法完整了解整个长三角地区的水路人口流动情况。

③ 《光绪三十二年苏州口华洋贸易情形论略》，中国第二历史档案馆等编《中国旧海关史料》第 44 册，第 297 页。

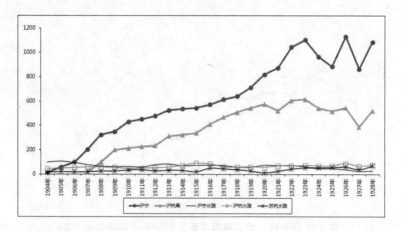

图 13 长三角地区铁路、水路人口流动量比较(1904—1928 年) 　单位:万人次

注1:沪宁水路为以下"去客"、"来客"之和:上海口"苏州并沿途各处"、苏州口"上海并沿途各处"、镇江口"上海并沿途各处"、南京口"上海并沿途各处";沪杭水路为:上海口"杭州并沿途各处"、杭州口"上海并沿途各处"。

注2:表1资料中均未单列沪杭甬铁路甬曹段的数据,故未剔除,但由于该段客运量甚小(参见第一节)而基本不对分析构成影响。

资料来源:铁路部分同表1;水路部分为中国第二历史档案馆等编《中国旧海关史料》,北京:京华出版社,2001年影印本;"国史馆"史料处编《中华民国海关华洋贸易总册》,台北:编者,1982年影印本。

告中关于轮船客运市场被铁路挤占的记载也俯拾皆是,兹不赘述。

再从两路与各口岸间水路的年均流动量来观察,铁路的人流量仍明显高于水路,各口岸与上海间的水路流量从多到少依次为:沪杭、沪苏、沪镇、沪宁。流量与距离多成正向关系,即距离越远,流量越少,因其大部分已转至铁路以减少流动时间。唯独沪杭高于沪苏,概因交通路线的重合度较低(沪杭甬铁路沪杭段未与京杭运河、黄浦江等主要水路并行),水道沿岸的桐乡、崇德、金山等县的人流仍需取道水路来往沪、杭两地。图15也可以说明这一点,沪宁铁路沿线城镇多位于运河、长江、吴淞江沿岸,交通路线的重合度极高,因此苏州、镇江两地与上海之间的人流量自1908年后均呈下降趋势。上海一图中深蓝色与绿色曲线代表的沪杭间流量在1909年铁路通车后稍有下滑后,从次年起即呈递增之势。但我们也可以发现,在杭州一图中来往上海的曲线(红色与浅蓝色)自铁路通车后基本下行。除来往上海的人口流动量一般大于杭州外,上海前往杭州方向"沿途各处"的轮船并不一定以杭州为终点①也是主要原因之一。

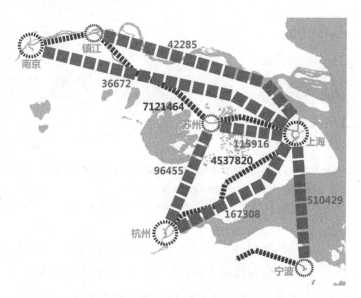

图 14　长三角地区铁路、水路人口年均流动量(1909—1928 年)　单位:人次

注:上海至宁波为宁波口"上海"项的"去客"与"来客"和的平均值;苏杭间为苏州口"杭州并沿途各处"、杭州口"苏州并沿途各处"和的平均值。

资料来源:表1、图13。

(二) 联运网络的形成和铁路、公路的再较量

一种交通方式如果只是孤立地存在,其运输效能就会受到制约。早在1907年沪宁铁路通至镇江时,东亚同文书院调查班就认为连接沪宁路的"其它诸线尚未告成,则此铁路亦无大影响于镇江也"②。不仅铁路与铁路之间如此,铁路与其他交通方式之间更是如此,这就是联运制度形成与发展的根本原因。

---

①　如嘉懋轮局开行的上海至吴兴(湖州)航线绕行闵行、新仓、平湖、嘉兴、硖石等地,但并未通过杭州。《浙江省长公署训令准交通部咨华商嘉懋轮局租赁路迪马小轮请饬属保护由》,《浙江公报》第1983号,1917年9月,"训令"第3页。

②　東亞同文會編《支那經濟全書》第五輯,第678页。

中国历史地理评论(第二辑)

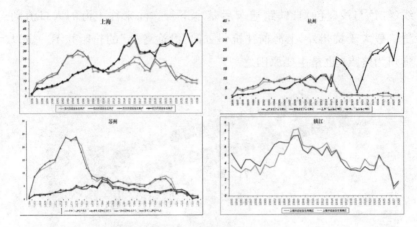

图 15 长三角部分口岸城市间水路人口流动量变化图(1893—1928 年) 单位:万人次

注:南京口 1907—1911 年无记载,故未予列入。
资料来源:《中国旧海关史料》、《中华民国海关华洋贸易总册》中各口贸易册。

铁路对水运的猛烈冲击并未造成整个区域航运的衰落,图 15 中的上海与宁波、苏州(包括湖州)与杭州间的人流即因没有铁路直接连通而未受较大影响,而其他远离铁路的地区更是如此。从长远来看,铁路人口流动量的增加推动了整个长三角地区人口流动规模的膨胀,但铁路不可能无限地承载这部分流动人口。因为一方面,铁路的运能毕竟是有限的;另一方面,区域内的铁路密度并不高,许多远离铁路地区的人口流动仍需通过其他交通方式。因此,水上客运并未因铁路的发展而衰败,而是通过"另辟蹊径以开辟新水路航线来与之抗衡"[1],并由此继续生存和发展。

铁路兴起后,水上客运仍以轮船与航船为主,但航船的具体航线等详细材料除民国时期编纂的《青浦县续志》、《川沙县志》和《乌青镇志》有部分记载之外,在其余现存的资料中并不多见[2]。实际上,但凡是水路,一般都可以视作其航线。近代各政府、机构对轮船航线的调

---

[1] 《杭州关十年报告(1912—1921 年)》,中华人民共和国杭州海关译编《近代浙江通商口岸经济社会概况——浙海关、瓯海关、杭州关贸易报告集成》,第 688 页。
[2] 参见冯贤亮《太湖平原的环境刻画与城乡变迁(1368—1912)》,第 220 页。

近代长江三角洲地区的铁路人口流动与交通事业的变迁

查记录更为完整,因此下面笔者通过甲午战后四十年的轮船航线(水上人口流动路线)变迁情况来解读水上客运的发展(航线图参见本文最后附图)。

20世纪初,长三角区域内的轮船客运网络初现端倪,航线主要有上海至南京、宁波的江海航线,以及上海至镇江、上海至杭州(支线从嘉兴至硖石)、苏州至杭州、苏州至湖州、常州至湖州、杭州至宁波等内河航线。1909年两路通车后,与沪杭铁路同行的航线变化最为明显,嘉兴至硖石线消失,上海至杭州线本来从枫泾经嘉善至嘉兴,因与铁路线重合度较高而改由平湖至嘉兴。1913年起,区域内的航线逐年递增,部分航线有所增减,上述消失的航线也逐渐恢复,到1920年代初已基本形成了一张遍布区域内各县及主要航道的航运网。1927年后,由于铁路的进步、公路的勃兴以及各种交通工具的联络运输(简称"联运")的发展,人口流动规模得以进一步扩大,太湖流域内的航线迅速增加,最终形成了长三角的综合运输体系。

"联运"这一模式早在20世纪初就已出现。1906年,沪宁铁路通至南翔后,嘉定通济轮船局即开行来往南翔的轮船,并与铁路局商定发行"沪嘉联票"[①]。1909年,邮传部开始计划铁路与轮船的联合运输。在官方的支持下,招商局等各家轮船公司开辟连接"火车不通之处"与铁路车站的航线。如1910年招商局开行的苏州至常熟线、扬州仙女庙至镇江线[②]。浙江平湖各小轮局废除原有亏损航线,"专自平湖至嘉兴,与杭沪铁路衔接"[③]。同年夏,某轮船公司"新置大汽船一艘"来往苏州、嘉兴及太湖东山各地,"专送沪宁线路之搭客,似见贸易畅旺,成效亦优"[④]。铁路管理部门也加入其中,欲分一杯羹,如1909年

---

① 陈传德修、黄世祚纂:民国《嘉定县续志》卷二《交通》,民国十九年(1930)刻本,第9页。
② 《招商局档案》(1911年),聂宝璋、朱荫贵编《中国近代航运史资料》第二辑,第477页。
③ 季新益、柯培鼎纂:民国《平湖县续志》卷一《交通》,《中国地方志集成·浙江府县志辑(20)》,第685页。
④ 宣统二年苏州口华洋贸易情形论略。

6月,江苏铁路公司为"便商起见",联合利济轮船局开行平湖与松江间轮船,并规定乘客可以在上海、松江各车站及各埠利济轮局购买火车轮船联票,"以便直达,而免周折"①。1910年沪宁铁路与扬子江轮船公司办理联运,船客不必单独购买火车票就能直接来往南京与镇江②。新辟航线、水陆联运以及自身经营的改善使得轮船在艰难的环境中获得了一定程度的发展,如杭州海关发现自1928年起杭嘉湖一带的航船"渐被淘汰,多数代以汽船"③。

  轮船对铁路虽已基本不构成威胁,但公路的兴起导致了区域内运输格局的重新洗牌。1922年建成的沪太(仓)公路是中国最早行驶长途汽车的公路之一,至1934年上海至太仓浏河主线月均客流量为三四万人次,嘉定支线平均每月两三千人次④。1935年8月锡沪公路通车后,"上海南翔间一段,完全与京沪铁路并行,且甚贴近,故营业竞争最烈"。南翔至无锡、苏州至常熟段客流量也比较高,1936年超160万人次(参见表10),占同年京沪铁路客运量的14%,因此铁路"营业当亦不无减杀也"。上松路"与上海松江间之火车旅客,自有相当之竞争"⑤,自1933年1月与沪闵南柘汽车公司联运直达上海市区后,每月平均载客6000人次⑥。

---

  ① 《时报》(1909年5月25日),聂宝璋、朱荫贵编《中国近代航运史资料》第二辑,第1417页。

  ② Imerial Chinese Railways Shanghai-Nanking Railway, eds., *Caital and Revenue Accounts for the Year Ending 31st December 1910*, Shanghai: Imerial Chinese Railways Shanghai-Nanking Railway, 1911, p. 2.

  ③ 《杭州关民国十七年华洋贸易统计报告书》,台北"国史馆"史料处编《中华民国海关华洋贸易总册》1928年第2册,1982年影印本,第6页。

  ④ 《上海附近长途汽车公司交通营业概况调查》,《道路月刊》第45卷第2号,1934年11月,"路市建设"第12页。

  ⑤ 知世《上海市四周之公路与京沪沪杭甬铁路》,《京沪沪杭甬铁路日刊》第1790号,1937年1月14日,合订本第76页。

  ⑥ 《上海附近长途汽车公司交通营业概况调查》,《道路月刊》第45卷第2号,"路市建设"第14页。

表 10　京沪铁路沿线公路客流量　　　　　　　　单位：人次

	沪太公路	锡沪公路		沪太公路	锡沪公路
1927 年	250959	未通车	1932 年	284535	未通车
1928 年	237760	未通车	1933 年	436957	未通车
1929 年	282908	未通车	1934 年	453785	未通车
1930 年	382226	未通车	1935 年	540640	492828
1931 年	390000	同上	1936 年	868672	1633150

资料来源：上海市地方协会编《民国二十二年编上海市统计》，上海：编者，1933 年，公用事业第 11 页；上海市地方协会编《民国二十三年编上海市统计补充材料》、《民国二十五年编上海市统计补充材料》，上海：编者，1935、1936 年，第 76、100 页；上海市通志馆年鉴委员会编《民国二十五年上海市年鉴》、《民国二十六年上海市年鉴》，第 100、92、97 页。

　　1925 年，浙江最早建成的杭余(杭)公路修建了从艮山门到拱宸桥的支线，此后铁路拱艮段客运便开始没落①。1932 年通车的沪杭公路位于杭州湾北岸，虽然远离沪杭甬铁路，"骤视之，尚无深切关系"，表 11 中该路的客流量远不及铁路，"然上海中外人士自备汽车者，多取道此路，赴杭旅行，亦足夺火车一部分之头、二等旅客也"②。1933 年 4 月，鄞(县)慈(溪)镇(海)公路通车，每月乘客平均 5 万余人次，至年底共计 315113 人次③，遂给曹甬段"营业上以不少的威胁"，尤以余姚、叶家、宁波三站所受的影响为最大。路局职员撰文比较 1929—1933 年每年 4—12 月的客运人次后，发现除宁波站外，其余两站均明显下跌④。

---

①《杭州关民国十四年华洋贸易统计报告书》，台北"国史馆"史料处编《中华民国海关华洋贸易总册》1928 年第 2 册，该报告书第 9 页；《改进拱宸桥站客列车》，《京沪沪杭甬铁路日刊》第 1289 号，1935 年 5 月 27 日，合订本第 181 页。

② 知世《上海市四周之公路与京沪沪杭甬铁路》，《京沪沪杭甬铁路日刊》第 1790 号，合订本第 76 页。

③ 浙江省方面的统计为 300159 人次，参见浙江省情展览会编《浙江省情》，正中书局，1935 年，"建"第 9 页。

④ 王叔龙《公路包围中之曹甬段》、《鄞慈镇公路与曹甬段之关系》，《京沪沪杭甬铁路日刊》第 927、971 号，1934 年 3 月 19 日、5 月 11 日，合订本第 114、65—67 页。

表11 沪杭甬铁路沿线公路客流量　　　　　　　　单位：人次

	1932年	1933年	1934年
沪杭公路浙江段(杭乍)	151499	161189	124465
沪杭公路江苏段(平乍冈)	125235	242838	253581
沪杭公路上海段(沪闵南柘)	155403	208448	220528
沪杭公路合计	432137	612475	598574
杭临(平)塘(栖)公路	未通车	51493	88963

资料来源：《两年来浙江省公路各路段旅客人数比较表》、《浙江省公路二十三年各路段乘客人数统计表》、《浙江省建设月刊》第8卷第12期，1935年6月，"统计"第9—10页，插页；上海市地方协会编《民国二十三年编上海市统计补充材料》、《民国二十五年编上海市统计补充材料》，第76、100页。

面对上述并行公路的竞争，两路局一方面通过增加客车班次等措施改善客运业务，另一方面与相交公路实行旅客联运(参见表12、图2)，抢夺并行公路的客运市场。在此过程中，表12中大部分的公路因与铁路相连而得益，沿线各地的通达性也得以增强。因此，公铁联运进一步促进了区域内的人口流动。

表12 京沪沪杭甬铁路公路旅客联运一览表(1929—1936年)

联运机构	连接站	实行日期	铁路联运站名	公路联运站名
绍曹嵩公路汽车公司	曹娥江	1929年4月	鄞县、慈溪、余姚	东关、陶堰、皋埠、五云
萧绍长途汽车公司	南星桥	1933年11月	拱宸桥、长安、斜桥、硖石、王店、嘉兴、嘉善、松江、上海南、上海北	萧山、衙前、阮社、柯桥、绍兴、北海、昌安、五云
锡澄长途汽车公司	无锡	1933年11月	上海北、昆山、吴县、武进、丹阳、镇江西、南京	堰桥、塘头桥、青旸、南闸、江阴、口岸
镇丹金溧长途汽车公司	丹阳	1934年3月	上海北、吴县、无锡、武进、镇江西、南京	金坛
沪太长途汽车公司	吴淞镇	1934年6月	宝山路、天通庵	宝山、杨行、三官堂
嵊新路汽车公司	南星桥	1935年1月	上海南、上海北	嵊县、新昌

续表

联运机构	连接站	实行日期	铁路联运站名	公路联运站名
镇扬长途汽车公司	镇江西	1935年4月	杭州、嘉兴、上海北、昆山、吴县、无锡、武进、丹阳、和平门、南京	扬州、施家桥
锡沪长途汽车公司	吴县	1935年10月	上海北	常熟、练塘、羊尖、安镇
	无锡		南京、镇江西、丹阳、武进	
浙江公路第一区管理处	杭州	1936年4月	上海西、上海北、吴县、无锡、武进、镇江西、南京	莫干山
江南汽车公司	无锡	1936年5月	上海北、吴县、武进、丹阳、镇江西、南京	雪堰桥、漕桥、和桥、宜兴、溧阳、徐舍、汤渡、长兴
绍曹嵩公路汽车公司	曹娥江	1936年8月	鄞县、慈溪、余姚	钱江、萧山、柯桥
嵩新路汽车公司	曹娥江	1936年8月	鄞县	嵊县、新昌
江苏省建设厅公路管理处	京建路 南京	1936年12月	上海北、吴县、无锡、武进、镇江西	秣陵关、令桥、建平
	省句路 镇江西		上海北、吴县、无锡、武进	句容
	溧武路 武进		上海北、吴县、无锡	溧水

资料来源:《铁道部指令(联字第九八九九号):令京沪沪杭甬铁路管理局据呈送该路与公路及水路机关旅客联运一览表准予备案》,《铁道公报》第1633期,1936年11月,第7—8页。

(三) 流动人口的交通行为选择与各交通行业的变迁

鉴于学界对上述各种交通行业竞争与合作的研究已较为丰硕①,下文笔者将借鉴"交通行为选择"的研究方法,分析出行者的微观动机

---

① 参见朱荫贵《中国近代轮船航运业研究》,中国社会科学出版社,2008年;戴鞍钢《江河海联运与近代上海及长江三角洲城乡经济》,提交"第二届中国近代交通社会史"学术研讨会(杭州),2011年;刘素芬《南京国民政府的奖励工业与提倡国轮政策——以招商局的水陆联运为例》,虞和平、胡政主编《招商局与中国现代化》,中国社会科学出版社,2008年;熊亚平、安宝《民国铁路联运制度与铁路运输业的发展——以1913—1933年间的华北各铁路为中心》,《史学月刊》2012年第7期;黄华平《民国铁道部与近代铁路联运》,《重庆交通大学学报》(社会科学版)2010年第1期等。

并以此揭示交通的宏观行为,如此则有助于进一步把握交通各行业的变迁特征。

在日常生活中,我们经常碰到有关交通行为选择的问题,比如是否出行、何时出行、去何处、采用何种交通工具、选择哪条路线等。出行者按照出行目的的要求,结合自身的条件、交通运输的状况、以前的或其他人的经验,建立一系列出行决策的标准、原则和态度,然后以效用最大化为目标作出自己理性的选择决策。随着人类社会发展对这些交通行为选择研究需求的不断增加,从具体个体出行行为入手研究交通现象的交通行为选择研究,逐渐成为交通工程以及运输经济学领域中的热点之一[1]。

按照当前运输经济学的研究方法,分析交通选择行为需要上述一系列的"决策"数据支撑,而历史研究往往难以具备这些条件。因此,笔者只能以尽可能全面的相关数据和个体出行记录(日记、游记等)为基础,并根据近代中国的实际情况作出相应调整。

1. 出行心理

出行心理对出行的影响虽然不如成本、时间等因素,但这是近代中国社会心理的一大特征,即对从西方引进的各种新生事物往往抱有抵触或排拒的态度。自始至终伴随吴淞铁路的与地方官民的冲突和最终被清政府收回拆除即为明证。三十多年后沪宁、沪杭甬两铁路通车,但民间对火车的态度依然耐人寻味,譬如:

> 火车厉害得很,走在铁路上的人,一不小心,身体就被碾做两段……火车快得邪气,坐在车中,望见窗外的电线木如同栅栏一样。

居住在离沪杭甬铁路长安站十五公里外石门镇上的丰子恺听到这些传闻后,想象火车"大概是炮弹流星似的凶猛唐突的东西,觉得可怕"[2]。因此,从社会心理的角度而言,选择火车而非其他熟知的传统

---

[1] 严作人等《运输经济学》,人民交通出版社,2009年,第147页。
[2] 丰子恺《车箱社会》,第1页。

交通工具,起初多少需要一点魄力。

"初乘火车的时期"的乘客往往对铁路的一切事物都比较有兴趣,享受乘火车的"新生活"①。因此轮船客流的减少"委以旅客心理,多乐搭乘铁路之故"②。随着时间的推移,进入到"老乘火车的时期",乘火车变成了一桩"讨嫌的事",因为此前的新鲜事物"都看厌了"。加上火车晚点、服务不周等缺陷,乘客心中剩下的往往"只有沉闷、疲倦和苦痛",故只求尽快抵达目的地。最后到了"惯乘火车的时期",厌烦、抱怨的心理又转为麻木的"逆来顺受"③,但从另一个角度而言,"惯乘"之意即表示乘坐火车已融入日常生活。可见,选择火车出行的兴奋度和欲望往往随着时间的推移而降低;同理,当区域内有新的铁路出现时,对新生事物的好奇心又会促使旅客再次选择铁路。如1936年7月底,一群南京的旅客在和平门车站听说苏嘉铁路通车(同月15日)后,"遂为好奇心所使,宁使放弃了两整年未去的上海,而走这一条新路",未按原计划乘坐京杭公路汽车前往杭州④。

2. 出行成本

"乘车之意义,亦不过取在速达而已,其不欲速达者,宁舍陆而从水。"⑤东亚同文书院调查班也认为,轮船"以与铁道较,非有时间之异,且航路运费低廉,谁肯舍汽船而就铁道"⑥。换言之,如果不考虑时间,那么成本将成为交通行为选择的首要因素。

表13　上海至苏州、杭州的铁路与轮船比较(1909年)

	沪苏轮船	沪宁火车	沪杭轮船	沪杭火车
里程	270里	148里	454里	365里
时间	12小时	1小时46分	18—25小时	6小时左右

---

① 丰子恺《车箱社会》,第3页。
② 《中华民国三年杭州口华洋贸易情形论略》,中国第二历史档案馆等编《中国旧海关史料》第65册,第264页。
③ 丰子恺《车箱社会》,第3—5页。
④ 树三《苏嘉铁路风景线》,《星华》第1卷第29期,1936年8月,第21页。
⑤ 王余杞《沪宁道上》,《交通经济汇刊》第3卷第1期,第3页。
⑥ 東亞同文會編《支那經濟全書》第五輯,第674页。

续表

	沪苏轮船	沪宁火车	沪杭轮船	沪杭火车
一等价格	1.00元	2.60元	2.00元	4.19元
二等价格	0.50元	1.30元	1.30元	2.90元
三等价格	0.30元	0.70元	0.70元	1.61元
四等价格	无	0.35元	无	0.97元

资料来源：《宣统元年上海口华洋贸易情形论略》，中国第二历史档案馆等编《中国旧海关史料》第51册，第331页。

相比之下，轮船确有价格优势，但实际情况并不如表13所示。一方面，清末各公司轮船大多会在船后拖挂小船以增加营业收入，但乱收费现象严重，如包天笑在乘坐拖船时就发现拖船"船价没有一定，随便讨价。多带行李，还要加价，一只箱子，就要加两块钱"，而此时乘坐沪宁铁路二等车携带物品已不收费，而且"车费不过银圆六角"①，比拖船"一只箱子"的收费还要低。另一方面，招商局、戴生昌、大东三公司于20世纪初铁路通车前已组成联盟，逐步垄断了江南地区的客运市场。但时间一久，势必坐拥自大，在面对铁路竞争时不愿大幅降价。如沪苏间轮船"只将上等客价酌减若干，客舱、篷舱仍照七角、四角之原价，以致搭客渐少"②。沪杭轮船亦"办理不善，跌价过迟，是以往来客商皆改乘火车，及至轮局重复减价，势亦不及"③。

在票价接近轮船，而时间远低于轮船的情况下，铁路自然将水上客流收入囊中。1909年沪苏列车拖带九节客车，虽然每辆可容纳百人，但"仍出现满溢之盛况"④。但是，铁路也随着自身的发展慢慢自大，在后来面对公路竞争时反应亦形迟缓。1928年11月，上海华商公

---

① 包天笑《钏影楼回忆录》，大华出版社，1971年，第184页；包天笑《钏影楼回忆录续编》，第735页。東亞同文會編《支那經濟全書》第五輯，第682页。

② 《光绪三十二年苏州口华洋贸易情形论略》，中国第二历史档案馆等编《中国旧海关史料》第44册，第296页。

③ 《宣统元年杭州口华洋贸易情形论略》，中国第二历史档案馆等编《中国旧海关史料》第51册，第350页。

④ 東亞同文會編《支那經濟全書》第五輯，第682页。

共汽车公司开行北火车站宝山路口至劳动大学（江湾火车站旁）的一路公交车，每月乘客约七万人次。而此时的淞沪铁路班次少，又常误点，故乘客"舍此就彼"。为应对竞争，1930年4月起淞沪铁路开行蒸汽车①，约每二十分钟开一班，"曾吸收乘客颇众"，但几无降价措施。淞沪战役后江湾衰落，旅客减少，火车延长至每半小时一班，以发行来回票的措施规避降价。汽车则改为每八分钟一趟，发行月票、季票。1936年汽车再减价，发行便利券以抵制火车来回票，江湾天通庵间的便利券平均价已经与铁路单程票价相同，来回票亦仅高于铁路五枚铜元，而由上海至江湾的新路线（表14中的乙线）票价比铁路还低一枚铜元②。淞沪铁路的成本优势至此已基本丧失，客运因此衰落。

表14　1936年上海、江湾间火车与汽车竞争情况表

		火车	汽车
车站地点	上海	距宝山路口约200米	宝山路口
	江湾	车站路 离镇约1公里	镇内 池沟路口（万安路）
每日班次	来往次数	各30次	各90次
	间隔	30分钟	8分钟
开行时间	上海	6:00—22:45	6:04—20:57
	江湾	7:14—次日0:05	6:34—21:27
全线行程	里程	5公里	甲线10公里　乙线7公里
	时间	15分钟	甲线30分钟　乙线20分钟
上海江湾间票价	单程	铜元30枚（1角）	甲线铜元35枚　乙线铜元29枚
	来回票	1元3角	甲线无　乙线1元5角半
江湾天通庵间票价	单程	铜元15枚（5分）	甲线无　乙线铜元23枚
	来回票	6角5分	甲线无　乙线1元

注：来回票以20次为准。汽车甲线由宝山路口至新市路底，乙线（9月1日开通）由铁路上海北站经天通庵、新市路至江湾。

资料来源：赓《淞沪支线与公共汽车》，《京沪沪杭甬铁路日刊》第1685号，合订本第59页。

---

① 《淞沪路蒸汽自动车昨行开车典礼》，《申报》1930年4月1日第15版。
② 赓《淞沪支线与公共汽车》，《京沪沪杭甬铁路日刊》第1685号，合订本第59页。

3. 出行时间

笔者从清人的日记或游记中撷取其行程信息,通过表 15 比较在临近的水路与铁路交通线上乘坐航船、轮船和火车分别所需要的时间。

表 15　航船、轮船、火车出行时间比较

沪宁铁路沿线			
地点(站名)	1871 年航船	1908 年沪宁铁路慢车	
镇江	六月初三 晨	11:27	
新丰	中午	12:06	
丹阳	申刻	12:19	
吕城	六月初四 午前	12:55	
奔牛	午后	13:08	
常州	未刻	13:36	
丁堰(近戚墅堰)	当晚	14:02	
洛社	六月初五	14:28	
无锡	当天	14:46	
新安(近周泾巷)	当晚	15:15	
望亭	六月初六	15:31	
浒墅关	当天	15:47	
苏州	当晚	16:04	
地点(站名)	1865 年航船	1908 年沪宁铁路列车	
娄门(近官渎里)	二月十三 黎明	11:03	
昆山	当晚	11:53	
黄渡	二月十四 酉时	12:33	
周太仆庙(近真如)	二更	13:01	
上海	二月十五 巳刻	13:13	
沪杭甬铁路沿线			
地点(站名)	1858 年航船	1909 年戴生昌轮船	1909 年沪杭铁路快车
杭州	九月廿八 清晨	第一天 20 点	15:37

续表

塘栖	午后	不详	非铁路沿线
石门	九月廿九 晨	夜半	同上
嘉兴	九月晦日 晨	第二天8点	18:13
嘉善	午后	10点	不停
张泾湾(枫泾)	当晚	13点	19:12
松江	十月初一 辰刻	15点	19:49
闵行	十月初二 辰刻	17点	非铁路沿线
上海	十月初三 清晨	20点	20:38

资料来源:1858年参见王韬《王韬日记》,方行、汤志钧整理,北京:中华书局,1987年,第29—34页;1865年参见沈宝禾《沪行日记》,上海人民出版社编《清代日记汇抄》,上海:编者,1982年,第242—243页;1871年参见李天隐《北游日记》上卷,仙居:兰雪堂,1931年,第52—54页;1909年参见庄俞《我一游记》,上海:商务印书馆,1936年,第46页;火车时刻表参见《沪寗铁路行车时刻表》,《沪淞沪宁两铁道关系雑纂》,アジア歴史資料センター(JACAR),Ref. B04010926000(第219个画像);《杭州上海间开车时刻表》,《沪杭甬铁道关系雑纂》第二卷,アジア歴史資料センター(JACAR),Ref. B04010927000(第221个画像)。

表13、表15都能体现出火车具有无与伦比的时间优势,满足了那些对出行时间要求较高的旅客,如"一等客有急要之时,不惜沿途经费"①。当铁路夜班车出现后,一部分高端旅客选择乘坐一、二等卧车,这样可以不浪费白天的时间。此外,一等车中名人众多,车厢亦可成为洽谈公事或联络感情的场所②,而在汽车和轮船(一般不分等)都很难实现这一点,这也是高端旅客选择火车的原因之一。

苏州海关税务司贾士(T. A. M. Castle)曾略带嘲讽地描述出行时间的问题③:

> 旅客出行现在大多愿意利用铁路良好的服务和管理,只有那些不开化的农村人,对他们来说,时间并无意义,所以仍宁愿取道

---

① 東亞同文會編《支那經濟全書》第五輯,第678页。
② 参见竺可桢的日记;翁文灏也在"夜车赴京"的途中与光华大学校长张寿镛"谈经济建设事",参见李学通等整理《翁文灏日记》,1936年4月27日,中华书局,2010年,第39页。
③ 《苏州关十年报告(1912—1921年)》,中华人民共和国苏州海关编《近代苏州通商口岸史料集成》,文汇出版社,2010年,第41页。

慢而便宜的水路到上海或无锡。

事实上,国人的想法并不是那么简单,慢自然有慢的好处。正如叶圣陶所云,航船虽无火车速度快,但坐惯航船的人,才懂得其中慢的真意味,有人说:"反正是个到,何必急急?坐了火车,一霎就赶到了,到了可干什么呢?"或者有人说:"一包花生米,三个铜子白酒,得这么一点醉意。横下来呼呼一觉,待船家喊醒时,就跨上埠头。这岂不爽快而有味?"①

铁路的时间优势虽然无可厚非,但列车实际运行过程中经常出现晚点的现象,又因铁路为单线,慢车常需要避让快车,因此造成旅行时间的浪费。1909年5月,庄俞等人乘坐浙路公司火车时发现避车时间和上下客货时间"常数倍于定章"②。1936年11月5日,舒新城乘坐镇江至上海三、四等车晚点四十八分钟到达昆山,又避让上海开出之快车,抵沪时已晚点一小时十分钟③。某人从无锡石塘湾站出发前往上海,"沿途停歇,耗费时间不少,此则乡居者不能不乘慢车之也"④。

1930年代公路勃兴后,汽车因其行驶灵便等特性而取得了一定程度上的时间优势,尤其在那些与铁路路线起讫点相同,而距离更短的路段。1936年10月通车的杭州经临平、崇德、桐乡、嘉兴到嘉善枫泾的杭善公路(路线参见图2),其客运汽车运行时间与沪杭甬铁路杭州至枫泾的列车之比较如表16。

表16　杭州至枫泾汽车与火车时间比较(1937年)

	杭善公路汽车	62次闸沪慢车	杭善公路汽车	32次闸沪快车
杭州	07:20	09:35	12:40	13:50
枫泾	11:40	13:29	17:00	16:47

资料来源:《嘉善日报》社编《嘉善概况》,嘉善:编者,1937年,第89页;《沪杭甬铁路行车时刻表(1937年4月1日)》,《铁路杂志》第2卷12期,1937年5月,广告页。

---

① 叶圣陶《旅路的伴侣》,《叶圣陶文集》第1卷,人民文学出版社,1958年,第170页。
② 我一《西湖游记》,江伯训编《中外新游记》,商务印书馆,1928年,第97页。
③ 舒新城《漫游日记》,中华书局,1945年,第153页。
④ 稣《海宁观潮记》,中华书局编《新游记汇刊》第25卷,1928年,第14页。

表 16 中杭州至枫泾汽车耗时四小时二十分钟,虽仍慢于闸沪快车,但已经与慢车的三小时五十四分钟相近,而且首班车早于铁路,抵达枫泾恰为中餐时间,对旅客而言,其时间安排更为人性化。若非抗战的爆发和沿线各地沦陷前国民政府军队的自行破坏,杭善公路很可能会对铁路客运造成进一步的冲击。

4. 安全与舒适度

安全、舒适也是交通行为选择的重要因素。清末的轮船并不十分安全,小轮本身不载客,乘客都乘坐在后面的拖轮里,包天笑曾发现"竟拖了六七条之多"。行驶途中"因开得快,重载以后,颠荡倾侧,站在船舷上,又无栏杆,危险殊甚"①。由于轮船的投入成本远较火车、汽车低,因此吸引了众多民间投资,但民间经营往往忽视安全。如1930年起嘉兴附近出现许多"马达航船",其建造成本与开支比普通轮船低廉。但因其"引擎时生障碍,而船身质料不坚,以致旅客每怀戒心,不敢轻于尝试,营业遂告式微矣"②。

舒适度方面,拖轮有房舱、散舱、烟篷(等级依次下降),还有叫作"大菜间"的。一般民众出行乘坐的烟篷"在拖船顶上布篷之下,身体也不能站直,只好蛇行而入"。所谓大菜间,其实并无"大菜"可吃,只不过比较更宽敞一点而已。饭是船上供给的,但只有白饭,没有菜肴,仅有一碗公共的咸菜汤③。可见所谓"可供饮食"、"船中有晚餐"的质量较为一般④。服务态度也每况愈下,如沪杭"各小轮船局待客,不惟不以优礼相加,且反视同罪犯"⑤。铁路开通后,轮船公司因经营不善更少有改进之处,如1922年大达公司的轮船"人货山积,污秽不治,每房舱只容二人"⑥。

---

① 包天笑《钏影楼回忆录》,第184—185页。
② 海关总税务司署统计科编《民国十一年至二十年最近十年各埠海关报告》下卷华南及陆路边境各埠,1935年,第75页。
③ 包天笑《钏影楼回忆录》,第185页。
④ 東亞同文會編《支那經濟全書》第五輯,第290、678页。
⑤ 《光绪三十年杭州口华洋贸易情形论略》,中国第二历史档案馆等编《中国旧海关史料》第40册,第249页。
⑥ 余柏昭等编《菲律宾华侨教育考察团日记》,中华书局,1922年,第124页。

火车的安全系数高于轮船,初期的软、硬件也都比较好。1909年5月,庄俞等人乘坐浙路公司火车前往杭州,上车时随身携带的物品均由货车免费运送,下车时拿凭单即可领取,而沪宁铁路寄存行李须另给铜圆两枚。列车员均为浙江铁路学堂的毕业生,"谦和而有礼,即售物人亦温温可亲,不若沪宁铁路车中之职员,动辄辱客,及售物人之蠢野难容也"。出售的食品也比较丰富,清茶一壶"定价有方",不若沪宁铁路车中之昂贵,且"无下等售物人往来嘈杂也"①。1920年,菲律宾华侨教育考察团感觉沪杭甬铁路火车"坐位舒服,饮食价廉,每站高筑月台,供旅客出入。验票者半为路政学校毕业见习生,待人和蔼可亲"②。

但是,随着客流的增多和战争的破坏,从1920年代起,火车的乘坐环境开始逐步下降。1928年,时人乘坐沪杭甬列车时感到"车行撼动殊甚,头目欲眩"③;列车拥挤、一票难求或有票无座的问题也比较突出——自两路通车起,各车站的售票时间都在开车前半小时左右。随着客流的增加,到1920年代初,上海北站售票时已出现"拥挤异常,三等尤甚"的现象④。1934年10月25日,舒新城在昆山青阳港站准备乘车回沪,"车站竟挤满了人,大约有四五百,车到时,抢着爬上,车上无座位,一直站到上海"。在此后的返沪途中,有几次甚至到了"站立亦无隙地"的地步。次年3月他再次经历三等车的痛苦后对朋友说:"以后应改乘二等车!"因此,当得知1937年4月中国旅行社与两路局商定开行"定备车"往返苏州、无锡,"每人均有座位"的消息后,他便选择该车出行,而此时"车站旅客拥挤异常,单独购票者极难有座位"⑤。而那些"中外人士自备汽车者"则取道远离铁路的沪杭公路,自行驾车来回,所以路局认为沪杭公路与铁路客运"骤视之,尚无深切关系",但

---

① 我一《西湖游记》,江伯训编《中外新游记》,第96—97页。
② 余柏昭等编《菲律宾华侨教育考察团日记》,第80页。
③ 方绍鬈《旅行杭县西湖记》,中华书局编《新游记汇刊》第4册第25卷,第1页。
④ 交通部《中华国有铁路第三次运输会议纪录》,1921年,"议案清单"第58页。
⑤ 舒新城《漫游日记》,第148—149、154、157—158页。

"亦足夺火车一部分之头、二等旅客也"①。

但是,随着1930年代两路局的不断重视和"新生活运动"的开展,列车的环境也得到了一定程度的改善。1933年时人乘坐沪宁列车时,感觉"车内比从前整洁了许多,我们从无锡上车,未到镇江,地已扫过二次了。验票员也和气很多,不像从前横冲直撞,如虎如狼的光景。时刻也比较的正确些,不再随便脱班"②。可见,设施不佳、服务态度傲慢等因素都会打消乘客乘车的念头。

5. 乘坐便利度

乘坐便利度既包括旅客前往(离开)各种交通工具乘(降)站点的便利度,也包括换乘各种交通工具的方便程度。提升乘坐便利度成为轮船在铁路冲击下继续生存的重要手段。1905年沪宁铁路南翔站开通后,嘉沪轮船局往来上海与嘉定的航线因嘉定旅客转由南翔站出行而停驶。但是,当地随即组建了通济轮船局,专驶来往南翔"依火车之班次为准"的轮船,不久又与沪宁铁路局商定发行沪嘉联票。航线开通后"初仅每日百余人,后乃增至四五百人",嘉定附近的罗店、娄塘、太仓、浏河、浮桥各地来往上海者"咸取道嘉定",极大程度上方便了嘉定、太仓周边地区与上海之间的人口流动,所以轮局"营业日益发展"③;一则反例是:1920年代初,浙东某轮船公司每日开行两班绍兴至杭州的轮船,按其时刻表分别与下午两点和夜间开往上海的火车衔接。杭绍之间行驶路程虽然只有四十五公里,但该轮船"须航行七小时之久,且屡次迟到,致赴沪旅客,每每在杭耽搁五、六小时"。当时两地间铁路尚未开工,乘客除轮船外别无选择,而该公司又"得有专利权之故",往往"置之不理"。乘坐便利度的下降引起乘客的强烈不满,某天该轮船因晚数小时才抵达杭州钱塘江对面的西兴而"致激怒船客,将船捣毁"。该公司"受此痛创"后于1922年添置了"汽力较足"的新

---

① 知世《上海市四周之公路与京沪沪杭甬铁路》,《京沪沪杭甬铁路日刊》第1790号,合订本第76页。
② 芮麟《山左十日记》,太湖书店,1934年,第5—6页。
③ 陈传德修、黄世祚纂:民国《嘉定县续志》卷二《交通》,第9页。

船,每次载客人数在一百五十与二百五十之间,"获利甚厚"①。

公路客运兴起后,乘坐便利度日益成为旅客(尤其是火车的一、二等客流)出行选择的重要考虑因素,上文中铁路短途客运受到公路冲击的关键即在于乘坐火车便利度的下降,而汽车"点对点"、行驶便捷等优势成为其参与竞争的有力武器。比如,1930年淞沪铁路"蒸汽车"开通后,前述来往上海与江湾的华商一路公共汽车终点站由铁路江湾站(离镇区约一公里)外的劳动大学改至新市路底,"借便招揽"江湾镇内的客流。1932年淞沪战后则直接"深入"到镇中的万安路。此外,汽车还通过变更、增加行驶路线来吸收宝山路、宝兴路等沿途客流,避开江湾至天通庵铁路客运发达的区间。这些情况都令两路局倍感压力②。

京沪铁路南翔站"素以客运发达闻"③,其大部分客流来自嘉定。1932年淞沪抗战后,南翔站客运"骤然大减",来往上海的"翔沪车"也被取消。1933年时,沪太长途汽车公司开行的嘉定至上海的汽车,一小时左右即可抵达闸北太阳庙站。一块银元的票价虽高于南翔至上海火车之三角,但"不必再受轮船转火车周折"——嘉定至南翔轮船需行一个半小时,下船至南翔站需换乘人力车,"周折殊烦",如果错过一趟列车,"又须受待车之苦";而南翔当地的旅客大多服务于上海各大银行,"早出晚返之时刻,十分注意"。早晨八点的"翔沪车"取消后,这些"上班族"只能乘坐七点三十分路过的京沪夜班车,因"不及起身"和担心晚点而不便每日往返者"多迁他为良,栖居沪上,仅于休假日返乡矣"④。鉴于上述情形和翔沪间公路的通车,两路局于1935年5月恢复翔沪列车,开行与淞沪铁路相同的"蒸汽车",此后的一年里总计输

---

① 《交通公报》(北京)第64期,1922年4月,"金载"第9—10页。
② 麐《淞沪支线与公共汽车》,《京沪沪杭甬铁路刊》第1685号,合订本第59页。
③ 如1924年江浙战争后郭沫若等人乘坐沪宁列车到南翔时,"车上的人怕有一大部分涌下了车去,这些人听说有些是逃难到上海,到这时才回家去的,有些是上上海去做工会来的,有些是来白相的"。郭沫若《到宜兴去》,郭沫若著作编辑出版委员会编《郭沫若全集》文学编第12卷,人民文学出版社,1992年,第329页。
④ 徐荣绶《南翔客运减少之研究》,《京沪沪杭甬铁路日刊》第708号,合订本第23页。

送旅客 674184 人次，每月平均为 56000 余人次（参见图 16），远超 1934 年沪嘉汽车月均的两三千人次①。加上既有普通列车的运输，铁路重新赢得了客运市场，挽回了因公路竞争而造成的损失。

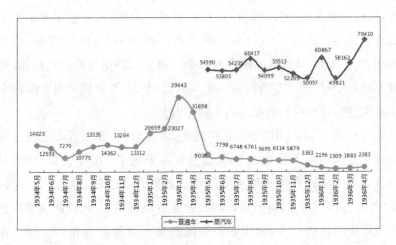

图 16　京沪铁路上海与南翔间客流变化图(1934 年 5 月—1936 年 4 月)　单位：人次
资料来源：《京沪路沪翔间客运业务比较》，《京沪沪杭甬铁路日刊》第 1297、1326、1355、1376、1405、1434、1454、1481、1508、1529、1560 号，1935—1936 年。

短途的换乘一度出现上述问题，沪宁、沪杭甬两路全线的情况也比较类似。早期主要出现在沪杭甬铁路上，1909 年 9 月该路沪杭段"初通之际，凡赴申旅客一抵枫泾，尚须另行购票易车，嗣以行旅诸多未便"。江、浙两家铁路公司随即进行改进，10 月 11 日起乘客即不必下车换乘而"直抵上海"②；后期则体现在两路之间以及与苏嘉铁路的换乘问题上——由于南京与杭州间没有直达列车，两路的衔接须在上海北站进行，乘坐便利度受到列车时刻差别、班次不多等因素的影响而下降。1936 年，前一天二十三点发车的京沪夜班车晨七点抵达上海北站，而北站开往杭州的列车已于七点开出。竺可桢对此甚为不解：

---

① 《上海附近长途汽车公司交通营业概况调查》，《道路月刊》第 45 卷第 2 号，"路市建设"第 12 页。
② 《宣统元年杭州口华洋贸易情形论略》，中国第二历史档案馆等编《中国旧海关史料》第 51 册，第 350 页。

"此二车何以不相连接？实为不可解之事，如稍迟五分钟，即可上车矣。"所以，他不得不改乘八点三十五分的特快车。同年9月，上述沪杭列车虽推迟至七点十分开行，乘坐便利度得到提升，但因该车为慢车，抵杭需要五个小时。1937年间该班次被取消，竺可桢在北站下车后只能到四川北路等处打发时间。由于换乘不便，辗转劳顿，他在1936年8月11日首次改乘自备汽车经京杭公路由南京前往杭州，用时不到八小时，较火车省时近一半。因此，1937年春他又两度乘汽车往返京、杭，行车时间缩短至六个多小时①。

1936年7月15日，苏嘉铁路通车，苏州以西、嘉兴以南之间的两路客货运输均可不再绕道上海，运输距离缩短了110.7公里，旅行时间节省了三小时②，乘坐便利度得到显著提升。但是，10月1日起该路"停止连接二等车，并且运行的只有客货混合列车，所以高级旅客依然利用京闸特快列车，利用本条铁路的只有三等旅客和军队"③。此外，由于真正意义上的京杭直通列车未能开行④，大部分旅客仍须在苏州和嘉兴两站等候时间衔接不到位的列车。如1936年11月13日，竺可桢首次经由苏嘉铁路从杭州赴南京，十六点五分抵嘉兴，"因有四十五分钟之时间，故至两路苗圃菊花大会"，所以他16日回杭时仍到上海北站换乘（并未下车办事），此后的京杭间旅行亦同，或如上文所述改乘汽车。直到8月14日淞沪会战爆发、上海北站客运中断，他才

---

① 竺可桢《竺可桢全集》第6卷日记，1936年4月29日、9月9日、1937年3月30日、4月14日，第64、142、276、284页。

② 参见张根福、岳钦韬《抗战时期浙江省社会变迁研究》，上海人民出版社，2009年，第234页。

③ "京闸"指从南京通过京沪、沪杭甬两路抵杭州闸口。佐藤昇平《中支に於ける鐵道に就いて》，東亞同文書院大學學生調查大旅行指導室編《東亞同文書院大學東亞調查報告書（昭和十五年）》，1941年，第118—119页。

④ 1937年1月1日该趟列车附挂京闸联运客车车厢，但仅有两趟班次：下行车由南京附挂京沪线第3次车至苏州站，转挂苏嘉铁路第255次车至嘉兴站，再转挂沪杭甬线第31次车赴闸口；上行车由闸口附挂杭甬线第12次车至嘉兴站，转挂苏嘉铁路第254次车至苏州站，再转挂沪线第22次车赴南京。参见《两路局新订行车时刻元旦实行首都特快每日上下开行一次京闸通车缩短时刻不经北站》，《申报》1936年12月17日第11版。

不得不通过苏嘉路前往南京①。

结　论

甲午战争后,随着长江三角洲地区近代交通尤其是铁路的兴起,区域内部及周边地区向区域内的人口流动规模迅速扩大。1905年至1936年间,长三角地区通过沪宁、沪杭甬铁路流动的人口数量不断增长,其总量达到370722807人次,接近"四万万"。两路以不到全国铁路总里程5%的路线长度,输送了占同时期中国铁路27.8%的流动人口②,无论是总量、年均量还是两路各自的输送量,均高于全国其他铁路。通过与水路和公路的比较,并除去无法估测的民船运输、陆上小型交通和徒步等形式,铁路是近代长三角各主要口岸城市与铁路沿线城镇之间(上海宁波间除外)人口流动最主要的交通方式。

铁路运输在提升人口流动数量与规模的同时,也充分扩大了人口流动的空间范围。通过比较清末与抗战后近四十年的变化情况,我们可以发现铁路沿线城市站点的比重普遍上升,其中上海一直保持着最大的人口流动量,其他依次为苏州、无锡、杭州、南京、镇江、常州;乡镇站点多为下降,一定程度上表明铁路促进了人口向城市集中,其中长三角北翼沪宁沿线的人口流动无论在规模还是等级上均超过沪杭甬地区,乡镇人口向城市集中的现象也比后者更为显著。人口向城市集中是"城市化"的核心,因此铁路对近代长三角城市化进程尤其是北翼沪宁地区具有较强的推动力。长三角成为近代中国制造业、金融业和经济最为发达的地区,原因固然非此一端,但便捷的交通和依托便捷交通而迅速增加的人口的重要作用,绝不能低估。

人口流动带动了各交通行业的竞争与兴衰。铁路通车之初在出行时间、出行成本、安全和舒适度等方面都具有极大优势,轮船客运受

---

① 竺可桢《竺可桢全集》第6卷日记,第179、181、351页。
② 全国铁路长度以抗战前的12000公里计,全国人口流动量根据表1资料计算,为1333975626人次。

到强烈冲击。由于区域内铁路密度远低于河道,许多远离铁路地区的人口流动仍需通过船只来往目的地或者换乘、接驳火车,所以水上客运并未因铁路的发展而衰落;随着时间的推移和1920年代末公路交通的兴起,火车的各种优势出现消退的趋势,特别是处在公路辐射范围内的铁路沿线人口不再以火车出行为主,从而导致铁路人口流动空间范围的缩小。所以,人口流动的空间范围分时段、分区段体现出不同的特征,并不像流动时间那样基本朝单一方向(缩短)变化。不过,我们也可以发现,公路的发展虽然导致区域内运输格局的重新洗牌,但在远距离运输方面仍不敌铁路。

  促进人口流动是交通运输对社会经济影响的一个重要组成部分,体现了其沟通城乡人力资源,联系经济社会各部门、各地区的纽带作用,而由此实现的经济发展又与交通发展互相促进——经济发展不断地对交通运输提出新的要求,促使交通运输方式不断更新,经营管理日益改进,进而带动经济社会的进一步发展,而这一切都需要人去实现。换言之,区域经济社会的发展必须以充分的人力资源作为基础和保障。在实现货畅其流的同时,保障人口流动的畅通无阻,这一点对当前迈入高铁时代的长三角铁路运输也具有一定的借鉴意义。

附图　近代长三角地区轮船航线变迁示意图(1895—1934 年)

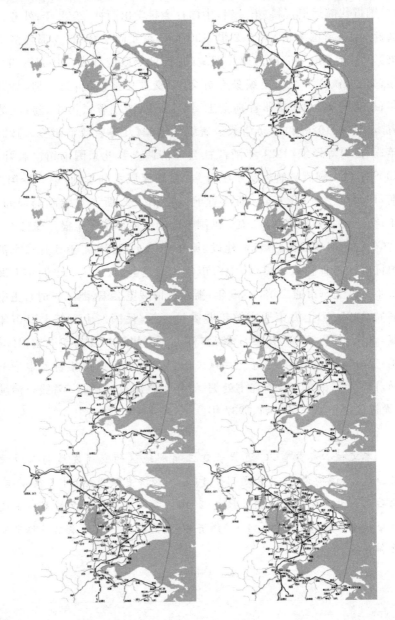

以上根据笔者所掌握的材料绘制。1935—1937 年仅增加常熟至鹿苑、东港,南京至桥林线,故该时段不再绘制。

资料来源(按时序排列):《中国旧海关史料》;聂宝璋、朱荫贵编《中国近代航运史资料》第 2 辑,中国社会科学出版社,2002 年;外务省通商局编《清国事情》第 1、2 辑,1907 年;东亚同文会编《支那经济全书》第 3 辑,1907 年;〔清〕邮传部编《邮传部船政统计表》,1907—1909 年;交通、铁道部交通史编纂委员会编《交通史航政编》第 2 册,1931 年;东亚同文会编《支那省别全志》第 13 卷(浙江省)、第 15 卷(江苏省),1919—1920 年;江苏省长公署统计处编《江苏省政治年鉴》,1924 年;丁贤勇等译编《1921 年浙江社会经济调查》,北京图书馆出版社,2008 年;《太湖流域航运初步统计》,《太湖流域水利季刊》第 3 卷第 2 期,1930 年 2 月;唐有烈《浙江省航政之概况》,浙江省航政局,1930 年;交通部总务司第六科《中华民国十七年交通部统计年报》,1931 年;《江苏省轮船航线图》,《江苏建设》第 1 卷第 1 期,1934 年 3 月;《京沪沪杭甬铁路日刊》,1933 年;上海市年鉴委员会编《民国二十四年上海市年鉴》,上海市通志馆,1935 年;浙江省情展览会编《浙江省情》,正中书局,1935 年;上海市通志馆年鉴委员会编《民国二十五年上海市年鉴》,中华书局,1936 年;贾子彝编《江苏省会辑要》,江南印书馆,1936 年;上海市通志馆年鉴委员会编《民国二十六年上海市年鉴》,中华书局,1937 年;南京市政府秘书处编《十年来之南京》,1937 年;钱公治编《无锡区汇览》,东吴书局,1937 年。

本文核心部分曾以"近代长江三角洲地区的交通发展与人口流动:以铁路运输为中心"为题刊登于《中国经济史研究》2014 年第 4 期。此后,《人大复印资料中国近代史》2015 年第 4 期作了全文转载,《中国社会科学文摘》2015 年第 4 期"经济学"内容摘要。收录本书时作了修改和补充。

图书在版编目(CIP)数据

中国历史地理评论.第二辑/钱杭主编.—上海:复旦大学出版社,2018.9
ISBN 978-7-309-13753-8

Ⅰ.①中… Ⅱ.①钱… Ⅲ.①历史地理-中国-文集 Ⅳ.①K928.6-53

中国版本图书馆 CIP 数据核字(2018)第 125049 号

中国历史地理评论(第二辑)
钱 杭 主编
责任编辑/宋文涛

复旦大学出版社有限公司出版发行
上海市国权路 579 号 邮编:200433
网址:fupnet@fudanpress.com http://www.fudanpress.com
门市零售:86-21-65642857 团体订购:86-21-65118853
外埠邮购:86-21-65109143 出版部电话:86-21-65642845
杭州日报报业集团盛元印务有限公司

开本 787×960 1/16 印张 22 字数 281 千
2018 年 9 月第 1 版第 1 次印刷

ISBN 978-7-309-13753-8/K·664
定价:68.00 元

如有印装质量问题,请向复旦大学出版社有限公司出版部调换。
版权所有 侵权必究